本书出版得到华中师范大学政治学"一流学科"项目经费资助

基层治理现代化丛书
徐勇　陈军亚　主编

以共同缔造
推进基层治理现代化

云浮探索

任路　冯晨晨　等　编著

中国社会科学出版社

图书在版编目（CIP）数据

以共同缔造推进基层治理现代化：云浮探索／任路等编著. —北京：中国社会科学出版社，2023.10

（基层治理现代化丛书）

ISBN 978-7-5227-2308-2

Ⅰ.①以… Ⅱ.①任… Ⅲ.①社会管理—现代化建设—研究—中国 Ⅳ.①D63

中国国家版本馆 CIP 数据核字（2023）第 139858 号

出 版 人	赵剑英
责任编辑	朱华彬　李　立
责任校对	谢　静
责任印制	张雪娇

出　　版	中国社会科学出版社
社　　址	北京鼓楼西大街甲 158 号
邮　　编	100720
网　　址	http://www.csspw.cn
发 行 部	010-84083685
门 市 部	010-84029450
经　　销	新华书店及其他书店

印　　刷	北京君升印刷有限公司
装　　订	廊坊市广阳区广增装订厂
版　　次	2023 年 10 月第 1 版
印　　次	2023 年 10 月第 1 次印刷

开　　本	710×1000　1/16
印　　张	26.75
插　　页	2
字　　数	439 千字
定　　价	118.00 元

凡购买中国社会科学出版社图书，如有质量问题请与本社营销中心联系调换
电话：010-84083683
版权所有　侵权必究

《基层治理现代化丛书》 编委会

主　　编　徐　勇

执行主编　陈军亚

编　　委　（按姓氏笔画排序）

丁　文　马　华　卢福营　田先红　刘义强

李海金　李华胤　任　路　冷向明　吴晓燕

吴春宝　吴　帅　陆汉文　陈军亚　陈　明

张启春　张大维　贺东航　徐　勇　徐　刚

徐增阳　黄振华　黄凯斌

总　序

作为一个概念和术语，"共同缔造"最早用于统一的多民族国家建构。《中华人民共和国宪法》规定："中华人民共和国是全国各族人民共同缔造的统一的多民族国家。"从"共同缔造"的内涵可以看出，这一概念强调个体或者部分之上的整体，由所有个体或部分围绕共同的目标共同参与创立、创造的行动工作，进而形成一个全新的共同体。作为基层治理过程中使用的概念，"共同缔造"经历了十多年的发展演化与探索创新。

"共同缔造"在实际生活中的运用，始于人居环境科学领域的思想探索。吴良镛先生在《广义建筑学》中基于美好建筑环境与美好的社会理想的关系，对美好环境与幸福生活做了重要解释："美好建筑环境是与美好的社会理想共同缔造的，它是社会理想和社会建设的结合点""人居环境建设不仅是建立人与自然和谐关系的过程，也是建立人与人和谐关系的过程，人创造人居环境，人居环境又对人的行为产生影响"。他强调从人的角度来分析人对人居环境的创造以及在此过程中人本身的变化。

"共同缔造"作为一种施政理念和政策行为，发源于广东省云浮市社会建设的创新实践。自2008年开始，广东省云浮市开展"美好环境与和谐社会共同缔造"活动，通过"共谋、共建、共管、共享"的方法，统筹经济社会协调发展。与发达地区重经济发展轻社会建设相比，云浮在经济发展中更加重视社会建设，在经济发展水平低、政府能力不足的情况下，政府运用"共同缔造"的理念和方法，组织发动群众，凝聚群众力量，决策共谋、发展共建、建设共管、成果共享，在欠发达地区社会建设中领先一步，尤其是城乡基层治理取得显著成效和宝贵经验，成为广东乃至全国农村改革的试验区，不少经验做法在广东乃至全国推广，成为当时广东农村社会建设与基层治理的典范与样本。

"共同缔造"发展于福建省厦门市社会治理的跨越提升。2013年之后，"共同缔造"理念和实践结合得更加紧密，其重心逐渐从社会建设转向社会治理，通过"美丽厦门·共同缔造"活动推动城市社会治理创新。当时厦门市面临城市治理的巨大压力，与之相对政府在社会治理中习惯于"大包大揽"，出现"中等收入社会难题"，即社会建设滞后、社会矛盾突出、社会事件增长、社会治理困难。为此，厦门市在社会治理体制创新、提升治理水平方面做出积极探索，让社区居民参与到社会治理之中。凝聚社会共识，彰显共同体精神；强化社会行动，推动共同性缔造；完善社会组织，推动协调治理；扩大社会参与，让自治运转起来；发展社会事业，实现精细化治理等。为了扭转政府在社会治理中"包办"和"独唱"的局面，厦门市在云浮"共谋、共建、共管、共享"基础上加入"共评"，通过"以下评上"方式，让居民对社会治理效果进行共评，是当时地方探索社会治理共同体的先声。

"共同缔造"拓展于辽宁省沈阳市与住建部的人居环境建设。2016年开启的"幸福沈阳·共同缔造"是在城市社区中开展社区参与式规划与美好环境建设实践，"共同缔造"进入人居环境与社会治理中。之后2017年住房和城乡建设部在全国推动"美好环境与幸福生活共同缔造"行动，并形成了"共同缔造工作法"，积极倡导人居环境建设、社区改造过程中居民的参与和行动，并具体运用到城市边缘社区、城市社区微改造、乡村振兴、宜居城市建设、城市更新等场域。

"共同缔造"定型于湖北省深化共同缔造推进党建引领基层治理。自2022年，历经十年理论与实践积淀的"共同缔造"形成体系化的理念和方法，写入湖北省第十二次党代会报告："以城乡社区为基本单元，以改善群众身边、房前屋后人居环境的实事小事为切入点，以建立和完善全覆盖的基层党组织为核心，以构建纵向到底、横向到边、共建共治共享的城乡社会治理体系为目标，广泛开展美好环境与幸福生活共同缔造活动，发动群众决策共谋、发展共建、建设共管、效果共评、成果共享。"在"共同缔造"活动中，湖北省重点聚焦于完善城乡基层治理体系，运用共同缔造理念和方法推进基层治理现代化。如果说"共同缔造"理念发源于云浮，方法成熟于厦门，方法拓展于沈阳与住建部，那么，体系则定型于湖北。

至此，从作为术语的"共同缔造"，到理念、方法与行动的"共同缔造"，再到体系化的"共同缔造"，随着实践的发展，理论逐渐丰富完善。从人居环境建设到统筹经济社会发展，从社会建设到社会治理，再到城乡基层治理，"共同缔造"逐渐形成一个完整的理念与方法的体系。

共同缔造作为理念与方法进入基层治理实践过程中，带来的是一种创新性的变革。共同缔造的核心要义是共同。它的时代背景是，随着经济体制改革和市场经济发展，我国的社会结构发生了深刻的变化，原有的单一的政府管理已无法适应新的形势。共同缔造强调在党的领导下政府、社会与群众共同参与，形成共建共治共享的基层治理新格局，推进基层治理现代化。

基层治理现代化是一个具有现代取向的基层治理过程。在传统农业社会，我国的基层主要以社会自我治理为主。新中国建立后，基层治理主要以单一的政府管理为主。改革开放以来，我国的经济社会基础发生了巨大变化，国家整体进入现代化建设轨道之中，并要求基层治理现代化。共同缔造是一种具有现代取向的理念，强调政府、社会与群众相结合的共建共治共享。它重视政府在基层治理的主导地位，但强调政府治理更多的是为全体民众提供更好的公共服务，因此要有更多的群众参与。为此，它重视传统社会中社会自治的价值，重视计划经济时代群众参与管理的经验，更重视如何在现代化进程中将分散的个体社会成员组织起来参与公共事务。这使得基层治理现代化具有鲜明的中国式属性。更重要的是，以共同缔造推进基层治理现代化具有高度的人民性。它将人民视为治理的主体，强调人民群众对治理的参与和对成果的享有。共同缔造是一种具有现代实践价值的方法。没有理念的行动是盲目的；没有行动的理念是空洞的。现代性是一个通过实践不断获得的过程。共同缔造强调以实事小事为切入点，有助于将先进的理念落到实处，通过实践活动一步步推进基层治理现代化。

通过共同缔造建构的基层治理新格局在实践中取得了很好的成效。共同缔造是对传统的基层治理格局的重要变革，这一过程也面临诸多挑战和困难。毕竟中国数千年来，国家对基层更多的是管制；新中国成立后的相当长时间，国家对基层更多的是管理。人们对自上而下的纵向的单一的管理，十分熟悉，对纵向到底、横向到边、共建共治共享的现代基层治理还很陌生。特别是我国正处于社会结构急剧变化、社会矛盾相对活跃的现代化进程之中，基层治理必须充分考虑活力与秩序的统一。以共同缔造推进基层治理现代化的探索因而更为艰难。

自改革开放以来，华中师范大学的政治学学者便将基层治理作为主要领域，将田野调查作为主要方法，将治理实践作为主要动力。当共同缔造作为一种地方施政理念和政策行为，推动基层治理创新，我们便参与其中，并一直追寻实践的足迹，将共同缔造推进基层治理现代化作为我们的研究对象和切入点，以此牵引我们的研究。首先是基层治理创新实践提出的诸多问题需要我们去解答。如与传统的单一的政府管理不同，共同缔造要求共建共治共享，必须找到政府治理与群众参与的结合点，基层治理单元问题因此提了出来。其次是基层治理创新实践推动了研究方法的提升。过往人们研究基层更多的是由外向内看，是一种外部性研究。基层治理创新实践中提出诸多要解答的问题，仅仅是外部性研究已不够。它要求我们深入事物内部，发现其内在机理。如基层治理单元如何设置问题，需要进入基层治理体系内部去寻找答案。田野政治学作为政治学的一种路径，特别强调以田野调查为基础。再次是基层治理创新推动理论的提升。政治学主要以国家整体为对象，强调理论建构。基层治理创新实践为政治学回答国家整体问题提供了新的角度。如我国的国家结构形式是单一制。这一结构形式有助于集中力量，但会伴随压抑地方和基层活力的问题。我们从基层治理创新的实践中发现，地方和基层积极解决问题并引起治理创新的实践成为单一制国家结构形式的重要补充和活力所在。

基层治理现代化是国家治理现代化的基础所在。以共同缔造推进基层治理现代化是基层治理现代化的一种路径，也推动着我们的研究。"以共同缔造推进基层治理现代化书系"便是我们团队研究的系列成果。

相信本书系的出版不仅能够为持续十五年之久的共同缔造与基层治理创新提供历史解释、理论总结和经验解读，而且能够为当下正在推进的基层治理现代化提供富有参考价值的研究样本！

徐勇　陈军亚
2023 年 7 月 8 日

序　言

进入新世纪，我国社会正处于历史性的深刻变化之中，经济迅速发展，社会结构性矛盾十分突出，城市与乡村、经济发展与社会建设不均衡。这一矛盾在经济最为活跃的广东省表现得尤其明显。地方主政者积极探索如何走出结构性困境的方略。位于广东西北山区的云浮市在这一探索中走在前面。2010年，应云浮市主政者邀请，我们到云浮进行调查，为地方探索提供理论支持。

云浮的探索是总体性的。我们对云浮探索经验进行了总结，并于2012年出版了《再领先一步：云浮探索》一书。1980年代，广东成为改革开放的先行者。美国著名学者傅高义在实地考察基础上，写下著名的《先行一步：改革中的广东》。当时的先行主要是经济发展。《再领先一步：云浮探索》一书则展示了云浮在统筹城乡发展、统筹经济发展与社会建设方面取得的突破性进展。

云浮探索的重要内容之一是实施美好环境与和谐社会共同缔造行动。这一行动主要是解决改革开放以来社会建设相对滞后的问题。在解决这一问题的过程中推动了基层治理理念和方式的转变。社会建设需要投入。但按照过往的方式，仅仅依靠政府投入，力量有限。地方主政者将"共同缔造"的理念与方法引入地方施政过程，提出政府、社会与群众结合，形成"决策共谋、发展共建、建设共管、成果共享"的机制。美好环境与和谐社会共同缔造行动本来只是一项改造人居环境的行动，但在实施过程中推动了基层治理创新，并成为地方建构新的治理格局的行动自觉。这就是由过往单一的政府管理转变为政府、社会与群众共同参与的治理。这一创新无疑是深刻的，且具有开创性意义。

事物的价值是在实践过程中展示的。随着时间的推移，云浮以共同缔造推进基层治理创新的价值日益凸显，其领先一步的探索性日益突出，为中央顶层设计提供了地方经验，成为全国性决策的先行探索者。

其一，"共谋、共建、共管、共享"的理念体现了社会治理的真谛。"共谋、共建、共管、共享"是在创新社会管理过程中提出来的。它与中央后来提出的"社会治理"的理念是一致的。2013年，中共十八届三中全会将过往使用的"社会管理"提升为"社会治理"。2017年，中共十九大提出打造共建共治共享的社会治理格局。

其二，为推动"共谋、共建、共管、共享"，云浮强调重心下移，将权力、资金、考核等下沉到基层，加强基层治理的基础。2017年，中共十九大报告指出，推动社会治理重心向基层下移，实现政府治理和社会调节、居民自治良性互动。2018年中央"一号文件"明确提出："推动乡村治理重心下移，尽可能把资源、服务、管理下放到基层。"

其三，"共谋、共建、共管、共享"必须寻找合适的治理单元。云浮提出在村民小组建立理事会，作为群众自治的基本单元，村民小组的治理价值得到重视。2014年中央"一号文件"首次提出探索以自然村或村民小组为基本单元的村民自治有效实现形式。2018年中央"一号文件"强调，继续开展以村民小组或自然村为基本单元的村民自治试点工作。

其四，"共谋、共建、共管、共享"必须调动和激发群众参与的积极性。云浮提出培育"自律自强、互信互助、共建共享"的价值观，通过"以奖代补"，激励群众参与。2019年，中共十九届四中全会提出建设人人有责、人人尽责、人人享有的社会治理共同体。

其五，在实施"共谋、共建、共管、共享"的过程中，云浮积极创新基层治理体制机制，致力完善基层治理体系，提升基层治理能力。在基层治理体系方面，云浮提出"组为基础，三级联动"。通过以村民小组为基础，解决乡村治理的"落地"问题；通过"三级联动"解决政府治理与群众自治的"对接"问题。在基层治理能力方面，云浮推行乡镇职权改革，扩大乡镇应有事权、财权和人事权，将县直部门部分职权下放给乡镇，增强乡镇社会治理与公共服务能力。建立"三网融合"平台，将医疗、教育等服务连接到乡镇，提升基层公共服务水平。随着中央对国家治理体系和治理能力现代化的全面部署，2021年，中共中央国务院发布关于加强基层治理体系和治理能力现代化的意见。

  顶层设计和基层探索是有机的统一体。基层治理现代化是一个不断探索的过程。云浮从共同缔造切入，在推进基层治理现代化方面进行了先行一步的探索，提供了可学习、可复制和可推广的实践样本。2012年出版的《再领先一步：云浮探索》一书，对于以共同缔造推进基层治理创新的认识尚有所不足，更未形成理论自觉。十多年来，随着中央关于基层治理现代化的全面部署，我们愈来愈深刻地认识到云浮先行一步探索的价值，也希望从基层治理现代化的角度进一步发现云浮探索的价值和经验，从而有了本书的写作和出版。

徐　勇

2023年7月8日

目录

上编　云浮探索的理论研究

第一章　先行一步：基层治理现代化的云浮探索 …… 3
 第一节　以共同缔造推进基层治理现代化 …… 4
 第二节　云浮基层治理的现实背景 …… 10
 第三节　云浮基层治理的探索历程 …… 17
 第四节　云浮基层治理的主要措施 …… 24
 小　结 …… 27

第二章　理念向下：树立基层治理新共识 …… 28
 第一节　构建"向下看"的政府治理理念 …… 29
 第二节　倡导"向内看"的社会治理理念 …… 37
 第三节　培育"向前看"的基层治理理念 …… 44
 小　结 …… 52

第三章　资金下移：优化基层社会资源配置格局 …… 54
 第一节　在分税制中充实基层"钱袋子" …… 54
 第二节　在资源配置中政府与市场合作共赢 …… 65
 第三节　在立足长效上注重财税激励 …… 71
 小　结 …… 80

第四章　权力下放：建设简约高效的乡镇治理体制 …………………… 82
第一节　依法下放事权：乡镇有"权"办事 ………………………… 82
第二节　落实议事权：乡镇有"底"办事 ………………………… 97
第三节　改革人事权：乡镇有"人"办事 ……………………… 108
小　结 …………………………………………………………… 116

第五章　服务下沉：实现城乡公共服务均等化 …………………… 119
第一节　搭建平台，提供社会化服务 …………………………… 120
第二节　引入市场，提供专业化服务 …………………………… 130
第三节　送法下乡，提供法治化服务 …………………………… 137
小　结 …………………………………………………………… 144

第六章　考核下移：创新基层干部管理制度 ……………………… 146
第一节　面向社会，创新考核主体 ……………………………… 146
第二节　服务导向，创新考核标准 ……………………………… 154
第三节　注重实效，创新考核方式 ……………………………… 163
小　结 …………………………………………………………… 171

第七章　总结与思考：基层治理现代化的云浮经验 ……………… 173
第一节　共同缔造：云浮探索的核心要义 ……………………… 174
第二节　积极治理：云浮探索的基本经验 ……………………… 175
第三节　基层治理现代化：云浮探索的普遍价值 ……………… 180

中编　云浮探索的案例报告

如何让能干什么的地方干什么
——基于云浮市云安县主体功能区的调查与思考 ……………… 189
如何用政府支出撬动群众投入
——基于云浮市"以奖代补"政策的调查与思考 ……………… 195

如何实现县乡财税共享
　　——基于云浮市财税体制改革的调查与思考 …………………… 201

如何不唯 GDP 论英雄
　　——基于云浮市云安县乡镇考核机制创新的实践 …………… 208

如何让乡镇有权有人有钱办事
　　——基于云浮市云安县乡镇体制改革调查与思考 …………… 215

如何让公共服务下乡到村入户
　　——基于云浮市云安公共服务均等化的调查与思考 ………… 224

如何搭建农民互助服务平台
　　——基于云浮市云安县农村社区服务合作社的调查与思考 …… 231

如何通过不同赛道激发基层群众动力
　　——基于云浮市自然村分类评级机制的调查与思考 ………… 237

如何实现城乡基本公共服务均等化
　　——基于云浮市云安县农村生活垃圾处理机制的调查与思考 …… 243

如何让农民学会协商议事
　　——基于云浮市"十步工作法"的调查与思考 ……………… 250

如何让群众自治有效运转起来
　　——基于云浮市云安县"三级理事会"的调查与思考 ……… 258

如何让数据多跑路群众少跑腿
　　——基于云浮市云安县信息化服务体系的调查与思考 ……… 266

下编　云浮探索的工作文献

王蒙徽书记在落实《美好环境与和谐社会共同缔造行动纲要》
　　县（市、区）委书记座谈会上的讲话 ………………………… 273
王蒙徽书记在落实《美好环境与和谐社会共同缔造行动纲要》
　　工作汇报会上的讲话 …………………………………………… 280
王蒙徽书记在进一步落实《美好环境与和谐社会共同缔造行动纲要》
　　工作汇报会上的讲话 …………………………………………… 291

创新社会管理的探索
　　——广东省云浮市组建镇村组"三级理事会"的体会与思考……… 295
加强社会管理：重点在基层 关键在服务
　　——广东省云浮市创新社会管理的做法与启示……………… 302
破解"一事一议"难题　发展农村公益事业
　　——广东省云安县组建"三级理事会"的实践与思考………… 307
云浮市美好环境与和谐社会共同缔造行动纲要………………… 311
云浮市云安县美好环境与和谐社会共同缔造行动纲要的实施方案……… 319
云浮市云安县进一步推进美好环境与和谐社会共同缔造
　　行动的实施方案……………………………………………… 327
云浮市云安县主体功能区规划…………………………………… 333
云浮市云安县关于推进乡镇职权改革的实施意见……………… 341
云浮市云安县财税共享激励和保障机制实施方案……………… 357
云浮市云安县关于建立城乡均等化财政机制的意见…………… 361
云浮市美好环境与和谐社会共同缔造行动"以奖代补"
　　项目操作指引………………………………………………… 366
云浮市云安县村民小组长"年度评议、以奖代补"试行办法…… 371
云浮市云安县关于试点组建农村社区服务合作社的意见……… 374
云浮市云安县农村社区服务合作社重大事项决策的实施细则……… 380
云浮市自然村（社区居民小组）基础分类评定细则…………… 383
云浮市自然村（社区居民小组）群众参与性评价考核细则…… 386
云浮市云安县农村生活垃圾处理工作实施方案………………… 389
云浮市云安县关于组建镇村组"三级理事会"的意见………… 395
云浮市云安县关于建立村（社区）干部激励保障机制的
　　实施办法（试行）…………………………………………… 403
云浮市云安县关于在各镇建立"两代表一委员"工作站的意见……… 406

后　　记…………………………………………………………… 410

上 编

云浮探索的理论研究

第一章
先行一步：基层治理现代化的云浮探索

习近平总书记指出："基层强则国家强，基层安则天下安，必须抓好基层治理现代化这项基础性工作。"[①] 2021 年 4 月 28 日，中共中央国务院印发《关于加强基层治理体系和治理能力现代化建设的意见》（以下简称《意见》）指出，加强基层治理体系和治理能力现代化建设，要以习近平新时代中国特色社会主义思想为指导，坚持和加强党的全面领导，坚持以人民为中心，以增进人民福祉为出发点和落脚点，以加强基层党组织建设、增强基层党组织政治功能和组织力为关键，以加强基层政权建设和健全基层群众自治制度为重点，以改革创新和制度建设、能力建设为抓手，建立健全基层治理体制机制，推动政府治理同社会调节、居民自治良性互动，提高基层治理社会化、法治化、智能化、专业化水平。[②]《意见》进一步明确了基层治理在国家治理中的基础性地位，以及推动基层治理现代化的指导性要求，有效回应了"什么是基层治理现代化"，"为什么要推动基层治理现代化"，以及"如何推动基层治理现代化"等重要问题。

[①]《习近平春节前夕赴贵州看望慰问各族干部群众 向全国各民族人民致以美好的新春祝福 祝各族人民幸福吉祥祝伟大祖国繁荣富强》，《人民日报》2021 年 2 月 6 日第 1 版。

[②] 参见《中共中央国务院关于加强基层治理体系和治理能力现代化建设的意见》，《人民日报》2021 年 7 月 12 日第 1 版。

第一节　以共同缔造推进基层治理现代化

基层治理现代化是在推进国家治理现代化语境下提出的新时代任务，具有丰富的内涵和意蕴。一些学者从要素联动[1]、权力分割[2]、城乡融合[3]等方面，尝试对基层治理现代化的内涵加以解读，虽然看到基层治理现代化的部分趋势，但大多专注于一隅。基层治理现代化是国家治理的基础性结构，包括县及以下的基层社会，目的是推动治理重心向基层下移，在此基础上，通过优化基层治理单元和资源配置，有效发挥基层社会各治理主体的功能，形成政府治理与社会自治的良性互动，构建共建共治共享的基层治理格局。

一　基层治理与基层治理现代化

从词源学的角度看，"基层治理现代化"是由"基层""基层治理""治理现代化"三个词复合而成。其中，"基层"表明国家治理的结构层次，是相对于上层、高层而言的，通常指国家治理体系中最接近人民群众的层级，是国家与社会的结合部位，其主体是人民群众。"基层治理"是由基层社会而生成基层社会治理，是国家治理的基石，包括两方面的内容：一是国家自上而下从中央到地方，再到基层社会的治理；二是基层社会的自我治理。"治理现代化"框定了新时代国家治理的任务，即加快推进国家治理体系和能力的现代化。从中共中央国务院印发的《意见》能够更加全面地理解基层治理现代化。

从治理体系来看，基层治理是整个国家治理的基础性工程。"基础不牢，地动山摇。"[4] 基层治理现代化关系着国家治理体系与能力现代化。一方面，

---

[1]　参见任剑涛《克制乡村治理中的浪漫主义冲动》，转引自任剑涛《乡村治理现代化（笔谈一）》，《湖北民族大学学报》（哲学社会科学版）2020年第1期。

[2]　参见周庆智《基层治理：一个现代性的讨论——基层政府治理现代化的历时性分析》，《华中师范大学学报》（人文社会科学版）2014年第5期。

[3]　参见陈文胜《农民主体地位与乡村治理现代化》，转引自任剑涛《乡村治理现代化（笔谈一）》，《湖北民族大学学报》（哲学社会科学版）2020年第1期。

[4]　习近平：《加强基层基础工作 夯实社会和谐之基》，《求是》2006年第21期。

有效的基层治理是化解矛盾、建构良好秩序的基础。在现代社会，随着经济社会的快速发展，矛盾风险日益累积且较为集中于城乡基层，成为影响基层稳定、社会和谐、国家安定的隐患。如何最大限度地化解矛盾、解决冲突，维护群众的合法权益，进而夯实国家治理的根基，是现代国家治理必须解决的一个重大现实问题。对此，《意见》指出，要"增强乡镇（街道）平安建设能力。健全乡镇（街道）矛盾纠纷一站式、多元化解决机制和心理疏导服务机制"[1]。另一方面，基层治理承担着为国家治理现代化积累经验、提供参照的使命。《意见》指出，要"推进基层治理创新"。21世纪以来浙江涌现出大量在全国产生广泛影响的基层创新试验，如奉化等地探索的村务村民公决制度、天台民主决策的"五步法"、温岭的系列"民主恳谈"实践、武义的村监会及宁海的"村级小微权力36条"等，它们在解决特定问题方面提供了有效的治理工具，都是基层治理体制机制创新的典型。创新实践在基层由点及面渐次推开，能有效降低风险和缓解全面推开过程中面临的巨大压力，进而为整体性的转型发展积累经验、提供样板。

从治理主体来看，基层治理是与人民群众直接相关的治理形式。基层治理现代化直接关系人民群众直接的、现实的利益，推动基层治理现代化是贯彻落实以人民为中心治理观的集中体现。《意见》指出，"要健全基层群众自治制度，在基层公共事务和公益事业中广泛实行群众自我管理、自我服务、自我教育、自我监督，拓宽群众反映意见和建议的渠道。聚焦群众关心的民生实事和重要事项，定期开展民主协商"[2]。换言之，加强和创新基层社会治理应始终坚持人民主体地位，紧紧依靠群众，一切为了群众，从群众中来到群众中去，走好新时代党的群众路线，把基层社会治理变成亿万人民参与的生动实践。同时应该看到，基层社会的治理主体是多元的，要树立开放融合思维，充分运用民主协商的方式，寻求全社会意愿和要求的最大公约数，凝聚社会治理的最大共识，坚持党建带群建，支持群团组织承担公共服务职能。

---

[1] 《中共中央国务院关于加强基层治理体系和治理能力现代化建设的意见》，《人民日报》2021年7月12日第1版。

[2] 《中共中央国务院关于加强基层治理体系和治理能力现代化建设的意见》，《人民日报》2021年7月12日第1版。

从治理方式来看，基层治理现代化最突出的特点是共建共治共享。"共建共治共享"既是方式也是理念，其先决条件是坚持党的领导。《意见》在工作原则中提出，"坚持共建共治共享，建设人人有责、人人尽责、人人享有的基层治理共同体"[①]。城乡社区是基层人民群众共同生活的基本单元，生活在其中的居民共同结成社会共同体，如此一来，社区的事理应成为大家的事，形成价值理念层面的共识。在此基础上，为更好改善社区公共服务状况，需要发挥基层党组织的引领作用，充分利用不同治理主体的资源禀赋，由政府、社会组织、群众等合力共建，打造共建共治共享的基层治理格局。

从治理目标来看，健全基层治理的体制机制是现阶段基层治理现代化的目标。《意见》指出基层治理现代化的主要目标，是"建立起党组织统一领导、政府依法履责、各类组织积极协同、群众广泛参与，自治、法治、德治相结合的基层治理体系；党建引领基层治理机制全面完善，基层政权坚强有力，基层群众自治充满活力，基层公共服务精准高效，党的执政基础更加坚实，基层治理体系和治理能力现代化水平明显提高"。事实上，我国基层治理的体制机制尚不完善，面临与基层社会实际相脱节的困境。鉴于此，基层治理现代化将体制机制创新作为重要抓手，主张加快基层治理研究基地和智库建设，以市（地、州、盟）为单位开展基层治理示范工作，加强基层治理平台建设，鼓励基层治理改革创新，不断丰富中国特色社会主义基层治理理论。

二 基层社会与基层治理现代化

治理属于政治活动。治理的样式来源于治理的对象，即经济社会特性。基层治理难题源于中国社会结构的深刻变动，即由一个共同体、集合体变为个体化的社会，原有的治理体系不能适应社会变化的特点和满足群众的需要。

传统的乡土社会是一个由血缘关系和地缘关系构成的"亲人社会"和"熟人社会"。这种社会是一种因为长期相互依赖和交往，具有认同感和归属感的"共同体"。滕尼斯在《共同体与社会》一书中专门对"共同体"与

---

① 《中共中央国务院关于加强基层治理体系和治理能力现代化建设的意见》，《人民日报》2021年7月12日第1版。

"社会"作了区分，认为"共同体是持久的和真正的共同生活"①。家庭和村庄属于血缘共同体和地缘共同体，以家和村为单位进行自我治理。理想状态是"皇帝无为天下治"。新中国的成立是中国历史上开天辟地的大事，其重要特点是根据国家意志将长期以来一盘散沙的社会组织起来。其管理体制表现为"统"，即由政府统一组织和管理。在农村，实行"政社合一"的人民公社体制，政府自上而下通过"三级所有，队为基础"，直接管理生产及所有事务。在城市，实行企事业的"单位制"，员工生老病死完全由单位解决，实行自上而下的行政管理。这一基层组织和管理体制在国家计划经济体制下发挥了重要作用。但这一体制的治理主体具有单一性，实行自上而下、无所不包的管理，压抑了基层和群众的积极性。

"集合体"基础上的政府管理特点：一是单一性治理。政府是唯一的治理主体。干部是管理者，群众是被管理者。长期以来，使用"经济管理"和"社会管理"的话语，体现了政府自上而下的单向管理。二是包办性治理。政府犹如父亲包办所有事务，实行的是全能全责的"父爱主义"。干部居于主导地位，群众处于被动地位。三是单向度治理。"父爱主义"治理认为政府天然比群众强，并掌握所有资源，管理方式是我说你听。"管得过多，统得过死"的体制压抑社会活力，由此有了以"分"为导向的经济体制改革，不分不活。为进一步激发经济活力，实行市场经济，形成了一个个体本位的"社会"。这种"社会"因为利益结合而成。有利则合，无利则散。人们以交换和利益的眼光看待事物。因为每个人的利益不同，人与人之间属于"陌生人"或者"熟悉的陌生人"。城市人同住一栋楼，不是一条心。

中国的改革开放从农村和基层开始。经济体制改革的重要特点是"分"，不分不活。农村是"政社分开"，分田到户。城市则是"政企分开"，企业独立经营。经济体制改革和市场经济发展引起了社会分化。个人成为独立的利益主体，由具有不同利益和思想的个人构成社会。这种"社会"与传统的血缘地缘关系基础上形成的"共同体"不同。"社会只不过是一种暂

---

① [德] 费迪南·滕尼斯：《共同体与社会：纯粹社会学的基本概念》，林荣远译，商务印书馆1999年版，第54页。

时的和表面的共同生活。"① 由市场经济支配的社会的重要特点是利益机制。经济社会基础的变化给社会带来了活力，但也对基层治理提出了严峻挑战。一方面是建立在原有经济社会基础上的治理体制部分"失灵"。过往治理体制建立在政府主导的"集合体"基础上。"队长敲钟，社员上工。""班长吹哨，集体报到。"分田到户后，无须队长敲钟。国有企业改革实行合同制，工作场所和生活场所分离，日常生活无须"班长吹哨"。另一方面是原有的治理体制难以满足人民日益增长的美好生活需要。废除农业税后，农村公益事业的兴办缺乏经济基础。农村环境等公共生活需求依靠一家一户难以满足。城市居民生活不再由"单位"统包，生活形态发生了变化，公共生活需要增长了，利益意识、权利意识、参与意识也迅速增长，甚至出现非制度化的"参与爆炸"。

经济社会基础变化和基层治理面临的挑战造成社会矛盾和不和谐因素增多。一是单一的政府治理使得社会缺乏利益表达机制。群众只能通过非制度化的方式表达，"上访"日益增多。二是全能政府意味着无限责任。大量需求和事务，政府包不了也包不好，群众意见大，政府"吃力不讨好"。三是自上而下的政府管理，缺乏与社会的良性互动，各有诉求。"群众维权，政府维稳"成为政治生活的常态。干部与群众之间缺乏信任，政府工作得不到群众支持和理解，甚至产生对立。基层社会"观众"多、怨言多、指责多。"干部干，群众看"，"上动下不动"，干部群众两张皮，群众之间多条心。大量社会矛盾产生并表现在基层，直接影响国家的稳定与发展。

三 共同缔造与基层治理现代化

问题来自基层实践，解决问题的办法来自基层探索。基层治理现代化上升至全国性政策要求，乃是对众多先进地方探索总结反思的结果。习近平同志2006年指出："基层是社会的细胞，是构建和谐社会的基础。基础不牢，地动山摇。可以说，基层既是产生利益冲突和社会矛盾的'源头'，也是协调利益关系和疏导社会矛盾的'茬口'。"② 创新基层社会治理，夯实基层治

---

① [德] 费迪南·滕尼斯：《共同体与社会：纯粹社会学的基本概念》，林荣远译，商务印书馆1999年版，第54页。

② 习近平：《加强基层基础工作 夯实社会和谐之基》，《求是》2006年第21期。

理基础成为时代的呼唤,由此有了创新基层社会治理的地方探索。改革开放以来,基层治理的探索大致可以分为三个阶段。

第一个阶段是在20世纪80年代,"乡政村治"的基层治理模式正式开启。这一时期许多学者深入乡村地头进行实验调查,对村民自治和"乡政村治"制度开展了深入的调查研究。如张厚安教授指出,乡政村治即乡镇政权和村民委员会的结合,就形成了当时有中国特色的农村政治模式。[①] 在"乡政村治"格局下,村民自治得以兴起,并成为当代中国农村政治体系的重要组成部分,村民自治的兴起为中国农村政治发展和国家的民主化进程提供了一种新选择。[②] 第二阶段是20世纪90年代至21世纪初,国内学者的研究重心开始由村民自治向乡村治理转移。其中,徐勇教授认为在中国社会转型中,最深刻的莫过于乡村社会转变。中国乡村社会经历着从"散""统""分"到"合"的不同社会阶段。乡土社会变迁必然伴随着乡村治理结构的转变。第三个阶段是党的十八大以来基层治理新阶段,尤其是党的十九大报告指出我国进入中国特色社会主义新时代,对前一阶段社会管理、社会治理等经验进行总结,提出完善党委领导、政府负责、社会协同、公众参与、法治保障的社会治理体制,党的二十大报告提出完善社会治理制度等,由此,一系列基层治理制度体制机制创新,努力实现政府治理和社会自我调节、居民自治的良性互动,是新时代党和国家基层治理发展格局的重要目标。

"共同缔造"是近年来创新基层社会治理的重要探索。这一探索发源于广东云浮。2007年,党的十七大确立科学发展观,强调统筹城乡发展,加强社会建设。这是对经济建设为中心的发展观的重大丰富。广东经济发展最快,社会矛盾最突出,社会管理的任务最重,主政者积极推动基层社会管理难题的破解。广东云浮市是广东北部的农业市,经济欠发达,农村落后,社会建设薄弱。云浮市积极贯彻落实科学发展观,强调统筹城乡发展,重视社会建设和人居环境改造。但实践中很快面临社会建设和人居环境改造缺乏共识、缺乏资源、缺乏动力、缺乏保障的问题。这一问题倒逼主政者眼睛向下,发现基层和群众中所蕴含的动力和资源,积极开展美好环境与和谐社会

---

① 参见张厚安《乡政村治——中国特色的农村政治模式》,《政策》1996年第8期。
② 参见徐勇《论中国农村"乡政村治"治理格局的稳定与完善》,《社会科学研究》1997年第5期。

共同缔造行动,这成为创新基层社会治理,推进共建共治共享的重要抓手。

"共同缔造"是基层社会治理创新的产物。它虽然是从整治人居环境入手,但不是单一地解决美好环境的具体问题,而是要改变原有的社会治理,改变社会治理的体制机制,改变体制机制背后的"人的观念"。基层社会治理不是空洞的,需要从具体的事情和问题着手,找到切入点,让基层社会治理创新取得扎扎实实的成效。"共同缔造"是基层治理创新的重要抓手,它发挥政府治理的优势,又抓住了基层治理的薄弱环节,将政府治理与社会调节、居民自治有机衔接起来,形成了新的治理格局,具有可学习、可复制和可推广的普遍性价值。

第二节 云浮基层治理的现实背景

改革开放四十多年来,广东省从一个经济相对落后的农业省一跃成为全国第一经济大省,取得了举世瞩目的成绩,但也同时面临着许多新问题和新挑战,如环境污染日益严重,贫富差距持续扩大,社会矛盾不断激化等。究其根本原因,一方面是社会治理的各个方面严重滞后,难以适应经济快速发展的要求;另一方面是人民群众日益增长的美好生活需要,对传统的经济发展方式和社会管理体制提出了新挑战。为了改变这种经济与社会失调的格局,广东省委、省政府于2008年5月要求广州、深圳、珠海等发达地区在加强和创新社会管理方面先行先试,构建社会管理新模式。与此同时,又将目光转向粤东、粤西等欠发达地区,希望能探索出一条有别于珠三角发展模式的新路子,特别是期待贫困山区通过改革创新变成农村改革试验的"排头兵",不仅为广东省找到一条创新之路,也为全国山区的发展做出贡献。[①]而广东省云浮市正好属于粤西山区欠发达地区,经济长期落后,发展愿望强烈,同时生态环境优越、社会民风淳朴,是典型的后发地区,发展潜力巨大。因此,广东省委、省政府于2009年正式作出指示,要求云浮市"争当全省农村改革发展试验区",探索农村基层社会管理的新体制。

云浮是广东最年轻的地级市,位于广东省中西部,是连接广东珠三角和

[①] 参见徐勇等《再领先一步:云浮探索》,中国社会科学出版社2012年版,第1页。

大西南的枢纽。云浮是典型山区市,全市土地总面积7779.1平方公里,其中山区面积占60.5%,丘陵面积占30.7%。云浮也是农业大市,2008年末全市户籍总人口272.68万人,其中非农业人口100.59万人,占全市人口数的36.9%;农业人口172.09万人,占全市人口数的63.1%。① 时任云浮市委书记的王蒙徽曾表示,"作为农村人口仍占60%的欠发达地区,云浮发展的重心在农村。为了加快实现科学发展,实现人民群众的最大利益,必须加强和创新农村的社会管理"②。为此,2008年至2011年,云浮市委、市政府决定逆势而行,变"向上对应"为"向下适应",在"下"字上做文章,以"向下"为核心,以开展农村综合改革为契机,从理念、资金、权力、服务、考核等方面重塑社会管理体制和机制,形成了"共谋、共建、共管、共享"的社会治理新机制,为新时代推动基层治理现代化提供了重要样本。回顾"向下给力"的探索实践,云浮市遭遇了复杂的发展困境和诸多治理难题。

一 发展困境

云浮是典型的粤西山区市,"八山一水一分田"的格局为其带来良好的生态环境和丰富的矿产资源,但同时也极大地限制了当地交通、城市及产业的发展;加上建市时间最晚、农业人口多、政策优势不突出等因素的影响,云浮一直落后于全省的经济步伐,在某种程度上可以说是整个广东省常年发展落后的城市之一。

(一)各项经济指标落后

一是云浮经济总量小。据国民经济和社会发展统计,2008年云浮市GDP总量319.86亿元,在全省各市排最后一位;地方财政一般预算收入16.63亿元,在全省排第19位。③ 二是云浮产业结构较单一。截至2008年底,云浮市第一、二、三产业结构占比为26.4、44.7、28.9,第二产业比重明显过高。三是云浮人民生活水平不高。2008年底云浮市农民人均纯收入5491元,广东省平均水平为6399.7元,云浮市只有广东省平均水平的85.80%;

---

① 参见张少飞主编《云浮统计年鉴2009》,云浮市统计局2009年版,第13页。
② 徐勇等:《再领先一步:云浮探索》,中国社会科学出版社2012年版,第102页。
③ 参见张少飞主编《云浮统计年鉴2009》,云浮市统计局2009年版,第3页、第9页。

城镇居民人均可支配收入12339元,广东省的平均水平为19732.86元,云浮市只有广东省的62.53%。[1]

(二) 交通基础设施薄弱

从地理位置上看,云浮是连接粤港澳和沟通大西南之地。市区陆路距广州140公里,距广西梧州153公里;水路距香港177海里,上溯梧州60海里,理应占尽发展的地利。[2] 然而,由于当时交通基础设施建设的相对滞后,云浮的区位优势并没有得到很好发挥,错失了许多发展良机。具体来说,云浮市高等级公路数量少,公路等级低、档次低。据云浮市交通统计汇编资料显示,2004年,云浮公路网密度约为56公里/百平方公里,铺装率仅达63.57%;市域内的高速公路仅18.5公里,一级公路220.4公里,二级公路806.5公里。此外,5个县(市、区)中有4个还未通高速公路,也未与广西壮族自治区高速公路对接,许多高速公路也尚在建设中。

(三) 中心城区辐射带动力弱

一是中心城区规模小。据2009年云浮统计年鉴显示,作为云浮市政治、经济和文化中心的中心城区,云城区2008年末户籍人口仅有20.48万人,不到全市总人口的10%;其建成区面积也仅有18.6平方公里,很难带动全市其他4个县(市、区)及7779.1平方公里区域的发展。[3] 二是中心城区发展缓慢。一方面经济实力较弱,2008年中心城区的生产总值为412117亿元,仅占云浮全市的12.8%,在5个县(市)中排名第四;另一方面服务能力有限,基础设施落后,当时连三甲医院、高等院校和五星级酒店都没有。

(四) 环境污染治理困难

一是工业污染问题。改革开放以来,云浮依托地方资源,建立了以石材、水泥、硫化产业为主导的特色工业体系,在促进经济发展、提供就业机会、带动群众增收致富等方面发挥了重要作用。然而,三大产业生产和加工所造成的废气、污水、灰尘、噪声等污染问题也给周边环境带来不利影响。加上云浮的产业布局规划"先天不足",长期以来"小、散、乱、污"等问题突出,环境污染防治监管工作也不到位,导致云浮的废气、污水乱排乱放

---

[1] 参见徐勇等《再领先一步:云浮探索》,中国社会科学出版社2012年版,第3页。
[2] 参见王蒙徽等《云浮实验》,中国建筑工业出版社2012年版,第2页。
[3] 参见张少飞主编《云浮统计年鉴2009》,云浮市统计局2009年版,第13页。

现象屡禁不止，严重影响当地的生态环境和群众的日常生活。[①] 此外，云浮对工业"三废"（废水、废气、固体废物）的处理能力也较差，尤其是对工业废气二氧化硫的处理，据统计2008年云浮市二氧化硫去除率仅为1.63%。二是"垃圾围村"现象。[②] 作为农村人口占比60%以上的农业大市，云浮农村产生大量的生活、生产垃圾，不仅破坏了当地的生态环境，还影响了农民的身心健康和正常生活。另一方面，与城市相比，云浮农村在生活垃圾处理服务方面的基础设施较为缺乏，村民的卫生意识和环保意识也不高，这大大增加了农村生活垃圾治理的难度。

二 治理难题

改革开放以来，云浮市基层治理的条件和环境发生了巨大变化。一方面，随着农村经济的不断增长和农民生活水平的显著提升，农村基层社会逐渐走向现代化，改变了原有的基层治理体系，对传统基层治理体制造成了冲击。但另一方面，由于农村社会的复杂性，传统思维方式对农村基层治理的影响依旧无法彻底消除，影响着农民的参与意识和参与能力，使得云浮市在推动农村基层治理变革的过程中面临一系列难题。

（一）思维理念相对滞后

中国传统思维方式左右着当代农村的基层治理，新中国成立以来社会经济的深刻变革改变了中国农村的原有治理体系，但终究也无法彻底根除中国传统思维方式的影响。[③] 云浮的农村基层治理改革也不例外，由于长期受传统观念和惯性思维的影响，政府治理理念相对滞后，表现出"三重三轻"的特点。

1. 重经济轻民生。作为一个长期欠发达地区，云浮自身发展意愿强烈，在促进地方经济发展上铆足了力气，云浮各县（市、区）不顾地方实际，纷纷将招商引资、开发建设作为第一要务，形成了"镇镇开发，村村点火"的传统发展模式，地方经济发展虽得到一定落实，但也造成当地社会矛盾加

---

① 参见丁媚英、李旭明《全国首部！云浮立法防治石材污染》，《环境》2021年第3期。
② 参见刘树连、周静《新农村生活垃圾的治理之道——以云浮市H村为例》，《农村经济与科技》2021年第9期。
③ 参见杨永超《传统思维方式与当代农村治理》，《农村经济与科技》2018年第19期。

剧，群体性事件频发。此外，部分干部为了自身政绩，不顾群众利益，只一味追求"看得见、摸得着"的经济发展"硬指标"，忽视民生问题"软指标"，导致一些地方甚至出现了社会治安恶化、政府群众矛盾尖锐等问题。

2. 重管制轻服务。受长期存在的官本位思想的影响，云浮市在很长一段时间都偏向于"管制型"政府，在推进社会建设或处理社会事务的过程中直接决策、大包大揽，忽视群众意见，造成了农村社会治理中"政府建的不一定是农民要的，农民要的政府又不一定建"的"两张皮"现象。还有一些基层干部依旧把自己定位为"管理者"而非"服务者"，在工作中重视上级领导的看法而忽视群众的意愿和呼声，没有做到真正地为人民服务。比如一些社区的管理中心宣传栏做得很好，宣传资料摆放得很整齐，但社区成员真正感受到的服务却很有限。

3. 重条块轻统筹。传统的社会管理体制以部门为主导，各自负责，垂直向下，资源整合困难，政府疲于奔命。一方面，云浮在机构设置上强调"向上对应"，各乡镇政府基本上为"七站八所"式，不仅运行成本高昂，而且运作效率低下。另一方面，"条块"之间的管理运行不畅，导致政府面临工作冲突、事务繁杂、财政紧缺、职能不明、权责不清等问题。

（二）治理主体缺乏协同

推动基层治理现代化离不开多元主体的协同参与。但从云浮2008年以前的基层治理状况来看，云浮的基层社会管理多为政府"一家独大"，党组织、社会组织与农民群众的作用发挥并不明显，经常陷入一种"政府唱戏，群众看戏"的困境。

1. 基层党组织建设有待加强。习近平总书记曾反复强调，"社区治理得好不好，关键在基层党组织、在广大党员"[1]。可见在基层社会治理中，党组织的建设和党员的工作能力尤为重要，而在这两个方面上，云浮基层党组织都存在一定的不足。一方面，云浮外出珠三角地区务工经商的流动党员较多，与家乡党组织联系不足，缺乏正式的组织管理，不利于云浮党组织建设的有序开展。另一方面，由于农村经济社会的限制，基层党员干部的年龄普遍偏大，学历和知识水平普遍偏低，创新意识普遍不高，在工作中很难适应

---

[1] 《坚持以人民为中心深化改革开放 深入推进青藏高原生态保护和高质量发展》，《人民日报》2021年6月1日第1版。

现代化治理的各种要求。

2. 乡镇政府责重权小能弱。乡镇对农村建房、圩镇管理等一些违规的人或事，想管管不了，群众有意见；一些本应由县级以上部门负责或由市场运作的项目或工程，放到了乡镇，乡镇由于收入来源少，为民办事的财政压力大，想做做不了，做了也不讨好，群众有怨言。

3. 社会组织力量薄弱。一方面，民间组织的孕育、成长、壮大是同农村市场经济发展成熟程度密切相关的。在农村市场经济发展还不成熟的情况下，民间组织力量自然是薄弱的。云浮市受经济发展长期落后的影响，社会组织的发育尚不成熟，组织规模偏小，且活动领域较窄，主要活跃在经济领域和文化事业领域，在基层治理过程中并没有发挥有效的作用。另一方面，作为基层治理的新兴主体，社会组织是政府和群众之间的沟通桥梁，既要协助政府开展基层治理工作，又要调动基层群众积极性，鼓励其参与各项活动。这种双重责任和压力，也使得云浮市本就不成熟的社会组织更加感到"力不从心"。

4. 基层群众参与程度较低。一方面，云浮政府的"大包大揽"使群众产生了依赖心理，群众"等、靠、要"思想严重，参与基层社会事务的积极性不高；即使参与，也是一种配合性、被动性的参与，作用极其有限。另一方面，在传统乡村治理模式下，农民一直处于弱势地位，表达诉求的渠道也比较单一。

（三）基层资源配置不足

治理本质上是围绕公共治理目标展开资源配置的活动，如何合理地配置资源是实现有效治理的关键。[①] 而在乡村治理中，财政资源、人力资源以及信息资源是最重要的三类资源，它们为治理活动的开展提供了财力、人力以及技术支撑。而在云浮市基层治理实践中，这三类资源面临着不同情形的配置不足问题，具体表现为以下三个方面。

1. 财政资源匮乏。据统计，2008 年云浮市 GDP 总量 319.86 亿元，在广东省排最后一名；地方财政一般预算收入完成 16.63 亿元，一般公共预算支出完成 41.35 亿元。可见，云浮市财政收入总体较少，经济相对落后，但其

---

① 参见辛璟怡、于水《乡村有效治理的困境与超越：治理资源配置的视角》，《农村经济》2022 年第 9 期。

支出远远大于收入，面临着巨大财政压力。2003年广东省农村税费改革的实施，更在客观上大幅减少了云浮市各乡镇政府的财政收入，再加上"乡财县管"的财税制度，乡镇财政收入进一步枯竭，基本上就是依赖上级行政机关的转移支付，而这使得经济发展压力本就巨大的云浮政府在财政上更加窘迫。同时，正是由于财政资源的匮乏，制约了云浮市政府公共服务的供给能力。

2. 人力资源短缺。一方面，由于地处粤西山区，平原面积较少；建制较晚，发展历程较短，云浮对人口的吸引力远远不如沿海地区，其常住人口也一直是广东省最少的。另一方面，据云浮市2010年第六次全国人口普查主要数据公报显示，全市当年常住人口为2360128人，其中65岁及以上人口为231118人，占9.79%，同2000年第五次全国人口普查相比，65岁及以上人口的比重上升1.69个百分点。从数据可推测，云浮市的人口老龄化比较严重，且老龄化呈逐年上升趋势。

3. 信息资源不足。现代社会是信息社会，基层治理创新离不开现代信息技术的支撑。2003年，广东省科技厅率先在全国启动实施了"广东农村信息直通车工程"，并将云浮市选作首批试点之一，开展山区信息化的试点阶段工作。可以说，云浮市在农村信息化实施方面走在了全国前列，但遗憾的是，截至2013年，云浮的农村信息化建设依旧停留在起步阶段，地区发展十分不平衡，难以适应新农村建设的需要。具体表现为：信息服务点选址不当、网站信息滞后、信息专业人才缺乏等问题，可见云浮政府对农村信息化的认识还不到位，对信息资源的利用也不足，并没有真正利用信息技术为广大农民群众服务。[①]

（四）社会矛盾纠纷多发

随着社会的转型发展，各地社会矛盾凸显，多样纠纷涌现，尤其是在经济欠发达地区的小城市，各种违法犯罪活动更为猖獗，社会治安形势也更加严峻，严重制约了当地的经济发展，是基层治理中急需解决的难题。作为粤西山区欠发达地区的城市，云浮自然也面临着这一难题。

1. 农村群体性事件多发。作为禅宗六祖慧能的故乡，云浮受"平等、包容、和谐"的禅宗文化熏陶，积淀了"开拓进取、和睦共享、平等包容"

---

① 参见林燕薇、胡浩民《云浮农村信息化模式研究》，《南方农村》2013年第1期。

的文化传统。① 然而，云浮政府并没有很好地利用这一优势，当地反而社会矛盾纠纷不断，农村群体性事件更是层出不穷。有学者统计，2006年至2015年的十年间，云浮地区的群体事件中，农村群体性事件所占比例在2006年至2009年间维持在40%—50%，至2010年开始，农村群体性事件的比例明显有了攀升，并维持在80%以上。② 为此，云浮在农村维稳上耗费了地方政府大量的人力物力资源。有乡镇干部表示："维稳成本达到甚至超过乡镇财政支出的10%，哪还有精力和财务搞社会服务？"

2. 民众法治意识淡薄。受几千年历史文化的影响，我国的社会治安防控呈现出较为典型的"人治"特点，缺乏对法律的敬畏和信仰。③ 云浮位于山区，各方面又发展缓慢，在法治建设上也比较落后，村民在解决问题、处理纠纷时，往往过度依赖人际关系，经常出现上访、聚众闹事的情况。

第三节 云浮基层治理的探索历程

经济社会的深刻变革使得传统的基层治理体系遭遇巨大挑战，面临治理性困难。为解决前文所提及的发展困境和治理难题，2008年，云浮市按照"科学发展，先行先试"的核心要求，将科学发展观的要求与云浮实际相结合，进行了长达3年的"向下给力"的探索，形成了"共谋、共建、共管、共享"的"云浮探索"。

回顾云浮基层治理探索的过程，可以说是一个理论与实践交替推进的过程。其基层治理机制的创新不是一蹴而就的，而是循序渐进的。简单来说，可以分为以下四个阶段：第一个阶段是以科学发展观为指导，开始转变思维，探索云浮新路子；第二个阶段是以农村综合改革为契机，实施主体功能扩展，推动城乡统筹发展；第三个阶段是以城乡社区为基本单元，开展共同

---

① 参见王蒙徽、李郇《城乡规划变革：美好环境与和谐社会共同缔造》，中国建筑工业出版社2016年版，第25页。

② 参见李明燃《城市化背景下云浮市农村群体性事件的研究》，硕士学位论文，华南农业大学，2016年，第17页。

③ 参见谌爱群《小城市社会矛盾法治化解机制的思考——以云浮市为例》，《淮南职业技术学院学报》2019年第1期。

缔造行动，推进城乡公共服务均等化；第四个阶段是组建"三级理事会"，激发农村社会活力。

一 转变思维：探索云浮市新路子

思维转变是行动转变的前提。相比直接大刀阔斧地开展实践，大胆地转化"思维模式"才是推进改革的第一步。因此，云浮市推动基层治理创新的第一步就是解放思想、转变观念，坚持科学发展。

2007年底，时任广东省委书记的汪洋同志在省委十届二次全会上强调，要"开展解放思想学习讨论活动，深化体制改革，努力在实践科学发展观上闯出一条新路"[1]。在这一会议精神的指导下，2008年云浮市委、市政府开始反思自身过去粗放的、破坏环境的、不协调的发展模式，认真学习科学发展观的深刻内涵，并试图从中找到云浮发展的新路子。同年10月，刚担任云浮市委书记不久的王蒙徽同志在云浮市建设线口调研座谈会上就强调，"要认清云浮自身位置，以科学发展观为统领推动城市更好更快地发展"，"科学发展观不是不要发展，而是鼓励发展；不是不要发展，而是强调又好又快地发展"[2]。但科学发展究竟是什么、科学发展到底该如何实现等问题在谈话中却并没有提及。由此可见，在这一时期，以王蒙徽为班长的云浮新一届市委班子只知道"云浮必须实施科学发展"，却并没有具体的实施方向和措施。

在云浮班子一筹莫展之际，2008年10月24日，时任中共中央政治局委员、广东省委书记的汪洋同志来到了云浮开展农村改革调研工作，并对云浮的改革创新和农村发展提出了重要的建设性意见，为其指出了明确的方向。汪洋同志建议，"云浮市要深入学习实践科学发展观，努力建设广东富庶文明大西关，争当广东农村改革发展试验区"。同时还指出云浮市"主业突出，生活富足，生态优良，民风淳朴"[3]，是典型的后进地区，具有较大的发展潜力，应在科学发展观的指导下，"找准发展的思路和模式"。之后，根据汪洋同志的讲话精神，云浮市委、市政府决定：一是要争当山区科学发

---

[1] 参见徐勇等《再领先一步：云浮探索》，中国社会科学出版社2012年版，导论，第11页。
[2] 参见徐勇等《再领先一步：云浮探索》，中国社会科学出版社2012年版，导论，第9页。
[3] 参见徐勇等《再领先一步：云浮探索》，中国社会科学出版社2012年版，导论，第9页。

展的"排头兵",明确发展的指导思想,保持自己独特的东西;二是要从农村着手,做好调研和城乡统筹的规划工作。在这一时期,云浮市委、市政府在汪洋同志的指导下,具有了较为明确的改革方向,但对于"自己独特的东西"如何保持,城乡统筹如何开展,他们也只是对汪洋同志话语进行重复阐述,并没有具体的措施。

为此,云浮市决定开拓思路,在汪洋同志的谈话结束后,立马委托省政府发展研究中心、省社科院及中山大学城市与区域研究中心、广州市城市规划编制研究中心课题组编写了《云浮市资源环境城乡区域统筹发展战略研究》和《云浮市资源环境城乡区域统筹发展规划》,并邀请国内有关部门领导、专家和企业家对之进行研讨。[①] 这一调查研究从 2008 年 10 月延伸到 2009 年 4 月初,持续了将近 6 个月。这一过程中,时任市委书记的王蒙徽召开了市委四届五次全会第二次会议,再次向广大干部呼吁解放思想、转变思维的重要性,明确指出"唯有改革创新才能突破困局;唯有继续解放思想,破除因循守旧、按部就班等传统观念,以超常规的思维方式和工作状态,创新工作思路、工作领域、工作载体和工作方法,才能推动云浮的跨越发展"[②]。随后,在 2009 年 4 月 9 日的云浮市深入学习实践科学发展观活动专题讲座上,王蒙徽同志为了进一步统一思想,形成共识,进一步阐述了科学发展观的背景、内涵和要求;并代表市委、市政府第一次提出了云浮市新路子的基本思路,即以现代农业为先导,以特色工业为支撑,以绿色生态为保障。

总之,云浮探索的第一阶段主要是自我反思、转变思维。在这一阶段,云浮在省领导汪洋同志的指导下,形成了初具科学发展观的新方案、新路子。但新方案、新路子也存在问题:一是改革重心依旧在经济发展方面,没有体现全面发展;二是方案中并没有体现云浮的优势;三是没有解释新方案在各地如何具体实施;四是新方案、新路子的实施主体依旧是由政府主导,其他治理主体参与不明显。很显然,这阶段云浮提出的新方案、新路子并不完善,有待在接下来的实践中进一步完善。

---

① 参见凌开、黄小涧《高参齐聚云浮建言献策》,《消费日报》2009 年 1 月 19 日第 C02 版。
② 徐勇等:《再领先一步:云浮探索》,中国社会科学出版社 2012 年版,第 29 页。

二 路径初创：实施主体功能区扩展

主体功能区规划是科学发展观在统筹区域发展、统筹城乡发展、统筹人与自然和谐发展上的具体体现。① 自党的十七大报告明确提出"建设主体功能区"的战略构想以后，党和国家领导都高度重视推进形成主体功能区的工作。2008年10月被确定为广东省农村改革发展试验区后，云浮市委、市政府一开始并没有决定用"主体功能区"概念来指导云浮的改革创新实践，但在看到2009年云安县率先在县一级根据"国家主体功能区规划"概念来实践科学发展观并取得一定成就后，就下定决心要求其他区县市也要"加快推进主体功能区规划建设"，并形成了《云浮市资源环境城乡区域统筹发展规划》和《2009年云浮建设农村改革发展试验区规划纲要》，用以指导各地的改革实践。

2009年，云浮市以云安县为试点，开始了县域农村综合改革试验。② 同年9月，汪洋同志第二次来到云浮市。在这次考察过程中，汪洋肯定了云浮近年来深入贯彻落实科学发展观的工作，同时作出进一步指导，"要坚持走科学发展的路子，不要重复其他地区走过的老路，不再走别人走过的弯路"，要坚持云浮自身的特点，充分利用云浮的优势，使优势更优。而对于云浮来说，最大的优势在于农业、农村，而且云浮的城市化水平较低，城乡差距较小，有着较好的城乡统筹基础。在这一思想指导下，云安县在城乡统筹方面进行了诸多改革，形成了"主体功能扩展"模式③。这一模式主要包括两层含义：一是以推进农村综合改革试验为契机，全面推进主体功能区建设，把全县的8个镇划分为"优先发展区"（1个）、"重点发展区"（2个）和"开发与保护并重示范区"（5个）三类功能区，大力发展"生态、环境、健康和幸福产业"。二是将"主体功能区规划"的概念从经济发展扩展到社会、生态、环境，将国家层面的主体功能区纵向扩展到市、县、乡镇甚至村庄。

---

① 参见黄柳国《广东区域协调发展新格局研究——学习党十七大报告关于主体功能区规划的体会》，《广东经济》2007年第12期。
② 参见邹锡兰《广东云浮主体功能区改革试验》，《中国经济周刊》2011年第25期。
③ 2011年4月26日，云浮市与华中师范大学中国农村研究院在北京召开的新闻发布会上提出"主体功能扩展"概念。

为了进一步推进农村改革和主体功能区建设，2010年9月30日，云浮市委、市政府发布了《关于进一步加快农村改革发展试验区建设的意见》，从组织结构、功能职责、绩效考评和财政制度等四个方面的创新配套措施来保障"主体功能区扩展"的实现。具体来说，一是组织重构，实施镇级大部制改革，设立"三办两中心"，包括党政办公室、农业经济办公室、宜居办公室和综治信访维稳中心、社会事务服务中心，分别负责组织建设、环境建设、农民增收、社会管理、民生服务等五大方面的事务。二是简政放权，实行镇级三权扩充，包括扩大镇级事权、增加镇级财权、强化镇级人事权。改变乡镇功能职责为"5+X"，"5"即农民增收等5项常规工作，"X"即赋予各地不同的功能定位和经济社会发展目标。三是制定分类的政绩考评标准，打破"唯GDP"的政绩考核观，建立"不以GDP大小论英雄、只以功能发挥好坏论成败"的政绩考核机制，并将"官评"和"民评"相结合。四是建立健全与主体功能区划相适应的财政保障机制和税收共享制度，通过全额保障基本经费、县级财政保障村级运作、专项财政保障民生工程，来实现向下拨款，让乡镇干部"有权、有钱、有时间"走出围墙，走进农村，走进农户，提供公共服务，促进农民增收，加强社会管理，维护社会稳定，加强基层建设。[①]

在这一阶段，云浮市用实践回答了之前提到的新方案、新路子存在的问题，同时又在实践中形成了主体功能扩展理论，改革创新的重点明显从之前的经济发展开始转向社会治理。但是从这一阶段的措施，比如设立综治信访维稳中心负责社会管理方面的事务，又可以看出明显的管制色彩，群众的主体作用并没有得到体现和发挥。因此，新方案、新路子还需要在群众参与方面进行创新改革，进一步明确政府、社会和群众的角色和功能。

三 路径延伸：开展共同缔造行动

2009年9月汪洋同志第二次到云浮市考察调研时，还指出云浮应继续保持生态优良的这一优势，避免走先污染再治理的弯路，只有这样，才有可能在发展的同时提升广大人民群众的幸福指数。在这一思想指导下，城市规划

[①] 参见许宝健、王小霞、吕红星等《以体制机制创新保障社会管理创新》，《中国经济时报》2011年11月30日第1版。

专业出身的云浮市委书记王蒙徽，在熟悉当地情况之后，率先提出可以用人居环境科学理论来指导云浮的改革实践，并迅速出台了《美好环境与和谐社会共同缔造行动纲要》。这一纲领是加快转变发展方式、落实科学发展观的重要纲领，也是人居环境科学理论与云浮实践相结合的产物。其内涵为：统筹推进经济、政治、文化、社会和生态文明建设，建设健康、生态、幸福的宜居城乡，把自己好的做得更好，让发展惠及群众，让生态促进经济，让服务覆盖城乡，让参与铸就和谐，推进科学发展，实现跨越发展。[①] 2010年9月30日，云浮市在《关于进一步加快农村改革发展试验区建设的意见》中，也强调要按照《美好环境与和谐社会共同缔造行动纲要》的工作要求，坚持"政府引导、群众主体、体系开放、共建共享"的原则，着力探索引导农村农民共谋、共建、共管、共享的有效机制，充分发挥农民的主体作用，加快推进农村生态环境建设、村庄环境整治、农村基础设施建设、农村土地资源整合。

2010年10月，随着基层治理任务的发展变化，以及对群众工作提出的新要求，针对当时农村出现的"村'两委'关系不协调、镇村工作不衔接、干群意愿不一致"的"三不"问题，云浮开展了试点组建农村社区服务合作社的改革实践。具体来说，一是设立"一社三站"，具体包括农村社区服务合作社、经济服务工作站、公共服务工作站、综治信访维稳工作站，从而整合农村基层组织资源，推动公共服务下乡进村。二是开创"十步工作法"，通过梳理确定议题、制定初步方案、征求社员意见、依法表决通过、公示表决结果、分流三站实施、定期开展研判、实施民主监督、组织绩效评价、事结公布结果等程序，规范重大事项决策实施，解决农村"三不"问题。三是为了提供更具体的操作性，2011年，云浮市委、市政府又颁布了《关于进一步推进美好环境与和谐社会共同缔造行动的若干意见》，这份文件正式提出了"以奖代补"制度，将奖励制度从镇级延伸到村民小组长，调动了镇村干部进行社会建设、社会服务和社会管理的积极性。[②]

由此可看出，这一阶段实际是对"主体功能区扩展"经验的补充与完

---

① 参见吴良镛《我识云浮与〈云浮共识〉》，《城市规划》2010年第12期。
② 参见许宝健、王小霞、吕红星等《以体制机制创新保障社会管理创新》，《中国经济时报》2011年11月30日第1版。

善。这两个阶段都是云浮为保持独有优势、实现科学发展而开展的探索实践，因此在时间上也有一定重合。在路径初创阶段，云浮根据自身在农业、农村上的优势，决定开展农村综合改革；又结合农村实际情况，以城乡统筹方面创新为重心，形成了"主体功能扩展理论"。云浮根据生态环境的优势，以"人居环境科学理论"为指导，在开展农村综合改革时开始向以社会民生为重点的社会建设递进，并将社会治理创新从乡镇延伸到村。

四 路径完善：创新群众自治机制

经过美好环境与和谐社会共同缔造行动，云浮市已经基本形成了一个基层社会治理的新方案、新路子，即政府主导，群众主体，共建共享的发展机制。但第一阶段提出的如何调动群众的积极性和如何发挥社会力量的问题，依旧没有得到很好的回答。

对此，云浮市围绕基层社会传统文化资源这一优势展开了深入思考。2011年5月，云浮市委书记王蒙徽同志在《云浮市名镇名村建设工作现场会》的讲话中接受华中师范大学徐勇教授的建议，提出要"创新群众自治机制"，"探索建立民营企业家、杰出乡贤和社会各界参与支持名镇名村建设的长效机制，激发全社会积极参与建设的热情与活力"[①]。同年6月3日，王蒙徽同志在全市农村工作座谈会上的讲话进一步提出，云浮的新路子要依靠群众、调动群众的积极性，而群众是"一盘散沙"，所以需要建立组织将农民组织起来。

随后，云浮市立足本地传统文化深厚的实际，以建设全省农村改革发展试验区为契机，在云安县首创"三级理事会"制度，为群众参与改革发展提供载体。所谓"三级理事会"是指以"民事民办，民事民治"为原则，以"议事、协调、监督、服务"为职责，在镇设立乡民理事会，在村组建社区理事会，在村民小组建立村民理事会，由此形成"组为基础、三级联动"的模式。"三级理事会"主要通过建立理事履职机制、互动评议机制、奖补激励机制三大机制保障运作。其中，理事履职机制通过理事会议协调各方利益，理事议事反映群众诉求，理事督导监督政府施政。互动评议机制由群众评议理事，由理事评议群众，由群众评议群众。奖补激励机制包括项目

---

① 转引自徐勇等《再领先一步：云浮探索》，中国社会科学出版社2012年版，第17页。

激励、工作激励和考评激励。

2011年11月汪洋同志再次来到云浮市，对云浮、云安的"三级理事会"给予了充分肯定。他表示："希望云浮市在切实加强基层党组织核心作用的基础上，把制度优势与传统文化有机结合起来，充分利用中华民族优秀传统文化底蕴，积极发挥乡贤作用，不断总结、完善和巩固理事会的运行机制，为全省加强社会建设创造新鲜经验。"[1] 由此可见，在这一阶段，云浮市根据自身的传统文化优势，通过推动"美好环境与和谐社会共同缔造行动"，形成了政府、社会与群众"共谋共建共治共享"的理念。至此，云浮市基层治理的新方案、新路子基本完善。

总的来看，"云浮探索"本身是在科学发展观理论指导下的实践。刚开始，云浮人不知道什么是新路子，也不知道如何做才符合科学发展观的要求。在汪洋同志多次的指导下，才渐渐有了改革的大致方向和框架——根据优势条件，结合农村实际情况，开展农村综合改革实践。在实践的过程中，重视理论总结，创新了"主体功能扩展"模式，形成了"共谋共建共管共享"治理理念。由此可见，"云浮探索"是实践与理论交替推进的结果。

第四节 云浮基层治理的主要措施

进入21世纪，云浮市云安县的广大农村地区仍是一副贫困落后的面貌，为加快推动经济社会发展和农业农村现代化，当地针对基层社会治理中出现的权责利不对等诸问题，变"向上对应"为"向下适应"，以"向下"为核心，从理念、资金、权力、服务、考核等方面重塑社会管理体制和机制，闯出了一条"共谋共建共管共享"的社会管理新机制，形成党委领导、政府负责、民主协商、社会协同、公众参与、法治保障、科技支撑的社会治理体系，在基层治理现代化的行列中"领先一步"，具体包括五个方面。

一 理念向下，树立基层社会治理新共识

社会主义建设初期，我国形成了"重管制轻服务""重经济轻民生"的

---

[1] 转引自徐勇等《再领先一步：云浮探索》，中国社会科学出版社2012年版，第18页。

基层社会管理模式，随着改革开放以及经济社会快速发展，利益和观念分化带来了新的基层治理问题。2008年云浮市委积极贯彻落实科学发展观，强调统筹城乡发展，重视社会建设和人居环境改造，但实践中面临社会建设和人居环境改造缺乏共识、缺乏资源、缺乏动力、缺乏保障等问题。在这一问题倒逼下，云浮市的主政者眼睛向下，发现基层和群众中所蕴含的动力和资源，提出"美好环境与和谐社会共同缔造行动"，不再仅限于解决美好环境和和谐社会建设的具体问题，而是分析基层社会产生问题的根源，寻找问题产生的规律性原因，找到解决问题的方法，设立新的社会建设目标，进行积极治理。由过往政府单一的自上而下的管理转变为政府、社会与群众共同治理，强调"共同性"，同时充分考虑地方社会的结构差异，注重挖掘社会内部多元主体的活力，通过情感、命运、权责、利益等联结重构新型社会关系，将市场经济下具有独立利益的"你、我、他"合为"我们"，将政府与群众"你是你，我是我"变为"我们一起"。

二　资金下移，优化基层财政资源配置格局

2006年全国废除农业税后，乡镇政府失去向农村征收税费的合法性，在镇村两级形成"保障部分、自筹解决"的财政格局，基层地方出现"无钱办事、无力办事"的社会管理困局。[①] 为此，云浮市云安县按照"保障基本、实现共赢、注重激励"的原则，改革和完善县级财政体制。在明确县镇村权责关系的基础上，优化配置财税资源、利益资源、政策资源。在财税资源分配上，通过全额保障基本经费、县级财政直补、提供专项资金等方式，保障镇村两级有效运转；在利益资源分配上，合理划定项目合作主体的占比份额，促成权力主体之间、地方政府之间的共建共享；在政策资源分配上，注重发挥"以奖代补"等政策资源的激励作用，以此调动镇村干部、市场主体、人民群众的参与积极性。在此基础上实现县乡村三级关系的协调与整合，夯实了基层治理体制创新的物质基础。

三　权力下放，建设简约高效的乡镇管理体制

乡镇政府是"层层加码"体制的最底层，是"层层追责"体制的最终

---

① 参见徐勇等《再领先一步：云浮探索》，中国社会科学出版社2012年版，第159页。

端，是各种任务项目的一线实施者，是各种社会矛盾冲突的最前沿，权小事多人少责任大常常让基层干部感到"无能为力"。云浮市云安县基于乡镇权责现状，结合乡镇大部制改革经验，以"配强、重责、放权"为原则，大力推行以"权力下放"为核心的强镇扩权改革，通过下放事权、财权与人事权等"三大权力"，扩大乡镇社会管理权力，落实乡镇财权，增强乡镇人事权，努力破解"职权不对称，权责不明晰"的乡镇施政难题，充分体现了中央顶层设计、地方施策和基层探索的融合，设计师、工程师、施工员三位一体，为基层治理体制机制的创新提供了可操作化的借鉴经验。

四　服务下沉，实现城乡公共服务均等化

进入21世纪，人民群众日益增长的物质文化需求与经济社会发展不充分的矛盾日益突出。一方面是人民群众需求增多，期盼有更好的教育、更稳定的工作、更满意的收入、更可靠的社会保障、更高水平的医疗卫生服务、更舒服的居住条件、更优美的环境；另一方面是人民群众需求层次多样，人民群众不仅是对物质文化生活提出了更高的要求，而且在民主、法治、公平、正义、安全、环境等方面的要求日益增长。为此，云浮市云安县把城乡基本公共服务均等化作为履行功能职责的出发点和归宿点，贯彻落实以人民为中心的理念，走好党的群众路线，通过搭建"三农"服务平台、购买专业化社会服务、健全基层法律服务体系、推进数字乡村治理等方式，着力提升基层治理的社会化、专业化、法治化、智能化水平，推动公共服务"下乡、进村、入户"。

五　考核下移，创新基层干部管理制度

在传统政绩观的影响下，地方政府"唯GDP马首是瞻"，往往偏重经济增长的数量与速度，出现治理锦标赛、面子工程、表海战术等异化的应考行为，严重危害干群关系。为此，云浮市云安县大力推进干部考核制度改革，以"人的现代化"为出发点，扭转传统社会管理体制"重管制轻服务、重监控轻保障、重经济轻民生"的局面，根据不同地方、不同部门、不同人群找准活动的切入点和着力点，满足不同人群的不同需求。人民群众是公共服务的享受者。私人物品可以通过评价和退货的方式表达消费者意志。政府提供公共服务不能退货，需要引进"共评"机制，通过创新考核主体、考核

标准、考核方式，建立起一套"官评"与"民评"相结合、质性指标与量化指标相结合、奖惩并行的系统考核指标，有效解决"谁来考核""考核谁""如何考核""考核后如何"等问题，让基层干部能更好履职和服务群众。

小　结

作为基层农村社会治理的典型，云浮市以"共谋共建共管共享"的工作方法，克服了基层治理现代化的浪漫主义精神病灶[①]。其一是权力浪漫主义病灶，不再视政府的大包大揽为治理基层社会的主要方法，而是倡导政府以群众需求为导向，提供多层次多样化的公共服务，由"管制型政府"转变为"服务型政府"。其二是社会浪漫主义病灶，不再将基层治理的倚靠力量寄托于集体人口复归，而是主张以城乡社区为基本单位，以多重联结重建新型社会关系，让"社区的事"变为"我的事"，激活基层社会自身的治理活力。其三是小农浪漫主义病灶，不再把社会化的小农置于国家治理的边缘，注重建立健全农业农村现代化的激励保障机制，诸如采用"以奖代补""信用贷款"等方式，调动农民群众参与基层治理的积极性。正是通过"共谋共建共管共享"，云浮市在重新调整县乡关系、行政与自治关系、党群关系的基础上，以功能发挥为标准合理划定基层治理单元，有效解决了基层治理的诸多问题，推动了基层治理体制机制创新，不仅对于理解基层治理出现的新形态，诸如"微自治"[②]等具有重要意义，而且能够为基层治理现代化提供重要的实践经验。

[①] 参见任剑涛《克制乡村治理中的浪漫主义冲动》，转引自任剑涛《乡村治理现代化（笔谈一）》，《湖北民族大学学报》（哲学社会科学版）2020年第1期。

[②] 赵秀玲：《"微自治"与中国基层民主治理》，《政治学研究》2014年第5期。

第二章
理念向下：树立基层治理新共识

党的十八届三中全会提出："全面深化改革的总目标是完善和发展中国特色社会主义制度，推进国家治理体系和治理能力现代化。"① 将推进国家治理体系和治理能力现代化作为全面深化改革的总目标，进一步建设社会现代化强国。而基层处于国家体系的"神经末梢"，与人民群众直接接触，基层治理体系的现代化关系国家治理体系现代化的进程。近年来，全国各地积极探索和创新基层治理模式，但大多陷入了政府"唱戏"，基层"看戏"的困局，政府作为强势"主角"主导基层社会的治理和建设过程，基层社会无奈成为"配角"，治理成效难以持续。在参加十二届全国人大二次会议上海代表团审议时，习近平总书记曾强调："社会治理的重心必须落到城乡社区，社区服务和管理能力强了，社会治理的基础就实了。"② 2021年《中共中央国务院关于加强基层治理体系和治理能力现代化建设的意见》中重申了基层治理的重要意义，明确指出："基层治理是国家治理的基石，统筹推进乡镇（街道）和城乡社区治理，是实现国家治理体系和治理能力现代化的基础工程。"③ 我国在推进国家治理体系和治理能力现代化的过程中，基层治理呈现重心下移、资源下沉的特点，重点发挥基层社会的力量，让基层社会真正成为治理的主体，进一步提升了基层治理的效能。然而，观念是行动

---

① 《中共中央关于全面深化改革若干重大问题的决定》，《人民日报》2013年11月16日第1版。
② 《推进上海自贸区建设 加强和创新特大城市社会治理》，《人民日报》2014年3月6日第1版。
③ 《中共中央国务院关于基层经济体系和治理能力现代化建设的意见》，《人民日报》2021年7月12日第1版。

的先导，推进治理重心向下转移，首先要在观念上进行变革。云浮市在基层治理的转型过程中，率先在观念上做出改变，将目光向下转移，充分发挥基层的力量，变传统的"向上对应"为"向下适应"，变"政府唱基层看"为"政府基层共奏"，以"向下"为核心理念，树立起基层社会治理的新共识。

第一节 构建"向下看"的政府治理理念

政府是国家治理的重要主体，推进政府治理的科学化、现代化是实现国家治理体系和治理能力现代化的必然途径。原来的政府扮演着包办代替的管理者的角色，更多的是对社会进行管理，忽视了自身的服务职能，长此以往形成了"重管理轻服务"的格局。党的十八届三中全会提出国家治理体系和治理能力现代化的改革目标，重点就是提升政府治理能力，建设服务型政府。在推进国家治理体系现代化的背景下，云浮市作为广东省欠发达地区典型率先进行基层社会治理改革，构建"向下看"的基层治理理念，发挥基层社会的力量，变单一的政府管理为多元主体的共治，实现政府治理、社会调节和居民自治的良性互动。

一 党政统筹，科学制定区域规划

乡村一直是我国国家治理体系的短板所在，影响着国家治理水平的整体提升。乡镇政府是我国国家治理体系中最基层的政权组织，直接面向基层群众，能够更有效地反映群众的需求，在提供社会服务、维护社会稳定等方面具有天然优势，其在基层治理中的职能和角色非常关键，对推动基层治理体系和治理能力现代化具有"一线"的牵引与支撑作用。[1] 然而，自实行村民自治制度后，国家的政权组织撤退到乡镇一级，乡镇政府成为最低层级的政府，需要承担上级政府分配的任务，逐渐形成压力型体制格局。在压力型体制的影响下，县级政府无法直接面对基层，逐渐脱离群众，而乡镇作为最低层级政府疲于应对上级的考核和监督，久而久之县乡两级在机构和职能设置

---

[1] 参见江国华、罗栋梁《乡镇政府治理职能完善与治理能力现代化转型》，《江西社会科学》2021年第7期。

上逐渐不协调，无法有效发挥各自的治理能力。党的十九届四中全会将"坚持和完善中国特色社会主义行政体制，构建职责明确、依法行政的政府治理体系"确定为国家治理体系和治理能力现代化的重要内容。因此，在推进基层治理现代化的过程中，急需调整县乡两级关系，解决"看得着的管不了，管得了的看不着"等问题，发挥好县乡两级在基层治理中的作用。云浮市通过合理安排县乡两级的机构设置和理顺功能定位，提升县乡两级的基层治理能力，为理顺县乡关系提供了有益的探索。

一是找准乡镇政府角色定位，建设服务型基层政府。新中国成立之后，我国实行人民公社体制，这也意味着国家权力向农村社会渗透，农村成为主导力量。在人民公社制度解体后，我国撤社建乡，在村一级实行自治，重建乡级政权。乡镇政府成为最低层级的行政机关，直接面对农村社会承接并履行自上而下的国家政权职能，包括征税、维持社会治安、经济和社会管理等。然而，随着分税制改革的进行，中央与地方之间开始"分灶吃饭"，在调动乡镇政府积极性的同时，刺激了乡镇的自利性。乡镇政府在利益的驱动下，将工作重心转移到开发财政资源上，主要途径是通过税收增加财政收入。一方面通过发展经济获取企业税收，另一方面利用自身的权力向农民摊派各种税费，减轻自身压力。乡镇政权日益成为"谋利"型角色[1]，既背离了国家的利益，也远离了社会利益。乡镇政权的"谋利"性行为加剧了国家管理农村社会的难度，为此国家进行了税费改革，并对乡镇的权力进行改革，在减轻乡镇政府负担的同时，乡镇政府的财权和事权大都被相应的上级职能部门收回，没钱没权的现实情况使乡镇政权开始向"任务"型角色转变，主要是完成上级的各项行政事务，服务职能"悬浮"于乡村社会之上，背离了税费改革想要让基层政权服务群众的初衷。

乡镇政府处于政府体制的最末端，连接着国家与人民，对提升国家信任度、维持国家稳定具有重要的意义。取消农业税之后，构建"服务型政府"是新时期建设的重要内容，乡镇政府由"任务型"向"服务型"转变成为基层政权建设的重要任务。云浮市提出"服务优先"的施政理念，以群众需求为出发点，提升公共服务和社会保障水平，实现向服务型政府转变的目

---

[1] 参见杨刚《改革开放以来乡镇政府行为及其解释——G省J镇的表述》，硕士学位论文，华中师范大学，2020年，第25页。

标。例如，云浮市云安县实施"一校两院三保障四工程"项目，从教育、医疗、养老等多方面提供服务，提高了民众的幸福感。

二是转变县乡政府职能，强化乡镇政府社会建设职能。党的十九大报告提出："经过长期努力，中国特色社会主义进入了新时代。"[①] 我国社会主要矛盾转变为"人民日益增长的美好生活需要同发展不平衡不充分之间的矛盾"，广大人民群众对教育、文化、医疗等公共服务领域提出了更高的要求。然而我国长期坚持"以经济建设为中心"的发展战略，忽视了社会建设的同步发展，社会服务的供给还跟不上群众日益增长的需求。社会建设关乎人民的幸福安康，社会建设的缺失使得群众的社会幸福感、归属感不断下降，从而一系列社会矛盾冲突不断显现，因此在新时代的背景下，加强社会建设显得至关重要。

我国行政体系呈现"条条块块"格局，"条"指的是纵向的垂直管理，但在纵向的管理中各级政府存在权力边界不清、职责划分不明的问题，下级政府成了上级政府的任务承接单位。在实践中，有些地方政府不分场合、不分时机、不分事项地将本该由自己承担的任务和责任转嫁到乡镇政府，以达到"减压卸责""转移风险"的目的。[②] 大量的行政事务堆压在乡镇一级，使得乡镇政府疲于完成上级分配的各种任务，难以尽心尽力地完成自己的本职工作，乡镇任务过重，难以发挥社会建设的职能。为了减轻乡镇一级的负担，防止上级政府随意将任务下放给乡镇，应该理顺各级政府关系，合理划分职能，发挥乡镇政府在基层社会治理中的优势，强化其社会建设职能，提升服务能力。

云浮市依托主体功能分区，明确划分县乡两级政府职能，将县的主体功能定位为经济建设，将面向基层的乡镇的主体功能定位为社会建设，以此把社会服务和管理职能落实到乡镇，推动乡镇政府机构整合与权能调整，提升乡镇政府的社会服务能力。例如，云浮市云安县在村一级设立农村社区服务合作社，使政府的社会服务有载体，实现社会服务的进村入户。通过创建"社情研判机制"与"农情研判机制"，为社会服务的供给提供制度保障。

---

① 习近平：《决胜全面建成小康社会　夺取新时代中国特色社会主义伟大胜利——在中国共产党第十九次全国代表大会上的报告》，《人民日报》2017年10月28日，第1版。

② 参见杨彬权《乡镇政府治理的法律困境及破解路径》，《行政与法》2020年第1期。

由此来看，云浮市明确县乡两级政府功能定位，将社会服务职能向下延伸，从而强化基层的社会建设，着力改善民生。

三是科学规划机构设置，提升乡镇服务能力。我国实行自上而下垂直型的行政管理体制，往往要求下一级政府设立与上一级政府对应的机构来承接相应的任务，即在机构设置上采取"向上相对应"的方式。[1] 因此，在乡镇政府的机构设置上，为了完成上级的行政任务以及接受上级的考察，几乎所有的部门都是与县市政府的部门相对应而设立的，鲜有根据基层社会需要而设立的"办公室"，导致完成行政任务的"管制型"机构多而满足农民需要的"服务型"机构少，形成了乡镇政府"只唯上而不唯下"的局面。[2] 近些年，我国秉持着整合资源、合理规划的理念，进行大部制改革，对乡镇机构的设置进行了优化调整，但在实际的运行中，一些乡镇机构为了便于开展工作，仍然按照原来的"七站八所"进行分工，"大部门"式的部门设置成了"空壳"，不利于乡镇机构工作效率的提高。云浮市云安县作为广东省农村综合改革试验区同样实行了乡镇大部制改革，但并没有让大部门变成形式，而是通过改革进一步优化整合了资源，提高乡镇的办事能力。云浮市在不改变编制人员数量的情况下，整合原有的"七站八所"，对乡镇职能进行调整规划，设立党政办、农经办、宜居办、综治信访维稳中心、社会事务服务中心五个大部门，在农经办下面再设立农村土地流转服务中心、农村劳动力服务中心、农业发展服务中心，作为政府优化"三农"服务的工作平台，做好土地流转、农村劳动力转移和农业生产等工作。乡镇机构立足群众的需要进行新的调整优化，更加注重服务能力的建设。

云浮市实行大部制改革，打破原有"向上"迎合的机构设置，突出乡镇政府的"向下"服务职能，根据基层社会和农民的需要来设立机构，是其改革得以成功的重要原因。根据"农民需要什么，就设什么"的原则设立的新部门，能够解决群众的实际问题，真正地为群众服务，因此也能够受到群众的欢迎。这种做法很大程度上弥补了政府与农民"脱节"的情况，为当前我国调整乡镇关系，提升基层政府的服务能力提供了有益借鉴。

---

[1] 参见赵树凯《乡镇治理与政府制度化》，商务印书馆2010年版，第84页。
[2] 参见徐勇等《再领先一步：云浮经验》，中国社会科学出版社2012年版，第92—93页。

二　能力导向，加强基层政权建设

党的十九届三中全会通过的《中共中央关于深化党和国家机构改革的决定》明确提出："构建简约高效的基层管理体制。加强基层政权建设，夯实国家治理体系和治理能力的基础。"① 习近平总书记强调："加强基层党组织和基层政权建设。基础不牢，地动山摇。只有把基层党组织建设强、把基层政权巩固好，中国特色社会主义的根基才能稳固。"② 作为国家治理的基础，基层政权是党和国家连接社会的重要桥梁与联系群众的关键节点，对推进基层治理现代化，进而推动国家治理体系和治理能力现代化具有重要的意义。2021年《中共中央国务院关于加强基层治理体系和治理能力现代化建设的意见》中明确要求"加强基层政权治理能力建设"，增强乡镇（街道）行政执行能力、为民服务能力、议事协商能力、应急管理能力和平安建设能力，对基层政权建设提出新要求。云浮市在基层治理改革的过程中，既在宏观上优化基层政权组织的职责权能，又在微观上加强基层干部的能力建设。

一是权力下放，构建权责分明的政权体系。"天大的责任，巴掌大的权力"是基层政权在治理中权责不一的生动体现。一方面，我国乡镇一级行政职权过窄。我国现有法律明确规定，行政审批权、执法权与规划权等归属于县级以上的政府，乡镇政府作为基层政权组织是不具备这些权力的。在垂直的行政体系下，乡镇政府直接面向农村社会，既要"向上"完成上级政府的任务，又要"向下"处理烦琐的基层事务，但又没有权力处理相关的事务，使得很多基层小事都久拖未决。另一方面，财政资金不足。我国实行分税制改革后，乡级财政变为典型的"吃饭"型财政。不管是基础设施建设还是民生建设项目，都需要向上级财政部门争取资金，但由于信息不对等、项目规划不强等问题，使得乡级财政在争取资金时困难重重。上级政府分配给各个乡镇的转移支付数额有限，无力支持乡村社会各项事业和经济的发展。乡镇政府支出高度依赖财政转移支付，可利用的财权范围缩小，缺乏财政自主权，使乡镇难以提供高质量的公共服务，改善民生的能力十分有限。此外，在现有的行政体制下，乡镇干部的任免和职务的晋升由上级部门决

---

① 《中共中央关于深化党和国家机构改革的决定》，《人民日报》2018年3月5日第1版。
② 习近平：《在基层代表座谈会上的讲话》，《人民日报》2020年9月20日第2版。

定，乡镇政府对其管辖范围内的人事任免仅有有限的建议权，其影响力往往不足以充分调动干部的办事积极性。乡镇受有限的事权、财权和人事权的制约，使得乡镇一级在社会治理的过程中陷入"无权办事""无钱办事""无人办事"的窘境。

基层政府在治理过程中"没权、没钱、没人"，却要承担越来越多服务民生方面的职能。为了更好地服务人民群众、改善民生，必须推进治理资源的向下转移，以确保基层政权的权责利一致。云浮市将事权、财权和人事权下放到乡镇一级，以此扭转乡镇政府"责重权小能弱"的局面。在事权方面，云浮市将县直部门的行政执法权、行政审批权以及公共事务的管理权下放，让乡镇政府能够有权处理基层事务，解决"有问题，管不到"难题；在财权方面，云浮市通过分税的方式，将乡镇商业税、增值税、资源税等以税收返还的方式注入乡镇财政之中，同时将税量增量的部分以奖励的形式纳入乡镇财政中，丰富财政资源，让乡镇政府能够有钱办事，解决"有问题，没钱管"的难题；在人事权方面，云浮市将乡镇干部的人事推荐权、干部调整建议权和干部问责处理权下放，使乡镇拥有人事管理的主动权，解决"有问题，没人管"的难题。从云浮市的经验来看，通过权力的向下转移，进一步完善乡镇政府的综合职能，供给高质量的治理资源，有效推进乡镇政府职能的现代化转型。

二是面向基层，加强基层干部队伍建设。基层政权治理能力，在很大程度上体现为基层干部的工作能力与服务水平。当前，我国基层政权建设不断向纵深拓展，而基层干部作为国家政权的末梢是基层政权治理能力提升的关键，这就要求基层干部必须面向基层、做好群众工作、提升服务水平，打造一支能担当、善作为的基层干部队伍。[①] 然而，在当前的基层治理中，基层干部普遍存在服务意识薄弱的问题。一方面，部分干部秉持"重经济效益，轻社会发展"的片面政绩观，为了完成上级的考核，按照上级的任务做工作，忽略了对基层群众的服务；另一方面许多基层干部抱着"干多干少一个样，少干事少犯错误"的"躺平"态度，不能真正地下到基层，为基层群众办实事，影响基层的办事效率，造成治理的乏力。加强基层政权建设，提升治理能力，必须改变基层干部的工作作风，提升干部的履职尽责能力。

---

① 参见范逢春《基层政权治理能力建设对干部提出新要求》，《人民论坛》2022 年第 5 期。

首先要转变基层干部的治理理念,根除"官本位"思想,强化"勤政为民"的服务意识。云浮市在基层治理的实践中,要求干部眼睛要向下看,在村一级成立了农村社区服务合作社、农村环卫服务队和农情社情两个研判室,让基层干部下沉到基层,为基层群众提供经济发展、社会管理、环境整治等方面的公共服务,保障农民的切身利益,提升基层干部的办事能力和基层的公共服务水平。其次,加强对基层干部的培养。当前我国已迈入新时代,乡镇政府在职能上进一步向服务型政府转型,对基层干部提出了更高的要求,要着力培养面向基层的高素质人才,提升基层干部队伍的综合素质和基层工作能力。最后,要完善基层干部的考核和激励机制。科学完善的考核和激励机制,有利于提升乡镇干部的工作热情和工作效率。云浮市在乡镇大部制改革后,建立差异化的考评机制,根据"不同赛道赛马"原则设置了"5+X"的干部考核内容。其中,"5"即"维护社会稳定、促进农民增收、提供公共服务、政策宣传、加强基层建设"等五项基本职责,"X"是依据不同的主体功能定位,赋予的不同的职责要求和经济社会发展目标的要求。通过"官考"与"民评"相结合的方式对基层干部的服务和建设能力进行考评,有利于干部更好地为基层群众服务,满足人民对于美好生活的需要。

三 优化服务,培育扶持社会组织

现阶段,我国积极推进基层治理的现代化。治理不同于管理,治理是国家与社会的合作、政府与非政府的合作、公共机构与私人机构的合作,强调由单一的政府管理向多元主体共同治理转变,要求在基层治理中充分吸收政府、市场、社会、村民等多方力量,实现多元主体在基层治理中各司其职、各负其责。当前基层治理中,社会组织成为参与治理和提供公共服务的重要力量,对于推动基层治理体系和治理能力现代化有着重要意义。"十四五"规划更是将发挥群团组织和社会组织在社会治理中的作用,畅通和规范市场主体、新社会阶层、社会工作者和志愿者等参与社会治理的途径列入其中。云浮市作为欠发达地区,经济发展水平较为落后,服务供给能力欠缺,但在基层治理的实践中充分发挥了各类社会组织的作用,补齐经济落后的短板,拓宽多元共治的广度和深度。

一是发挥企业组织的作用。企业相较于其他类型的社会组织有着资源和资金优势,引入企业组织参与基层治理可以提供更加优质专业的社会服务。

云浮充分发挥企业组织的作用，将政府主体功能扩展到社会层面，发动广大企业参与基层管理，大力激发企业的社会责任感。鼓励企业通过捐资、助学、扶贫、帮困等多种形式回馈社会。例如，云浮市新兴县温氏集团通过设立温北英基金会和温氏助学基金参与扶贫助学活动，近十年累计向社会捐助1.38亿元，创造了良好的社会效益。

二是发挥中介组织作用。中介组织的成立，为基层社会的快速发展增添了动力，有助于实现各类资源的整合与利用，提高基层群众的收入，改善基层群众的生活。云浮市在基层治理中引入中介组织，积极发挥行业协会、农业合作组织等中介组织的带头示范作用，鼓励中介组织在力所能及的范围内向农民提供技术、资金支持，切实满足群众需要，优化基层治理的成效。例如，云浮市云安县有专门设立的农民专业合作社快速登记"绿色通道"，进行"极简审批"，农民专业合作社办理时限不超过3个工作日，培育和扶持了合作社发展。在扶持农民专业合作社发展方面，云浮市通过优服务、快准入、强宣传、重引导、亮品牌、优特色等措施，切实为农民群众提供高效、优质的服务，全方位助力农村产业规范化、合作化发展，促进农民脱贫致富。

三是发挥乡贤组织作用。改革开放以来，随着人民公社解体和村民自治的推行，我国的乡村治理进入"乡政村治"时期。村民自治虽然部分弥补了乡村治理的不足，但随着城镇化的推进，我国乡村普遍面临治理危机，如传统文化遭受冲击、基层治理能力弱化、村民社会认同感下降等。云浮市为解决上述问题，重拾地缘优势，建立乡贤理事会，为在外乡贤反哺家乡提供舞台。云浮市乡贤理事会是在政府的引导和扶持之下，通过集聚杰出乡贤的智慧和力量，整合区域内外资源，协同参与农村社会治理的一种农村基层治理制度，在基层治理中发挥着独特的作用。一方面，乡贤理事会弥补了政府的缺位，为乡村公益事业发展做出了贡献。作为非官方组织，乡贤理事会能做政府做不了、做不好的事情，可以协助调解邻里纠纷，协助村民自治等。另一方面，乡贤理事会提供了资金支持，起模范带头作用。税费改革后农村普遍存在资金不足的问题，许多威望大、号召力强的乡贤发挥了带头募捐作用，推动村庄公益事业和公共建设发展。

第二节 倡导"向内看"的社会治理理念

乡村振兴战略的实施,对基层治理也提出了新的要求。2017年,党的十九大指出,要加强和创新社会治理,完善党委领导、政府负责、社会协同、公众参与、法治保障的社会治理体制,打造共建、共治、共享的社会治理格局。党的十八届三中全会提出:"要创新社会治理体制,增强社会发展活力,改进社会治理方式,发挥政府的主导作用,鼓励和支持社会各方面参与,实现政府治理和社会自我调节、居民自治良性互动。"[①] 社会力量在社会治理中具有独特的优势,应将社会力量引入基层治理,有效扩展基层社会的自治空间,有效发挥治理合力。十九届四中全会明确提出:"必须加强和创新社会治理,完善党委领导、政府负责、民主协商、社会协同、公众参与、法治保障、科技支撑的社会治理体系,建设人人有责、人人尽责、人人享有的社会治理共同体。"随着我国经济的发展,原有的单一主体管理模式的弊端逐渐凸显出来,治理范围有限、治理成效低下、公共服务能力弱制约了基层社会的发展,而且在农村经济社会发展背景下,基层群众的参与意识和参与能力得到了提升,社会组织数量也在增加,构建起共建共治共享的基层治理共同体成了必然选择。

云浮是一个保留传统文化较多的地方。宗族性的传统文化仍在村民的生活中占据着主流,依靠地缘和血缘建立起来的纽带关系仍在当前的社会治理中发挥着重要作用。随着现代化进程的推进,基层社会的治理也要适应现代社会发展的要求,为此云浮市立足于传统文化的沃土,依托地缘和血缘的情感纽带,在既有的传统文化资源的基础上进行创新,引导传统的社会管理资源与现代的社会管理要求相适应。

一 社会协同,扩展基层社会自治空间

2021年《中共中央国务院关于加强基层治理体系和治理能力现代化建设的意见》中指出:"创新社区与社会组织、社会工作者、社区志愿者、社

[①] 《中共中央关于全面深化改革若干重大问题的决定》,《人民日报》2013年11月16日第1版。

会慈善资源的联动机制；实施政府购买社区服务，鼓励社区服务机构与市场主体、社会力量合作。"①社会力量已经成为基层治理的重要主体，在推进基层治理现代化的过程中发挥着重要的作用，能够有效弥补政府在基层治理中的不足。但当前基层治理中普遍存在政府主导、社会力量薄弱，村民自治空间不断被挤压的现状。因此在基层治理中应将目光对准社会力量，有效扩展基层自治空间，促进多元共治的发展。

一是引导新乡贤群体参与。随着城镇化的快速发展，农村呈现"空心化"趋势，留守的老人和儿童受文化水平的限制，在治理中发挥的作用有限。在人口资源外流的情形下进行乡村治理要更多地考虑社会力量的加入，而乡贤便是其中重要的主体。2015 年，中央"一号文件"强调要创新乡贤文化，弘扬善行义举，以乡情、乡愁为纽带吸引和凝聚各方人士支持家乡建设，传承乡村文明。2018 年，中央"一号文件"提出要积极发挥新乡贤在乡村振兴和乡村治理中的作用。2018 年，中共中央、国务院发布的《关于实施乡村振兴战略的意见》强调了新乡贤在政治建设、社会建设上的积极作用，指出要创建党组织领导的充满活力的村民自治机制，形成多层次的基层协商格局。近年来，党和政府在政策文件中多次强调新乡贤在基层社会治理中的重要角色，新乡贤回归参与治理是一种重要趋势。一方面，随着城乡融合的深度发展，城乡差距逐渐缩小，为新乡贤向乡村回流创造了机会。此外，乡村的熟人社会性质对体制内精英的治理带来了一定的压力，迫切需要体制外精英投身到治理中来。另一方面，在"生于斯、长于斯"的桑梓情怀和乡土情结的作用下，在外乡贤有强烈的反馈与回报意识，希望能够成为家乡落后地区的积极建设力量，成为乡村社会和谐共治的中坚力量。但是，大部分乡贤曾长期工作在外，长时间的时空分隔、对村庄情况的不了解、村民对其的陌生感等因素也成为阻碍乡贤回归乡村场域的因素，因此，在当前推动基层社会多元共治的形成过程中要解决好乡贤顺利进入乡村社会的问题。

云浮市作为经济落后地区，在社会力量发展缓慢的现实情况下，充分挖掘传统文化资源，通过血缘和地缘的双重吸附使得乡贤重回农村，乡镇与村干部在重大节日时会带些具有地方特色的物产拜访在家省亲的乡贤，促进彼

---

① 《中共中央国务院关于加强基层治理体系和治理能力现代化建设的意见》，《人民日报》2021 年 7 月 12 日第 1 版。

此间情感的交流。希望乡贤利用自身的社会资本和社会影响力走进基层社会治理内部。云浮市组建的"三级理事会"中有多半理事是乡贤,这些人多半是在外经商成功的企业家、教育行业的教师和离退休干部等乡村精英。一方面,乡贤对村庄比较重大或紧急的公共事务出谋划策,另一方面乡贤通过捐款捐资的方式参与到村庄的建设中来。例如,云浮市横洞村的村民理事会中有11位乡贤,他们都是土生土长的本村人,外出务工经商后发了财,为了回报乡里,积极捐款给村民做公益事业,协调村中的矛盾,乡贤的加入让村庄的治理充满了活力。有的村民表示有了乡贤理事会后,村里的事情好办多了,人手多了,关系好调解了。可以看出,乡贤能够利用自身的财富、人脉优势反哺家乡,愈发成为基层社会治理的重要主体。新乡贤群体以村庄传统文化为纽带,激活了村民群体的公共精神,建立起乡村治理与发展的长效机制,其经验对于提升乡村治理能力、推进乡村可持续发展具有重要借鉴意义。

二是积极发展民间社会组织。党的十九大以来,社会组织作为"社会协同、公众参与"的重要载体,在社会治理格局中的地位进一步强化。随着经济发展水平的提高,我国目前已经进入中国特色社会主义新时代,社会的主要矛盾已转变为人民日益增长的美好生活需要同发展不平衡、不充分之间的矛盾,人民的生活水平日益提高,对物质生活和精神生活有了更高的要求。当前基层治理的大部分工作还是由基层自治组织承担,村委会和居委会的成员较少,却要承担繁重的基层工作,很难提供高质量的公共服务,因此积极发展民间社会组织参与到基层治理中来,有利于缓解基层的工作压力。

社会组织是由基层群众自发形成的,以其本土化和自主性彰显着特有的治理价值。组织成员来自基层社会内部,能真正了解群众需求,切实维护群众的利益,较大程度上弥补基层干部工作上的不足,一方面可以提升公民参与基层治理的积极性,另一方面可以满足社会公共服务需求以及推进基层社会建设。云浮市通过大力培育和发展民间社会组织来组织群众进行自我管理和自我服务。例如建立社区服务合作社,提升基层社会的公共服务水平,此外还建立了"三级理事会",激发群众参与治理的活力,充分调动社会主体参与社会建设和社会管理的积极性。

三是积极培育社会工作者。"社会工作是基于一定价值观念和专业知识技能，解决、预防社会问题，恢复和发展社会功能的社会服务活动。"① 例如，对老年人、残疾人等弱势群体进行帮扶或是对群众就业进行帮扶。在推进基层治理现代化的进程中，社会工作的特性能够满足人们更高层次的公共服务需求，满足人们对美好生活的需要。

在基层社会培育一批专业的社会工作者，对于发挥人民群众的主体作用、推动乡风文明建设等方面有不可忽视的作用。近些年来，为了充分发挥专业社会工作服务基层群众的作用，国家支持社会工作的发展。2020年，民政部部长在加强乡镇（街道）社会工作人才队伍建设推进会上强调："力争'十四五'末，实现乡镇（街道）都有社工站，村（社区）都有社会工作者提供服务，社会工作的作用得到更加充分发挥。"② 云浮市走在了全国发展的前列，曾经在云安县设立社会工作委员会，组织实施全县社会工作规划，协调有关部门开展社会工作，推动社会治理体制改革创新，培育社会工作者，促进公共服务建设，规范社会组织建设，充分发挥社会工作在基层治理中的作用。

四是组建志愿服务组织。公益与志愿服务组织具有公益性、志愿性和服务性，③ 在基层治理中可以有效发挥公共服务的作用。当前乡村社会人口流失严重，留守老人和儿童对村庄公益事业的参与度不够，而有效的组织社会志愿者参与到村庄的治理中来可以有效改善公益事业参与不足的问题。云浮市在进行人居环境整治活动中，积极发动农村党员、退休老教师、老干部、青年志愿者等组成志愿保洁队伍，义务保洁。与此同时，云浮市云安县积极开展云安籍县乡干部回乡清洁活动，号召干部带头，鼓励群众跟进。社会志愿者作为社会力量的重要部分，可以凭借各自的身份背景和专业知识能力为乡村发展做出贡献。在新时代的背景下，社会志愿者成为多元共治的一支重要力量，发挥社会公益志愿服务组织的作用是实现乡村善治的必然要求，当前相关部门正在广泛进行宣传，普及志愿服务理念，营造良好的志愿服务氛围，充分动员大学生、医生、律师等参与到城乡基层的志愿服务中。

---

① 卞国凤：《新时代农村社区治理的社会力量参与研究》，《核农学报》2020年第12期。
② 李纪恒：《加快推进乡镇（街道）社会工作人才队伍建设 增强基层民政服务能力》，载浦善新主编《民政工作文选》2006，中国社会出版社2020年版，第24页。
③ 参见卞国凤《新时代农村社区治理的社会力量参与研究》，《核农学报》2020年第12期。

二 群众自治，激发基层社会自治活力

《中共中央国务院关于加强基层治理体系和治理能力现代化建设的意见》明确提出："要以健全基层群众自治制度为重点，建立健全基层治理体制机制。"[①] 我国在基层社会实行基层群众自治制度，基层群众自治组织是基层自治的基本单元，提升基层群众自治组织的治理水平对改进基层治理水平，推进国家治理能力现代化具有重要意义。基层自治组织在基层中产生，在基层中发展壮大，更为了解基层百姓的需求。但在实践中，面临基层群众的现实需求无法及时予以回应，与群众沟通效率不高、互动不足的困境。因此，尊重群众主体地位，激活基层群众自治活力，提高基层治理水平显得尤为重要。

一是激发群众参与意识。基层群众是基层自治的主体，提高基层群众自治的水平，激发群众参与意识是前提。为充分调动群众的参与意识，云浮市在基层治理机构方面进行了创新，发挥更小单元的地缘作用，将原本自治的单元从"行政村"扩展到"自然村"，以激发群众的参与意识。人民公社解体和村民自治实行以来，我国的乡镇治理进入了"乡政村治"的格局，在行政村一级实行村民自治，行政村成为大多数乡村基层治理的单元，但大多数行政村是由多个自然村合并而成，地域面积较大，村两委通过自身的力量难以完全调动群众的积极性，发挥其主动性。为此，云浮市将眼睛"向下"，将"自然村"一级纳入治理范畴，以人们联系紧密、认同强烈的"自然村"为单位。自然村的面积小，村民之间交往频繁，大事小情关乎着村内百姓的利益，以自然村为单位有利于激发群众的参与热情，调动群众的参与积极性。

二是搭建群众参与平台。提高基层群众自治水平，畅通参与渠道是关键。我国实行基层群众自治以来，基层群众的民主素养和民主能力得到了很大的提升。然而，在实践中，因为村两委干部掌握着权力优势和强势话语权，农民群众的利益诉求在村干部的强势话语权下往往难以表达，村民的话语权得不到真正的发挥。云浮市在村民小组一级试点组建村民理事会，形成

[①] 《中共中央国务院关于加强基层治理体系和治理能力现代化建设的意见》，《人民日报》2021年7月12日第1版。

"组为基础、三级联动"的农民参与网络。村民理事会是以自然村为基本单元,按照"民事民办、民事民治"原则,在党委政府引导下,以民主提名和村民选举的方式选举理事,吸纳村中的老党员、老干部和在外乡贤参与,以村民自治和公共服务为核心,采取"三议三公开",即理事会提议、联户代表商议、户代表开会决议,议案决议公开、实施过程公开、办事结果公开的方式进行民主议事,保证群众的参与权、表决权和监督权,让村民做自身利益的发言人,提升基层群众自治水平。

三是完善群众参与和激励机制。提高基层自治水平,完善机制是保障。首先,云浮市创新"十步工作法"完善群众的参与机制,在民主监督、民主决策等方面不断探索,充实和保障村民自治内容。"十步工作法"的主要流程包括社员依据群众意愿和上级部署梳理确定议题,社区负责人实地调研后制订初步方案,入户征求社员意见,依法表决通过、公示表决结果,分流经济服务工作站、公共服务工作站、综治信访维稳工作站三站实施,定期开展研判,实施民主监督,组织绩效评价,事结公布结果。"十步工作法"注重解决基层自治过程中民主决策和民主监督难的问题,从决策上保障群众参与,通过信息公开的方式,将决策的信息效果传递给群众和上级政府,实现内部监督和外部监督的统一。此外,云浮市为解决农村地区群众参与公益事业的积极性差,缺乏动力的问题,积极推动"以奖代补"政策,化财政拨款为项目奖励,对于由群众筹资筹劳参与的公共建设项目实施予以不同比例的资金奖励,以此激发群众参与公共项目建设的热情,形成政府搭台、群众唱戏的良性互动格局,使得群众参与基层治理能够可持续发展。

三 组织起来,强化基层社会有机联结

改革开放以来,随着人民公社体制的解体和村民自治的实施,我国的基层政权撤退到乡镇一级,重新开放社会自治空间,由此进入"乡政村治"时期。村民自治制度给了村民管理村庄事务的自主权,在一定程度上弥补了人民公社解体所带来的乡村治理权威的不足,但村民在参与意识和参与能力上的不足难以适应当前经济发展转型时期的乡村社会的治理。我国乡村普遍存在治理危机,如村两委的"过度行政化"、村民利益表达渠道的缺失等。面对当前乡村治理所出现的问题,越来越多的地方开始尝试建立以乡村精英为核心力量的社会组织参与乡村治理的制度,以此应对各种治理问题和弥补

村民自治的不足,通过广泛的参与提升乡村的治理能力以及提高乡村的公共服务水平。云浮市通过组建"三级理事会"等社会组织,将乡村精英和普通群众组织起来,并且为村民参与治理提供了平台。

一是将乡村组三级联动起来。所谓"三级理事会"是指在村民小组(或自然村)建立村民理事会,在村(行政村)组建社区理事会,在镇设立乡民理事会,形成以"组为基础、三级联动"的模式,构成了政府自上而下的服务和群众自下而上的参与的社会管理网络,实现基层治理的横向到边、纵向到底。"三级理事会"中的村民理事会则将基层治理触角延伸到自然村一级,贴近农民群众的生活与交往空间,反映村民的切身利益要求,为村民搭建有序参与的平台,实现社会管理纵向到底。不止于此,"三级理事会"进一步扩大了村民的参与范围,在自然村或者村民小组内,村民参与有其内在动力和可行性,因为村民的生产、生活和交往主要发生在自然村中,自然村的公共事务关系到每个村民的利益,也为村民向上参与奠定了基础,村民可以参与村庄的治理、公共设施建设、公共服务提供等多个方面。

二是将社会贤能组织起来。云浮市的"三级理事会"的理事多由乡贤组成,在云安县组建"三级理事会"的指导意见中明确提到"成员组成以村中族老和外出乡贤为主"。按照"注重威望、合理分布"原则,由村中有威望、有能力的老党员、老教师、老模范、老村干等村中族老,以及村民代表、复退军人、经济能人、外出乡贤等组成。[①] 可以看出,云浮市将"三级理事会"作为实施"反哺工程"的载体,吸纳乡贤参与到村庄建设中来,抓住了建设中的"他"者力量,凝聚贤智、贤资、贤力助力家乡建设,有效改善了基层治理中缺人、缺物的发展困境。云浮市郁南县历洞镇的乡贤们在得知镇里成立了镇民理事会后纷纷表示,理事会的组建,不仅让热心家乡建设、致富后希望回馈社会的外出贤能在参与家乡建设中有平台、有活力,而且使其在参与社会管理中有责任、有面子,他们将以更加饱满的热情积极参与到家乡建设中来,充分发挥牵线搭桥、凝聚合力的作用,共建幸福和美

[①] 参见云安县委办公室《中共云安县委、云安县人民政府关于组建组村镇"三级理事会"的意见》,云县委 2011 年 22 号,第 6 页。

家园。①

三是将普通群众组织起来。我国实行村民自治制度,在村一级由村民进行自我管理、自我教育和自我服务。从现实情况来看,村民参与治理的方式多是"举手""投票",只有在选举村干部的时候才会凸显出自治的价值,平时缺少"发声"机制。虽然有村民大会保障村民的民主权利,但在大多数地区开会只是一个"空壳子"。云浮市通过组建"三级理事会",能够很好地将群众组织起来。对于涉及群众利益的重大事项,村民理事会采取"三议三公开"(理事会提议、联户代表商议、户代表开会决议,议案决议公开、实施过程公开、办事结果公开)方式民主议事,保障群众的参与权、表决权和监督权;社区理事会、乡民理事会采取"两会两议两监督",即出席本级会议、参与理事会议,商议本级政务,决议内部事务,监督本级政务,监督内部财务,合理反映群众诉求,维护好村民的利益。"三级理事会"的建立为群众参与公共建设提供了平台,凝聚村庄治理的合力,推进基层治理现代化的发展。2011 年,在"三级理事会"的组织发动下,云浮市云安县广大群众积极参与自然村竞争性"以奖代补"项目(包括农村基础设施、农村环境建设、农村公共服务、农村社会管理等四类项目)和村级公益事业一事一议财政奖补工作,共落实奖补项目 3103 项,完工 3050 项。其中群众自筹资金 4.63 亿元,占项目投资总额的 69%。所有项目完工后,可惠及 156.4 万人。② 由此可见,在推进基层治理现代化的背景下,必须重视基层社会的组织化程度,整合各项资源,带动多个主体参与,从而解决普通群众参与不足的问题,保证在政府向社会"放权"的过程中基层社会能够"接得住、管得好",提高基层社会的治理水平。

第三节 培育"向前看"的基层治理理念

2021 年 7 月,《中共中央国务院关于加强基层治理体系和治理能力现代

---

① 参见林振兴《历洞镇外出乡贤返乡积极关心支持家乡"三级理事会"组建工作》,转引自徐勇等《再领先一步:云浮探索》,中国社会科学出版社 2012 年版,第 131 页。
② 《云浮市培育"三级理事会"有效推进农村基层党风廉政建设》,转引自徐勇等《再领先一步:云浮探索》,中国社会科学出版社 2012 年版,第 131 页。

化建设的意见》指出,"坚持共建共治共享,建设人人有责、人人尽责、人人享有的基层治理共同体"。在新时代背景下,面对实现基层治理现代化的现实要求,构建好治理共同体成为关键所在。建设基层治理共同体,意味着需要政府将更多注意力和资源转到提升群众的自我组织能力上,而非过多介入群众自己可以办好的具体小事。① 乡土社会是熟人社会,是基于血缘、地缘、趣缘等情感要素和个人与集体的利益要素建立起来的联合体,这样的社会特点也让构建治理共同体有了可行性,能在治理中发挥治理合力推进治理现代化的实现。云浮市深化共同体理念,基于情感、利益等联结纽带建立共谋、共建、共管、共享机制,激发群众的参与热情,打造基层治理共同体。

一 决策共谋,构建情感共同体

乡村本身具有共同体的属性,是建立在自然情感基础上的地域性村落与伦理共同体的结合,情感要素是维系乡村社会整合的重要变量。② 随着社会现代化发展,市场经济在乡村社会的发展,使乡村社会的个体化、原子化特征日益显露。利他主义的道德情感、礼俗秩序的伦理约束以及集体主义共享价值日渐式微,造成乡村公共精神和共同体意识的流失,并进一步影响了社会成员的公共事务参与。农村地区开会越来越多,但参加的人数越来越少,从侧面反映了当前村民普遍缺乏公共意识,对公共事务漠不关心。虽然我国乡村社会处于个体化的发展趋势之中,但传统的"根"的意识仍然凝结着乡土社会,血缘关系、宗族力量、伦理道德等情感要素仍在社会治理中起着重要的作用。在个体化的背景下,情感是联结治理多元主体的基础,在治理中构建起适宜村民表达的情感空间和参与机制,有利于加强村民个体对公共事务的关心和参与。云浮市根植于传统的乡村情感资源,以公共精神为情感依托,引导村民参与到治理中来,构建情感共同体。

一是依托宗族文化,引导在外乡贤参与决策。传统时代的乡村治理主要

---

① 参见陈荣卓、车一顿《利益聚合与行动协同:新时代乡村治理共同体何以建构?——来自武汉市星光村的经验观察》,《中国行政管理》2022年第10期。

② 参见杨慧、吕哲臻《个体化视域下乡村社会情感共同体重塑》,《中国特色社会主义研究》2022年第2期。

依靠宗族、宗教、乡约等。① 中国是一个宗族传统深厚的国家，宗族在人们的生产、生活以及交往中扮演着独特的角色，它既是同宗同族的精神维系的纽带，又是亲亲社会关系的延续。尽管时代在变迁，但宗族观念却从未随着现代化理论的发展而消失，反而在乡村治理中发挥着重要的作用。改革开放以后，伴随着国家权力在乡村社会的减弱，一些地区的宗族活动又开始盛行，宗族文化影响着社会生活的方方面面，小到日常生活矛盾的调解，大到宗族祭祀、婚丧嫁娶，甚至村集体的重大经济决策、村委会班子的选举等重要活动。云浮市立足于宗族的情感纽带，利用村民"光宗耀祖"心理为基础的宗族文化，引导乡贤参与到公共事务中来。成立"三级理事会"，为乡贤参与决策搭建平台，乡里如果有比较重大或者急需解决的公共事务会召开会议，让乡贤出谋划策，理事会成为农村发展的"智囊团"。乡贤参与公共事务的过程既让家族"有面子"，又能加强与村庄的情感联结，凝聚起情感共识。

二是搭建共谋平台，引导村民参与决策。人是一个理性与情感共生的存在物，在追求自身利益的同时，也需要情感的交流和慰藉。如今我国已经实现全面建成小康社会的目标，迈入新时代，人们的物质生活需要已经得到了满足，现在更多的是追求情感的需要，而在乡村社会，这种情感需求需在村庄的共同体中得到满足。云浮市以村民大会或村民代表大会为共谋平台，发动群众参与到项目的决策中来，通过入户走访、召开座谈会、发放征询意见表等方式调动广大群众主动投身各项工作的积极性。此外，云浮市通过"三级理事会"履行协商议事的职能，通过了解民意、商议村事，让基层群众的心声有地方说，有事好商量，众人的事众人商量。

三是完善决策制度，为决策共谋提供制度保障。云浮市为加强村民之间的联络沟通，建立了理事联户制度，以自然村为单位，以相邻 10 户左右为一片，以理事作为联户代表，深入各家各户了解民意，并以理事会提议、联户代表商议、户代表开会决议的形式，走进村民内部，了解村民意愿，引导群众积极参与项目决策与项目建设。此外，还建立了民主议事机制，对村中的重大事项实行"一事一议"，采取"三议三公开"的决策模式，保障村民

---

① 参见吕德文《乡村治理 70 年：国家治理现代化的视角》，《南京农业大学学报》（社会科学版）2019 年第 4 期。

的参与权、表决权和监督权。云浮市的决策共谋机制，注重民意的表达，有利于凝聚群众的公共情感，激发群众的参与积极性，增强其主人翁意识，不仅为群众公共情感的表达提供了平台，并且在情感的倾诉过程中又深化了其村庄情感共同体的意识。

在乡村社会这个特殊的场域中，村民之间共同生活，交往频繁，为多元治理主体之间相互联结提供了情感节点。随着城镇化进程的推进，虽然越来越多的村民选择离乡进城，但"落叶归根"的传统情感将离乡与返乡的治理主体联结在一起。

二 发展共建，缔结命运共同体

乡村的公共建设超出了个体与家庭的范畴，影响着村民的日常生活。村民参与村庄的公共建设不仅是基层治理现代化的需要，更是村民"利益"获取的基础。然而，由于村民的群体认知和个人利益等因素的阻碍，村民难以主动参与到村庄的公共建设中去，基层社会的公共建设水平难以提升。除此之外，传统的地方大包大揽的建设方式，也大大挫伤了群众参与建设的积极性。乡村的公共建设是从村庄的集体利益出发，是个人幸福生活的基础，公共建设做得好，人民的幸福感和获得感也会提高，所以这不光是集体的事情，更是每个人的事情。云浮市通过"美好环境与和谐社会共同缔造行动"，在发展上实现共建，使"你、我"变成"我们"，引用"以奖代补"机制盘活各地资源，发动群众共同建设。

一是培育共建精神，凝聚建设共识。基层的公共建设作为一项集体事业，关乎集体利益，远远超出了个体的范畴。而人作为理性动物，更加关注个人利益，忽视集体利益，因此公共事业的建设往往被认为是"费力不讨好"的事情，人们不愿意投入精力，而是希望能够"搭便车"。云浮市通过宣传教育、广泛讨论引导群众参与共建，组织开展丰富多彩的体验活动，举办特色主题的地方文化活动，提高群众的综合素质和社会文明程度，增强群众的参与意识，让"发展共建"成为基层群众的共同价值取向，让"发展共建"成为广大群众的自觉行为。

二是实行以奖代补，激发群众参与热情。对于乡村社会的公共建设，政府多采用大包大揽的方式，建什么怎么建都是政府说了算。但政府所作的公共建设往往是从政绩出发，并不是群众真正需要的，很难发动群众参与到建设中来，造成了"政府做，群众看"的局面。云浮市为调动广大基层群众参与公共建设，搭建以奖代补的参与平台，以项目奖励鼓励群众参与。"以奖代补"将涉农的资金统筹起来化为项目奖励，各村通过竞争的方式争取建设项目，充分调动群众的主动性和积极性，群众心甘情愿参与到建设中来，实现"要我建"向"我要建"的转变。通过以奖代补项目，奖励做得好的，惩罚做得坏的，让老百姓心中的"公家事"变成"自己事"。例如，云浮市城市绿道建设项目中，云城街西围村村主任张奀，带头让出个人土地，在他的带动下，群众不但积极捐款捐物、义务投工，在施工过程中遇到困难、问题也找他协调解决。

三是培育农民自建组织，提高群众参与能力。村庄的公共建设关乎每个人的幸福生活，如何提高公共建设水平，提升村民的幸福感是当前乡村治理中需要考虑的问题。云浮市在实践中抓住公共建设的重要主体——村民，提升基层群众参与建设的能力。云浮市鼓励群众参与到项目建设中来。鼓励各地成立本土建设工程队，村庄的项目由群众承包，让基层的建设回归到群众手中，为基层群众提供就业机会，带动收入增长，同时提升了群众参与建设的积极性，群众由被动参与变为主动参与。

三　建设共管，打造权责共同体

我国基层社会的治理结构经历了剧烈的变迁。在计划经济体制时期，基于全能主义的政治逻辑，基层治理呈现出权力主体的单一化、权力运作的单向度化特征。但这种高度集中的管理体制惯性在改革开放后仍然有一定影响，并形成路径依赖，因此必须推动自上而下的社会管理向多元参与的社会治理转变，构建起社会治理共同体。社会治理共同体是由政府、社会组织、公众等基于协商互动、权责对等原则，着眼于解决社会问题，回应治理需求共同目标的有机体。

在乡村社会中，乡镇政府、村支"两委"、村民以及民间的社会组织是权责对等的利益相关体。[1] 然而，在目前的基层社会中，大部分村庄的集体收入较少，再加上民间社会组织发展薄弱，也无法为乡村的公共建设持续出力，因此，乡镇政府和村"两委"承担起了公共建设的大部分责任。而基

---

[1] 参见邓大才、卢丛丛《乡村治理共同体的实践逻辑与基层政权转型》，《求实》2023年第2期。

层群众的主人翁意识欠缺，普遍认为公共建设是公家的事情，不是自己的事情，不愿承担起公共建设的责任，也不愿参与到公共事务的管理中来，在实际的治理中呈现权责不对等的情况。乡村建设"三分靠建，七分靠管"，村庄建设得好的同时，也要做到管得好。群众作为建设成果的"享受者"，同样要做好管理的"责任者"。云浮市为了实现多元主体的共治，以建设共管为切入口，从老百姓房前屋后的小事做起，积极探索多元主体共管共治机制，划分各主体的权力和责任，打造治理的权责共同体，提升乡村公共设施管护水平。

一是划分管理任务。长期以来，乡村内部的治理边界模糊化，政府大包大揽，群众被动参与，即使是房前屋后的小事也难以广泛发动群众参与。为此，云浮市从乡村环境卫生中最难整治的生活垃圾着手，发动多元主体参与到环境的管理中来，划分管理任务，实现有序治理。农村地区的基础设施配置还落后于城市地区，没有固定的垃圾投置点，村民们的卫生习惯也没有养成，导致村庄的垃圾"满天飞、遍地跑"，对此问题，云浮市对生活垃圾治理的任务进行分类。首先是前期的资金投入问题，采用政府投入、乡镇筹资、村集体出资的方式来筹集垃圾清理所用的资金，在村里建设垃圾池及放置垃圾桶，并购置垃圾车、手推车等清洁工具。其次是配置保洁人员，公共区域的卫生由专门的环卫保洁人员负责，并积极发动农村党员、退休老教师、老干部、青年志愿者等组成志愿保洁队伍，义务保洁。家庭范围内的环境卫生由各家各户负责。

二是明晰主体责任。云浮市采用"户分类、村收集、镇转运和县分片"处理的模式，明晰各主体的责任，以实现美丽乡村建设。对于农户来说，负责自家房前屋后的环境卫生，鼓励农户进行垃圾分类，将动物粪便等可利用的有机物返田做肥料，对于不可回收的垃圾则需要放在指定的垃圾回收池中，不再允许垃圾随便乱堆。对于村来说，村委会要进行统一的规划，合理放置垃圾池和垃圾桶，并配置专职的保洁人员打扫公共领域卫生，保持村庄的街道整洁。对于乡镇来说，主要的任务是进行垃圾的转运，定期对村庄的垃圾进行收集，转运到垃圾场进行填埋。对于县来说，将各镇分成若干垃圾处理片区，城郊镇的生活垃圾统一由县城市管理局负责运送到县垃圾填埋场处理，郊区镇的生活垃圾则运送到本镇的垃圾填埋场处理。

三是完善监管激励机制。美丽环境的保持需要长效的监管和激励机制。

云浮市按照"谁主管、谁负责"的原则,细化部门责任分工,严明工作奖惩。对镇、村实行动态考核制度,采取定期与不定期检查相结合、随机抽查与集中督查相结合等多种手段,将各镇的生活垃圾处理工作列入乡镇领导干部的考核范围。乡镇对各村的情况进行考核,将考核结果纳入村年度的工作目标考核,有力督促了对生活垃圾管理的长效性。云浮市在生活垃圾的治理中,将任务进行分类,将责任进行划分,明确奖惩规则,形成了权责利一体的治理格局,各主体承担起建设、管理与维护卫生环境的责任。

四 成果共享,形成利益共同体

利益是人类一切行为的动因和动力。"有关农民利益的社会治安、公共设施……需要由地域共同体的成员共同决定。"[1] 可见,利益关联是各主体积极参与的重要驱动因素之一,利益关联度越高,群众参与的程度越深。有学者用"参与—回报"理论解释社区参与不足的"弱参与"困境,其基于理性人的假设认为,如果心理预期、参与意识、参与收益减去参与成本的结果大于零,居民才会自觉参与公共事务。[2] 因此,提高群众的心理预期,增加群众的参与收益有利于提高群众参与基层治理的积极性和主动性。

利益关系作为乡村社会中最重要、最复杂的社会关系,利益的实现是村民参与公共生活的动力所在,也是农村社会组织和农村发展的动力所在。基层治理的现代化以建立利益共同体为抓手,促进基层政权组织、企业组织和村民个人等乡村社会主体的利益共生融合。云浮市在基层治理中始终秉持利益共同体的原则,做到发展成果由人民共享。

一是提高群众的富裕感。经济发展是成果共享的物质基础。云浮市作为广东省发展落后地区,不能走"硬拼""蛮拼""豪拼"的老路,而是要把握地方特色,营造本地优势,找到发展的新路。云浮市坚持"人无我有,人有我优"的原则,对内统筹城乡实现功能拓展,对外整合资源实现差异发展,探索经济发展的新模式,实现经济的快速发展。为公共服务覆盖到乡、成果惠及民众,实现人居环境改善、人民生活幸福的目标奠定了坚实的经济

---

[1] 徐勇:《中国农村村民自治》,华中师范大学出版社1997年版,第25页。
[2] 参见冯敏良《"社区参与"的内生逻辑与现实路径——基于参与—回报理论的分析》,《社会科学辑刊》2014年第1期。

基础。

二是提升群众的获得感。云浮市坚持以民为本原则，深入基层社会，了解群众的需要，从群众的需求出发服务群众。做到村"两委"发展农村经济与合作社提供经济服务相结合，让群众共享发展成果；村"两委"推进新型城镇化建设与合作社提供公共服务相结合，让群众共享改革成果；村"两委"抓好社会维稳工作与合作社提供和谐环境服务相结合，让群众共享和谐成果，突出群众在共享中的优先地位。可以看出，云浮市在实践中以改善和保障民生为突破口，从群众关心的经济、公共服务和环境建设等多方面着手，通过实施"宜居生态"、"金融信用"和"农情研判"等民生工程，使农民生活条件得到改善、生产需求得到满足、发展难题得到破解，提升群众的获得感。例如，云浮市进行的宜居城乡建设，对城乡的慢性绿道进行建设，这项工程是民心所向，能够满足群众对美好生活的向往，得到了群众的广泛支持，群众自发地参与到项目的建设之中。基层群众的心理预期得到满足后，又会带动群众自发地参与到公共建设中来，实现共谋共建共管共享的目标。

三是扩大群众的幸福感。利益是群众参与的动力，让群众在参与中有所收获，才能变被动参与为主动参与。必须充分挖掘"参与治理"的内在价值，既要使参与者有物质上的收获，也要使其有精神上的收获，从而实现真正的成果共享。云浮市在物质上通过医疗保障和帮扶救助扩大群众的参与收益，让群众生活得更好。一方面提高政府在公共卫生方面的支出，重点支持公共卫生、农村卫生和社区卫生以及医疗体制的改革，重点改造医疗资源薄弱的卫生院，利用远程医疗等现代医疗技术沟通城乡医疗资源，为城乡居民提供安全、方便、价廉、快捷的公共卫生服务。另一方面完善帮扶体系，做到全民共享保障。以分类施保、扩大覆盖、保障基本为原则，积极推行城乡居民医疗保障一体化，促进城乡居民基本养老保险全覆盖。建立城乡优抚自然增长机制，提高低保、五保对象的保障标准。以金融扶贫为手段，深入开展"规划到户、落实到人"的"双到"扶贫，让弱势群体共同享受发展成果。在精神层面上，云浮市通过发展教育和公共文化设施，让群众生活得更快乐。一是全面实施城乡免费义务教育。大力发展农村教育，促进公共教育资源向农村地区和资源相对薄弱的学校倾斜，改造农村地区教育硬件设施，改善办学条件。二是完善公共场馆建设，做到全民共享设施。云浮市加大公共文化设施投入，全面实现了县有图书馆、文化馆、博物馆、档案馆、体育馆；镇有综合文化站、体育活动所、社区文化中心；村有文化活动室、农家书屋。在县域推行"电信网、广播电视网、互联网"的三网融合试点工作，村级实现广播电视村村通。

小　结

云浮市作为广东省欠发达地区，在基层社会治理中长期存在着"政府唱戏、群众看戏"的发展困局，群众的参与意识薄弱、参与程度低，导致公共建设和公共服务水平落后于其他城市。为此，云浮市在改革中坚持理念先行，树立"向下看""向内看""向前看"的治理理念，合理划分政府和基层社会的权责范围，发挥多元治理主体作用，构建起基层治理共同体，为当前实现基层社会治理现代化提供了有益经验。

一是政府治理"向下看"，激发基层社会活力。我国长期实行计划经济体制的国情，使得政府过往一直居于强势的高位，基层社会的发展受到阻碍。云浮市在实践中，首先通过合理划分政府与基层社会的职责，将事权、财权、人事权下放到乡镇一级，改变基层社会没权、没钱、没人的发展困境；其次注重对基层干部的能力培养，强化其服务意识，让干部走进基层，密切联系群众以提升其工作能力；最后通过培育和扶持社会组织，发展多元治理的主体，发挥社会组织的资源和社会优势，提升基层社会的服务能力。

二是社会治理"向内看"，提升基层社会能力。云浮市在基层实践中注重发挥多元主体的力量，以情感为纽带联结乡贤力量，为村庄建设出谋划策，贡献力量；以自治为基础，为村民参与提供参与平台和制度保障，调动村民的参与积极性；以组织为结构，发挥社会组织的优势，将群众组织起来，提高基层群众的参与度。云浮市在治理中有效发挥了各个治理主体的优势，通过优势治理，全面提升基层社会的治理能力。

三是基层治理"向前看"，强化基层社会合力。基层社会具有熟人社会的特点，本身就是生活的共同体。然而随着现代化的发展，由于理性人的特点，社会个体化的趋势明显，越来越多的人关注个人利益，忽视了集体利益。云浮市基于情感、利益等因素，建立起"共谋、共建、共管、共享"

的机制，让群众参与到基层社会治理的全过程，构建起基层治理共同体，让基层社会发展的主动权回归到基层群众的手中。

在推进国家治理体系和治理能力现代化的进程中，基层社会作为国家的神经末梢，其现代化的推进对实现国家治理的现代化有着基础性的意义。随着中国式现代化的向前发展，传统的政府大包大揽的建设模式已不再适用于基层社会的发展需求，政府往往从宏观角度出发，忽视了群众的真正需求，政府的建设项目和群众的需要往往出现偏差，出现"费力不讨好"的发展困境。因此，要想实现基层治理现代化必须"理念向下"，从基层社会的实际情况出发，一方面将治理的着眼点向下延伸到村一级或村民小组一级，发动基层群众广泛参与，实现基层治理的纵向到底；另一方面将治理的范围扩展，将基层生活的方方面面纳入治理的范畴，引导群众参与决策、建设、管理和共享的全程，实现治理的横向到边。

第三章
资金下移：优化基层社会资源配置格局

　　财政是社会运行的重要基石，发挥着维护社会秩序、提供公共产品、促进公平正义的重要作用。2021年《中共中央国务院关于加强基层治理体系和治理能力现代化建设的意见》中指出，"保障基层治理投入。完善乡镇（街道）经费保障机制"，以及"坚持因地制宜，分类指导、分层推进、分步实施，向基层放权赋能，减轻基层负担"[①]。对于基层治理来说，财政是政府履职的物质基础和政策手段，是基层治理得以持续推进的必要条件，是推进基层治理现代化的重要支撑。从经济指标看，云浮的GDP和财政收入成绩在广东省并不出色。但云浮敢于创新，精心谋划，从资金这一关键因素入手，创新建立了财税改革制度，通过资金下移，优化基层治理资源配置格局，为云浮市基层治理夯实了经济基础。

第一节　在分税制中充实基层"钱袋子"

　　1993年之前，国家财政体系采取的是包干制，即中央和地方谈判来确定地方上交给中央财政的金额，除上交部分，剩下的金额都归地方财政所有。这种制度操作繁杂，并且导致了90年代初中央财政一度陷入危机，中央财政匮乏，无力支付全国性的建设项目，使得中央政府的权威受到一定程

[①] 《中共中央国务院关于加强基层治理体系和治理能力现代化建设的意见》，《人民日报》2021年7月12日第1版。

度的影响。在此背景下，我国实行了分税制改革，1993 年党的十四届三中全会通过了《中共中央关于建立社会主义市场经济体制若干问题的决定》，正式提出实行分税制改革。实行分税制改革具有里程碑意义。分税制改革使国家财政从重收入转向重支出，更加注重服务于社会治理。但是，随着经济社会的不断发展，分税制在实践中也存在着一些需要改进的地方，如政府财政与事权不匹配，财力过度集中于中央，事权责任又集中在省以下的地方政府；地方政府各自为营，围起利益藩篱，形成发展孤岛；省以下的财政体制滞后。因此，财政支出结构需要进一步优化，央地关系需要进一步理顺。为了破除分税制下各级政府财权事权不匹配，强调招商引资背景下政府各自为政以及地方政府重生产轻民生的问题，云浮市通过改革财税体制，通过市域内各级政府间的纵向分税以及地方政府间的横向分税，着力解决基层政府钱不足以至于迈不开步子的问题，让乡镇政府装满"钱袋子"，从而有能力做好建设与服务工作，从而调动基层政府在基层社会治理中的积极性与主动性。

一 理顺县乡权责利关系

2005 年，我国取消了存在两千多年的农业税，这次改革是公共财政反哺农村的开始。这一调整也影响到了县乡政府，县乡政府不能再从农村汲取资源，而是依靠中央财政的转移支付供养，而县级政府又将中央转移支付资金保留在本级，导致乡镇政府财政匮乏。在此背景下，2002 年开始，全国开始大规模地撤乡并镇，调整乡镇规模，减轻乡镇财政压力。在城镇化迅速发展的背景下，浙江、广东这些经济基础雄厚地区的乡镇聚集了大量人口、产业，对乡镇公共服务与管理能力提出了更高的要求，2005 年，浙江、广东等省份开展了强镇扩权改革。[1] 在这一背景下，2009 年云浮开展了财税体制改革，通过下放县级事权、扩大乡镇财权，充分赋予乡镇自主权，理顺县乡权责关系。

一是匹配乡镇政府管事权与财权。县级政府直接将资金下拨给村，缺少乡镇监管，很有可能使公共建设经费失效。资金使用的有效监管与及时矫

---

[1] 参见李荣娟、殷旺来《国家治理视角下中国县乡关系的演进、问题与趋势》，《北京师范大学学报》（社会科学版）2021 年第 6 期。

正，不能绕开乡镇一级。如果绕开乡镇一级，在资金安排出现偏差时，乡镇政府进行纠正、治理的能力、意愿以及激励不足。乡镇政府与乡土社会更密切，乡村两级之间指导与被指导的关系，使基层政府在与村级组织的沟通中更能抓住村庄建设项目的重点和难点，以及更好地安排资金使用、项目落地的细节。在科层制下通过县政府对乡镇政府的管理、激励与制约，可以将资金、项目的落实纳入基层政府绩效考核中，从而使得资金真正发挥实效。从2009年始，云浮市云安县将11个县直部门32项职权，包括部分行政处罚权、小型水库审批权等下放或委托乡镇政府行使，并进一步扩大乡镇财权，逐步提高对乡镇的税收返还比例。与此同时，规范部门资金下拨方式，将县直部门扶持镇的各类帮扶资金，划拨给镇政府，再由镇政府划拨给扶持对象，同时由县级部门强化资金监督，进一步提高财政资金使用的安全性、科学性和有效性，开展覆盖事前、事中、事后的财政监督检查，真正实现对财政资金的跟踪问效。当时云安县委书记有一个形象的"分糖"比喻："项目和资金好比是糖果，以前县里直接把糖发给村里，但是县又不直接管村；乡镇直接管村却又没糖给。我们现在直接让乡镇来发糖，县里则负责监管，理顺了县乡两级的关系，也树立了乡镇政府的权威。"[1]

二是建立县、乡镇统一的公共财政体系。2005年取消农业税之后，"三提五统"退出了历史舞台，在缓解农民压力的同时，镇级政府运转经费主要依靠上级政府财政的转移支付，乡镇政府出现资金不足的运转难题，这一背景孕育出了"乡财县管"这一思路。"乡财县管"的实践始于2003年，最先在安徽省试行，随后在山西、新疆等地推广。"乡财县管"的具体措施是：乡镇财政的"三权"不变，即预算管理权不变，资金所有权和使用权不变，财务审批权不变，以乡镇为独立核算主体，实行"账户统设、预算统编、票据统管、采购统办、集中收付"的财政管理方式，由县级财政主管部门直接管理并监督乡镇财政收支，同时调整乡镇财政所管理体制和职能。[2]这一做法在不影响乡镇政府财政资金所有权和使用权的基础上，由县级政府对乡镇政府进行管理与监督。当年云浮的具体做法是加快财政税收体制改

---

[1] 戎明迈：《"给糖理论"激发和谐施政能力》，《南方》2011年3月8日，转引自徐勇等《再领先一步：云浮探索》，中国社会科学出版社2012年版，第148页。

[2] 参见王桂梅《"乡财县管"的利弊分析》，《辽宁行政学院学报》2007年第3期。

革，逐步建立县、镇统一的公共财政体系。通过实行"镇财县管镇用"，县级政府作为县镇财政主体，对镇财政收支实行统一管理、统一审核、统一拨付，对镇财政收支实行分户核算。这种做法进一步理顺了县乡的财政分配关系，推进了县级财政体制改革的步伐。而"村财乡管村用"是将村级财政交由乡政府代管，以监督村级财务，杜绝资源浪费，加强村级党组织的廉政建设。在这方面，云浮的具体做法是逐步完善村级财务管理制度，全面推进村级财务委托镇财政结算中心代理记账，在确保"四权"（资产所有权、资产经营权、资产处置权、财务审批权）不变的前提下，强化会计监督。

三是建立公共财政支出责任制度。匹配职责事权与财政支出是理顺县乡关系的前提和基础。乡镇政府作为科层治理体系的末端，一方面要承接上级政府的各项行政任务，另一方面又要连接村民自治组织。乡镇政府能够在遵循乡土社会行事逻辑的同时将正式的治理规制与非正式的治理资源有机结合，从而实现行政与自治的契合，因此，保障与规范镇级政府财政是基层治理有效的重要前提。在这方面，云浮市进一步理顺了县、镇职责权限，明确财政的供给范围和支出责任。凡属于县政府承担的支出责任，县财政要全额保障经费，除上级部门另有规定外，一律不得要求镇政府安排配套资金；县政府委托镇政府承办的事务，要足额安排专项经费，不留资金缺口；属于各级政府的共同事务，尽可能降低财政困难镇的资金负担比例。县镇政府要按照统筹城乡协调发展和完善公共财政体制的要求，合理确定财政支出范围和支出顺序。凡属于公共财政保障范围的，必须足额保证支出需要。一方面，通过全额保障基本经费，保证了乡镇政府的正常运转与工作人员的工资正常发放。另一方面，通过规范镇政府的财政支出体系，既可以将资源优先安排到最需要的地方，又可以调动乡镇政府节省开支与合理用财的积极性，从而推动县级财政的增收。

二 保障乡镇政府有效运转

分税制改革后，央地间财税关系有所调整，财力资源更多地往中央集中，地方政府尤其基层政府获得的财政资金相对匮乏一些，尽管有一定的财政收入来源，但是对于乡镇政府这种综合性的部门来说，所承担的基层管理事务繁杂，财政收入不足以支撑起许多建设、管理与服务工作。作为我国行政体系中最基层的行政机构，乡镇承担着大量基层治理的职责，"上面千条线，下面一根针"是乡镇干部现状的真实写照。不少乡村干部反映，"乡镇干部手中要钱没钱，要权没权，很多事情想管管不了，但是出了事责任又要你来承担，导致农村各种社会矛盾越积越多。尤其是农村税费改革之后，这种情况更为突出"[①]。

针对这种情况，云浮市本着"保障基本"的指导思想，通过保障镇级运作经费、划清县镇间责任为镇政府减负，并专门投入公共服务建设经费来保障乡镇政府的服务与管理工作正常开展。

一是建立乡镇经费保障机制。2004年，温家宝同志《在省部级主要领导干部树立和落实科学发展观高级研究班上的讲话》中首次提出了"服务型政府"的概念。服务型政府建设已有十多年的实践历程。服务型政府与发展型政府常常被视为二元对立的两个维度，其分别以公共服务和发展经济为主要目标。而在现实实践中，服务型政府与发展型政府间是一种螺旋式共进与吸纳关系。本质上都是为了履行自身经济与社会职能，从而实现增进人民福祉的建设目标。[②] 服务型政府建设需要处理好公共服务与经济发展二者的关系，在超越二元对立中找到寓服务于发展中的现实有效路径。对于镇级政府来说，一方面，有事权而无财权，必然就产生了招商引资、发展经济以实现税收分成的发展型建设目标。另一方面，乡镇政府的职能与资源有限，但其服务内容越来越复杂化，并且群众对于乡镇政府的服务质量要求越来越高，发展与服务的双重建设目标都需要上级政府给予乡镇更多的资源，巧妇难为无米之炊，给够资源是基层政府职责得以履行的基础条件。当年，云浮市以保障乡镇政府的基本性支出以及发展性支出赋予其建设的灵活性，同时科学规范财政支出范围，引导财政资源向重点领域投入。首先，云浮建立经费保障长效机制，逐步提高镇级财政供养人员公用经费标准，完善镇级经费补助制度，以确保镇政府的正常运转。2010年云安县对镇一级政府及村级基层组织投入13577万元，占全县可支配财力的31.51%，比2009年增加2385万元，增长21.31%。2010年，保障镇级运作经费1360万元，平均每

[①] 施维：《广东省云安县：功能区分显效应 强镇扩权保民生》，转引自徐勇等《再领先一步：云浮探索》，中国社会科学出版社2012年版，第145页。

[②] 参见吴金群、刘花花《超越抑或共进：服务型政府与发展型政府的关系反思》，《浙江大学学报》（人文社会科学版）2021年第5期。

镇170万元。其次，将所属各镇区域内的行政事业性收费中上级部分全额返还镇财政。镇财力要从竞争性行业和领域退出，重点保障民生和满足公共需求，不得参与经营性投资活动。云浮市通过给够乡镇经费，保障基层政府高效运转，激励了基层干部的履职积极性。为此，时任前锋镇党委书记林沛满算了一笔账：改革之前，镇里的办公经费、人员社保、补贴等开支都要镇里筹集；改革后，光这一项，县里就给减轻100多万元的压力。干部们不用再满世界地招商引资，从"业务员"变回了"公务员"，真正回到了搞好"三农"工作、服务人民群众的本职工作上来了。[①]

二是加大向乡镇转移支付力度。2020年10月1日，《中华人民共和国预算法实施条例》正式施行。新《预算法》第十六条规定，"国家实行财政转移支付制度。财政转移支付包括中央对地方的转移支付和地方上级政府对下级政府的转移支付"[②]。第九条规定，一般性转移支付包括：均衡性转移支付，对革命老区、民族地区、边疆地区、贫困地区的财力补助，以及其他一般性转移支付。而专项转移支付，是指上级政府为了实现特定的经济和社会发展目标给予下级政府，并由下级政府按照上级政府规定的用途安排使用的预算资金。2022年5月29日，国务院办公厅印发的《关于进一步推进省以下财政体制改革工作的指导意见》中对于转移支付改革目标作了阐释。首先，厘清各类转移支付功能定位，一般性转移支付用于均衡区域间基本财力配置；专项转移支付用于办理特定事项、引导下级干事创业等，下级政府要按照上级政府规定的用途安排资金使用。其次，优化转移支付结构。围绕"兜底线、促均衡、保重点"目标，调整省以下转移支付结构，优化横向、纵向财力格局，推动财力下沉，增强基层公共服务保障能力。最后，科学分配各类转移支付资金。围绕政策目标主要采用因素法或项目法分配各类转移支付资金，体现明确的政策导向和支持重点。这些规定都体现了转移支付的科学配备对于推进基本服务均等化的重要意义。在这一方面，当年云浮的具体做法是首先转移压在乡镇政府头上的本来属于县级财政支出的经费项目，同时加大转移支付力度。支持和帮助镇级财政储备基本公共服务财力，着力

---

① 参见施维《广东省云安县：功能区分显效应 强镇扩权保民生》，转引自徐勇等《再领先一步：云浮探索》，中国社会科学出版社2012年版，第145页。
② 刘合定：《关于完善省以下转移支付制度的思考》，《财政监督》2023年第3期。

保障基层运转。县财政按照统筹发展的根本要求，通过积极争取国家、省、市支持，进一步加大对各镇的转移支付力度，规范转移支付行为。逐步建立镇级最低财力保障机制，县每年在新增财力中安排一部分转移到镇，不断提高财政困难镇的财力水平和公共服务能力，逐步缩小地区间财力差距。另外，每年向各镇额外拨付办公经费，并逐年增拨计生、宜居城乡建设等专项经费。

三是建立城乡基本公共服务支出增长机制。2017年10月，党的十九大报告中首次提出乡村振兴战略，明确要求"完善城乡融合发展体制机制和政策体系"。2018年发布的《中共中央国务院关于实施乡村振兴战略的意见》中指出，到2020年，城乡基本公共服务均等化水平进一步提高，城乡融合发展体制机制初步建立。到2035年，城乡基本公共服务均等化基本实现，城乡融合发展体制机制更加完善。从"城乡二元"到"城乡融合"，城乡一体化体制改革不断推进，城乡关系呈良性发展趋势，更加强调了城乡在发展建设中的有机联系与积极互动。早在2010年，云浮市以加大向城乡公共服务领域投放资源力度为主要手段，优化公共资源配置，以缩小城乡基本公共服务差距。首先，云浮通过调整财政收支结构，逐步减少财政预算安排对一般竞争性领域的投入。县级财政按照公共财政原则，每年安排新增财力中的三分之二用于增加城乡公共服务支出，加大对四项"基础服务"（公共教育、公共医疗卫生、公共文化事业、公共交通）和四项"对人保障"（生活保障、住房保障、就业保障、医疗保障）方面的投入，坚持投入向农村倾斜、向基层倾斜、向落后地区倾斜、向弱势群体倾斜，建立健全城乡公共服务体系，使基本公共服务加速覆盖全县居民。其次，建立增收节支激励机制和引导机制。云浮市通过进一步完善财税激励共享措施，调动各镇增收节支的积极性，逐步化解镇政府债务。通过充分发挥市场和社会的作用，引导各方面力量参与基本公共服务的投入，形成政府主导、市场和社会参与的基本公共服务供给机制。在促进城乡服务均等化方面，2010年，财政投入农村的农业、教育、社会保障、医疗卫生、环境保护等民生资金达4.2亿元，占一般预算支出的60.23%（2009年占55.73%），比2009年的2.99亿元增加1.21亿元，增长40.74%，其中对农、林、水的投入达1.02亿元，占一般预算支出的14.59%（2009年占11.9%），比2009年一般预算支出的6426

万元增加 3754 万元，增长 58.42%。①

三 提升村级自我服务能力

基层治理包括基层政府对社会的治理，以及社会的自我治理。乡镇政府遵循的是自上而下的行政逻辑，以正式规制为行动逻辑；而村级自治组织主要通过采用非正式的治理资源和规则来达到目标。行政逻辑与自治逻辑之间必然存在一定程度的冲突。在传统社会的现代化转型过程中，乡土社会的空心化程度更高，村级治理行政化趋势凸显，行政与自治二元张力明显。同时，乡村社会的公共建设能力以及价值实践能力依赖其资源配置水平。随着村级组织行政化趋势不断加强，项目制为主导的资源注入方式可能存在忽视基层社会需求的情况，这使得国家渗入社会的过程中，行政力量挤压了自治的空间。并且，在乡土社会的现代化转型过程中，尽管村民大量涌入农村，但村民仍然不会轻易抛掉自己的根，离土不离乡。这就意味着乡土熟人社会的治理仍然需要保持自治的空间与逻辑。而对于当年的云浮市来说，通过强自治之根与合理外部激励的结合，来实现行政与自治的均衡。

一是推动公益事业"一事一议"。在目前村级治理转型中，政府控制和激励村组织行动强化了对民意的反应力，却因村组织缺乏公共权威导致村民自治沦为行政民主。② 在利益密集涌现的背景下，政府通过垄断乡村治理资源，建立垂直行政机构及权力依附结构，过密化输入资源以满足总体诉求，建立起行政吸纳社会的体制，这可能会带来的后果是行政权力沦为纯粹的供给服务的管理技术，单向的福利分配潜藏着政治整合危机。③ 而构建新时代乡村治理体系，关键在于因时因事实现行政衔接自治，在化解两者内在张力的同时，调和行政的效率追求与自治的民主价值。④ 行政与自治的衔接，并不意味着国家力量的退场，而是需要基层政府参与其中，在适当的时机进行补位，以此将政府的行政效率与乡村自治的民主价值结合，以降低治理成

---

① 参见徐勇等《再领先一步：云浮经验》，中国社会科学出版社 2012 年版，第 196 页。
② 参见刘锐《行政吸纳村庄的逻辑——S 市农村调查》，《广东社会科学》2017 年第 2 期。
③ 参见刘锐《行政吸纳社会：基层治理困境分析——以 H 市农村调查为例》，《中南大学学报》（社会科学版）2020 年第 3 期。
④ 参见王琦《行政衔接自治：构建新时代乡村治理体系的实践表达及逻辑审视——基于农村集体产权制度改革的分析》，《学海》2022 年第 6 期。

本，综合提升治理效能。① 在 2011 年时，云浮市云安县就积极地培育社会组织，组建镇村组"三级理事会"，充分落实"一事一议"制度。

其中，村民理事会依据"民事民办、民事民治"原则开展工作，突出"自我教育、自我管理、自我监督、自我服务"的特点，村民理事会主要履行关乎群众切身利益的"五小"职责，即调解邻里小纠纷、兴办农村小公益、纠正群众小陋习、提出工作小建议、履行自治小职能。社区理事会主要履行"了解民意、商议村事、协助自治、调处民事、服务村民"五项职责。乡民理事会主要履行"表达民意、参与议政、监督政务、调处矛盾、兴办公益"五项职责。村民自治框架内能解决的问题都交由理事会完成，基层政府做好资源保障、意识引领等补位的工作。"三级理事会"充分激活了村民自治的内生动能，既有群众的信任和支持，又有章程规范和党委、基层政府引导，运作有序，职责明晰，有效连接党群干群。一方面，"三级理事会"有效地解决了农村管理中"政府难以管、干部管不了、农村无人管"的老大难问题；另一方面，"三级理事会"进一步完善了村民自治组织架构，充分保障了村民的知情权、参与权、表达权和监督权，能够最大限度地凝聚社会力量参与到基层治理中，撬动更多的社会资金投入乡村建设，以弥补基层政府财政资金的不足。

二是发展农村集体经济。利益决定自治。利益相关度决定利益共同体的紧密程度，以利益相关度为核心的利益共同体决定成员的自治程度。② 利益联结是提升基层治理效能的关键推动力，它能以共同的预期收益撬动主体朝着同一目标协同参与治理的意愿与能动性。目前，村民自治弱化很大一部分原因是村民与自治事务的利益关联性不高。同时，在村级治理转型中，村级治理行政化也可能会带来村庄公共性缺失的问题。过去村干部不脱产，完成任务后就可以进行自家生产活动，而随着基层治理从重管理转向重服务，党群服务中心广泛设置后，村干部工作实行坐班制，收入也具有工资性质，村干部脱产程度提高，村干部队伍的正规化与自上而下的资源转移造成的村级

---

① 参见王琦《行政衔接自治：构建新时代乡村治理体系的实践表达及逻辑审视——基于农村集体产权制度改革的分析》，《学海》2022 年第 6 期。

② 参见邓大才《利益相关：村民自治有效实现形式的产权基础》，《华中师范大学学报》（人文社会科学版）2014 年第 4 期。

治理正规化、形式化相结合，造成了当前农村治理中村干部的普遍职业化。[①]村干部职业化的后果则是村干部只注重自上而下的服务群众的任务，而缺乏组织群众的能力，这又容易导致村庄公共性的丧失。而基层治理的关键在于组织农民。动员、组织农民的前提是使村社集体成为一个利益共同体，由村民选出满意的村干部，并为村干部能有所作为创造制度条件与空间。[②] 当年云浮通过发展集体产业，将村民联结起来，构建村庄利益共同体，重塑村庄公共性。首先，针对农村土地流转多样化的趋势和土地流转无序、流转管理不到位等情况，设立镇级土地流转服务中心，统筹耕地、林地、宅基地的流转，以土地有序、合法流转发展现代农业。其次，云浮发展镇级品牌农业，确立"稳定粮食生产、巩固提升柑橘产业、不断扩大蚕桑规模、大力发展畜牧水产、扶持建立油茶基地、积极培育品牌农业"的思路，实施"一镇一品"战略，采取"建基地、育龙头、创品牌、增效益"措施，探索具有特色的现代农业发展之路，把云浮打造为中国有机农业示范市和广东绿色农产品生产基地的重要阵地。云浮以集体经济、地区特色产业为着手点，将村民带入集体中。

三是调动干部群众积极性。国家行政权向乡村社会的结构性嵌入、正式治理规则对非正式治理规则的功能吸纳以及村委会在上下衔接过程中的角色离散共同促生了"非均衡"的村级治理形态。[③] 政府主导型乡村建设中"行政替代自治"导致"农民主体缺位"，行政替代自治的具体表现包括行政包办取代社会动员以及行政本位虚化农民参与两个方面。而农民参与不足造成了农民的主体性缺失以及被边缘化，这都会影响基层治理的实践成果。[④] 而乡村建设的有效推进，必然需要行政与自治保持合适的互动边界与契合度，以外部的行政力量激活村民自治，通过有效的制度设计重塑村社共同体，将

---

① 参见贺雪峰《行政还是自治：村级治理向何处去》，《华中农业大学学报》（社会科学版）2019年第6期。

② 参见贺雪峰《行政还是自治：村级治理向何处去》，《华中农业大学学报》（社会科学版）2019年第6期。

③ 参见张云生、张喜红《行政与自治均衡互促的村级治理模式建构——基于结构功能主义的视角》，《湖湘论坛》2022年第4期。

④ 参见卢丛丛《行政替代自治：乡村振兴背景下乡村建设的实践困境》，《地方治理研究》2022年第2期。

农民组织起来共同缔造美好生活。一方面,云浮市通过培育组织、改革自治具体实施机制来唤醒村民的主体性。首先,云浮通过改革村民选举、决策和管理的程序和机制,真正保障农民的政治权利。如云浮市尝试对"活力民主、阳光村务"工程所设的会议召集组、发展组、监督组(简称"三个组")选举办法进行改革,从2011年起试行"三个组"成员由村民或村民代表提名,由村民会议或村民代表会议投票选举产生的办法。凡属于村组经济、社会发展的重大问题和涉及村民利益的重要事项,必须实行民主决策。村民会议、村民代表会议、户代表会议进行表决时严格采用无记名投票方式,确保村民意愿的真实表达。同时,云浮市通过培育"三级理事会"、农村服务合作社等组织,为村民开展自治活动和公共服务提供有效载体,以"共谋、共建、共管、共享"的村民自治形式,为社员提供经济发展服务、基本公共服务和社会服务。

另一方面,通过县级财政补助调动村干部的积极性。云浮市云安县在进行财税改革前,村干部都苦不堪言。有一位村支书用四个"最"来形容自己的处境,十分贴切:最累、最苦、最难、最少。他感叹道,村支书"事最多、角色最多——最累","两眼一睁,忙到熄灯——最苦","上管天文地理,下管鸡毛蒜皮,左管生儿育女,右管油盐柴米——最难","薪水最少、报酬最低——最少"。然而,这样一个"苦差事",最后每个月得到的薪水只有一千元。很多干部反映,"我们身边跟我们能力差不多的甚至还要差些的朋友出去经商,都发了大财,最不济出去打工,每个月也有三四千"。为了破解村干部的工作困境,在村级层面,针对在职村干部待遇低、积极性低的问题,云浮市云安县通过实施县级财政直补政策,对村干部报酬实行"基本补贴+绩效补贴+村集体经济创收奖励"的形式,基本补贴由县财政逐月下拨,绩效补贴为村干部补贴中"活"的部分,由县财政按年度划拨到各镇,并根据考核结果发放相应的绩效补贴。其中,一般村干部的基本补贴标准为每人每月850元,支书、主任每人每月900元,另加通信费100元。同时,努力实现村干部待遇与全县经济发展水平、村集体收入和农民人均收入相适应,并保障其随着经济发展逐年提高。此外,逐步提高村级保障性经费。以云安县为例,2010年全县投入村级保障运作经费达761万元。从2011年起,村级保障经费还从每村每年1.56万元提高到3万元,主要用于保障村"两委"在改革发展中职责的正常发挥。

第二节　在资源配置中政府与市场合作共赢

2022年5月29日，国务院办公厅印发了《关于进一步推进省以下财政体制改革工作的指导意见》，文件指出，省以下财政体制是政府间财政关系制度的组成部分，对于建立健全科学的财税体制，优化资源配置、维护市场统一、促进社会公平、实现国家长治久安具有重要作用。同时指出了财政体制改革的三项原则：一是坚持统一领导、全面规范；二是坚持因地制宜、激励相容；三是坚持稳中求进、守正创新。就当时云浮市的探索来看，主要有以下经验：首先建立健全主体功能区及其考核机制，根据自身条件灵活地开展招商引资；其次通过实行"项目招入地与项目所在地税收共享""资源地与生产地税收共享""园区税收增量共享"等方式，创新性地建立起税收共享机制，让政府摆脱了对于工业开发的依赖，使其更好地履行民生与社会服务职能。

一　上下联动，县镇共享项目税

县级政府是指管理一个县级行政区域事务的政府组织的总称，是中央、省、市与乡镇联系的中间环节，是整个国民经济和社会发展的基础行政区域，其具有功能完备、结构稳定的双重特征。郡县治，天下安。习近平总书记指出，在我们党的组织结构和国家政权结构中，县一级处在承上启下的关键环节，是发展经济、保障民生、维护稳定、促进国家长治久安的重要基础。[1] 县级财政水平直接影响着县级政府的治理能力，科学合理的财政体系能够提高县级政府的公共服务供给能力。这就意味着县级政府需要根据区域特点，科学发展县域经济，提升税收水平以增强治理能力。县域经济，指在县域行政区划的地域范围内，依托县城和中心镇，以广大的村庄为腹地，以县级政府为调控主体，以市场为导向，优化配置资源，协调发展一、二、三产业，具有地域特色的经济形态。2022年中央"一号文件"提出："大力发展县域富民产业。支持大中城市疏解产业向县域延伸，引导产业有序梯度转

---

[1] 《习近平谈治国理政》（第2卷），外文出版社2017年版，第140页。

移。大力发展县域范围内比较优势明显、带动农业农村能力强、就业容量大的产业，推动形成'一县一业'发展格局。加强县域基层创新，强化产业链与创新链融合。加快完善县城产业服务功能，促进产业向园区集中、龙头企业做强做大。引导具备条件的中心镇发展专业化中小微企业集聚区，推动重点村发展乡村作坊、家庭工场。"[1] 因此，县域经济应当在全国一盘棋的战略下，根据县域优势因地制宜。云浮市当年的具体做法是通过定位各级政府功能，以良好的营商环境带动高质量的招商引资，从而实现上下级政府合作。

一是明确各级政府功能。云浮市首先明确区域政府功能，县域主体功能扩展通过对发展主体、管理主体的确定，强调"能干什么的人干什么"，明确各级政府的主导职能。将县的主导职能明确为经济发展，将镇的主导职能明确为公共服务与农村基层建设，村的主要职能为村民自治、发展农业、生态保护，强调镇、村在共同服务与发动群众方面的主体作用，从而形成更为合理的政府职权结构。云浮市在明确各级政府主导职能的基础上，落实经济与社会发展中的各重点项目与设施建设。其中，县级政府在各类产业园区整合与建设、招商引资、农业基地建设和基础设施建设等方面发挥主导作用。而镇村则强调其社会建设和社会管理职能，通过创新社会管理制度与管理方式，夯实管理基础，通过扩大社会管理主体，充分发挥企业组织、中介组织、自治组织等社会组织的作用，充分调动社会主体参与社会建设和社会管理的积极性。同时，通过各级政府职能的发挥，将各类企业等投资主体与群众主体紧密结合，促进社会经济的协调发展。建立与主体功能扩展相配套的各级政府的财税保障机制、组织保障机制、绩效考核机制，形成实施主体功能扩展的制度保障。云浮市积极转变政府职能，统筹考虑，结合云浮本地的特色资源、产业结构、地理位置特点等，通过健全财政体制，为良好的市场环境、健全的法治建设等长期的招商引资规划夯实基础。

二是打造良好营商环境。党的二十大报告指出，"构建高水平社会主义市场经济体制"。社会主义市场经济体制已经在中国特色社会主义实践中检验了三十个年头，我国进行的一系列经济体制改革的重大部署都致力于使社会主义市场经济体制不断健全完善。经济体制改革是全面深化改革的重中之

---

[1] 《中共中央国务院关于做好二〇二二年全面推进乡村振兴重点工作的意见》，《人民日报》2022年2月23日第1版。

重，核心问题是处理好政府和市场的关系，使市场在资源配置中起决定性作用和更好发挥政府作用。政府应随着经济社会发展而不断调整自身的角色，以招商引资带动县域经济发展的过程中，政府需要承担相应的环境建设职能。首先，政府能运用政策手段控制改革过程，政府意愿与行为直接决定着营商环境改革的程度，随着经济社会对优质营商环境需求的增强，政府在营商环境改革中的职责越来越重要；其次，为了适应社会主要矛盾的变化与深化改革的要求，政府需要理清责任边界，减少对市场的干预与控制，通过积极转变政府职能，加快"放管服"改革，创新和完善宏观调控，保持宏观经济稳定，加强和优化公共服务，保障公平竞争，加强市场监管，维护市场秩序，推动可持续发展，促进共同富裕，弥补市场失灵。

在招商引资环境建设方面，云浮市通过上下联动，推动区域均衡发展，促进成果共享。首先，云浮市遵循县镇发展建设规律，通过划分主体功能区，统筹推动城乡基础设施、公共服务均等化，推动公共资源在地区内的共享与利用，健全公共服务体系，推动服务向乡镇及偏远地区延伸，着力改善地区发展环境。其次，云浮市通过精准定位自身特色，区分功能，盘活区域资源要素，将经济建设与环境保护同步推进，统筹区域的空间布局、产业建设、资源配合、要素集合，赋予县及以下政府更多自主权，增强基层政府建设自身特色产业的主动性，因地制宜，创新地区产业发展模式和增收路子，以共谋共建推动建设成果共享。在税收分成方面，云浮市按照"谁引进、谁受益"的原则，县直部门、县领导招商引资项目产生的税收实行八二分成，其中县财政占80%、项目所在镇占20%；镇招商引资项目产生的税收实行六二二分成，其中县财政占60%、招商的镇占20%、项目所在镇占20%。

二 跨区合作，镇镇共享企业税

我国地方政府间关系经历了从恶性竞争到协商合作的历程。第一阶段是改革开放后实行分权改革后，各地方政府为了汲取各种资源、谋取自身利益最大化开始了竞争博弈。这种同级政府间的竞争尤其表现在地理位置相近、政治经济影响力持平的政府间，博弈突出体现在地方保护、污染治理与招商引资三个方面。[①] 第二阶段是倡导协商与合作的地方政府间的竞合关系，地

---

① 参见刘祖云《政府间关系：合作博弈与府际治理》，《学海》2007年第1期。

方政府间的竞争越发理性化。2009年，云浮市进行的财税改革有意识地引导同级政府间的良性合作。云浮市主要采取的措施是建立主体功能区，理清基层政府间的责任与利益。

一是乡镇间合作走出囚徒困境。现实经验表明，如果政府围起利益藩篱，各自为营，单方面追求利益最大化，往往达不到集体发展的最优效果；只有通过各政府的横向合作，追求集体利益最大化时，各区域才能实现均衡、可持续的良性发展。矛盾是事物发展的动力，只有在竞争与合作的动态博弈中才能发展自己。在政府职能体系逐步完善和职能范围基本确立的条件下，政府职能叙事由政府职能定位演变为政府职能履行具有现实的必然性。而政府合作履职是我国行政改革中政府职能履行创新的集中体现。[1] 城市的本质就是集聚经济及其协同效应。政府合作的本质在于追求更大规模和更高层次的集聚经济及其协同效应，也就是追求分享、匹配与学习的更大效应。[2] 政府合作能够通过降低市场分割和促进区域产业分工进而降低资源错配。[3] 降低市场分割使资源要素能够在区域间自由流动，政府合作可以降低产业转移的试错率以及产业匹配的成本。近些年来，地方政府逐渐意识到府际合作对于经济发展的重要意义，出现了许多自发的横向联合的政府行为，如飞地模式的兴起。云浮市各区域在市政府的统筹安排下，通过协调各地区的资源和发展策略，建立区域经济共同体，并健全规制、制度以提前预防和规范区域合作中可能会出现的矛盾，实现区域内共同市场资源的高效率配置，帮助各县镇政府走出囚徒困境，实现区域共赢。云浮首先做好了各镇间合作扩大税基的主体功能区基础建设工作，依据不同功能区的特点与发展方向，确定各自发展的重点项目，同时辅之以农田水利、电力、公共服务和历史文化保护等重点设施建设，从而有效支撑各功能区建设，促进不同地区主体功能扩展的实现。

二是区域内生资源效益最大化。习近平总书记提出："市场需求是导航灯，资源禀赋是定位器。要根据市场供求变化和区域比较优势，向市场紧缺

---

[1] 参见郑家昊《政府职能叙事的转向与政府合作履职的兴起》，《探索》2021年第3期。

[2] 参见苗长虹、张建伟《基于演化理论的我国城市合作机理研究》，《人文地理》2012年第1期。

[3] 参见袁胜超、吕翠翠《地方政府合作与地区资源配置效率》，《当代财经》2022年第9期。

产品调，向优质特色产品调。"① 云浮市在产业发展方面，各镇以自身资源为定位指南，以市场需要为导向，以各自比较优势为突破口，以功能多样性共同缔造优质发展的统一性目标。各镇政府承担主体功能不同，通过分担各自发展任务进行合作，以共享税收促协同发展，实现合作共赢。一方面是项目招入地与所在地税收共享。对于县直部门、县领导招商引资项目到镇落户的，引资项目产生的税收实行二八分成，其中县财政占20%，项目所在镇占80%；镇招商引资项目到县内其他镇落户的，引资项目所产生的税收实行五五分成，比如，2011年原属于云安县高村镇引进的一个项目，后由于主体功能划分的要求，落户到六都镇，六都镇与高村镇五五分成，使项目在不同地区之间自由流动，整合了空间资源，实现了区域发展的共赢和共享。另一方面是资源地与生产地税收共享。各镇向本镇以外的县辖区范围内企业、项目提供大宗资源（占企业、项目生产所需原料70%以上的资源）作为主要生产资料的，对企业、项目产生的税收实行二八分成，其中提供资源的镇占20%，企业、项目所在镇占80%。

三是错位发展乡村特色产业。习近平总书记在党的二十大报告中指出："发展乡村特色产业，拓宽农民增收致富渠道。巩固拓展脱贫攻坚成果，增强脱贫地区和脱贫群众内生发展动力。"② 乡村建设与发展需要所属地方政府的细致规划，为各个乡镇配备相应的人力、财力以及物力资源，通过精准定位地区发展方向，引导乡村产业萌芽并可持续发展，进而带动乡村利益共同体的建设，推动村民主体性的构建与组织化程度的提高。云浮市结合地区的主体功能与资源特色，开发适宜的发展项目，让乡村产业"活"起来，让村民有意愿主动地参与进来。回想起改革之前的日子，云安县南盛镇委书记谢云生表示"苦不堪言"，"我们不是在忙着招商引资，就是在去招商引资的路上"，"以前，是骡子是马，就看你招商引资行不行。要想年底开大会不灰头土脸，就必须找资金、找项目。当时要求每个镇每年都要引进500万元以上的项目"。改革以后，谢云生所在的南盛镇被划为"开发与保护并重示范区"，谢云生终于松了一口气，"再也不用为跑项目发愁了。搞采石

---

① 《习近平关于社会主义经济建设论述汇编》，中央文献出版社2017年版，第186页。

② 《高举中国特色社会主义伟大旗帜 为全面建设社会主义现代化国家而团结奋斗——在中国共产党第二十次全国代表大会上的报告》，《人民日报》2022年10月26日第1版。

场、中药厂，吃力不讨好，污染环境，影响砂糖橘的质量"①。在实行主体功能区划分后，南盛镇专心发展柑橘产业。2009 年，云安县被中国果蔬产业品牌论坛组委会授予"中国优质砂糖橘之乡"荣誉称号，南盛牌砂糖橘在 2009 年全国名优果品展评中被中国果蔬产业品牌论坛组委会评为"中国名优柑橘金质奖"。同年，云安县"南盛砂糖橘"顺利通过国家质检总局的评审，成为受法律保护的国家地理标志产品，标志着云安县地理标志产品保护实现了零的突破。

三 梯度考核，镇村共享园区税

增加县级政府财政收入是提高县级政府财政能力、优化地方治理结构的重要途径之一。县级政府主要财政收入来源就是税收，云浮市通过资源统筹规划配置，提高县级经济水平，园区税收总量实现增加，而税基的增大又为其打造良好的投资与营商环境、提高公共服务水平奠定了财力基础，这就构成了地方经济发展的良性循环。

一是建立完善财税考核指标体系。从收入的结构看，1994 年设计的以商品劳务税（增值税与营业税）为主体税种的税制结构决定了县级税收收入第一大税种是营业税，其他依次是增值税、所得税、农业税。② 云浮市在确立税收考核体系的基础上，按照任务完成率对各镇进行考核，并赋予相应的奖励。首先，云浮以财税共享的镇级税收收入和镇属地征收的增值税、营业税、企业所得税、个人所得税、土地增值税（上述 5 项税收包括体制分成的县级、省级和中央级收入）、资源税、城市维护建设税、房产税、印花税、城镇土地使用税、车船税作为考核指标。其次，合理确定各镇年度财税收入考核任务。为保持政策连续性和稳定性，云浮市按"一定一年"的原则，2009 年各镇财税考核收入任务以 2008 年本镇财税考核收入任务实际完成数作为参考基数确定。对完成任务的镇，按 2007 年各镇奖励基数给予奖励，超额部分按超增分成办法奖励。对没有完成任务的镇，按 2007 年奖励基数乘以完成任务的百分比计算奖励金额。最后，各镇城市维护建设税收入由县

---

① 参见肖欢欢、肖桂来《问道"云安模式"：乡镇干部从"业务员"变"公务员"》，《广州日报》2011 年 3 月 24 日第 18 版。

② 参见樊勇《我国县级政府税收收入的结构、规模及影响分析》，《中国财政》2011 年第 12 期。

统筹安排开支，主要用于城市维护、社会公益事业建设等。其中：六都镇、镇安镇、富林镇的城建税收入按80%奖励，其余镇按60%奖励。

二是县级园区增量税收共享。根据各镇人口、面积和年度综合考评情况，对县级园区项目增量税收实行共享。县级产业园区内的项目建成投产后，税收实现增加的，每年在税收增量中提取20%，按照人口占30%、面积占30%、年度综合考评占40%的权重由各镇共享。其中年度综合考评部分，在总量不变的情况下，根据各镇年度综合考评排名，由高到低，按照5%的比例递减确定分享额度。以云安县为例，全县主要靠六都镇优先发展循环经济工业园来支撑整个县的经济发展。"这个园区所产生的财政税收占了全县的80%以上，每年我们将这个园区税收增量的20%拿出来在8个镇之间进行税收共享。"[①] 2010年，"优先发展区"的园区经济以仅占全县1.09%的面积，创造出全县83.5%的地方财政一般预算收入和81.6%的税收总量，并对园区项目增量税收实行共享。2010年，园区工商税收23295万元（县级库9523万元），增量税收有4303万元（其中县级库增收960万元），增长27.17%，共享增量税收20%部分861万元（其中县级库增收192万元）。云浮市作为良性循环的引领者，着力从促进城乡公共服务均等化入手，加大公共物品的资金投入，以良好的投资环境带动企业发展，切实有效地增加县级政府财政收入，通过镇村共享园区税收，使建设成果惠及群众。

第三节　在立足长效上注重财税激励

乡镇政府位于国家建制的末梢，是国家政权中的一个基层单位。"条条"的工作任务都对接在乡镇这一综合性的"块块"之中。乡镇的工作考核由上级评价，上级众多部门都有可能对乡镇的各项工作进行检查与评比。随着县域管理模式从注重结果管理转向注重过程管理，基层政府不得不做一些面子工程、表面工作，并处处留痕以应付上级部门的检查。而乡镇的政绩考核需要以各村的任务完成情况来评定，这些评定同时也关乎着村干部的工资。在这种评价体系下，村干部工作重点由服务群众转变为完成乡镇任务，

[①] 邹锡兰：《广东云浮主体功能区改革试验》，《中国经济周刊》2011年6月28日。

为了完成乡镇任务而与村民周旋,这容易导致干群关系的紧张,村干部的处事方法也容易僵化。尽管村干部想为村里做实事,但是在双重压力下逐渐心灰意冷,村干部工作积极性受挫。为了调动基层政府和干部的建设积极性,云浮市建立了"超增分成、鼓励先进"的镇级财税激励机制,并完善了村干部的养老、履职和升职机制,为区域长效发展做好保障。

一 鼓励先进,建立奖惩机制

针对乡镇层面,云浮市设置了目标激励机制,即建立"确定基数、超增分成、鼓励先进"的财税激励机制;在村级组织层面,云浮市实行以奖代补的激励办法;针对先进个人,云浮市则设置了物质与精神的双重激励。

一是在政府层面,设置目标激励机制。在镇级层面上,云浮市在确定财税考核基数的基础上,为促进镇域经济发展,增加财政收入,奖励先进,鞭策后进,建立"确定基数、超增分成、鼓励先进"的财税激励机制。首先,在县级层面上实行超增分成。云安县实行县级库超增分成部分分档次按超收增长率分别给予奖励的办法,即超收增长率部分在 20 个百分点以内(含20%)的,按60%给予奖励;在 20—40 个百分点之间(含40%)的,按70%给予奖励;在 40—60 个百分点之间(含60%)的,按80%给予奖励;在 60—80 个百分点之间(含80%)的,按90%给予奖励;80 个百分点以上的,给予100%奖励。云浮市探索建立县级财政税收增长激励机制,提升县域财力自给水平,充分调动县级党委、政府发展县域经济的积极性和主动性。其次,在镇级层面上建立目标激励机制。云浮市设立上台阶奖、财税超增分成奖两个奖项,根据各镇的任务完成情况进行相应激励。一方面,为鼓励镇财税收入上台阶:对财税收入首次突破3000万元、2000万元、1000万元的镇,由县财政一次性奖励相应镇30万元、20万元、10万元。奖金的使用原则是:奖金的20%用于奖励党政主要领导,40%用于奖励领导班子其他成员,40%用于奖励镇其他干部职工。另一方面,为鼓励镇域经济发展快、税收任务完成好的镇,给予财税超增分成奖。对获得超增分成奖励的镇,在其超增分成奖励中提15%给当地财政、国税、地税支配使用,奖励最高不超过 15 万元,用于解决征收经费和个人奖励。可在其超增分成奖励中提30%用于奖励有功人员,奖励最高不超过 50 万元。奖金的使用原则是:奖金的10%用于奖励党政主要领导,30%用于奖励领导班子其他成员,60%用于奖励镇其他干部职工。其余超增分成奖励资金，其中30%用于偿还历年债务，其余用于弥补当年办公经费不足，促进镇经济和社会事业可持续发展。最后，建立与主体功能配套的激励机制。云浮市根据不同地区的现实情况与发展规划建立了各有侧重点的考核与激励机制。如罗定市对不同主体功能区采取各有侧重的财税激励机制，对重点城市化地区和工业化促进地区实行以经济发展为基本导向的激励机制，以各镇街地库税收入库情况作为考核内容。对特色农业地区、生态与林业协调发展区实行以生态保护为基本导向的激励转移支付机制，通过对生态环境保护、农业农村工作和公共服务水平等内容进行综合考核评价，实行"以奖代补"的激励转移支付机制。

二是在村级组织层面，实行"以奖代补"。资源是治理共同体维系和运行的基础。治理资源主要包括政府注意力、权力、责任、管理、服务、资金、人才、技术等诸多因素。[①] 资源强化是推动基层治理重心下移的铺垫性工作。"以奖代补"本质上是以资源输入的方式，以公共设施建设为着力点，将村民联结起来，发动群众共谋共建共管共评共享，共同缔造美好环境与幸福生活。云浮建立"以奖代补"激励机制，科学合理确定奖励标准，对群众通过自身努力，参与"共谋、共建、共管、共享"程度较高的自然村（社区居民小组），让其优先选择"以奖代补"项目，"以奖代补"项目资金优先支持，打破平均主义的资源投放方式，多干多补、少干少补，以调动群众参与和自发推进的积极性。如石城镇横洞村、前锋镇洞表村、富林镇大坪村等3个试点村在村民理事会的组织发动下，均成为自强村，共申报"以奖代补"项目16项。

在群体的社区化过程中，对文化的实践和保护能使群体对地方变得依恋。[②] 这种基于相同的历史、空间联系的地方依恋是基层治理可供使用的柔性资源。因此，充分利用血缘、地缘来引导村民参与打造村庄公共空间的过程，以此增强、凝结村民地方性意识与感情，这也是村庄情感共同体的重构过程。2011年，云安县洞表、横洞两村的村民理事会就充分利用"血缘、

---

① 参见李忠汉《治理共同体视角下实现社会治理重心下移的现实路径》，《郑州大学学报》（哲学社会科学版）2022年第5期。

② 参见范莉娜、周玲强、李秋成、叶顺《三维视域下的国外地方依恋研究述评》，《人文地理》2014年第4期。

亲缘、地缘"和"亲情、友情、乡情"的优势，广泛动员群众参与新农村建设，组织群众投工投劳2777人次，无条件出让土地13472.8平方米、果树137棵，主动拆除旧屋56间、猪舍52间。此外，前锋镇洞表村村民理事会以村规民约的形式制定卫生管理规定，安排专人清洁公共场所，群众自觉做到"三包"，即包卫生、包绿化、包秩序，营造了宜居生活环境；横洞村民理事会则以"十个不准"教育和引导村民共同维护村庄公共设施和环境卫生，落实村中树木的认捐认管和绿化区域的认管责任，使村民共同参与村庄管理，有效体现了群众在管理中的主人地位。

三是在个人层面，实行物质与精神激励。2019年发布的《关于进一步推进移风易俗建设文明乡风的指导意见》中指出，建立正面激励机制。对于在推进文明乡风建设方面做出表率的模范家庭和先进个人，相关部门和地方可以在精神和物质方面给予相应奖励。支持村级组织通过互评亮榜等方式宣传正确婚丧观和孝道典型。总结推广"乡村道德银行""文明积分"等奖励模式，对先进典型进行奖励，让德者有得。奖补激励是手段，改变农民精神面貌、培育文明乡风是目的。云浮市结合物质与荣誉激励，对优秀村干部、优秀理事、乡贤等先进模范进行奖励。首先，根据绩效对村民小组长实行奖惩。云浮市实施美好环境与和谐社会共同缔造行动"以奖代补"办法，针对村干部建立考核评价体系，评议结果与村民小组长的奖金挂钩。评议按百分制计分，90分以上为优秀，80—89分为称职，60—79分为基本称职，并以"以奖代补"的形式，以得分计算奖金，奖励给村民小组长，奖金标准为每分奖励10元。评议得分60分以下为不称职，被评议为不称职或被实行一票否决的，一律不予发放奖金。其次，表彰乡村贤人。在奖补时，一方面云浮注重履职激励。建立村民理事长"年度评议、以奖代补"的试行办法。由镇组织评议，云安县财政每年安排200万元作为"以奖代补"经费，确保"民事民办、民事民治"的履职导向与党委、政府的决策导向保持一致。另一方面，云浮市实行荣誉激励。结合"十大明星村""十大杰出乡贤""百名优秀理事"评议活动开展，由县政府颁发"明星村流动红旗"，并配套"以奖代补"资金2万元/村作公共服务经费；由县政府颁发"十大杰出乡贤"牌匾，激发外出乡贤建设家乡热情；由县政府颁发"百名优秀理事"证书，激发"三级理事会"理事履职尽责热情。同时，还设立"公德史册"，把外出乡贤捐资公益、农村好人好事等情况和每年"十百千万"评选结果，以写村史的形式记载下来，并以村民大会的形式宣读公德史册，在农村倡导"以德为先、以和为贵"的文明新风。

二 凝聚人心，健全基层干部待遇体系

《中共中央国务院关于加强基层治理体系和治理能力现代化建设的意见》中指出："推进编制资源向乡镇（街道）倾斜，鼓励从上往下跨层级调剂使用行政和事业编制。严格执行乡镇（街道）干部任期调整、最低服务年限等规定，落实乡镇机关事业单位工作人员乡镇工作补贴政策。"[1] 目前，我国基层干部的考核以及激励机制都不甚健全，大多凭经验，缺乏理论支撑。首先，基层干部的绩效考核标准和目标过于笼统，不同公务员的工作性质以及内容显然不能采用统一的考核标准去衡量，以及如何去量化基层工作者的业绩、德行、能力是一件复杂、主观性强的工作。其次，在激励层面上，对于基层公务员的物质激励不够全面，如在薪酬方面，基层干部一边承担着大量事务，一边又普遍存在薪酬微薄的情况，并且基层干部上升渠道单一且竞争激烈，同时，精神激励又形同虚设，这都导致了基层干部的工作积极性不高。云浮市在基层干部待遇保障等方面进行了系统探索。

一是重视基层干部的待遇问题。任何改革，都离不开基层干部这一具体执行者。否则改革就是"无本之木"，难以"落地"。村干部大多数身份都是本地土生土长的农民，熟知村庄及村民的具体情况，对村庄的经济产业、文化网络，以及村民的家庭状况、人际关系和家族情况都了然于心。村干部同时作为村庄当家人与国家代理人的双重角色，使得村干部成为乡村治理中不可低估的力量与资源。村干部是国家与广大农民的联系纽带，是国家政策渗入乡村社会过程中的最具体的执行者，他们与乡镇政府和各部门的领导都有着一定联系，对于国家政策、社会发展、经济建设等方面都有着高于一般村民的感知力、理解力和接收力，因此，村干部在农村经济发展中扮演着重要的角色。目前，村干部做事积极性低是各地普遍存在的问题，不少干部反映，"干多干少一个样"，"少干事少犯错误"。有的干部甚至抱着"不求有功，但求无过，当太平官"的心态，为群众办实事的积极性较低，为改革发

---

[1] 《中共中央国务院关于加强基层治理体系和治理能力现代化建设的意见》，人民出版社 2021年版，第 13—14 页。

展做贡献的动力不足。在这方面，云浮市领导班子综合运用物质激励和政治激励，提高村干部待遇，由县财政直补，建立以"基本补贴＋绩效补贴＋创收奖励"为主要内容的村（社区）干部激励保障机制，提高村（社区）干部工资待遇，调动基层干部工作积极性。

二是保障村干部的养老资金。云浮市通过建立合理的工作绩效回馈机制，并将其与养老金结合，实行延迟奖励。"村干部干两届，6 年，拿到的养老金连低保户都比不上！"一位快要退职的村干部说："像我这样工龄20年，退职后每月才能拿到 100.80 元。村干部也上有老下有小，没待遇，光凭情感，怎么留得住人？"如何使村干部免除后顾之忧，也是云浮改革者考虑的重点问题。在村级层面上，云浮市建立"在职干得好，退休待遇高"的村（社区）干部养老保险机制。养老金由"个人账户养老金＋基础养老金＋附加养老金"构成，把养老金发放标准从原来每月 160 至 340 元提高到 260 至 458 元，并把村干部在职年度考核获优秀的次数与养老金挂钩，按分段比例法计算增加附加养老金，激发村"两委"干部履职尽责的动力。改革后，这位干部不无感慨地说道："现在不一样了，退休以后有了保障，可以安安心心地做好工作了。"通过合理的养老保障激励，村干部在不断学习与实践中将专业知识与地方知识有机结合，顺应了乡村社会治理转型的需要。

三是打通村干部晋升通道。云浮市有干部反映，"群众有田有地不找你、有吃有穿不靠你、各项义务不理你、出了问题要找你、解决不好就骂你、弄得不好还要告你"，我们"在春天是'红人'、在夏天是'忙人'、在秋天是'穷人'、在冬天是'罪人'，与其年年当'罪人'，不如早点退"。为此，云浮市想办法解决了干部的履职以及晋升问题。云安县六都镇的六都村，曾是云浮市的明星村，有过集体年收入达 80 万元的辉煌史。村支部书记刘兴植为村里的发展做了不小的贡献，连年被评为先进个人，可他一直"当"着他的农民。因此，他不无抱怨地说道："虽说获得过大大小小的荣誉，但也就是个农民头。干得再好也只是个村干部，想要往上爬，比登天还难。"为此，云浮通过创建"年度考核、以奖代补"的村（居）民小组长履职机制，从 2011 年起，试行《关于对全县村民小组长实行"年度考核，以奖代补"的办法》，将在村级工作中表现突出、工作成绩明显、群众公认的优秀村干部，在条件成熟时优先提拔到镇领导岗位。最大限度地调动和激发全县

2040名村（居）民小组长履行村民自治职责的积极性。而新兴县的35岁村干部梁道海由于工作出色，成绩突出，已成功地转型为"乡镇干部"，被大江镇政府调到镇计生办工作，按事业编制享受工作待遇，现每月工资有1700元。①

三 积分管理，完善干部履职尽责方式

《中共中央国务院关于加强基层治理体系和治理能力现代化建设的意见》中指出："加强对基层治理工作成效的评估，评估结果作为市、县级党政领导班子和领导干部考核，以及党委书记抓基层党建述职评议考核的重要内容。"② 对工作成果的考核、反馈可以及时观测到基层治理的实际成效，有利于治理工作的阶段性推进。而积分制则是一种量化工作绩效的先进做法。目前，国家越来越认可积分制在乡村治理实践中的重要性和可行性。如2020年《中央农村工作领导小组办公室农业农村部关于在乡村治理中推广运用积分制有关工作的通知》指出，积分制可以有针对性地解决乡村治理中的重点难点问题，符合农村社会实际，具有很强的实用性、操作性，是推进乡村治理体系和治理能力现代化的有益探索。

一是重视积分管理制度。乡村治理中运用积分制，是在农村基层党组织领导下，通过民主程序，将乡村治理各项事务转化为数量化指标，对农民日常行为进行评价形成积分，并给予相应精神鼓励或物质奖励，形成一套有效的激励约束机制。③ 目前，越来越多的地方政府注重运用积分制来考核基层干部及基层治理工作。积分制本质是一种量化工具，通过将目标任务细化成具体指标并通过量化、统计分值来进行管理，它是一种激励手段。积分制具有清晰化、可操作性的特点。从作用主体来说，积分制介入基层治理环境下个体行为动机变化、个体间互动以及个体与群体之间的互动；从运行逻辑上，积分制通过技术赋能，唤醒基层民众的治理意识；从作用效果来说，实

---

① 参见《村干部激励机制探索》，《南方》2007年7月30日。
② 《中共中央国务院关于加强基层治理体系和治理能力现代化建设的意见》，《人民日报》2021年7月12日第1版。
③ 参见《中央农村工作领导小组办公室 农业农村部 关于在乡村治理中推广运用积分制有关工作的通知》，中共发〔2020〕11号，2020年7月27日。

行积分制的目的在于破旧立新，使民众接受并践行一些新观念。[①] 但是在基层治理的实际运行中，一方面，有很多内容是无法用量化手段来解决的，如工作人员的道德素养指标如何设置、衡量工作人员工作态度的指标如何去界定呢？另一方面，积分制更多是以结果导向，这就很容易忽略过程管理。目前来说，积分制在国内外都处于萌芽阶段，还需要很长一段时间来检验和不断完善，因此，公务员绩效评估需要综合运用定量与定性方法，完善积分管理具体运作机制等。

二是完善积分管理机制。为了加强基层公务员队伍的素质，提升基层干部的工作干劲儿，必然需要以目标管理倒逼公务员履职，通过过程监督、目标产出效果以及社会评估来评定公务员的工作绩效。以往的政府考核更侧重以招商引资的数量来衡量政府干部的工作业绩，这是一种违背经济发展规律的急于求成的做法，必然会带来地区经济的扭曲发展，并以牺牲地方生态为代价。而云浮则通过创建科学合理的干部考核奖惩机制，建立综合性的考核指标，不单单以 GDP 等经济发展情况来考量，更加侧重对于地方政府履职情况、人民生活幸福指数、生态环境保护情况、社会治理水平等层面的考核，推动政府从生产型向服务型转变，以运营良好的经济环境、深化行政体制改革等具体工作来带动地方招商引资的健康、可持续发展。首先是健全指标体系。云浮市建立"不以 GDP 大小论英雄、只以功能发挥好坏论成败"的政绩考核机制，设置 47 个共同指标和 13 个类别指标，并科学设置分值权重，以相同的指标内容、不同的指标权重，实行分类考核，将考评重点放在功能履职上，体现权责一致。其次，云浮通过加强对考核评价工作的监督，建立健全公开举报制度。健全服务反馈机制，在绩效考核中加入了民意测评、村民满意度测评等项目，从而保障考核的民主性、科学性、有效性。

三是创新积分激励体系。积分制的运用目的是以数目管理形式评价对象的工作绩效，并以此为依据实行正向激励，以带动治理主体参与共建共治共享。云浮市切实构建了一套可操作性强的绩效评价体系，建立了一套将农村服务建设与村干部业绩和工资挂钩的指标体系，改变了由乡镇单方面运用行政评价体系考核的不合理状况，并以村干部服务村民的绩效来激发村干部的

[①] 参见祝贺《治理技术视角下基层积分制实践的运作逻辑——一项基于全国典型案例的研究》，硕士学位论文，吉林大学，2022 年，第 16—17 页。

工作积极性。在积分制的结果运用方面，云浮市将积分结果与基层干部的补贴结合起来。在村干部的绩效补贴上，绩效补贴为村（社区）干部补贴中"活"的部分，由县财政在年底划拨到各镇，并由各镇根据《云安县村（社区）"两委"脱产干部年度岗位责任制考核办法（试行）》，在每年年底对村（社区）"两委"脱产干部完成当年各项工作任务情况进行考核评分，根据考核结果发放相应的绩效补贴。村（社区）"两委"脱产干部的绩效补贴计算方式为：本镇当年绩效补贴的总额÷当年所有村（社区）"两委"脱产干部的总得分×个人得分。改革后，新兴县竹镇永汉村村支书唐兰芳感慨地说道："以前村干部干多干少一个样，一些人无心工作，只顾自己的事。实行村干部成绩动态管理后，干好干坏差别大了！"[1]

　　四是综合运用多种激励手段。针对村干部履职，要重新设计科学的村干部激励系统，使村干部工资与外出务工人员持平；还要处理好职业化与官僚化的关系，村干部是一份职业，村干部职业化只是为了更好地实现社会服务与管理的需要。[2] 但是就目前的情况来看，村干部越来越呈现出官僚化的特点，这种做法是与乡村治理现代化的内涵相违背的，会使村民与村干部之间的距离越来越远，非常不利于基层社会的自我治理。村干部职业化应该从市场寻求解法，而非官僚化。[3] 同时，不同年龄段、不同级别、不同岗位的公务员，其个体需求会呈现出明显的差异。因此，应关注公务员的个体需求和发展需要，针对不同类别的公务员建立不同的激励方式。同时，结合目标激励与典型激励，将基层干部纳入目标设置中，通过合理的目标设计并赋予相应的达成奖励，增强基层工作人员的参与感。此外，发掘身边有群众基础的典型，以典型激励带动干部履职。最后，运用组织文化激励，从精神、心理能量方面培养公务员队伍统一的意志，从而引导干部实现发展目标。总之，基层单位需要为干部营造良好的身心发展空间，丰富职业内容，为基层干部实现职业理想和人生价值创造良好的物质及精神环境。

---

　　[1]《村干部激励机制探索》，《南方》2007年7月30日。
　　[2] 参见申端锋《治理转型下村干部不胜任难题——兼论乡绅模式的终结》，《探索与争鸣》2014年第7期。
　　[3] 参见申端锋《治理转型下村干部不胜任难题——兼论乡绅模式的终结》，《探索与争鸣》2014年第7期。

小　结

在全国各地政府以招商引资为主要工作内容的时候，云浮市领导班子高瞻远瞩，打造主体功能区，同时创新了一套县域财税体制，为各区域的合作共赢奠定了基础。从云浮的经验来看，首先建立健全财税保障制度，在理顺县乡权责关系的基础上保障乡镇政府的运作经费，以及通过税收共享机制让政府摆脱对于招商引资与工业开发的依赖，让各镇有能力实现主体建设功能，更好地履行社会管理与服务职能。同时云浮建立财政激励制度，通过实施对政府、村级组织以及先进个人的奖补办法，尤其注重保障村干部的待遇，让基层干部回归本位。

财税取之于民，用之于民。第一，云浮市的财政体制是服务于其区域产业布置、资源分配优化、产业结构升级的需要的，云浮市的基层财政体系以建设区域合作平台和服务体系为着力点，统筹布置区域的社会保障体系，一体化推动区域经济建设和社会建设。第二，云浮市的财税改革服务于其社会治理需求。财政是国家治理的基础和重要支柱，是一项基础性的制度安排，财政具备资源配置职能、收入分配职能、经济稳定和发展等综合性的职能，能够影响经济、政治、社会、文化、生态建设的方方面面，基层治理体系的变化必然以财政体制变化为先导。因此在推进基层治理现代化的过程中，要根据经济社会动态发展建立与之相适应的财政体制，处理好政府与市场、政府与企业间的利益关系，要厘清政府与市场边界，保持与行政管理体制相适应。第三，云浮市通过协同治理，提高政策的统筹效能。云浮市通过创新财税体制促进经济发展取得实效，是云浮市内各区域多维治理有机协同的结果。因此，要提升财税建设的效能，要以多维协同为重点推进工作，在统筹性的谋划与建设中强化短板与弱项。

全国其他地方在推进基层治理体系与治理能力现代化的过程中，要因地制宜，配备相适应的财税体制，学习借鉴而不是照搬云浮经验。任何政策的出发点都是好的，但是受制于具体的政策环境，总会与理想状态产生偏差。通过回顾云浮市"资金下移"导向的财税改革，可以看出云浮市对于财政资金的使用还是缺乏相应的监管的。因为财政收入是有限的，要确保每一笔资金投入最需要的地方，节约成本，提高资金使用效率，提高基层财政资源使用的精准性。此外，要加强资金使用的绩效管理，关注财力使用目标的实现程度，通过加强绩效管理，加大财政支出的产出效果，让资金有效产出建设成效，提高财政资源使用的效度。

习近平总书记指出："共享理念实质就是坚持以人民为中心的发展思想，体现的是逐步实现共同富裕的要求。共同富裕，是马克思主义的一个基本目标，也是自古以来我国人民的一个基本理想。"[1] 发展成果由人民共享，在做大"蛋糕"的同时，也要注重分好"蛋糕"；要回应人民群众对美好生活的向往，不断实现好、维护好、发展好最广大人民根本利益。因此，需要配备合理的财税体制以提升基层治理效能，通过创新区域内利益分享机制与横向转移机制，科学划分政府间财权与事权，以治理财政带动区域经济与基层治理的协调发展，实现建设成果共享。

---

[1] 《习近平谈治国理政》（第2卷），外文出版社2017年版，第214页。

第四章
权力下放：建设简约高效的乡镇治理体制

2021年，《中共中央国务院关于加强基层治理体系和治理能力现代化建设的意见》指出："构建简约高效的乡镇管理体制，深化基层机构改革，统筹党政机构设置、职能配置和编制资源，设置综合性内设机构。要求依法赋予乡镇相应的社会管理权限，强化其对涉及本区域重大决策、重大规划、重大项目的参与权和建议权。优化乡镇行政区划设置，确保管理服务有效覆盖常住人口。通过简政放权改革，从而实现基层治理能力和治理体系现代化。"[1]"责大权小"制约着乡镇施政能力与效果，使乡镇陷入"没权办事、没钱办事和没人办事"的窘境，乡镇政府事多权小，无法更好地为群众提供服务，对于民众的诉求，无权及时做出处理，从而出现"干部焦头烂额，民众诉求无门"的内耗局面，在目标性责任压力下，基层干部不可避免地陷入形式主义和官僚主义的泥淖。为突破这一现实困境，各地方政府必须给处于"一线"的政府工作部门"松绑"，以事配权，以权配责，通过权力的下放和管理体制的调整，打通上下互动、干群联动的通道，促进共建共治共享基层治理共同体的形成。

第一节 依法下放事权：乡镇有"权"办事

乡镇是国民经济发展、社会安定团结、人民安居乐业的重要基础。然而

---

[1] 《中共中央国务院关于加强基层治理体系和治理能力现代化建设的意见》，人民出版社2021年版，第5页。

由于一部分乡镇发展迅速，现有体制已不能适应其发展需要，这部分乡镇陷入了"身大衣小"的窘境，出现了县镇事权配置不够合理、有责无权、权责不一、服务弱化、效能不高等问题，制约了乡镇经济社会的发展。因此，开展强镇事权改革对于乡镇的长远发展来说很有必要，改革的目的在于简政扩权增财力，服务发展转职能，这有利于进一步解放和发展生产力，从根本上解决区域发展不平衡问题，推动经济社会又好又快发展。云浮市通过推进乡镇体制改革，建立"向下相适应、向下给力"的基层社会服务管理体系。通过推进简政放权改革，以加快政府职能转变为核心，进一步明晰县、镇的事权和各自应承担的责任。按照"能放则放，该放必放"的原则，推动县级行政管理职能和社会管理权限下放，扩大乡镇事权，减少审批层次和行政干预，破解"职权不对称，权责不明晰"的乡镇施政难题，推动基层治理工作重心下移。

一 简政放权，推动基层行政建制扁平化

简政放权与推动基层行政建制扁平化是为了更好地发挥政府作用，把政府的工作重点转到创造良好发展环境、提供优质公共服务、维护社会公平正义上来，并通过加强基层政府的自身建设，进一步提高其治理能力。《中共中央关于深化党和国家机构改革的决定》中指出："深化简政放权改革是加快转变政府职能、推进国家治理体系和治理能力现代化的重要内容。简政放权改革是从理念到体制的深刻变革，是刀刃向内的政府自我革命，是加快建设人民满意的服务型政府的必由之路。"[1] 面对日趋复杂多变的环境，传统"金字塔式"科层组织结构日益暴露出自身的弱点：组织规模庞大，组织结构纵向层级层层叠加，横向职能分工过于精细，协调成本过大，容易导致管理失调、失控；组织规模与组织效率成反比，规模效益趋向零值，应变机制僵化，对环境刺激反应迟缓，缺乏灵活性；机械的"服从效应"使组织失去应有的活力，压抑了基层干部工作的积极性，官僚主义、形式主义盛行，行政服务效率低下，易产生政府信任危机。快速发展的社会要求政府的管理和服务更加多元化和个性化，公众要求政府提供的服务趋向于殊异化，政府

---

[1] 中共中央党史和文献研究院编：《十九大以来重要文献选编》（上），中央文献出版社2019年版，第260—263页。

不能再以单一的服务来满足不同的需求。① 为满足多元化需求,应为基层政府增权赋能,提高乡镇一级政府的行政效率和服务水平,云浮市从组织结构和功能职责两个方面入手,通过推进镇级大部制改革和简政强镇事权改革,推动乡镇治理体系与治理能力现代化。

(一) 组织重构,促进乡镇政府职能转型

所谓行政建制的扁平化,是指在机构设置上,裁减直接行使专业管理职能的部门,增设行使宏观管理职能的机构,在等级结构上,扩大行政机构的管理幅度,减少等级系统的中间层次;在权力形态上,逐级下放权力。从而形成机构设置优化、结构形态扁平、权力均态分布的新型组织体制。② 云浮市通过整合传统的"七站八所"资源,把乡镇机构设置从过去"向上相对应"转为"向下相适应","以事设岗"组建党政办、农经办、宜居办、综治信访维稳中心、社会事务服务中心等"三办两中心",搭建政府"三农"服务平台,通过精简机构,整合行政资源,提高行政效率和治理能力,实现从"以管理为主"到"以服务为主"的职能转变。

一是成立党政办公室,以组织建设促转型。党政办的工作内容主要有党的固本强基建设、干部勤政廉洁建设、思想文化宣发引导建设以及政府日常事务的组织协调和检查督促等事务,以此来保证党员干部的先进性和政府工作的效率提升。其中,设立行政综合执法队,通过授权、委托赋予乡镇行政综合执法职责,有利于镇政府及时发现、处置社会问题,提高行政执法效率;还设立"两代表一委员"工作站,作为辖区各级党代表、人大代表、政协委员履行职责、联系群众的工作平台,使其作用发挥具有长效性,有利于其在党组织的引领下,广泛带动基层群众参政议政,这是实现干群协商互动、上下工作协调的有效途径。

二是组建宜居办公室等,以民生服务促转型。云安县以解决环境建设、农民增收和公共服务等问题为重点,进一步增强乡镇政府的为民服务能力。其中,宜居办围绕农村人居环境建设,主要承担村镇规划、绿道建设、旧村改造、环境整治、生态保护、沼气建设等"六大职责";农经办围绕农业发展建设,通过整合农业、水利、国土等涉农站所资源和专业协会、专业合作

---

① 参见何伟《组织扁平化理论与行政体制创新》,《探索》2003 年第 2 期。
② 参见何伟《组织扁平化理论与行政体制创新》,《探索》2003 年第 2 期。

社等经济组织资源，借助数字技术进行农情研判，优化"三农"服务；社会事务服务中心则主要负责行政服务、社会保障、计划生育、教育卫生、合作医疗和基础建设等"六项工作"，以服务促民生，逐步实现城乡基本公共服务均等化。

三是设立综治信访维稳中心，以社会管理促转型。云安县通过整合乡镇司法、信访、综治等资源，设立综治信访维稳中心承担法治宣传、社会管治、矛盾排查、纠纷调处、接待来访、应急处理、治安防控、司法建设等工作。其中，建立"扇形"调处平台、受理总台，统一接受群众来信来访，并规范分流、处理、督办、结案、归档等工作程序。通过司法、信访和综治的有效结合，设立统一调处平台，有利于提高矛盾调解工作的效率，进一步规范调解工作的程序，确保调解结果的合法性。从2010年的数据来看，各乡镇综治信访维稳中心共受理案件510宗，成功调解结案的477宗，占比93.5%；当场调解结案384宗，占总受理案件的75.3%。由此，设立综合信访维稳中心，能有效提升基层政府的矛盾化解能力，使其在社会治理中增强法治意识，践行依法治国理念，确保基层工作的规范性和高效性。

（二）简政放权，增强乡镇政府治理能力

进行乡镇机构调整的同时，对于乡镇政府的事权改革也应该紧随其后。云浮市以县域为统筹，从乡镇五项核心职能出发，即农民增收、社会维稳、公共服务、政策宣传和基层建设，通过县权下放，扩大乡镇社会管理权限，并赋予其相配套的资金和人力资源，确保权力的有效承接和职能的有效发挥。

一是下放事权，让乡镇"有权办事"。2021年，《中共中央国务院关于加强基层治理体系和治理能力现代化建设的意见》中明确要求，"增强乡镇行政执行能力"，"依法赋予乡镇综合管理权、统筹协调权和应急处置权，强化其对涉及本区域重大决策、重大规划、重大项目的参与权和建议权"。[①] 这一要求旨在通过赋予基层更多权力来增强基层治理能力。而云浮市的云安县早在2010年就按照"责权利相一致"的原则，把14个县直部门的72项职权向镇级下放，通过下放行政执法权、行政审批权和公共事务管理权，有

---

① 《中共中央国务院关于加强基层治理体系和治理能力现代化建设的意见》，《人民日报》2021年7月12日第1版。

效扭转乡镇政府"责重权小"的局面,增强乡镇的社会管理和服务能力,有利于充分利用乡镇政府的层级优势,贴近人民群众实时需要,解民困、担民忧,有效管理乡镇公共事务和加强公共服务,为民提供办事便利和精准服务。

二是下放财权,让乡镇"有钱办事"。财权是政府履职的重要基础,乡镇财权是国家财政体系的"最后一公里"。2017年中央下发的《关于加强乡镇政府服务能力建设的意见》中指出,要通过完善乡镇财政管理体制,建立健全现代财政制度,增强基层的财政自主权,为基层公共服务建设提供资金保障。① 云安县政府通过下放"分税权""享财权"等,进一步保障了乡镇财政,解决传统乡镇"没钱办事"的难题,激励了乡镇履行社会管理和公共服务职能的积极性。从下放"分税权"入手,将乡镇商业税、增值税、资源税等以税收返还的方式注入乡镇财政之中,同时将税收增量部分以税收奖励的形式纳入乡镇财政体系。由此,乡镇财权得到有力强化,税收权构成了乡镇财权的基础,发挥了稳定乡镇财权的突出作用,保证了乡镇财力的有效供给,让乡镇政府充分利用财税收入为民办事,不断提升基层公共服务质量与水平。通过下放"享财权",云安县职能部门给予乡镇政府有限的收费分成权,具体的返还比例根据各职能部门与乡镇政府签订的委托协议来确定,前提是行政处罚必须依法依规,符合法定程序,并且在下放和委托的权限内,严格规范下放或委托的行政处罚收费权。此外,云安县转变过去"给糖的人不管事,管事的人不给糖"的传统思维,改变部门资金下拨方式,将县直部门扶持乡镇的各类帮扶资金,先划拨到乡镇政府,再划拨给扶持对象,并由县强化资金监督,真正实现对财政资金的追踪问效。2010年,县财政和部门直拨资金达2180万元,比2009年增加1353万元,增长163.6%。

三是下放人事权,让乡镇"有人办事"。人事权力不足是导致基层政府人少事多、无法有效承接权力的重要因素。2010年,云安县按照配强配优乡镇干部班子的要求,下放乡镇干部人事推荐权、干部调整建议权和干部问责处理权,使乡镇拥有人事管理的主动权,突破乡镇"无人办事"传统的困局,提升和优化乡镇工作人员的履职办事能力。首先,云安县立足乡镇人

---

① 参见《怎样选好当好乡镇干部》,党建读物出版社2018年版,第303页。

事制度改革，通过下放人事推荐权，使得乡镇党委对乡镇班子副职享有推荐权，实现人才的合理任职，创造"人尽其才"的用人格局。其次，云安县为了建立能上能下，人才合理流动的人事制度，通过下放人事建议权，使得乡镇党委对乡镇班子成员拥有建议权，打破以往乡镇人事调整听命于上级领导、缺乏人事调整主动性的困境。最后，云安县通过下放人事问责权，使得乡镇党委有权对乡镇干部的失职渎职行为和违规违纪行为进行问责处理，同时建立乡镇人事的奖优罚劣机制，保障乡镇人事制度的刚性化，在确定积极性激励的人事奖励制度后，设置消极性激励的人事处罚制度安排，完善乡镇人事制度体系，有效实现人才整合与优化人力资源配置。

总体来说，形成上下互动、官民协商的沟通体制，降低行政成本，提高工作效能，增加组织的灵活性和适应性，克服科层组织结构的弊端，这是基层治理体系现代化发展的大趋势，现代化的行政管理也要适应这种新趋势。云浮市通过简政放权改革，促进行政体制的自我完善，一方面，从政府自身来说，行政效率提高，行政成本降低，政府职能部门直接面向公众，增强对社会需求回应的及时性和有效性，还能激发基层治理的活力；另一方面，从社会公众来说，扁平化的行政建制改革，拓宽了公众的政治参与渠道，破解了民众个性化需求"诉求无门"的难题，简化了办事手续，降低了办事难度，提高了民众办事的便捷性，增强了民众参与社会治理的积极性和获得感，有利于打造共建共治共享的基层治理共同体，在基层社会层面实现幸福生活与美好环境的共同缔造。

二 赋能强镇，增强乡镇为民服务能力

2017年，中共中央办公厅、国务院办公厅印发的《关于加强乡镇政府服务能力建设的意见》指出，要加快乡镇政府职能转变，强化乡镇政府服务功能，优化乡镇公共服务资源配置，创新乡镇公共服务供给方式，推进乡镇治理体系和治理能力现代化。[①] 党的二十大报告进一步提出，在为民造福的本质要求下，要提高基层解决民生福祉问题的能力，健全基本公共服务体系，提高公共服务水平，增强均衡性和可及性，扎实推进共同富裕。公共服务能力，不仅仅是依托于政策文件的执行或者行政运行的状态，而是一个具

---

① 参见《怎样选好当好乡镇干部》，党建读物出版社2018年版，第299页。

体的概念。从现有研究来看，公共服务能力是政府作为组织主体满足一定范围公民的公共需求的有效程度；特别是在有限资源的条件下，是满足社会成员的需求而提供公共物品的能力的总称。公共服务能力也是保障群众生存性、发展性、普适性需求的必要条件，且在具体的服务过程中呈现出来。在现有的服务资源的基础上，如何提升乡镇服务能力，成为现阶段的重要议题。[①]

基层服务能力提升的关键在于乡镇，原来乡镇面临的主要问题是乡镇权小责大，导致工作难以推进。为此，应探索出一个基层服务能力提升的"赋能强镇"的行动策略，主要做到服务事项下放、工作重心下移、管理权限下沉。[②]云浮市积极推进简政放权改革，转变政府职能，因职设岗，通过整合、精简政府内部机构，促进基层行政建制扁平化发展，达到政令畅通、管理高效和服务广泛的效果。然而，机构整合并非"只减不增"。机构的调整与整合，使原有的乡镇资源得到优化利用，是一种"存量"改革，而乡镇政府拥有的"存量"资源是极为有限的，乡镇机构能"向下"设立，却不一定有"能力"向下提供服务。因此，乡镇政府还需县市政府的"还权赋能"。云浮市在乡镇事权改革过程中，通过"权力下放"的方式对乡镇政府进行"配强、放权"，以此给乡镇政府注入"增量"，通过服务下移实现改革资源的整合。以云安县示范点为引领的各县域政府，以提供基本公共服务为履行功能职责的出发点和归宿点，以解决民生问题为"经"，以基本公共服务下乡为"纬"，编织了一个统筹城乡发展的社会化服务网络，使公共服务实现"下乡、进村、入户"，切实为"三农"提供服务，从而增强乡镇为民服务能力。

（一）服务下乡，整合乡镇农业发展资源

乡镇实行机构整合和事权改革的目标在于推进现代化基层治理的发展，打造高效便民的服务型政府，通过平台机制的改革创新，将乡镇政府的职能转变到维护市场秩序、强化社会管理和优化公共服务上来。为此，云安县各

---

① 参见平欲晓、程激清《乡镇服务能力提升路径探讨——基于江西乐安县经验研究》，《农业考古》2021年第4期。

② 参见平欲晓、程激清《乡镇服务能力提升路径探讨——基于江西乐安县经验研究》，《农业考古》2021年第4期。

乡镇政府通过设立农村土地流转服务中心、劳动力服务中心、农业发展服务中心等便民服务中心，统筹整合镇级层面的农业发展资源，眼睛向下，为农村地区的群众提供精准化农业服务，"有问题找中心"已成为当地群众的共识与习惯。

一是设立农村土地流转中心，促进市场与农户的信息对接。通过整合镇经济发展办公室、林业站、村规所等镇属机构和镇国土资源管理所等派驻机构和人员，设立镇级农村土地流转中心，主要服务于农村土地信息的整合和流转手续的办理，并将耕地、林地等农村资源纳入管理，构建"政府培育市场、市场引导流转、流转纳入管理"的良性机制。该中心集信息发布、市场引导、流转管理三项功能于一身，免费为农民发布土地供需信息，提供政策咨询、价格协商、合同签订等服务，保障了农村土地流转的合法性，推动了农业现代化发展的进程。2010年，云安县农村以转包、互换、承包、出租、入股等形式流转土地面积达21.92万亩，占可供流转土地面积的51.7%，涉及农户27316户，土地流转的财产性收入达3184万元。

二是设立农村劳动力服务中心，促进培训与就业能力对口。农村劳动力服务中心承担培训、就业、维权"三重职能"，全过程地引导、服务农村剩余劳动力就业，还结合农村实际情况，组织实施了"农村劳动力职业技能提升计划"，针对当地社会所需技术工种，开展职业对口的以计算机操作、收银、美发美容、电工维修、农村种养加工为主的专业技能培训，对45岁以下且有就业意向的农村劳动力实行一次免费技能培训，培训完成后上岗，实现就地育才，为基层社会建设发展留住人才。此外，对于低收入家庭的学员还给予适当的生活补助，助其凭借自己的工作能力摆脱家庭贫困，提高经济收入，实现个人发展。并通过充分发挥劳动就业信息网络的作用，开展网络视频招聘，为本地发展引进高端技术人才，服务于本地的技术型人才培育，同时为未来发展规划进行人才奠基。2010年，全县培训10863人次，接受求职者咨询7640人次，直接转移农村劳动力7160人。

三是设立农业发展服务中心，促进生产与消费品质对等。通过整合镇级农业发展公司、行业协会、农村经济合作社、农业站所等涉农资源，成立镇级农业发展服务中心。以"公司+协会+站所+科研+农户"的发展模式，构建产供销一体化的社会化服务体系。其中，由镇级农业发展扶持基地打造品牌和开拓市场，由专业协会把农户联合起来合作经营，由农业站所和科技部门为农业发展提供支撑。借用"产学研"相结合的农业发展道路,由镇农业发展有限公司牵头组织与高等院校、科研院所对接帮扶,为农业发展注入科学助推力,并成立农产品质量安全监管机构,配备农药残留快速检测仪等配套设备,加强对农业生产全过程的质量监管,建立健全农产品市场准入机制,实现生产品质与消费需求的对等,以品质铸牢农产品市场推广的口碑。2010年,云安县建有农业产业化基地52.52万亩、国家A级绿色认证产品4个、全国砂糖橘标准园1个、省级现代农业园区1个、省级"一乡一品"项目镇3个,并成为"中国优质砂糖橘之乡"。

(二)服务进村,建立农村便民服务机制

乡村是基层政府服务延伸的最后一站,也是乡镇政府实现公共服务均等化的努力重点。云安县创新性地以村为突破口,通过农村社区服务合作社、农村环卫服务队和农情社情两个研判室,为农民提供便民服务,将社会管理寓于公共服务之中,推进公共服务延伸到村庄,既提升了公共服务水平,又创新了基层治理方式。

一是成立农村社区服务合作社,推动上下工作的协调一致。以"强化公众参与、突出公共服务、体现共建共享"为原则,在行政村层面组建农村社区服务合作社,下设经济服务工作站、公共服务工作站、综治信访维稳工作站,以"一社三站"整合农村基层组织资源,带动群众积极参与村庄的发展建设,促使农民的个人发展与村庄的集体发展在经济发展、公共服务、社会管理等方面实现合作共赢,并建有村级履行功能职责和村民自治的执行系统,以此保证农村社区服务合作社的功能实施,使公共服务汇集到民,进而通过激发村民参与村庄建设的积极性和主动性来推动村民自治的发展,创新农村社会管理体系。通过成立"一社三站",以党组织的号召力带动村民参与村庄发展,为村委会工作减少阻力,缓解干群矛盾,能有效解决"村两委"工作不协调、镇村步调不一致、政府行为与群众意愿不匹配等问题,实现上下协调、干群互动的共建共治局面。

二是组建农村环卫服务队,打造清美宜居的村庄环境。2008年以来,云安县按照"幸福、健康、生态、可持续"的理念,从与村民生活息息相关的小事着手,组建农村环卫服务队,建立了"户分类、村收集、镇转运、县处理"的农村生活垃圾处理机制,促进了村民文明卫生生活习惯的养成和村庄清美宜居环境的形成。由县政府拨付专款建设垃圾压缩站和垃圾填埋场,并在各村庄放置垃圾桶,通过村委会的引导宣传,使得村民养成垃圾分类入桶的习惯。再由各镇政府组建农村环卫服务队,安排专人负责各村的垃圾转运,最后送至县进行分片处理。农村环卫服务队的组建,切实解决了农村脏乱差的旧态,为村民营造了整洁、美丽、健康、和谐、宜居的生活环境。2010年,该县农村生活垃圾处理的覆盖人口由原来3.2万人增加到12.2万人,还以10元/人的标准,每年由县财政列支320万元,通过"以奖代补"形式划拨到乡镇作为农村垃圾处理经费,把全县农村垃圾收集覆盖率提高到了80%。

三是组建社情与农情两个研判室,助推农村社会的和谐发展。一方面,通过创建社情研判室,实现维稳进村与矛盾的事先拦截。以建立"矛盾共排查、纠纷共调处、问题共研判、预案共制定"的工作机制,实施"日排查、周研判、月考核"的工作制度,变事后处理为事前排查、研判、防控,减少矛盾恶性事件的发生,有效维护社会稳定。2010年,云安县调处矛盾纠纷2227宗,调处成功率由原来的89%提高到95.2%,95%的矛盾纠纷化解在镇村,真正做到了"小事不出村,大事不出镇"。另一方面,通过创建农情研判室,实现服务入村与服务常态化。以建立"农情月记、季度研判、年终考核"的机制,规范"农情日记—农情月记—农情研判—工作实施—总结考核—建档立册"的研判流程,强化农情研判,为农业发展保驾护航,减轻自然灾害对农业的致命性打击,增加农业的经济性产出,提高农民收入。2010年,全县研判事项205宗,提出对策148条,解决问题123个。

(三)服务入户,实现农民共享发展成果

数字技术是基层政府提高工作能力和服务水平的有效手段,提高基层政府的数字化、运用水平符合大势所趋和治理现状。云安县充分运用信息化技术,把远程医疗、远程教育、远程招聘、远程审批、远程监督连接到镇、村,直至农户家里,村民只需联网即可阅览相关信息,办理相关事务,享受相关服务。2010年,云安已形成延伸至农户的"一网连市场、一线解难事、一站办审批、一键强监督"的全方位信息化服务体系。通过构建公共服务信息化体系,使农民足不出户就能享受到和县城居民同等的公共服务,切实扭转了长期存在的城乡公共服务信息不均衡的局面。

一是开通"三农"服务网,实现"一网连市场"。云安县通过开通云安"三农"服务网,把农村土地流转、农村劳动力供求、农产品产供销等信息统一在网上发布,把千家万户与市场相联结,使农户足不出户就可实现"一网连市场",有效满足了村民的个性化需求。截至 2010 年底,"三农"服务网共发布各类信息 1195 条,其中农村土地流转信息 376 条,劳动力供求信息 151 条,农产品供销信息 97 条,其他信息 571 条,网站浏览人数 36372 人次。

二是开通政府服务热线,实现"一线解难事"。云安县于 2010 年 1 月开通 12345 政府服务热线,处理行政机关职能范围内的咨询、投诉、建议或意见、求助等事项,为群众提供信息化社会服务,使农户足不出户就可实现"一线解难事"。政府服务热线开通不到一年时间,接听群众来电投诉 5 宗,已处理 3 宗。

三是开通远程审批系统,实现"一站办审批"。建立远程审批系统,使农户足不出户就可实现"一站办审批"。2010 年,全县共有 32 个事项通过网上审批系统成功办理,还积极探索各项审批事务的信息化途径,让农民办事少跑路,提高事务审批的便捷性,使更多的农村群众能享受到信息化服务带来的便利。

四是开通"廉政直通车",实现"一键强监督"。开通"廉政直通车",实施党务、政务、村务、财务、服务的"五务公开"监督机制,接受群众的全过程监督,激励群众参与基层治理。在"廉政直通车"的推动下,督促镇村干部形成"勤政廉洁、爱民务实"的工作作风,促进干群关系和谐,增强村民在村庄发展中的主体意识。2010 年,云安县以"廉政直通车"为平台,将全县 120 个村(居)委会的党务、政务、村务、财务和服务等信息向社会公开,接受群众监督,全年收到投诉仅 10 件,比上年下降 44%。

进入新时代以来,人民群众形成了一定的主人翁意识,其生活需求和诉求也随着经济、社会的发展逐步提升,从而对政府的服务能力提出了更高的要求。从现实层面来说,加强乡镇党委的有效领导,强化乡镇公共服务能力,推进乡镇体制机制和综合行政能力提高,对实现好、维护好、发展好人民群众的根本利益,增强人民群众特别是农民群众的幸福感、获得感、安全感,具有重要意义。① 云安以服务向下延伸拓展社会管理的内容,其特色在于创造了一系列新的向下适应的公共服务载体,寓服务于管理之中,寓管理

---

① 参见平欲晓、程激清《乡镇服务能力提升路径探讨——基于江西乐安县经验研究》,《农业考古》2021 年第 4 期。

于服务之中,将基层治理与社会服务有效结合起来,打破了传统社会管理中"管理"与"服务"脱节造成的社会管理行政化困境,从而实现了基层治理体制与内容的创新,有利于推进基层治理体系和治理能力现代化。目前,我国部分乡镇政府的服务理念和服务意识还不强,依然习惯于以过去行政指令的方式推进政务,少有主动提供服务、主动了解情况等。为此,如何破除将上级驱动的行政习惯,转换为主动作为、主动联系群众的机制,仍是现阶段乡镇服务能力提升的关键。

三 韧性治理,破解基层治理时代难题

2017年,李克强同志谈到简政放权的推进时,告诫基层政府不管遇到多大阻力,都要有足够的"韧性"来应对。韧性治理是在国家治理基本结构已经制度化的背景下,为了激发多元主体的内生活力,政治系统设置开放性、包容性的政策议程,使各类行动主体都能参与政策过程,从而持续优化公共政策体系及公共治理模式,有效应对各种冲击和挑战。[1] 就国家治理来讲,韧性治理意味着不同主体之间保持着相对稳定的结构关系,当受到外部冲击时,不同主体之间能够迅速进行协调,以保持国家治理的弹性和调适能力。[2] 因此,基层治理的发展日益强调"上下结合"的协商共治,力求吸纳更加广泛的社会群体和社会力量,拓展治理参与主体的广度和治理效能的深度,这与韧性治理的内涵相吻合。[3] 韧性治理的核心要义在于协同互动和公众参与,强调"调适"以提高共同治理能力,对于破解基层治理难题来说,是一种更具自主性、适应性和变革性的可持续治理思路。[4] 云浮市通过乡镇机构改革和县权下放,增强了乡镇政府的社会管理自主权,激发了基层治理活力。同时,要按照权责利相统一的原则,以加快政府职能转变为核心,破

---

[1] 参见杨宏山《试验民主与韧性治理:中国改革的行动逻辑》,《人民论坛·学术前沿》2022年第5期。
[2] 参见杨宏山《试验民主与韧性治理:中国改革的行动逻辑》,《人民论坛·学术前沿》2022年第5期。
[3] 参见周杰《韧性治理视角下扩大官员问责体系中的公民政治参与》,《沿海企业与科技》2022年第3期。
[4] 参见周杰《韧性治理视角下扩大官员问责体系中的公民政治参与》,《沿海企业与科技》2022年第3期。

解基层治理难题,创新社会管理方式,健全公共服务体系。简政放权的同时要注意放管结合,以优化公共服务质量为目标,既要放权又要减负,既要强化权力规范又要充分释放地方活力,走出"精减—膨胀—再精简—再膨胀"和"一放就乱,一管就死"的怪圈,这就要求上下级政府间要提高权力对接的业务能力,实现上下级行政机关的协同共进,并通过基层政府施政能力的提升,来扩大社会治理主体的参与,实现管理与服务的纵向到底。

(一)上下协同,通过职能转变破解条块分割难题

条块关系是中国政府间关系的一个重要内容,条块管理相结合也是中国地方政府管理的一个主要特征。条块分割的治理目标不在于消除它,而在于形成一种动态"纠偏"的机制,一是避免"条条"与"块块"之间形成管理"空地",造成无人负责的现象;二是抑制无论是"条条"还是"块块"的"自利行为";三是尽可能协调来自"条条系统"和"块块系统"的政策,保持两个系统政策在治理目标、治理标准和进程上的一致性,避免政出多门且互相打架等"过度治理"现象。[①]

一是行政政治化,确保条块管理的协调一致。党组织作为条块管理的交叉点和连接点,旨在通过党建教育和党的全面领导,保证上下级政府职能部门工作方向的统一,以解决行政体系条块管理的协调性问题,健全完善党委领导、政府负责、社会协同、公众参与的社会治理格局。云安县通过对传统"七站八所"资源的整合,设置了"三办两中心"的职能导向型部门,以党政办为引领,通过组织建设协调乡镇各部门的工作,弥合了乡镇"块块"部门的连接空间,在提升行政效率的同时,降低了行政成本,有效地整合了乡镇行政资源,并通过党建引领工作,将中央文件精神和大政方针落实到日常工作中,确保中央到地方以及上下级部门间工作方向的一致性,准确把握发展方向。

二是权力清单化,明晰条块主体的权责界限。党的十八大以来,权力清单化被普遍推广,也成为"放管服"改革的重要内容,借助权力清单,明确基层治理的相关责任主体和条块管理各自的职责权限。云浮市实施以权力下放为核心的强镇扩权改革,将原先赋予县级政府的部分事权、财权和人事

---

① 参见燕继荣《条块分割弊端的治理路径》,《西华师范大学学报》(哲学社会科学版)2022年第1期。

权等14个县直部门72项权力都下放到乡镇，提高基层政府的施政能力。同时，明确下放权力类型和数目，建立权力责任清单，划清上下级职能部门的权责界限，下放权力清单以服务民生为主，实行服务下移和资源下沉，以服务促管理，推动政府职能转变。

三是管理智能化，推动条块统筹的高效落实。云浮模式解决了"重条块轻统筹"的问题，传统的社会管理体制以部门为主导，各自负责，垂直向下，资源整合困难，地方政府疲于奔命。云浮则打破条块格局，整合资源，统筹管理，并力向下，从纵向管理转为横向统筹。通过数字化技术的运用，开通了"三农服务网"、政府服务热线、远程审批系统和"廉政直通车"，群众足不出户即可享受"一网连市场，一线解难事，一站办审批，一键强监督"，借助数字化平台和电子政务，有效调动多元主体参与社会治理的积极性，推动各项政策信息的全面覆盖和政策执行的高效落实。

四是治理单元细化，填补条块分割的治理空白。细化基层治理单元，可有效避免条块分割在基层社会的治理空白，提高基层公共事务的可治理性。云浮市创造的"组为基础，三级联动"体制，保障了国家政策在乡村治理层面的"落地"，实现了乡镇行政管理与基层群众自治的有效衔接和良性互动，推动官民共建共治的形成。"组为基础"将村民自治单元由村向下延伸到组，以组为村民自治的支点，使村民小组成为村民自治的组织实体，有利于调动广大群众参与基层事务管理的积极性，夯实村民自治的基础。"三级联动"将村民自治机制由村向上扩展到乡镇，为村民参与乡镇事务管理提供了制度性平台。

（二）协商共治，通过职能优化破解官民对立困境

在传统的行政管理体制中，"金字塔"式的科层化权力架构，使乡镇政府陷入"上面千条线，下面一根针"的困境，办事压力大，行动受局限，压力型体制易导致基层政府陷入形式主义的泥潭，因而"面子工程"的出现成为官民对立的重要导火索，直接影响政府权威。随着群众日益多样化的诉求和上级政务的层层加码，乡镇政府由于资源和能力的受限，对群众诉求回应不足，从而深陷"塔西佗陷阱"，使得政府公信力大大受挫，违背了基层治理的内涵。一是干部的工作理念和工作能力落后，对下忽视民意；二是缺乏群众参与治理的渠道和平台，民意无法上达；三是有待健全完善群众参政议事相关制度，规范参与程序，建立起长效机制。传统的乡镇管理体制强

调对基层农村的管理和控制，使得政府的服务职能难以有效发挥，农民满意度不高，容易引发干群矛盾和对立情绪。针对这一问题，云安快速转变思路，前瞻性地提出了"服务优先"的政府施政理念，以建设服务型政府作为基层政府职能转换的目标。

一是转变工作理念，变"向上相对应"为"向下相适应"。改变基层形式主义作风的重点在于改变基层干部的工作理念，变应付式工作态度为务实性工作成效，化解干群矛盾危机。传统乡镇机构设置基本上都是采取"向上相对应"的理念而忽视当地农民的实际需求，致使政府行为与农民意愿不协调。云浮市在推进强镇扩权改革时，以职能划分来整合乡镇行政组织资源，以服务民生为重点进行权力下放，通过推动政府各部门的职能优化来促进干部履职理念的转变。坚持依据基层实际和现实问题来确定干部职责，出台了"5+X"的干部履职制度。其中，"5"即"提供公共服务、促进农民增收、加强社会管理、维护社会稳定、加强基层建设"等五项工作，"X"即赋予各地不同的主体功能定位、职责要求和经济社会发展目标。以地方实际为依据，明晰各职能部门的履职重点，建设服务导向型政府，以此来增强政府施政权威。

二是转变工作方式，变"代民做主"为"让民做主"。长久以来，农民都处于政治边缘化地带，村民自治实施后，村民开始享有村庄事务治理的民主权利，农民第一次处在了乡村治理的中心地位，然而经过"合村并组"后，村民召集难度大，村民自治一度处于空转状态。云浮市云安县通过组建镇村组"三级理事会"，将议事平台下沉到组，解决了村民召集难的问题，按照"一事一议"原则，实现了广集民意、广纳民智，促进了乡镇的工作行为与民情民意的适应性。并在乡镇层面建立"两代表一委员"工作站，实现干部下村入户，与村民面对面交流，确保政策实施充分体现名义，精准服务民众，变"代民做主"为"让民做主"，增强民众参与基层治理的主体意识。

三是完善相关制度，变"要我参与"为"我要参与"。在基层社会治理中要充分重视群众主体作用，千方百计调动群众的积极性和主动性，以决策共谋集中民智，以发展共建凝聚民力，以合作共管汇集民意，以成果共享顺应民心，形成政府和群众的良性互动和有效衔接。健全和完善官民互动机制，是扩大社会治理参与常态化、规范化的长效性保证。云浮市通过建立

"代表联络机制",实现干部与群众的面对面交流,规范干部履职行为的同时,激发了村民参政议事的积极性。在机制保障下,借助"两代表一委员"这一活的载体来"进村入户",解决农民的疑难杂事,强化政府的社会服务职能。并通过"新型考评制度"的建立,引导政府职能从"以管理为主"向"以服务为主"转变,将政府工作的实效性和群众满意度相结合,综合考评政府履职绩效,有效增强了群众参与社会治理的积极性和主动性。

乡镇管理体制改革促进了政府职能转型和乡镇服务效能优化,即工作理念从"向上相对应"向"向下相适应"转变,转变了政府职能,强化了社会管理;基层干部履职方式从"眼睛向上"向"眼睛向下"转变,着眼于服务"三农",转变了干部作风,融洽了干群关系;机关运作从"各自为政"向"合作互动"转变,政府服务从"无序化"向"常态化"转变,通过整合行政资源,凝聚了乡镇组织合力,提升了服务水平,增强了行政效能,提高了乡镇向下提供公共服务的施政能力,使农民需求能得到及时回应。通过权力下放、职能转变和分类考评等激发基层治理活力,增强基层政府应对社会治理困境的韧性,提高基层政府政策执行力,推动乡镇政府功能提升与能力建设,实现上下协同、官民共治的协商善治模式。

第二节 落实议事权:乡镇有"底"办事

《中共中央国务院关于加强基层治理体系和治理能力现代化建设的意见》中强调:"要增强乡镇议事协商能力。完善基层民主协商制度,县级党委和政府围绕涉及群众切身利益的事项确定乡镇协商重点,由乡镇党委主导开展议事协商,完善座谈会、听证会等协商方式,注重发挥人大代表、政协委员作用。探索建立社会公众列席乡镇有关会议制度。"[1] 通过不断增强乡镇议事协商能力,解决矛盾纠纷,办好民生实事,才能切实增强群众的获得感、幸福感和安全感。云浮市在乡镇管理体制改革中,组建"三办两中心",通过发挥党组织的引领协调作用,带动群众参与民主协商,"两代表

---

[1] 《中共中央国务院关于加强基层治理体系和治理能力现代化建设的意见》,《人民日报》2021年7月12日第1版。

一委员"工作站和"三级理事会"的设立,丰富了社会群众参政议政的途径,破解了"群众诉求无门,干部工作无章,政府运转效率低下"的难题,促进了干群关系的良好互动,有利于群众诉求得到及时回应和快速解决,有利于在民主协商中科学决策,充分体现民意,进而在政策执行阶段得到民众拥护,使得政令执行顺畅、效果理想,增强群众的参与感和主人翁精神,营造政府与民众共谋共建、共商共治、共享共评的共同体社会。

一 党建带群建,引领社会参与

党的十九大以来,中共中央提出:"要加强和创新社会治理,完善党委领导、政府主导、社会协同、公众参与、法治保障的社会治理体制,推进社会治理精细化,构建全民共建共享的社会治理格局。"[①] 党的十九届四中全会又强调:"必须加强和创新社会治理,完善党委领导、政府负责、民主协商、社会协同、公众参与、法治保障、科技支撑的社会治理体系,建设人人有责、人人尽责、人人享有的社会治理共同体。"[②] 明确提出总的目标是完善群众参与基层社会治理的制度化渠道,推动社会治理和服务重心向基层延伸。党的二十大从打造共建共治共享的社会治理格局目标出发,进一步重申了重视和鼓励公众参与基层社会治理的政策基调。在充分总结党的十九大以来基层治理成功经验的基础上,2021 年,《中共中央国务院关于加强基层治理体系和治理能力现代化建设的意见》,提出力争用 5 年左右时间,建立起党组织统一领导、政府依法履责、各类组织积极协同、群众广泛参与,自治、法治、德治相结合的基层治理体系目标。[③] 基层治理体系和治理能力的发展离不开政府的推动,但同样需要群众的参与。然而,"只见政府,不见农民"却是基层政府施政过程中的普遍现象。很多时候,政府出钱又出力,但是却常常得不到农民的认可,甚至引来群众不满。究其原因,很大程度上在于只有政府一家唱"独角戏",缺乏群众的积极参与,没有形成政府与农

---

① 习近平:《决胜全面建成小康社会 夺取新时代中国特色社会主义伟大胜利——在中国共产党第十九次全国代表大会上的报告》,《人民日报》2017 年 10 月 28 日第 1 版。
② 《中共中央关于坚持和完善中国特色社会主义制度 推进国家治理体系和治理能力现代化若干重大问题的决定》,《人民日报》2019 年 11 月 6 日第 1 版。
③ 参见《中共中央国务院关于加强基层治理体系和治理能力现代化建设的意见》,《人民日报》2021 年 7 月 12 日第 1 版。

民的有效衔接和良性互动。针对这一普遍现状,基层党组织要充分发挥自身的引领作用,在改革过程中重视挖掘群众的积极性和主动性,注重创新群众参与机制,将基层治理主体从政府扩展至群众,做到还政于民。

(一)党员示范,引导村民参与

党员是基层党组织的细胞,是党的全部工作和战斗力的基础,代表着党的先进性和引领性。基层党组织只有充分发挥党员的先锋模范作用,才能体现出党对于基层群众的号召力,才能动员群众、组织群众、凝聚群众参与到社会基层治理中。

云浮市充分发挥党组织的号召力和党员的先进性,在党委、政府引导和发动下,组建起了"三级理事会"。由党员干部积极响应、群众自愿组织,分别以村民小组(或自然村)、行政村、乡镇为基本单元,按照"民事民办、民事民治"原则组建镇村组"三级理事会"。其中,在村民小组(或自然村)组建村民理事会,在行政村组建社区理事会,在乡镇组建乡民理事会。每个理事会均由各级党委派驻一位指导员负责组织、协调理事会运行。村民理事会的理事成员为组中村民,常任理事由本村有威望、有能力的老党员、老村干及村民代表等组成。从村民理事会的产生程序来看,村民理事会选举程序分提名候选人、选举产生理事"两个步骤"进行,理事候选人由村"两委"成员和本村民小组(或自然村)的党员、村民代表和外出乡贤联合提名,由户代表以无记名投票选举或表决通过形式产生。[1] 从村民理事会的职能来看,村民理事会以公众参与为核心,强化村民自治和优化公共服务,理事会理事以有威望的党员为主,主要履行关乎群众切身利益的职责,即调解邻里小纠纷、兴办农村小公益、纠正群众小陋习、提出工作小建议、履行自治小职能,[2] 采用"三议三公开"的方式(理事会提议、理事走访商议、户代表开会决议,议案决议公开、实施过程公开、办事结果公开)进行民主议事。村民通过村民理事会这一平台进行自我管理、自我教育和自我服务。党员在其中起到了不可或缺的示范带头作用,从解决村民身边小事着

---

[1] 参见云安县委办公室《中共云安县委、云安县人民政府关于组建组村镇"三级理事会"的意见》,云县委 2011 年 22 号,第 5 页。

[2] 参见云安县委办公室《中共云安县委、云安县人民政府关于组建组村镇"三级理事会"的意见》,云县委 2011 年 22 号,第 6 页。

手,带动村民参与村庄公共事务的决策、管理和监督,在实践中培养村民的参与习惯。

中国特色基层社会治理的最大优势就在于坚持中国共产党的领导,党领导基层社会治理的根本目的是实现人民群众对美好生活的向往。正是由于有了党的基层组织和广大党员在基层社会治理当中发挥着把关引领的作用,确保了公众参与基层社会治理行动与社会整体利益方向的一致性。[①] 通过党员的模范带动效应,将协商共治理事会下沉到自然村一级,既方便了村民参与村庄事务治理,又确保了协商范围和参与人群的精准性,推动了村民自治在社会发展背景下的自我调适。在基层社会治理过程中,党员能够有效承担起组织宣传和引导公众的职能,快速提升普通公众的基层治理参与能力,提高公众的公民精神和集体归属感,从而确保公共参与的质量和成效。

（二）党支部协调，收集民情民意

党的十八大强调,要"健全基层党组织领导的充满活力的基层群众自治机制,以扩大有序参与、推进信息公开、加强议事协商、强化权力监督为重点,拓宽范围和途径,丰富内容和形式,保障人民享有更多更切实的民主权利"[②]。村党支部作为党组织的末梢,承担着落实上级方针政策、文件精神和服务"三农"的职责,在乡村发展建设进程中村党支部担负着带动引领、服务协调、桥梁枢纽的重要职责。

云浮市创建的"组为基础,三级联动"的"三级理事会",在行政村层面呈现为社区理事会,是承上启下、下情上达的关键枢纽。由于村一级自治组织机制相对较健全,因而社区理事会最先建立,继而在村级基础上向下延伸,在组一级建立村民理事会,并向上扩展,在乡镇一级建立乡民理事会。在村民理事会调解邻里小纠纷、兴办农村小公益、纠正群众小陋习、提出工作小建议、履行自治小职能之余,一些更重要的民意和更大范围的民事可以通过社区理事会进行商议,关乎全镇民生的大事则可以向乡民理事会进行反映并协商解决。乡民理事会成员囊括各村民理事会理事,理事会理事则主要

[①] 参见王大广《公众参与基层社会治理的实践问题、机理分析与创新展望》,《教学与研究》2022年第4期。

[②] 胡锦涛：《坚定不移沿着中国特色社会主义道路前进 为全面建成小康社会而奋斗——在中国共产党第十八次全国代表大会上的报告》,《人民日报》2012年11月18日第1版。

是村支部成员，通过召开社区理事会，将各组理事反映的问题和情况进行归纳总结，待研究出解决方案后，再召集各组理事进行关切答复和事项议决，无力解决的事情则上报给乡民理事会，寻求解决方案。

通过基层党组织的纵向协调，实施分级治理，使不同层级的事务在不同层级处理，从而将大量矛盾化解在基层。组级村民理事会和村级社区理事会以"自我教育、自我管理、自我监督、自我服务"为基本职责，乡（镇）民理事会则主要履行"表达民意、参与议事、监督政务、调处矛盾、兴办公益"的基本职责。社区理事会则是将二者职责进行协调对应的机构，广泛收集基层民情民意，为乡镇政策实施提供民意参考，促进政府行政管理与基层群众自治的有效衔接和良性互动。同时，基层党组织能确保上级政令在基层的落实和民众诉求在政府层面的有效传达，发挥基层党组织对促进基层群众参与基层治理的引领作用。

（三）党组织统筹，促进反馈落实

2021年，《中共中央国务院关于加强基层治理体系和治理能力现代化建设的意见》中强调："各级党委和政府要加强对基层治理的组织领导，完善议事协调机制，强化统筹协调，定期研究基层治理工作，整体谋划城乡社区建设、治理和服务，及时帮助基层解决困难和问题。"[①] 乡镇作为一级政府机构，其所拥有的行政资源能给予基层群众参与社会治理的重要保障，变"政府干，群众看"为"政府搭台，群众唱戏"，推动政府决策的科学化和民主化。"三级联动"将村民自治机制由村向上扩展到乡镇，为村民参与乡镇事务管理提供了制度性平台。党建引领基层社会治理，就是要以基层党组织为中心，建立起科学、顺畅、高效、严密的组织体系，为推进基层治理体系和治理能力现代化提供坚强组织保障。云浮市在乡镇层面，以"党政办"牵头成立相对应的乡（镇）民理事会，定期召开会议，成员包括各级理事会理事，由党政办相关负责人进行统筹管理，在进行党建培训学习的同时，让各村支部理事反映民众的"急难愁盼"，乡（镇）理事会理事在收集汇总后，统筹安排乡镇各职能部门负责实施，并依托"两代表一委员"工作站，对工作的执行和落实情况进行追踪反馈，确保群众诉求能得到快速有效的落

---

① 《中共中央国务院关于加强基层治理体系和治理能力现代化建设的意见》，《人民日报》2021年7月12日第1版。

实，有助于乡村治理由政府主导向官民共治深化。以党政办为引领，组织协调各部门的管理业务，引导多方社会主体参与治理，积极为乡镇政府扩权放能，提升乡镇政府社会建设与社会服务的能力。

"官民共治"，即在党的领导和政府主导下，群众广泛参与，共同管理国家和社会。云浮市组、村、乡（镇）"三级理事会"就是党、政府和人民群众共同参与管理的制度性平台。在这一制度平台上，各组织和群体根据其性质及功能发挥各自不同的作用，共同治理，共同建设。在"官民共治"的过程中，村民自治不仅不会因为政府的介入而受到限制，反而由于政府的指导、支持和激励而获得更大的发展空间。[①]

二 民主协商，创新参议形式

近代以来，伴随国家政权建设，基层治理自上而下的这一轨道更为发达和丰富。自上而下的基层治理"始于县，终于户"，即所谓"纵向到底"，直达每个民众。自上而下政权轨道的发达有助于国家政令的贯彻，国家治理得以"如身使臂，如臂使指"[②]，国家意志顺畅地延伸到社会最底层。人民自下而上表达自己的意志主要有两种渠道：一是选举代表，二是通过村委会反映。但是，这两种渠道尚不畅通。一是作为政治精英的"两代表一委员"缺乏与民众密切联系的载体和机制，难以进入民众之中，收集民意并向上表达。二是村委会日益"行政化"，更多的是完成自上而下的政府任务。因为缺乏自下而上的表达机制，势必产生"上访"或者"越级上访"。与日益发达的自上而下轨道相比，自下而上的轨道却显得不足。随着自上而下轨道的日益发达，需要自下而上轨道相配合，实现双向互动，达到政府意志和民众意志的有机统一。广东省云浮市通过在各乡镇设立"两代表一委员"工作站，拓宽民意搜集和反馈渠道。建立联系服务制度，将"两代表一委员"活动的时间、地点、内容以及群众反映问题的调处解决情况及时告知群众，接受群众监督和咨询；印发"两代表一委员"联络卡，公布"两代表一委员"的基本情况和联系方式，鼓励群众来信来访，为基层群众提供了参政议政的新途径，有利于政府和群众的上下互动。

---

① 参见徐勇《"组为基础，三级联动"：村民自治运行的长效机制》，《河北学刊》2011年第5期。
② （西汉）贾谊：《贾谊文赋全译》，夏汉宁译，百花洲文艺出版社1996年版，第31页。

(一) 设立"两代表一委员"工作站,创新参政议政形式

联系群众、收集民意是人大代表和政协委员的基本职责。但是,长期以来,从全国到地方各级人大和政协在这些方面始终存在方式单一、渠道不通畅、代表委员履职积极性不高等问题。在基层协商民主领域、基层协商治理领域,"协商有余,落实不够"问题突出。"两代表一委员"工作站的设立,促使代表委员们从"会议代表"向"民意代表"转变,有利于政令的快速落实、民意的及时回应和干群关系的亲密互动,进一步拓展了代表委员们的履职空间,使其从会场走向基层社会,为民众广泛地参政议政提供了发展空间和动力支持。[①] 基层治理不是一个单向的工作流程,而是需要政府与民众之间的双向沟通和良性互动。云浮市云安县将民意的搜集和反馈作为工作推进中的重要一环,提出了"民意为先"的工作理念。"民意为先"强调了民意的重要性和基础性,体现了政府以民为本的执政方针,有利于促进政府施政。"两代表一委员"工作站的设立,一方面解决了各级党代表、人大代表、政协委员在闭会期间的作用发挥问题,另一方面有效搜集了民情民意,为政府施政提供了决策依据。

云安在党政办下创新设立"两代表一委员"工作站,作为辖区各级党代表、人大代表、政协委员在闭会期间履行职责、联系群众的有效途径和形式,主要履行宣传政策、参政议政、服务群众、监督执行和调处矛盾等"五大职责"。此外,还创新了"双向沟通、双向考核"工作机制。在双向沟通上,建立重大事项通报的上情下达机制、民意直通车的下情上达机制,并设立电话直通车绿色通道、信件直通车绿色通道、网络直通车绿色通道,畅通信息渠道。在双向考核上,制订"两代表一委员"考核评价县委、县政府领导班子及党政领导干部办法,以及县委考核评价"两代表一委员"履职情况办法,并设置考核指标体系,明确指标分值、考核办法和责任单位,规范考核工作开展。"两代表一委员"工作站,发挥了沟通党群的桥梁作用、化解矛盾的维稳作用,以及服务群众的主观作用,其作用发挥的常规化、有效化,有利于促进参政方式的转变,变过去的"政府独角戏"为"干群大合唱"。2010 年,"两代表一委员"工作站建立联系服务、收集反馈、工作

---

① 参见王伟达《协商民主视域下的基层治理实践——以辽阳市"两代表一委员"工作室为例》,《辽宁省社会主义学院学报》2017 年第 4 期。

公示、视察调研、参与决策等规章制度，印发"两代表一委员"联络卡1560张；走访群众7230人，接访收集意见1759条，接待群众来访46人次，调处基层矛盾纠纷23宗；组织开展调研、视察、评议活动11次，完成653项决策前意见收集、213项工作跟踪，并对145项重大决策进行监督；参与决策重大事项56个，呈交书面报告83个，向地方党委建言献策29条。由此，云安县通过"两代表一委员"工作站更好地发挥党代表、人大代表、政协委员沟通党群的桥梁作用，化解矛盾的维稳作用，以及服务群众的主观作用。"两代表一委员"工作站的设立是实现协商治理的有效途径，在充分吸收群众意见的基础上，对社会公共事务进行协商和自主治理，以协商民主化解利益冲突，减少矛盾和冲突。

（二）建立"代表联络机制"，提升参政议政效能

近年来，许多地方政府开展起轰轰烈烈的基层下乡和走访入村等活动，但这些活动大多只是一场"运动"，难以制度化、机制化，从而出现"干部下乡访干部"，以及干部坐在家里编"走访日记"等现象。云浮市在农村综合体制改革过程中，在各乡镇建立起"两代表一委员"（党代表、人大代表、政协委员）工作站，让干部代表委员下得去，做得住，在制度化方面做出了有益探索。

"代表联络机制"主要包含五方面的内容。一是建立联系服务制度。由镇"两代表一委员"工作站印发"两代表一委员"联络卡，公布"两代表一委员"的基本情况和联系方式，方便基层群众通过电话、来访、预约接待、登门走访等方式反映意见和建议。二是建立收集反馈制度。由"两代表一委员"每月走访群众，收集群众意见并通过工作站向镇党委、政府反馈。设立每周二为"民情接待日"，由"两代表一委员"轮流驻站接待群众，对群众反映的问题，能现场解答的现场解答，不能现场解答的通过工作站交由相关部门办理并跟踪落实。三是建立工作公开制度。实行工作预告和结果公示制度，将"两代表一委员"活动的时间、地点、内容以及群众反映问题的调处情况等及时告知群众，确保活动实效。四是建立视察调研制度。对事关全镇改革发展稳定的重大事项和群众关心的重点、难点问题开展调研、视察、评议等活动；对重大事项进行决策前的意见收集和决策实施后的成效跟踪；对本镇重大决策贯彻落实、年度计划实施等工作进行监督。五是建立参与决策制度。在镇党委、政府对本镇有关经济、社会发展和党的建设等方面

的重大事项进行决策前，广泛征询群众意见并形成书面报告，为镇党委、政府决策提供依据，确保决策的科学性。

"代表联络机制"的形成使"两代表一委员"有了工作平台，破解了代表委员只是"两会"期间拍拍手、鼓鼓掌问题。同时也解决了群众"衙门难进""干部难找"问题，如今老百姓只需将意见反馈给"两代表一委员"，而不需"进衙门""找干部"。而在更深层次意义上，则是通过强化"两代表一委员"的功能，使国家权力借助"两代表一委员"这一活的载体来"进村入户"，解决农民的疑难杂事，强化政府的社会服务职能。① 通过在各乡镇设立"两代表一委员"工作站、建立"代表联络机制"等形式，扩大民意搜集和反馈渠道，让公众参与民主决策过程。通过一系列机制创新，政府与农民的距离拉近了，干群联系加强了，群众参与社会事务的主体作用也不断提高，初步形成了"政府搭台，群众唱戏"的良性互动局面。

三　一事一议，广泛征集民意

《中共中央国务院关于加强基层治理体系和治理能力现代化建设的意见》要求通过完善基层民主协商制度，来增强围绕涉及群众切身利益的事项的议事协商能力。② 农村税费改革后农村"一事一议"制度的建立，有效扩大了农民参与基层治理的途径，推动了农村公共事业蓬勃发展，使得农村基础设施面貌焕然一新，然而，在实际的运作过程中，"一事一议"遭遇了诸多难题，比如"召集难""议决难"和"执行难"等，严重制约了农村"一事一议"的效用，制度创新势在必行。为此，云浮市在建设社会主义新农村中，围绕农村"一事一议"的困境，通过组建镇村组"三级理事会"，发挥理事带头作用，鼓励群众积极参与，多方整合社会资源，不仅打破了农村"一事一议"的困局，而且放大了"以奖代补"政策的优势，取得了令人满意的效果。

（一）以"三级理事会"为依托，破解"一事一议"难题

云浮市经过细致的调研，针对农村"一事一议"的现实困难，以组建

---

① 参见徐勇、王元成《政府管理与群众自治的衔接机制研究——从强化基层人大代表的功能着力》，《河南大学学报》（社会科学版）2011年第5期。
② 参见《中共中央国务院关于加强基层治理体系和治理能力现代化建设的意见》，《人民日报》2021年7月12日第1版。

理事会的形式推动农村公共事业的建设,形成了"理事组织实施,政府以奖代补引导,群众积极参与"的新格局,有效地破解了农村"一事一议"在组织载体、议事发起、外部支持和运转动力上的诸多难题。

一是构建镇村组三级体系,让农村"一事一议"有载体。农村"一事一议"的重点是把农民群众的公共需求落到实处,有效的组织载体不可或缺。云浮市着力构建镇村组三级体系,首先组织村民通过民主推荐和选举的方式在村民小组(或自然村)建立村民理事会,在行政村建立社区理事会,在乡镇建立乡民理事会。其次,理事会就镇村组各自范围内的公益事业以"三议三公开"为重点开展工作,具体来说,每一项公共事业由理事会提议,然后理事走访村民商议,由户代表或者村民代表开会决议,其间议案决议公开,实施过程公开,办事结果公开。最后,建立"以组为基础,三级联动"的运行机制。在村民小组建立村民理事会,建立联户代表议事制度,以理事为联户代表,与此同时,实行镇村组三级联动机制,在人员上交叉,在事务上联席,在信息上互通,形成镇村组分级议事而又相互促进的联动机制。

二是发挥理事引导作用,让农村"一事一议"有方向。农村"一事一议"常见的困难是议事难以召集,农民群众的公共需求难以集中,公共建设项目难以确定。为此,云浮市把理事带头组织作为理事会的重要任务。首先,在村民理事会、社区理事会和乡民理事会中建立完善季度例会、年度评议会制度,通过会议形式将各理事掌握的公益事业需求集中汇总、整理归类。其次,村民理事会、社区理事会和乡民理事会通过列席村民代表会议、镇人民代表大会的方式,将村民的公益事业需求向村两委、乡镇政府集中反映,提出有针对性的议案。最后,建立"项目共建、以奖代补"机制,由市财政统筹安排"以奖代补"项目资金,理事会理事牵头组织和宣传发动农村群众共同做好项目规划、项目申报、项目资金、项目建设、项目监督等工作,鼓励群众参与,积极引导农村"一事一议"的方向。

三是制定理事评议制度,让农村"一事一议"有激励。"三级理事会"运转起来的关键在人,特别是理事的服务意识与奉献精神,为此云浮市制定理事评议制度,最大限度激发理事的积极性。首先,建立理事长"年度评议、以奖代补"的试行办法,由镇政府组织评议,把理事会章程规定的工作职责纳入理事长履职评议的重要内容。其次,村民理事会、社区理事会、乡民理事会分别组织召开村民小组户代表会议、村民代表会议、乡镇人大代表和政协代表联席会议，对理事履职情况开展评议，并公开评议结果。最后，对于评议得分高的理事推荐参评全县"百名优秀理事"；对于违法违规的理事要求自动辞职，理事空缺由同级理事会按章程规定重新选举或推荐，以此激励理事会严守章程、履职尽责。

四是实施年度"十件民生实事"，让农村"一事一议"有目标。在搭建组织载体、发挥理事引导和实行理事评议之后，对于"三级理事会"最为重要的"有目标"才有了动力。云浮市围绕农村民生问题，在镇村组"三级理事会"中开展年度"十件民生实事"活动。首先，由镇村组"三级理事会"的理事通过发放"社情民意征集表"的方式收集各自范围内的民声民意。其次将农民群众的意见分文化教育、农田水利和道路建设等门类详细记录，并梳理成一份份议案。最后，在理事会议上进行协商讨论，以投票的方式从中筛选"十件民生实事"作为本级理事会年度工作目标，以公开承诺的形式向村民张榜公布，并纳入理事长履职与理事评议项目之中，接受广大村民的监督，推动农村"一事一议"化作切切实实的行动。

（二）以"一事一议"为途径，推动基层协商治理

"三级理事会"以镇村组三级联动的方式推进农村"一事一议"，改变了以往"有事不议，无事乱议，有议难决"的局面，建立了农村"一事一议"的有效载体，激发了农民群众参与公益事业的积极性。

一是农村"一事一议"要确立群众主体地位，推动基层民主管理。"三级理事会"的理事是通过民主选举或推荐产生的，充分尊重了民意。另外，关于镇村组的公益事业项目由理事会"三议三公开"，建什么和怎么建都由群众说了算，符合群众意愿。理事会还组织群众监督项目进展以及后期结算，让群众参与农村"一事一议"的全过程，确立群众的主体地位，发挥全过程人民民主的优势。

二是农村"一事一议"要整合社会资源，放大政府投入的效果。一方面，"三级理事会"以政府财政"以奖代补"的资金为支持，发动群众积极投工投劳，并且向农村的外出乡贤募捐，构建了农村公益事业的多元投入机制，以政府的有限投入带动了大量的社会资源，产生倍增的社会效益。另一方面，镇村组理事会三级联动，村民小组不能兴办的公益事业可以在社区理事会解决，跨村的公益事业可以由乡民理事会来组织协调，有效整合了社会

资源，促进了农村公益事业发展。

三是农村"一事一议"的两只抓手是理事引导与群众参与。农村公益事业面临"三个和尚没水喝"的集体行动困境，"等靠要"的思想严重，以致政府积极投入，村民却消极等待。如此一来，农村"一事一议"的效果大打折扣，为此，"三级理事会"的一只抓手是理事引导，在村中老干部、能人和乡贤的带领下，对群众需求强烈和直接受益的公益项目提请理事会讨论，打破集体行动困境。另外，理事会以农村熟人相识相知为支点，形成村庄舆论氛围，引导和督促广大群众参与其中，为农村公益事业夯实群众基础，实现理事引导和群众参与的有机结合。

制度创新是制度的生命，农村"一事一议"制度应当随着演进的社会现实加以改变，换言之，社会实践是制度创新的深厚土壤。长期以来，由于村民会议和村民代表会议"召开难"，使得农村"一事一议"面临虚设的危险，关键的问题就是组织载体缺位。云浮市"三级理事会"的建立不仅使农村"一事一议"的组织立足于村级，而且向下延伸到村民小组，向上扩展到乡镇，形成"三级联动"的组织体系，让农村"一事一议"有了常设的议事机构，弥补了组织载体缺位的问题，最终在组织形式上对农村"一事一议"进行了有益的探索与创新。

第三节　改革人事权：乡镇有"人"办事

为了使乡镇工作适应新形势新任务的要求，推进依法行政，规范乡镇组织职能，明晰乡镇工作岗位，进一步适应新常态，健全新机制，理顺乡镇权责关系，形成职责清晰、管理精细、科学规范、运转高效的工作体系，充分发挥乡镇推动发展、服务群众、促进和谐的职能作用，要对乡镇人事管理权进行改革，赋予乡镇人事建议权，让乡镇干部各有所用、人尽其才，提高基层干部的业务水平和服务能力，激发基层干部干事创业的积极性。

一　赋予乡镇人事管理权

国家积极推进编制资源向乡镇倾斜，鼓励从上往下跨层级调剂使用行政和事业编制。赋予乡镇人事管理权，有利于为乡镇留住更适用的人才，让乡镇"有人办事"。乡镇掌握人事管理的主动权后，乡镇干部在履职过程中会减少应付上级的形式主义作风，脚踏实地干政绩，形成"能者上、庸者下"的人事任用体制，激发基层干部的办事积极性，提高行政效率和服务能力。云浮市云安县通过党建引领深化镇级职能整合改革，切实加强镇党委的领导核心作用，按照配强配优乡镇班子的要求，扩大乡镇干部人事推荐权、干部调整建议权和干部问责处理权，将人事权向镇倾斜，不断深化区直派驻乡镇机构人员各项管理机制，凝聚派驻机构与乡镇的力量，破解乡镇"看得见、管不着"的困境，切实解决制约乡镇发展的人员管理问题和矛盾。

一是赋予人事推荐权，创造"人尽其才"的用人格局。云浮市云安县立足乡镇人事制度改革，将乡镇班子副职的推荐权交给乡镇党委，使得乡镇党委对乡镇班子副职享有推荐权。具体来说，乡镇基层干部经过无记名投票，通过乡镇党委启动人事推荐权，实现人才的合理任职，创造"人尽其才"的用人格局。2009年至2010年，云安县30多名乡镇工作人员凭借优秀的工作成绩，在乡镇党委的推荐之下，走上了镇班子领导岗位。

二是赋予人事建议权，健全"各尽其用"的用人制度。云浮市云安县为了建立能上能下，人才合理流动的人事制度，把调整乡镇班子成员的建议权一并赋予乡镇党委，使得乡镇党委对乡镇班子成员拥有建议权，打破以往乡镇人事调整听命于上级领导，没有人事调整主动性的困境。在下放人事建议权之后，乡镇能够有效实现人才整合与优化人力资源配置，卓有成效地推进乡镇人事工作，建立和完善乡镇人事制度。2009年至2010年，云安县有16人经过乡镇党委启动干部调整建议权调到了合适的岗位上。

三是赋予人事处理权，完善"能上庸下"的用人体系。云浮市云安县将乡镇干部问责的处理权下放至乡镇，使得乡镇党委有权对乡镇干部的失职渎职行为和违规违纪行为进行问责处理，建立乡镇人事的奖优罚劣机制，保障乡镇人事制度的刚性化，在确定积极性激励的人事奖励制度后，设置消极性激励的人事处罚制度安排，完善乡镇人事制度体系。云安县某镇党委书记对此评论道："以前派出所、变电所等垂直机构的人，我们都派不动，现在有了人事问责处理权，镇干部说话有分量多了。手头上有实权了，能为群众办些事情了"。

为融合基层治理力量，将人事权向镇倾斜，让乡镇党委在干部任免上发挥党委的龙头作用、把关作用、领导核心作用。由此，缓解了乡镇人手不足的问题，使镇级部门的协调联动得到有效提升，基层党委政府的领导力、统筹力明显增强。云安县将人事推荐权、任用建议权及干部处置问责权一并赋予乡镇，一来能加强乡镇党委的凝聚力和号召力，有利于各部门在乡镇党委的引领下，相互配合，提高行政效率，降低行政成本，保证从上到下的政令畅通。二来能转变基层"形式主义"作风，切实变"向上相对应"为"向下相适应"，在为人民服务中出政绩，使得民众诉求得到及时回应和满足。三来有利于形成"能者上、庸者下"的人事任免制度，从而形成一种督促乡镇干部提高自身业务能力和服务能力的激励机制，砥砺基层干部在工作中成长，专注于提升工作能力，为民众提供更好的服务。

二 建立干部分级培训制度

《中共中央国务院关于加强基层治理体系和治理能力现代化建设的意见》强调："必须充实基层治理骨干力量，加强基层党务工作者队伍建设。要求各级党委要专门制定培养规划，探索建立基层干部分级培训制度，建好用好城乡基层干部培训基地和在线培训平台，加强对基层治理人才的培养使用。"[①] 建立干部分级培训制度，就是要对担任不同层次职务的基层干部实施各有侧重的培训，使干部能更好地适应基层工作，快速提高服务意识和办公能力。按照党和国家的要求，把握干部的成长规律和教育培训需求，分级分类地开展干部教育培训，激发干部学习的内在动力和潜能，增强干部教育培训的针对性和实效性。

一是以德为先，注重工作能力的培养。针对不同级别不同部门的干部，按照工作能力培养需求，开展专业化、专职化培训。贯彻干部队伍革命化、年轻化、知识化、专业化方针，坚持德才兼备、以德为先，突出理想信念教育和党性党规党纪教育，将能力培养贯穿始终，全面提高干部职工德才素质和履职能力。建立分级培训制度，重点在于提高干部的思想觉悟和工作能力，培养一批又一批爱民敬业的好干部。"德不优者，不能怀远"，干部教育培训"以德为先"，是不断强化干部党性修养，提高其道德底线的根本要求。德是才的统帅，决定着才的作用和方向；才是德的支撑，影响着德的作

---

① 《中共中央国务院关于加强基层治理体系和治理能力现代化建设的意见》，《人民日报》2021年7月12日第1版。

用范围。有德无才难以担当重任，有才无德终会败坏党的事业。历史和实践充分证明，政治品行、道德品行不高的人，才干越强、职位越高，危害就越大。建设高素质干部队伍，必须坚持德才兼备、以德为先，既要严把政治关、廉洁关，又要严把素质关、能力关，确保选出来的干部德配其位、才配其位。因此，要想建设德才兼备的高素质干部队伍，培养"信念坚定、为民服务、勤政务实、敢于担当、清正廉洁"的好干部，就必须把德的涵养与才的培育有机统一起来，加强源头培养、跟踪培养、全程培养，使干部的政治素质、专业能力、实践本领紧跟时代步伐。只有立场坚定，才能明辨是非，只有能力提升，才能更好地为人民服务。

二是分类分级，实现培训的全员覆盖。坚持分类分级培训，是实现干部教育培训统一性与差异性、系统性与针对性有机结合的重要方法。《干部教育培训工作条例》明确提出："坚持分类分级、全员培训，把干部教育培训的普遍性要求与不同类别、不同层次、不同岗位干部的特殊需要结合起来，增强针对性，实现全覆盖。"[①] 一方面，要抓好分类培训。《干部教育培训工作条例》对党政干部、企业经营管理人员、专业技术人员和中青年干部、基层干部等不同对象的培训，分别提出了具体要求。除了共性要求外，不同的培训对象在培训重点、方向、方法等方面，还有自身的个性特点。根据不同对象的实际分类施教，有针对性地开展培训。从细化分类入手，更多地从岗位特点和工作职责出发设置班次，打破简单按职务级别设置班次的老做法。按照初任培训、任职培训、专门业务培训等不同情况，科学设置培训内容，合理确定培训方式。推进分类培训，要突出县处级以上党政领导班子成员和中青年干部这两个重点类型。对处级以上党政领导班子成员，要着重加强理论素养、战略思维、科学决策、驾驭复杂局面等方面的教育培训，加强民主集中制和优良作风教育，提高他们的思想政治素质和执政本领。对中青年干部的培训，要着眼于党和国家事业5到10年乃至更长远的发展，教育引导他们夯实理论基础、砥砺忠诚品格、锤炼过硬本领、培育优良作风，使其真正能够承担起历史重任。另一方面，要坚持分级培训。《干部教育培训工作条例》规定："全国干部教育培训工作实行在党中央领导下，由中央组织部

[①]《中共中央关于印发〈干部教育培育工作条例〉的通知》，中发〔2015〕29号，2015年10月14日。

主管，中央和国家机关有关工作部门分工负责，中央和地方分级管理的体制。"① 推进干部教育培训，必须按照干部管理权限，明确工作职责，不能越位、缺位、错位，更不能"种了别人的田、荒了自己的地"。分级负责、各司其职，有助于各部门合力落实好干部教育培训各项任务，形成一级抓一级、层层抓落实的良好工作格局。通过分类分级的培训制度，实现干部教育的精准化培养和全员覆盖，促进各级各类干部提升政治素养、业务素质和履职能力。

三是联系实际，培训的关键在于学以致用。大力弘扬马克思主义学风，围绕中心工作，以问题为导向开展教育培训，引导干部职工在改造主观世界的同时，运用所学理论和知识指导实践、推动工作。干部职工教育培训考核的内容包括干部的学习态度和表现，理论知识掌握程度，党性修养和作风养成情况，以及解决实际问题的能力等。"纸上得来终觉浅，绝知此事要躬行。"② 既要读有字之书，也要多读无字之书。干部教育培训，学的是思想精髓、世界观和方法论，目的是武装头脑、指导实践、推动工作，因此就必须从实际出发，学以致用，笃学笃行。围绕中心工作，以问题为导向开展教育培训，引导干部在改造主观世界的同时，运用所学理论和知识指导实践、推动工作。注重实地学、学中创、创中学，深挖干部创造力，扩大干部参与率，同时更要注重"干中学、学中干"，在实践中学习真本领、摸实真情况、研讨真问题，从而更好地指导实际工作。

四是与时俱进，培养干部的改革创新思维。适应形势任务发展变化，遵循干部职工成长规律和教育培训规律，完善培训内容，改进培训方式，整合培训资源。在建设现代化强国的前进道路上，我们大力弘扬与时俱进、锐意进取、勤于探索、勇于实践的改革创新精神，在干部教育培训中也一样，不仅要按照"干什么学什么、缺什么补什么"的原则，更要结合不同领域、不同岗位干部的专业化需求，开展精准化、个性化、务实管用的专题培训，要适应形势和任务的发展变化，遵循干部成长规律和干部教育培训规律，要

---

① 《中共中央关于印发〈干部教育培育工作条例〉的通知》，中发〔2015〕29号，2015年10月14日。

② （宋）陆游：《冬夜读书示子聿》，载张同军、王红岩主编《国学经典·诗词卷》，北京理工大学出版社2018年版，第217页。

强化思想认同、理论认同和情感认同，补足精神之"钙"，更要因材施教，把握时代脉搏，有的放矢地培养出目标明确、本事过硬、敢想敢干的新时代优秀党员干部，为实现中华民族伟大复兴的中国梦添动力。干部教育培训是建设高素质干部队伍的先导性、基础性、战略性工程。干部教育培训要注重以德为先、分类分级、结合实际、改革创新，帮助干部丰富理论知识、提升能力、锤炼作风，把干部培养成新时代的行家里手和复合型人才。

三 改进基层干部考核评价

在传统政绩观的影响下，地方政府"唯GDP马首是瞻"，往往偏重经济增长的数量与速度，忽视公共服务，以致形成传统社会管理体制中重管制轻服务、重监控轻保障、重经济轻民生的困局。云安县大力推进考核制度改革，创新"不以GDP大小论英雄、只以功能发挥好坏论成败"的政绩考核方式、内容和模式，改变"GDP至上"的考核观念，以此来统筹理念向下、资金下发、权力下放的改革措施，将基层治理重心下移的各个措施整合为一个整体、一个体系。

（一）创新考核主体，将官考与民评相结合

在传统的考核方式下，上级领导和组织部门作为考核主体，掌握着乡镇干部的升迁大权，乡镇政府难免只注重迎合上级政府要求而忽视群众意愿和呼声。云浮市云安县大胆进行政绩考核制度改革，创新考核主体，充分发挥群众的民主考核评议作用，把"群众满意不满意"作为乡镇干部考核的重要依据，形成"上下互动"的良好考评氛围，以群众参与考核，推动社会管理工作落到实处。在制定《云安县科级领导班子和领导干部落实科学发展观评价指标体系及考核评价实施细则》的过程中，云安县通过广播、电视、干部宣传等方式，动员社会各界人士广泛参与细则的制定。通过大范围征集群众意见建议、大规模组织群众讨论、大量采纳群众意见建议，使群众意见建议在考核实施细则中得到体现。在细则制定过程中，共收到群众建议和意见140条，其中120条被采纳。

一方面，坚持在县委统一领导下开展考核评价工作，县考评工作领导小组及其办公室承担考核评价的组织实施、综合协调、指标管理等工作，县直考核单位负责具体指标的日常数据收集、年终考核评分。另一方面，通过机关民主测评、群众满意度评价、县领导班子评价、单位代表互评、基层人员评价等形式，将县四套班子成员，县直单位干部，镇村干部，各级党代表、人大代表、政协委员的意见建议，以不同的权重比例统一集中起来，使民意在评议中得到较好体现。通过创新考核评议形式，使"官考"与"民评"相结合，形成了"上下互动"的良好评议氛围。坚持健全上下捆绑的考核机制，以挂钩联系镇、分管县直单位的考核等次衡量县领导的县级考核等次，以镇的某项工作的成效决定需负连带责任的县直单位的年度评优资格，以突出功能发挥和落实县确定的任务要求来确保考评重点放在乡镇应承担的职责范围内，以采取县镇双向考核、正向与逆向考核相结合的方式促进县镇互动，实现单向考核向多向考核的转变。

（二）创新考核标准，将功能与职责相结合

长期以来存在的"以 GDP 大小论英雄"的政绩考核标准，使乡镇干部只注重招商引资，忽视了为农村提供公共服务。特别是税费改革以来，随着乡镇政府的"减人减事减支"，农村享受到的公共服务更是微乎其微。为此，云浮市云安县按照"功能发挥好、考核得分高"的原则，更加注重考核为农民提供服务的职能，实现社会管理与社会服务在职能考核中的指标化、标准化与常态化。

按照"功能发挥好、考核得分高"的原则，在考核标准上更加注重与各地实际结合，与"主体功能区"发展规划相结合，避免"一刀切"。优先开发镇重点考核经济结构调整、节能减排和自主创新能力；重点开发镇主要考核经济增长及其质量效益，工业化和城镇化水平以及相关领域的自主创新能力，实行综合评价；生态发展镇不再重点考核经济增长指标，而是侧重考核基本公共服务、社会管理、生态发展、农民增收和农村稳定等。如在 2009 年年终考核中，属"开发与重点保护并重示范区"的高村镇凭借"零上访""维稳"一项获得满分，加之生态保护成效显著，最终其综合得分位居首位。而经济发展水平全县第一的六都镇则因上访问题失分较多，位列第二，这充分体现了"功能发挥好、考核得分高"的考核特色。

为使乡镇干部转变履职方式，明确职责定位，云浮市云安县落实以强化县域经济建设、镇域社会建设、村级社区建设为重点的三级基本功能和基本职责，形成"基本职责＋主导职责"的合理功能履职格局。明确乡镇干部的功能职责为"5＋X"："5"即"社会维稳、农民增收、公共服务、政策宣传、基层建设"等基本职责；"X"即赋予各地不同的功能定位、职责要求和经济社会发展目标等主导职责。

（三）创新考核方式，将考核指标与量化评分相结合

传统的政绩考核方式以单一指标、同一内容、同一权重衡量乡镇干部的工作实绩，以单一方式、同一标准、同一时间去评价干部的工作水平。考核定性多、定量少，共性多、分类少，缺乏可量化同比的指标，无法客观反映乡镇的整体施政效果。为此，云浮市云安县通过创新政绩考核方式，创新指标设置，量化指标类别，实现量化评分，通过设置47个共同指标和13个类别指标，使政绩考核制度与主体功能区划所确定的"功能发挥、错位竞争、有序竞合"的要求相适应，把考评内容放在以社会建设为重点的功能履职上来，破除"唯GDP论"观念，使基层干部从"业务员"向"公务员"回归，乡镇政府从管理型向服务型转变。

在指标设置上，引入公共服务型政府的理念，设置了行政运行成本、干部腐败成本、职务消费控制、决策失误成本、行政失效成本和办公费用控制等6个明细的"成本控制"指标。通过创新政绩考核指标设置，淡化了GDP所占比重，实现对经济发展、社会发展、人民生活、生态环境、政务环境、公共管理等的全面考核，改变了单纯以GDP为指标的传统政绩考核评分模式。

在具体的指标类别上，取消了GDP总量的考核指标，将考评重点放在乡镇主体功能应承担的职责范围。在"区域发展"指标组中，为"优先区""重点区""示范区"的"工业总产值"设定的权重分别为140、100、60，而"农业总产值"的权重分别为50、100、130，以权重指挥重点。对于能够量化的指标尽可能量化，采取分级分类细化的方法，用具体的数据来表现某项工作责任的轻重、任务的多少。对于难以量化的指标（如社会发展指标），由县直部门根据掌握的情况进行综合评价估算，考核评分按同比排名的高低折算。

云浮市云安县通过实施考核制度改革，使政绩考核实现"由上至下"，彻底扭转了长期存在的"眼睛向上""GDP至上"政绩观，塑造了"上下互动"的评议氛围，不仅使乡镇干部由"业务员"回归到"公务员"，而且使乡镇领导得以潜心研究本地长远的发展问题，将工作重心转移到服务民生、加强社会管理、优化公共服务上来，从根本上克服了发展上的"短视"效应，保障了社会管理体制创新工作的持续开展与稳步发展。

小　结

20世纪80年代，邓小平同志首次提出了权力下放的改革理念，强调要精兵简政，真正下放权力，以此扩大社会主义民主，把人民群众和基层组织的积极性调动起来。① 通过权力下放调动基层社会的积极性是发展人民民主的重要内容。党的十八大以来，以习近平同志为核心的党中央，提出了以人民为中心的发展思想，保证人民当家作主落实到国家政治生活和社会生活之中，把党的群众路线贯彻到治国理政全部活动之中。2018年中共中央印发《深化党和国家机构改革方案》，其中，要求赋予省级及以下机构更多自主权，突出不同层级职责特点，允许地方根据本地区经济社会发展实际，在规定限额内因地制宜设置机构和配置职能。具体到乡镇层面的要求是，"适应街道、乡镇工作特点和便民服务需要，构建简约高效的基层管理体制"②，地方全面改革和完善乡镇政府管理体制提上议事日程。2019年下半年，党和国家机构改革按照不同层次推进到乡镇层级，《关于推进基层整合审批服务执法力量的实施意见》包含了向基层赋权的工作部署。党的十九届四中全会提出优化政府职责体系，"推进机构、职能、权限、程序、责任法定化，使政府机构设置更加科学、职能更加优化、权责更加协同"③，对赋予地方更多自主权提出了方向指导，支持地方创造性开展工作，进一步向基层放权赋能，目的指向提升基层治理效能、夯实基层治理基础。④ 党的二十大报告进一步指出，"完善社会治理体系，健全共建共治共享的社会治理制度，提升社会治理效能，畅通和规范群众诉求表达、利益协调、权益保障通道，建

---

① 参见《邓小平文选》第3卷，人民出版社1993年版，第160页。
② 《中共中央印发〈深化党和国家机构改革方案〉》，《人民日报》2018年3月22日第1版。
③ 《中共中央关于坚持和完善中国特色社会主义制度 推进国家治理体系和治理能力现代化若干重大问题的决定》，《人民日报》2019年11月6日第1版。
④ 参见孙彩红《向乡镇政府下放权力的治理逻辑分析》，《西南交通大学学报》（社会科学版）2020年第6期。

设人人有责、人人尽责、人人享有的社会治理共同体"①。这就要求通过权力下放，建设简约高效的政府管理体制，调动政府施政的主动性以及社会参与的积极性。权力下放主要是解决权力过分集中的一项重要措施。权力过分集中，既有同一个层次上横向的权力集中问题，也有上下级之间纵向的权力集中问题。行政权力下放是将更多权力交给更贴近公民的下级行政机关行使，是贯彻行政高效便民原则的体现。② 行政权力下放本身不是目的，而只是手段，其最终目的是最大限度地回应市场和民众的需求，优化服务能力，提高治理水平，实现人民的利益。

2010 年，广东省率先实行"简政强镇"改革，推进县权下放，扩大镇级管理权限。同时，要求乡镇明确承担与其权力对等的责任，建立与扩大责权相适应的民主决策和权力监管体制。首先，下放事权解决了权力纵向集中和权责不对等的问题，广东省云浮市通过"简政强镇"改革，给予乡镇治理范围内的事权、财权和人事权，放权赋能，使得乡镇政府更好地为民众服务。其次，下放议事权解决了权力横向集中和懒政怠政的问题，通过"三级理事会""两代表一委员"工作站，充分发挥政府工作的主导性和群众参与的积极性，进一步促进基层民主的发展，形成对乡镇权力的社会监督机制。最后，下放人事权解决了乡镇政府权力承接能力不足和形式主义的问题，激发了乡镇工作人员的积极性。乡镇政府拥有人事权能更好地对行政人员进行管理，减少压力型体制下"任务主导型"的应付式形式主义，乡镇政府能自主地配备人才，形成对"权力下放"的有效承接。

乡镇政府是国家政权的根基，面向政府实施"放权赋能"是提升基层治理效能、发展社会主义民主和巩固国家政权的重要路径，是推进国家治理体系和治理能力现代化、建设"共同体社会"的必然要求。行政权力的下放和高效便民的乡镇管理体制建设，将乡镇变成管理地方事务、提供公共服务的主体，有利于加强乡镇的决策和管理权力，为乡镇增权赋能，改善基层治理中权责失衡问题；有利于提高政府行政效率和协调能力，为乡镇减负强

---

① 习近平：《高举中国特色社会主义伟大旗帜 为全面建设社会主义现代化国家而团结奋斗——在中国共产党第二十次全国代表大会上的报告》，《人民日报》2022 年 10 月 26 日第 1 版。

② 参见张青波、童浩文《"放管服"改革中行政权力下放的风险与对策》，《华中科技大学学报》（社会科学版）2022 年第 5 期。

能，改善政府治理能力与民众诉求不匹配的问题。这项改革，符合基层政府向服务型政府转型的基本逻辑，有利于公共权力配置优化，对于激发基层党员干部干事创业的活力，提高基层政府的公信力，建设服务型乡镇，推进经济社会健康发展与和谐稳定具有重要意义。

权力下放和管理体制改革是为了使权力更贴近老百姓，更有针对性地服务人民，提升基层治理效能。湖北省在推进乡村振兴工作中，注意到乡镇工作压力大等问题，也在稳步推进"权力下放"的改革，尤其是在"美丽环境与幸福生活共同缔造"行动中，政府所倡导的"五共"工作理念，体现了官民互动、参与共治的治理目标，要求调动民众参与基层治理的积极性，增强其获得感和幸福感，既有上级行政机关向下级行政机关的放权，也有国家向社会的放权，有利于调动社会参与的活力，实现基层政府治理能力提升与群众民主参与能力提升。而广东省云浮市十多年前通过简政放权改革，激发基层社会治理活力，民生治理水平得到切实提高，其基层治理成效有目共睹。因此，"权力下放，建设简约高效的乡镇管理体制"的云浮经验，或许能够为湖北省推进基层治理能力和治理体系现代化提供必要的借鉴。

第五章
服务下沉：实现城乡公共服务均等化

《中共中央国务院关于加强基层治理体系和治理能力现代化建设的意见》指出："各地要优化农村社区服务格局，推进城乡社区综合服务设施建设。"① 基本公共服务作为社会治理的重要基石，在社会稳定和改善民生方面具有十分重要的作用，也是社会治理的主要抓手之一。基层治理中的"服务下沉"，其最终落脚点在于实现城乡公共服务均等化。以"服务下沉"为基本路径助推城乡公共服务均等化，是基层治理现代化的必然要求。

实现城乡基本公共服务均等化目标是在党的十六届六中全会上被首次明确提出的。公共服务均等化是一个理念，一种精神，但是如何使这个理念具体化，使这种精神"落地"，需要在实地进行具体探索。云浮市属于典型的"八山一水一分田"地区，作为农业人口占全市总人口近60%的农业大市，如何使基本公共服务普惠到每一个农民，成了云浮市领导班子要思考的难题。经过不断探索和试点，云浮市把"服务下沉"作为推进城乡基本公共服务均等化的基本路径，通过"干部下访基层、机构下移基层、网络覆盖基层"的改革实践，采用多种社会化方式，建立多元化的公共服务投入体系，进而将公共服务与基层治理有效结合起来，打破了传统社会管理中"管理"与"服务"脱节造成的基层治理行政化困境，推动了公共服务下乡、到村、入户，初步实现了城乡公共服务均等化的目标。

---

① 《中共中央国务院关于加强基层治理体系和治理能力现代化建设的意见》，《人民日报》2021年7月12日第1版。

第一节　搭建平台，提供社会化服务

改革开放以来，党和政府高度重视农业和农村工作，始终把农业作为经济和社会发展的基础，突出强调促进农民增收，保障农民权益，赋予农村优先发展的地位，给予农业更多扶持，推动农村加快发展。近年来，为了优化城乡服务格局、推进基层治理现代化，党和政府加大强农支农力度，出台了一系列惠农政策，旨在为农民提供所需的基本公共服务。《中共中央国务院关于加强基层治理体系和治理能力现代化建设的意见》提出，各地要着力推进城乡社区综合服务设施建设。如何搭建符合群众需求且较为完备的服务平台，成为各地政府迫切需要解决的一道难题。早在 2010 年，云浮市着眼于广大农民生产生活的实际需求，从农业社会化服务、社区志愿服务、金融信贷服务三个方面入手，搭建了一系列较为完备的服务平台，提供了一整套行之有效的社会化服务。

一　发展农业社会化服务体系

为广大农民提供农业社会化服务，满足广大农民农业生产需求，是新时期农村综合改革的重要内容。所谓农业社会化服务，是指在农业产业化、农户兼业化与农业商业化的推动下发展起来的，政府公共机构、农村专业合作社、科研教育机构与龙头企业等服务组织为农业生产提供产前、产中与产后各个环节的服务，用来解决个体农户在农业生产方面的问题。[1] 农业社会化服务是自成体系的，它的实现，需要与之相匹配的服务平台加以支撑。因此，如何为广大农民搭建合理有效的服务平台，自然成为云浮改革者所要思考的首要问题。

为改变城乡公共服务不均衡的现状，同时有针对性地为农村农业生产经营活动提供服务，云浮市将建设高效的服务型乡镇政府作为改革发展的"节点"，通过设立镇级农村土地流转服务中心、劳动力服务中心、农业发展服

---

[1] 参见孔祥智、徐珍源、史冰清《当前我国农业社会化服务体系的现状、问题和对策研究》，《江汉论坛》2009 年第 5 期。

务中心等便民服务中心，将乡镇政府的职能转变到维护市场秩序、强化社会管理和优化公共服务上来。这样，不仅极大满足了广大农民的农业需求，而且推动了农民增产增收，保障了农村社会稳定，进而实现了农村群众享受与城市居民均等的公共服务的改革目标。

一是设立土地流转中心，盘活农村土地资源。土地问题是"三农"问题的核心，土地流转对农业适度规模经营、实现农业农村现代化意义重大。[1]规范农村土地流转需要建立统一的农村土地流转服务平台。基层政府要围绕争当保护耕地和节约集约用地的排头兵，在抓好新一轮土地利用总体规划修编，强化节约集约用地的同时，大力推进种养业适度规模经营，推动农村土地的流转，盘活农村土地资源，使土地成为农民财产性收入增加的重要来源。具体来说，首先，建立与土地要素市场相统一的农村土地流转市场。通过建立健全相关机制，把农村经营性集体建设用地使用权和耕地、林地经营承包权的流转服务职能统一纳入县级土地交易中心，统一信息发布、统一交易服务，并逐步实现服务网络覆盖乡镇。其次，大力培育和发展以农业龙头企业、农民专业合作组织、农产品流通大户、种养大户等为主的流转市场主体，推动农村土地稳步流转。最后，加快出台规范农村用地、土地流转行为的相关政策或制度，为搞活农村土地流转市场提供政策支持。对此，云浮市结合自身实际情况，在乡镇设立农村土地流转中心。该中心整合镇经济发展办公室、林业站、村规所等镇属机构和镇国土资源管理所等派驻机构和人员，设立镇级农村土地流转中心。同时，还将耕地、林地等农村资源纳入管理，以此构建"政府培育市场、市场引导流转、流转纳入管理"的良性机制。除此之外，该中心集信息发布、市场引导、流转管理三项功能于一身，免费为农民发布土地供需信息，提供政策咨询、价格协商、合同签订等服务。

二是设立劳动力服务中心，保障农村劳动力就业。农村劳动力是我国改革开放以来出现的对我国经济发展具有重大推动作用的劳动者群体，高质量、稳就业的农村劳动力发展远景是夯实经济高质量发展、优化产业结构的

---

[1] 参见王成利、孙学涛、刘雪燕《农村基础设施完善对土地流转行为的影响研究》，《江淮论坛》2022年第5期。

重要机遇，是新时代乡村振兴的主要实现路径。① 在 2022 年中央"一号文件"中，针对农村劳动力就业问题提出要落实各类农民工稳岗就业政策，同时鼓励发展共享用工、多渠道灵活就业，进而规范发展新就业形态。根据政策要求和实际情况，基层政府要设法解决和保障农村劳动力就业。云浮市结合自身实际情况，在乡镇设立农村劳动服务中心。该中心主要承担培训、就业、维权"三重职能"。首先，在培训方面，结合农村实际组织实施"农村劳动力职业技能提升计划"，针对当地所需技术工种，开展计算机操作、收银员、美发美容、维修电工、农村种养加工为主的专业技能培训。除此之外，对 45 岁以下且有就业意向的农村劳动力实行一次免费技能培训，低收入家庭的学员还给予适当的生活补助。其次，在就业方面，充分发挥劳动就业信息网络的作用，开展网络视频招聘。大力鼓励农民"二次创业"，因地制宜发展现代家庭工业、生产性服务业、社区服务业和农家乐休闲旅游业，拓展农村劳动力创业就业领域和渠道。最后，在维权方面，增强农村劳动力的维权意识，宣传维权知识，做好劳动保障政策宣传咨询、协助信访和劳动监察工作，全力保障农村劳动力的正当权益。

三是设立发展服务中心，激发农业发展活力。农业发展在我国国民经济增长过程中具有重要的作用，它作为各产业发展的基础，对于改善县域经济结构，促进城乡经济文化的持续同步发展，协调农业和工业齐头并进，增强农民和城市居民的幸福感具有重要意义。然而，由于涉及自然环境和人为因素的特殊情况，农业在当前发展过程中遭遇了许多困境，尤其是生产和销售环节得不到有效保障，因此需要建立广覆盖的政策性涉农保障体系。有鉴于此，基层政府要围绕降低农业产业风险，防范农民因灾因病返贫，大力推进政策性涉农保险改革。对此，云浮市结合自身实际情况，在乡镇设立农村发展服务中心。该中心整合镇级农业发展公司、行业协会、农村经济合作社、农业站所等涉农资源，以此成为镇一级的农业发展服务中心。它是通过"公司+协会+站所+科研+农户"的形式，构建产供销一体化的社会化服务体系。其中，由镇级农业发展服务中心扶持基地、打造品牌和开拓市场，由专业协会把农户联合起来合作经营，由农业站所和科技部门为农业发展提供支

---

① 参见赵亮《新时代乡村振兴背景下农村劳动力稳岗就业研究——基于 Heckman 两阶段模型的实证分析》，《经济问题》2023 年第 1 期。

撑。例如，云浮市南盛镇根据自身实际走出了"产学研"相结合的路子：由镇农业发展有限公司牵头组织与高等院校和科研院所"联姻"，并成立农产品质量安全监管机构，配备农药残留快速检测仪等配套设备，加强对农业生产全过程的质量监管，建立健全农产品市场准入机制。

总的来说，云浮市探索建立的"三大服务中心"为当前推进农业社会化服务提供了宝贵经验。早在党的十七届三中全会上，农业社会化服务建设就有了明确方向，即按照建设现代农业的要求，建立覆盖全程、综合配套、便捷高效的服务体系，形成多层次、多形式、多主体、多样化的农业社会化服务格局。当前，着力构建新型农业社会化服务体系，将有利于强化双层经营中"统"的功能，为农民生产经营提供便捷高效的服务，把千家万户的分散生产经营变为相互联结、共同行动的合作生产、联合经营，实现小规模经营与大市场的有效对接，提高我国农业的整体素质和市场竞争力。通过提供农业社会化服务，可以有效地把各种现代生产要素注入家庭经营之中，不断提高农业的物质技术装备水平；可以在家庭经营的基础上发展规模经营、集约经营，不断推进农业生产的专业化、市场化和社会化。

二 推动社区志愿服务体系

农村社区治理是推进国家社会治理体系与治理能力现代化的基石。志愿服务作为深入推进农村社区治理的一条重要路径，其与农村社区治理是息息相关的。志愿服务具有道德引领、矛盾化解、民生服务、社会动员四大社会治理功能。这充分说明，志愿服务是基层社会治理的助推器。当前，我国大量社会需求来源于基层，大量社会问题产生在基层，大量社会矛盾根源在基层，对基层社会管理和服务提出了更高和更紧迫的要求。传统政府的社会服务，往往是政府大包大揽，社会服务成为政府的"独角戏"，常常造成资源有限、事倍功半、吃力不讨好的局面。归结其原因，在于作为治理主体和参与主体的基层群众无法参与进来，基层治理无法形成强大而有效的治理合力。云浮市在推进公共服务下沉的改革实践中，深入研究形势和任务的发展变化对群众工作提出的新要求，并针对农村出现"村'两委'关系不协调、镇村工作不衔接、干群意愿不一致"的"三不"问题，在强化村党支部、村委会基本架构的基础上，试点组建"农村社区服务合作社"，尝试以志愿服务的形式引导农民主体积极参与村庄各类公共事务。

一是建立农村社区服务合作社。随着农村社区志愿者逐步成为社会治理的重要主体，必然要求各地政府积极建立可供农村社区居民参与社区治理的组织载体。云浮市在辖区内的农村地区组建"农村社区服务合作社"。合作社是一个按照"强化公众参与、突出公共服务、体现共建共享"原则组建的群团组织。合作社整合了农村基层组织资源，作为乡镇延伸公共服务功能、村党组织履行核心领导职责、村委会行使村民自治职权的共同服务平台，为村民开展自治活动和政府提供公共服务构建了一个有效载体。在人员构成上，发挥"村社"主体作用。合作社设主任 1 名，由村党组织书记担任，发挥农村党组织的核心作用；通过设立社务会、监事会、社员代表大会等，发挥村"两委"、村民代表以及辖区"两代表一委员"等的骨干作用；通过建立"十步工作法"，发挥群众主体作用；由镇委、镇政府委派一名干部任合作社专职干事，发挥乡镇政府指导作用。在工作职责上，明晰内部分工。合作社内设社员代表大会、社务会和监事会。其中，社员代表大会负责审议合作社章程、社务会的工作报告和财务报告，以及决定其他重大事宜。社务会负责执行社员代表大会的决议，向社员代表大会报告工作和财务状况，开展合作社日常工作等。监事会主要负责对合作社工作进行监督。在功能发挥上，强化"社会服务"。合作社下设经济服务工作站、公共服务工作站、综治信访维稳工作站。其中经济服务工作站围绕增加农民收入这个核心，做好与镇级农村土地流转服务中心、农村劳动力服务中心和农业发展服务中心的对接服务工作，以此强化经济服务功能；公共服务工作站协助实施村"两委"决定的公共服务事项，承担上级基本公共服务事项，特别是建立村级行政公共服务体系，推进行政事项网上审批和代办，让广大农村群众足不出村就能享受到信息化的基本行政服务。

二是建立共谋共建共管共享机制。志愿组织的建立是农村社区居民参与社区治理的组织基础。组织功能的发挥还需要一套与之相应的运行机制加以推动。由此，为避免合作社的行政化、保障合作社的"独立性"，云浮市在农村社区服务合作社的运行过程中，突出社区服务合作社的"共谋、共建、共管、共享"性质，并形成了一套有效的运行机制。

第一，建立共谋机制，突出群众主体。建立工作例会制度。每周召开一次合作社工作例会，对村内各项工作进行研判。根据上级部署和社员意愿，综合、梳理需决策的村级重大事项。建立社务会议制度。每月召开一次社务会议、研究、论证以及提交需决策的村级重大事项及初步实施方案。建立社员代表大会制度。适时召开社员代表大会，讨论表决社务会提交事项。涉及群众利益的重大事项，由村民代表会议或村民大会表决通过。

第二，建立共建机制，形成发展合力。乡镇与合作社共建。乡镇政府定期将各项惠民服务通过合作社传送至群众，优化乡镇政府的服务功能；合作社通过专职干事定期将基层组织面临的困难、群众所需所盼及时反映到乡镇政府，使其更好地解决民忧民困。村"两委"与合作社共建。涉及群众利益的重大事项由合作社广泛征求社员意见，研究制订具体实施方案，协助村委会组织实施；合作社为村"两委"培养入党积极分子、锻炼村级干部提供良好的平台。群众与合作社共建。合作社接纳群众的办事请求，帮助群众解决问题。群众积极参与合作社的工作，发挥参与者、监督员作用。

第三，建立共管机制，强化组织管理。建立日常工作制度。制订管理人员轮值制、专职干事在岗制，方便群众前来办事。建立公共服务制度。在土地流转、招工就业、农产品供求、文化建设、教育发展等方面，建立常态化的公共服务制度，优化"三农"服务水平。建立监督考核制度。以"一社三站"的履职情况作为考核合作社专职干事年度实绩的重要标准；以"活力民主、阳光村务"工程为切入点，保障村民充分享有知情权、参与权和监督权。

第四，建立共享机制，实现成果互惠。坚持以民为本原则，做到村"两委"发展农村经济与合作社提供经济服务相结合，让群众共享发展成果；村"两委"推进新型城镇化建设与合作社提供公共服务相结合，让群众共享改革成果；村"两委"抓好社会维稳工作与合作社提供和谐环境服务相结合，让群众共享和谐成果，突出群众在共享中的优先地位。

三是建立志愿服务激励保障体系。志愿服务具有自愿、无偿的公益性特征，因此要广泛开展志愿服务关爱行动，就必须健全志愿服务参与农村社区治理的激励机制。"激励"是指使志愿者参与服务的动机加深，对服务工作有更高的忠诚度与使命感，以增进服务绩效，提升服务品质。如果说激励机制是志愿者自身价值得以实现的动力，那么满足感则是保障志愿服务可持续发展的源泉。在农村社区的基层治理中，让志愿服务的参与者保持乐于奉献的热忱，是保持志愿服务队伍生命力的核心。

首先，志愿者本身必须受到法律的保护。法律保护作为一种外部激励机制，通过赋予志愿者一部分权利来保障志愿服务的合法进行。全面推进依法治国必然要求治理的法治化，即一切涉及公民权利的事情都必须通过法律手段加以规范，这也成为社会治理体系的重要组成部分。我国各级党委、政府和群团组织等虽然纷纷支持志愿服务事业，但是，由于当前我国关于志愿服务的相关法律法规仍停留在具有倡导性的《志愿服务条例》，在一定程度上阻碍了我国志愿组织广泛参与社区治理的步伐。因此，云浮市着力加强志愿服务法治化建设，为农村社区的广大志愿者提供优质的制度环境，从而构建出了一套健全的志愿服务体系。

其次，完善志愿服务参与社会治理的奖励机制。在云浮市开展的农村社区志愿服务活动中可以看到，除了提供志愿服务队统一的服装、设备以外，对积极参与志愿活动的队员实行积分制，必要时采取"以奖代补"的形式给予鼓励。将网格补助资金、村民组长补贴资金、森林防火补贴资金、公益岗位补贴资金进行统筹部署使用。同时，通过政府评选先进志愿服务成员等表彰和奖励，考虑发展优秀积极分子入党，成为村委会储备干部，考评道德模范等，鼓励志愿服务成员。人的行为很大程度上取决于自我意识，而自我意识主要是通过与他人的社会互动形成的。志愿服务者在农村社区治理中收到的来自社区居民或者政府的认可，也是其实现自我价值的精神激励。

最后，创新"时间银行"与"志愿服务积分"的使用法则。在国内外广泛推广的"时间储蓄"制度，主要指的是志愿者通过信息化流程保存自己的服务时间，以确保自己晚年可以获得来自其他志愿者交换时间提供的服务项目。近年来，积分制度也流行在志愿服务领域。所谓积分制度是指社区里的每个志愿者都有一张个人积分储蓄卡。志愿者通过提供服务获得积分，并存入个人积分储蓄卡。通过比较可以发现，这两种制度都存在只能储存，不能兑换或者兑换周期太长的缺陷。结合云浮市实施的农村社区志愿服务积分奖励，可以形成新的志愿服务积分规则。例如，志愿者从事志愿服务项目时，会得到相应的积分，并记录在积分卡上。志愿者可以使用他们的服务积分在兑换目录中兑换他们需要的服务或商品，也可以实行积分转移。这种新法则为志愿者提供了认可、肯定和奖励，实现了服务换服务和商品换服务的灵活性，从而吸引更多的社区居民参与社区志愿服务。同时，也可以改变现有的单纯奖金奖励模式，形成新的良性循环。

总的来说，从基层治理的层面来看，志愿者已成为农村社区治理的重要参与主体之一。当前，基层治理现代化深入推进，与之相应地，也就必然要求农村社区志愿服务组织治理能力的现代化。志愿服务组织治理能力现代化主要包括组织参与能力、组织运行能力、组织保障能力等方面。云浮市根据各地实际情况组建农村社区志愿服务队，突出农村社区服务合作社"共谋、共建、共管、共享"的运行机制，并辅之以健全的农村社区志愿服务激励机制，从而实现了志愿服务的现代化。

三 创新金融信贷服务体系

目前，我国大部分地区农村金融供给能力不足，缺乏针对农民的金融服务，农户和中小企业面临贷款难问题。作为以营利为目的的企业，银行更愿意服务于大客户以赚取更高的利润，面对农民的资金需求，没有足够的动力提供信贷。生产资金的缺乏成为农民开展生产项目、扩大生产规模、致富增收的重要制约因素，使农民在面对市场机会时苦于"有心无力"，没有初始的资金支持，农民的资产就不能顺利地转化为资本。由此，农民贷款难、金融难下乡是全国各地在实现服务覆盖城乡、推进基层治理现代化时普遍面临的一个严峻问题。金融为何难以下乡，农民为何难以贷款？其根本原因是信用缺失和抵押物不足，这严重地制约了农民增收、农业发展和农村稳定。如果要想实现城乡公共服务均等化，改革当前的农村金融体制势在必行。云浮市郁南县是一个典型的粤西山区农业县，长期以来受资金匮乏的制约，经济发展缓慢、社会矛盾凸显，各种不和谐因素增多，这对原有的社会治理体制、机制提出了新需求、新挑战和新期盼。郁南县在云浮市委、市政府的布置下，2011年前后率先开展农村金融体制改革，以金融信贷作为改革工作重点，创新性地建立"信用自治"制度，以创建信用村、信用户为基础，培育农民的信用意识，实行村民信用自治制度。

一是成立村级信用评定小组。郁南县在村级成立信用评定小组，由18人组成，包括镇村干部、村民小组长、党员代表、村民代表、村"五老"和农信社代表等。他们既不是由村"两委"包办，也不是由农村信用社单方指定，而是由村"两委"、信用社协商确定，有些还要经过村民选举产生，具有较强的公信力、民主性和代表性。在信用评级中，农民既是被评的对象，又是评级的考官。通过采取"群众评议群众"的方式，让农民日常生活中的相互监督为评级提供确实可靠的依据。这种群众相互评议、相互监督的村民信用自治评级机制，充分发挥了乡土社会"熟人关系"的优势，不但降低了社会管理的成本，而且提高了社会管理的效能。其次，实行动态评级机制，每隔两年对农户进行一次重新评级，不但约束了信用户自觉维护自己的信用等级，并积极向"优秀"等级靠拢，而且还给非信用户留有评选的机会。这在很大程度上调动了农户参与信用评级的积极性，确保了基层社会管理的可持续性。一方面，信用评级将基层干部纳入评级小组，使其充分掌握评级的话语权，有效辅助了农村基层的治理。以往村委会组织召开村民会议，村民的积极性很低，经常出现不到、迟到、早退、伸手要补助等现象。有了信用评级的制约，村民自治的氛围更浓厚了。另一方面，在信用评级中引入党员、团员、妇女等与党建相关的加减分元素，有效破解了农村基层党组织活力不足、党员责任意识不强的问题。通过信用评级机制，村民对党务和村务的关注度大为提高。据相关数据统计，建立试点以后，有14名青年递交了入党申请书，相当于之前10年的总和。此外，村"两委"的公信力也相应增强，以前，村民有问题或矛盾都直接找镇政府，现在村委会的威信提升了，他们有困难、问题首先会找村干部，真正做到了"小事不出村，大事不出镇"。

二是建立农户信用激励机制。郁南县信用评级机制的最大特色在于在信用评定制度设计中充分考虑社会管理元素，以激励机制和约束机制促进村民信用自治。这具体表现在两个方面：信用评级采取激励措施。评级指标除了农户经济能力外，还特别设置了与农村社会管理相关的考评项目，如社会评价、党建、计划生育、治安、妇女、家庭荣誉等，对符合条件的农户进行加分。此外，利用农民的"面子"观念，通过奖励和表彰满足农民的荣誉感，以此激发村民信用自治的积极性。如对被评为信用户的，优先推荐为"五好家庭"，符合条件的家庭成员优先推荐为"优秀党（团）员""党代表、人大代表或政协委员""三八红旗手"等。设置约束型信用评级标准。在评级时，对于参与"黄、赌、毒"等违法行为和有不良信用记录的农户实行一票否决；对参与打架斗殴、邻里关系不和睦、违反计划生育政策等的农户实行限制等级，最高只能评为"较好"。据相关数据统计，创建信用村后的村庄社会治安事件、群众矛盾纠纷、群众上访等均大大下降。2009年全县信访总量同比下降35%，2010年再下降42%，犯罪率下降到3.5人次/万人，大大降低了社会治安成本。所有的信用村均未出现以往因砂糖橘市场销售价格变化而对原订合同违约所产生的一连串打架、投诉等问题。以往用电不交电费，又不参加电改的"电霸村"也随着信用村的创建，主动要求参加电网改造、缴纳电费。

三是构建新型信用贷款制度。郁南县尝试构建新型信用贷款制度，主要做法体现在两个方面。分级授信。根据综合评分，将农户信用等级划分为"优秀""较好""一般"和"较差"四个等级，对当选的信用户颁发《信用证》，分级授信。将分值高于 90 分的农户评为"优秀"，授信 3 万元；分值为 80—90 分的农户评为"较好"，授信 1 万元；分值为 70—80 分的农户评为"一般"，视情况授信；分值低于 70 分的农户评为"较差"，不予以授信。引导信用户在自愿的基础上组成三人以上的同级联保小组，小组成员之间相互了解情况，方便监督和制约。规定"一般"等级以上实行同级联保可增加 1 万—2 万元的授信金额。灵活借贷。信用户只需进行一次授信额度核定，最长两年内无须重新申请核定；根据资金需求，信用户在期限内可随用随贷，用款才计利息；信用户可在贷款证明中核定的额度和期限内周转使用资金，按贷款余额计收利息。这一系列金融惠农政策促进了村民信用自治的自觉性，进而保障了社会管理成效的实现。农村小额信贷门槛高、流程长、额度小，农民的受惠率普遍不高。通过信用村、信用户评定，有信用等级的农户都能够获得一定数额的贷款，增强了农户的生产能力，贷款主要用于发展本地特色产业（种植和养殖），形成了小信用大产业的格局。据相关数据统计，2010 年底，郁南县信用户在农信社新增贷款 6368 万元，带动农村抵押贷款、联保贷款、林权贷款等发展 2010 年全县涉农贷款余额 23 亿元，比试点前的 2008 年增长 96%。以桂圩镇为例，农村信用社对该镇获得"较好"以上等级的 1676 户信用户进行了授信，授信金额 2047 万元，2011 年 3 月，累计发放农户小额信用贷款 670.95 万元，受惠农户 483 户。灵活的借贷机制实实在在缓解了农民发展生产的资金周转难题，有力支持了农村经济发展，促进了农民增收。

总的来说，现代农村金融制度需要构建出一套多元且完善的金融体系，通过畅通农村投资与融资渠道，解决"三农"融资难的问题。农村信用体系建设不仅是优化和改善农村金融生态环境的一项系统工程，同时也是促进农村社会管理的一项重要工作内容。云浮市郁南县建立的"村民信用自治"制度对于农村金融改革进行了有益探索，为当前推进基层治理现代化提供了重大创新探索。

第二节　引入市场，提供专业化服务

《中共中央国务院关于加强基层治理体系和治理能力现代化建设的意见》明确指出："实施政府购买社区服务，鼓励社区服务机构与市场主体、社会力量合作。"[1] 基层治理涉及方方面面，单纯依靠政府显然无法实现现代化目标，而共建共治共享的社会治理新格局自然需要多元主体的共同参与。近年来，国家对社区基础设施建设投入不断增加，社区公共项目建设明显加快，但在建设过程中，政府通常采取大包大揽的运作模式，各地普遍存在市场难参与、项目难见效的治理难题，形成"政府主导、社会观望"的治理困局。社会组织是一支不容忽视的力量，引导社会力量积极参与村庄公共项目建设是提升农村社区公共服务专业化水平的重要方式。

云浮市以优化社会服务、提升人民群众生活品质为基本出发点，坚持"以人为本"，注重引入市场力量，创新实行项目服务招投标机制，积极推行人才引进派聘政策，致力加强科研机构技术指导，促使城乡共享优质服务，增强人民群众的获得感、幸福感、安全感，打造美好环境与和谐社会相结合的基层治理格局，从而为当前推进基层治理现代化积累了宝贵经验。

一　购买服务，实行项目服务招投标机制

县域政府通过项目治理机制创新激发县域体制优势，产生强大的资源动员能力，有利于集中力量办大事。[2] 政府购买服务是转变政府职能、创新公共服务供给机制的重要举措，是加快推进供给侧结构性改革、更好满足人民公共服务需求的重要途径。随着社会建设的加强，推动社会治理现代化改革的不断深入，社会组织作为多元社会重要组成部分的角色与功能受到了极大

---

[1]《中共中央国务院关于加强基层治理体系和治理能力现代化建设的意见》，《人民日报》2021年7月12日第1版。

[2] 参见田先红《项目化治理：城市化进程中的县域政府行为研究》，《政治学研究》2022年第3期。

的关注。各层级政府、各条线部门都在积极探索社会组织功能发挥的机制，在诸多的改革与试点中，购买服务项目制逐渐脱颖而出，成为当前完善农村公共服务体系、实现城乡公共服务均等化的重要机制。在以往的新农村建设中，云浮市政府千方百计筹集了一些资金，打造了一些项目。但是这些项目大部分都由政府直接决策、大包大揽，不仅资金投入紧张，而且没有考虑群众的切身需求，往往沦为形象工程，建成后农民不管不问，也不能方便地享用，没有一个机制来保证项目持续的生命力，浪费了人力物力，农民反倒不满意，对政府的评价不高。2010年，以农村综合改革为突破口，云浮市积极探索加强和创新农村公共建设项目的新机制。云浮市突破原有治理局限，积极探索镇村公益服务的有效实现形式。按照市场化、社会化、契约化要求，实行政府出资购买公共服务改革，按"养事不养人"原则，对原由事业站所提供的公共服务，探索试行政府出资购买公共服务制度。对本镇不能直接提供公共服务的事项，允许通过市场购买部分农民需要的公共服务产品，逐步将一部分农村公益性事务市场化、社会化。

一是确定项目范围。政府确定购买项目的范围需要遵循"需求导向"原则。在公共服务项目选择确定过程中，政府部门应主动深入社会开展需求调查，充分吸收基层群众特别是困难群体的意见建议。同时，要畅通项目申报渠道，基层群众自治组织可以根据社会公众需求，积极上报公共服务项目需求。政府要做好前期预估，以服务对象需求作为审核项目及开展服务的依据。另外还需要项目审核方深入服务对象了解情况，需求准确才能保证项目开展有的放矢，项目才能持续发展，服务对象也能真正得到个性化服务。对社会组织来说，在竞争的环境之下，应以创新性的方式为自身争取生存与发展资源，来服务更多的对象以及改善品质。因此，在需求提出的过程中，可以充分发挥社会组织贴近社区，与居民联系较为密切的优势，透过组织本身实际参与行动的经验，来分析相关问题以及根源，进一步就组织所关注的领域以及所关注的焦点予以突破，来改善增进服务品质或提出新的行动途径与应对策略。对此，云浮市在确定购买项目范围时坚持以农村社区居民的需求为导向。由政府各职能部门协调梳理实施项目的范围，组织县、镇干部入村到户，根据不同自然村自身需要和经济条件等实际情况，引导选择、申报可行的项目。接着组织各个村召开村民代表会议与村民大会，由本村庄村民讨论决定"建什么、怎样建"。

二是采用招投标方式。政府通过确定购买项目的范围，将公共服务的内容包装为项目，依据市场准则由政府出钱，利用招标的方式遴选最合适的"卖家"，即社会组织。运用市场关系分析这种转变，就是在买卖的过程中，逐步引进市场元素。市场的主要特点是竞争性，一般来说招标投标通常要富有竞争性才能达到预期目标，竞标单位整体素质、服务品质、服务技巧、服务专业性、团队成员、机构管理等因素，关系到整个方案的成效以及社区居民享受服务的权利的实现，因而这个过程中需要营造一种卖家互相竞争的氛围，扩大选择的范围。这其中最关键的就是如何考量，用什么方法与标准选择最适合的社会组织。为顺利将服务项目委托给社会组织，政府需要及时通知辖区内有意愿的社会组织，告知其竞标信息，并邀请其参与竞争。竞标过程主要包括两个环节。第一个环节是投标社会组织的资质审查。该环节主要是考察社会组织的中标价格、专业资质、业务范围以及团队构成情况。第二个环节由专家评审投标方案。在公共服务项目确定过程中，政府部门应当聘请专业机构、行业专家对项目进行充分论证，科学合理评析公共服务的需求标准和具体内容，确保项目实施的合理性和可行性。

三是落实评估机制。公共服务项目在推进中需要落实评估机制。彻底落实招投标项目的执行成效的评估工作，定期作服务成效评估的目的是检视项目的进展状况与提升服务品质。虽然政府已经制定了评估的内容和标准，但是这些内容和标准并非适用于每一个社会组织或者每一个项目，因为每个社会组织所处的发展阶段与所执行项目的领域有差异。政府应细化评估项目执行效果的指标，以求达到客观的评估标准。政府依据评估指标来进行监督，并依照评估的结果来决定未来是否与之续约。一般来说公共服务类项目成效的显现是需要长期的，政府部门向社会组织购买公共服务的热情是需要维系的。政府部门和社会组织虽然是买卖双方的关系，但是在招投标的过程中社会组织却显得相对弱势。政府部门对于社会组织提供的服务态度含混不清，没有确定延续机制的保证。在后续招投标的实施过程中，当政府基于效率、质量或其他一些原因单方面决定停止一项合同或更换社会组织提供公益服务时，作为服务直接受益者的公众往往会有一种权利被剥夺的沮丧，且由于无法通过一个制度化的渠道表达他们对公共服务提供方式的看法，心里还会产生对政府决定的抵触情绪，因此对于好的服务项目的鉴定，应当有一个确定其是否能被延续的机制体系，这也是一种趋向政府部门和社会组织部门共同合作，协同参与的可持续发展目标努力的途径。

总的来说，随着基层治理现代化的逐步推进，建设并创新政府购买服务机制势在必行。农村公共服务引入市场，有利于减轻政府财政压力、行政压力，激发企业、个人、第三部门等社会力量的竞争意识，企业通过完善管理机制和增强创新能力争取在竞争中取得胜利。随着社会经济迅速发展，人民群众对于美好生活的向往，主要表现在对于公共服务的质量要求越来越高。农村公共服务市场化发展，有利于提高公共服务质量，降低公共服务成本，满足农民的日常生活需求和精神需求，提高农民的幸福指数。拓宽渠道引入市场，鼓励社会力量参与，提升社会公共服务专业化水平，成为当前实现城乡公共服务均等化的一种重要方式。

二 建设一体化政务服务平台

党的十九届四中全会指出，要建立健全运用互联网、大数据、人工智能等技术手段进行行政管理的制度规则。国务院印发《关于加快推进"互联网＋政务服务"工作的指导意见》等系列文件，将"互联网＋政务服务"作为推动"放管服"改革的关键，旨在提升政府的服务效率和质量。[①] 2018年7月31日，国务院印发《关于加快推进全国一体化在线政务服务平台建设的指导意见》（以下简称《指导意见》），就深入推进"互联网＋政务服务"，加快建设全国一体化在线政务服务平台，全面推进政务服务"一网通办"作出部署，并明确，到2022年底前，全国范围内政务服务事项基本做到标准统一、整体联动、业务协同，除法律法规另有规定或涉密等外，政务服务事项全部纳入平台办理，全面实现"一网通办"。[②] 因此，在新时代，基层治理现代化应坚持"以人民为中心"，建设一体化政务服务平台，借助电子信息技术，通过统筹政务服务，实现"一站式"服务，提高行政服务效率，让群众少走路，提高群众对于政府的认可度，建设服务型政府。

[①] 参见《国务院印发〈关于加快推进"互联网 ＋ 政务服务"工作的指导意见〉》，《电子政务》2016年第10期。

[②] 参见《国务院印发〈关于加快推进全国一体化在线政务服务平台建设的指导意见〉》，《电子政务》2018年第9期。

《指导意见》明确了全国一体化在线政务服务平台的建设任务，主要包括政务服务一体化、公共支撑一体化、综合保障一体化等三方面14项重点建设内容。在推进政务服务一体化方面，通过规范政务服务事项、优化政务服务流程、融合线上线下服务、推广移动政务服务等四项举措，推动实现政务服务事项全国标准统一、全流程网上办理。[1] 因此，建设一体化政务服务平台可以狭义理解为"互联网＋政务服务"，是推进基层治理现代化的重要内容，实质上是一场围绕互联网的政府治理现代化转型，地方政府在其中承担着连接顶层设计和具体实施的桥梁作用。地方政府应根据党中央和国务院部署，将推进"互联网＋政务服务"与推进"放管服"改革相结合，根据地方自身特色转变政府职能，打造阳光政府，提升政府效率。在这一转型过程中，将推进工作的重心放在优化再造政务服务，融合升级平台渠道，夯实数据共享、标准规范、基础设施和信息安全支撑基础等方面，主要包括政府网站建设、政务服务线上流程和服务模式整合、线上平台线下实体政务大厅的调试配合。[2]

云浮市对于美好环境与和谐社会共同缔造行动的探索中，"互联网＋政务服务"雏形已经初见。2010年云安县已形成延伸至农户的"一网连市场、一线解难事、一站办审批、一键强监督"的全方位信息化服务体系。[3] 2010年，以"廉政直通车"为平台，全县120个村（居）委会的党务、政务、村务、财务和服务等信息已向社会公开，接受群众监督，全年收到投诉件仅10件，比上年下降44%。云浮市对于一体化政务服务的初步探索也为建立健全一体化政务服务平台提供了一些经验。

三 加强合作，注重科研机构的技术指导

《中共中央国务院关于加强基层治理体系和治理能力现代化建设的意见》提出："推进基层治理创新。加快基层治理研究基地和智库建设，加强

---

[1] 参见《国务院印发〈关于加快推进全国一体化在线政务服务平台建设的指导意见〉》，《电子政务》2018年第9期。

[2] 参见闫建、高华丽《地方政府"互联网＋政务服务"：应然性、存在问题与优化路径》，《理论探索》2020年第5期。

[3] 参见《中共云安县委云安县人民政府关于深化农村综合改革创新社会管理方式的实施意见》，2011年8月16日。

中国特色社会主义基层治理理论研究。"① 随着我国基层治理现代化的逐步推进，满足广大居民对于美好生活的向往成为基层发展的重要追求。与此同时，人民群众对于公共服务的要求逐渐趋于专业化。面对基层治理多重挑战叠加的治理困境，作为拥有专业知识、理想情怀和行动能力的科研机构，开始积极参与到政府政策咨询、制定、反馈等环节，并在具体政策实践中积极推动了基层治理模式的整体创新进程。由此，地方政府加强与科研机构的合作成为推进基层治理现代化的必然选择。云浮市在开展美好环境与和谐社会共同缔造行动时注重向外引智，虚心接受科研机构与专家学者的指导和建议，特别是欢迎科研机构与专家学者深入参与云浮市的共同缔造实践。云浮政府加强与华中师范大学中国农村研究院的合作，以中国农村研究院为依托开展院校与院企两类合作。

一是加强院校合作，提供政策咨询。科研机构可以凭借自身对于相关治理理论与实践的认知，为地方政府在推行治理过程中提供政策咨询服务。在云浮市开展农村综合改革实践过程中，以华中师范大学中国农村研究院为主的科研机构，结合调查实践，从学理性、实际性的角度出发，制定了一系列配套政策和制度，从而为云浮的成功改革提供了政策上的指导。云浮市各级政府及其主要官员都加强了与华中师范大学中国农村研究院开展农村改革发展研究的战略合作。在中共云安县委、县政府出台的《关于深化农村综合改革的意见》中明确提道："加强与华师中农院开展农村改革发展研究战略合作……提供理论指导和政策咨询服务。"为了将云浮的改革引向深入，给云浮的改革注入更多的创新元素，云浮市委、市政府主动登门向华中师范大学中国农村研究院的专家学者请教。2011年春节假期刚结束，云安县委书记亲自拜访华中师范大学，希望能够通过合作推进云安改革；一周之后，云浮市委副书记受市委、市政府委托再次来到华中师范大学，与政治学研究院的多位专家学者共同谋划改革方案。一个月后，市委书记王蒙徽率领市委、市政府领导班子到华中师范大学中国农村研究院请教，并且将徐勇等教授请到云浮详细问计。不得不说，云浮与华中师大的合作对于深化云浮的改革起了重要的作用。除此之外，云安县委还聘请国内知名"三农"专家为云安县

---

① 《中共中央国务院关于加强基层治理体系和治理能力现代化建设的意见》，《人民日报》2021年7月12日第1版。

农村综合改革顾问，同时邀请国内专家、学者定期为云安县农村综合改革把脉，为云安农村综合改革提供理论指导和政策咨询服务。

二是加强院企合作，搭建交流平台。科研机构的积极参与，能够搭建交流平台，加强政府政策与制度的宣传与引导，营造良好治理氛围。华中师范大学中国农村研究院结合"三讲一有"农民素质提升工程和《美好环境与和谐社会共同缔造行动纲要》，以信息化建设为主要载体，通过云安论坛、网上公开、媒体发布、听证会、研讨会、咨询会、座谈会等多种形式，加大对于云安县农村综合改革的宣传力度，及时宣传各项改革政策、方法及成效等，在社会上营造了良好的舆论氛围，吸引了众多相关领域的科研机构与专家学者参与其中，进而共同推进云安县农村综合改革。2010年10月28日至30日，由中国社会科学院农村发展研究所社会问题研究中心、华中师范大学中国农村问题研究中心、南方报业传媒集团、《南方农村报》联合举办的第六届中国农村发展论坛暨"农村综合改革与新型城镇化建设"全国研讨会在云安县召开。中国社会科学院荣誉学部委员陆学艺，中国社会科学院学部委员张晓山，华中师范大学中国农村问题研究中心主任徐勇，中国社会科学院农村发展研究所宏观室主任党国英，中国社会科学院农村发展研究所社会问题研究中心主任于建嵘等30多位全国著名专家学者和国家部委及省市领导与会，论证云安县农村综合改革的"云安模式"，其间发表了云安县农村综合改革"云安模式"的论坛共识，极大地宣传和引导了云安县改革实践，在全国各地引起了巨大社会反响，从而改变了人们对于云浮的旧有认识。

综上所述，科研机构的积极介入，一方面使得人民群众与基层政府形成了以科研机构为联结点的互动关系，搭建了沟通信息、共同协商的治理平台与机制；另一方面，科研机构通过调查研究提供专业化的理论指导和政策咨询。地方政府加强与治理体系外部力量的合作，注重以科研机构和专家学者为治理增量的技术指导，在实现政策咨询与交流推介的同时，又能让有关科研机构与专家学者深入基层和中国现实，将理论与实践相结合，创新了将理论应用于当代中国社会现实场景的路径，最大程度地满足了人民群众的实际需求与基层政府的治理要求，助力推进和实现基层治理现代化。

第三节　送法下乡，提供法治化服务

《中共中央国务院关于加强基层治理体系和治理能力现代化建设的意见》指出："应积极推进基层治理法治建设。提升基层党员、干部法治素养，引导群众积极参与、依法支持和配合基层治理。完善基层公共法律服务体系，加强和规范村（居）法律顾问工作。乡镇（街道）指导村（社区）依法制定村规民约、居民公约，健全备案和履行机制，确保符合法律法规和公序良俗。"[1] 故而，积极推进送法下乡，提供优质的法治化服务是加强基层治理体系和治理能力现代化建设的题中之义。

一　依法制定村规民约

"村规民约，也称乡规民约，它是一种由乡村民众集体制定，进行自我教育、自我约束、自我管理、自觉履行的乡村社会公约。"[2] 在国家的引导下制定村规民约，提供法制化的公共服务是推动政府治理同社会调节、居民自治良性互动，提高基层治理社会化、法治化水平的时代要求。

一是紧密结合村域实际，发挥农民主体性作用。村规民约根植于乡土文化，在特定的社会背景和需求基础上产生，是村民自治的具体体现，其承载着广泛的村民意志，具有特定功能和价值。[3] 2018 年 1 月，《中共中央国务院关于实施乡村振兴战略的意见》强调，乡村治理要"坚持自治、法治、德治相结合"。以自治"激发活力"，以法治"定纷止争"，以德治"春风化雨"，以"三治融合"走乡村善治之路，已成为新时期中国创新乡村治理工作的一条基本思路。村规民约是村民进行自我管理、自我服务、自我教育、自我监督的行为规范，具有汇集民意、聚集民智、化解民忧、维护民利的独

---

[1] 《中共中央国务院关于加强基层治理体系和治理能力现代化建设的意见》，《人民日报》2021 年 7 月 12 日第 1 版。

[2] 黄永林、袁渊：《论村规民约治理的形成及其与现代法治的关系》，《湖北民族学院学报》（哲学社会科学版）2019 年第 2 期。

[3] 参见李敏《激励、引导和规制：乡村振兴中农民主体作用何以有效发挥？——基于积分制、村规民约和农村综合信用体系的对比分析》，《贵州社会科学》2022 年第 8 期。

特优势。① 2018 年 12 月印发的《关于做好村规民约和居民公约工作的指导意见》指出："村规民约、居民公约是引导基层群众践行社会主义核心价值观的有效途径，是健全和创新党组织领导下自治、法治、德治相结合的现代基层社会治理机制的重要形式。"② 云浮市云安县通过村规民约，在相应的社会组织的推动下，积极发挥村民的主体性作用，让村民不仅成为公共服务的需求者，还是公共服务的供给者，负责自家和房前屋后四周的卫生保洁工作，并动员群众广泛参与农村生活垃圾减量化、资源化、无害化处理行动，让广大群众真正明白垃圾集中收集处置的益处，形成健康、文明的生活习惯，逐步实现乡风文明、村容整洁。2011 年，云浮市云安县有 1171 个自然村实施了农村垃圾清理与环境美化工程，覆盖率达 83%，逐步改善了农村的人居环境。

二是坚持"四共"理念，构建乡村区域社会责任共同体。2021 年，《中共中央国务院关于加强基层治理体系和治理能力现代化建设的意见》再次强调，要推进基层治理法治建设，乡镇（街道）就必须"指导村（社区）依法制定村规民约、居民公约，健全备案和履行机制，确保符合法律法规和公序良俗"③。首先，决策共谋，村民理事会、社区理事会分别以户代表会议、村民代表会议的形式，与群众共同议定村规民约。④ 其次，发展共建。云浮市横洞村制定的《横洞村村规民约》提出"不准虐待老人儿童，不准失信于人失信于事，不准乱丢垃圾乱放禽畜、乱搭乱建、乱砍滥伐……"。该村的村规民约以"十不准"的形式、简短易懂的语言对村民的日常生活行为进行规范，引导村民共同建设美好的居住环境和营造良好的社会风气。⑤ 再次，建设共管，云浮市教育和引导村民共同参与社会管理，探索建立"建管

---

① 参见刘思思《"三治融合"乡村治理体系中村规民约的价值功能、实践难点及完善路径》，《宏观经济研究》2021 年第 8 期。
② 《民政部 中央组织部 中央政法委 中央文明办 司法部 农业乡村部 全国妇联关于做好村规民约和居民公约工作的指导意见》，2018 年 12 月 4 日。
③ 《中共中央国务院关于加强基层治理体系和治理能力现代化建设的意见》，《人民日报》2021 年 7 月 12 日第 1 版。
④ 参见中共云安县委办公室《中共云安县委云安县人民政府关于组建镇村组"三级理事会"的意见》，2011 年 6 月 27 日。
⑤ 参见张利平、张丽霞《云安：从人民的意愿到人民的幸福》，《中国社会报》2011 年 7 月 13 日第 1 版。

并重、属地管理、人人参与、利益导向"的共管机制。① 最后,成果共享,体现以民为本。云浮市以评选文明村、文明户为抓手,建立县对各镇、村农村生活垃圾处理工作的考核机制,表扬先进,鞭策后进,同时,使农村群众在参与农村垃圾处理工作中,享受到生活环境的改善。② 通过"四共"机制,使村民成为发展和维护本区域公共服务的共同责任主体,并借助村规民约规范村民的言行。

总之,村规民约对于乡村治理情景的适应性,使得其对促进基层治理现代化发挥着积极作用。当然,通过云浮市的治理经验也不难判断,要有效发挥村规民约的有益作用需要继续发挥政府在村规民约制定和有效执行中的引导作用,使得村规民约更好地反映村民需求的同时也更好地和国家法治接轨,同时不断提高村规民约的协同性,使其更好地促进多元治理主体的形成与发展。

二 健全公共法律服务体系

从中国实际出发,实现乡村治理有效以及维护乡村秩序稳定是保障乡村治理现代化的基础。不同基层和地方的治理情景具有差异性、特殊性和动态性,地方性的村规民约与普适性的国家法之间仍然存在着诸多违和之处,仅仅依靠村规民约这种"软法"难以满足基层治理现代化的法治化要求,国家法在基层情境治理中仍然发挥着"硬法"的基础性作用。③ 因此,结合我国的基层治理情景,健全公共法律服务体系是推进基本公共服务均等化的必然要求。云浮市在健全公共法律服务体系方面的探索主要体现在推进基层治理法治化的努力上,初步建立建成公共法律服务体系。《法治云安建设五年规划(2011—2015年)》明确指出,自1996年云安设县以来,全县各镇、各部门全面贯彻落实依法治国基本方略,扎实推进依法治县工作,法治政府建设步伐加快,公正司法深入推进,法治宣传教育成效明显,各项工作逐步

---

① 参见中共云安县委办公室《中共云安县委云安县人民政府关于组建镇村组"三级理事会"的意见》,2011年6月27日。
② 参见云浮市建设农村改革发展试验区领导小组办公室编《云安县着力抓好农村垃圾处理 加快整治农村生产生活环境》,2011年第7期。
③ 参见袁方成、刘桓宁《从规约有效到治理有效——以村规民约中的惩罚性规条为研究对象》,《江苏行政学院学报》2021年第5期。

进入法治化轨道,为实现该县加快发展、科学发展提供了坚实的法治保障。[1] 2011年至2015年,云安县全面推进依法治县,坚持党的领导、人民当家作主和依法治国有机统一,加快法治云安建设,在法治轨道上推动经济社会科学发展,维护社会和谐稳定。在此期间,云安县始终坚持以人为本,倡导阳光法治、法治惠民,牢固树立了宪法和法律至上的观念,依法规范公共权力,保障公民权利,维护社会公平正义。

一是深入推进公正司法。云安县积极稳妥地推进司法体制和工作机制改革,努力建设公正高效权威的社会主义司法制度,维护社会公平正义,不断增强司法工作的公信力、权威性和人民群众的满意度。完善法律援助和司法救助制度,健全司法为民长效机制。不断提高司法干警的政治业务素质和公正执法能力,确保严格公正文明廉洁执法,预防和遏制司法腐败。[2] 云浮市通过公共法律服务机构提供的、不以营利为目的的、满足农村地区基础性法律服务需求的法律服务,有效实现政府公共管理和公共服务职能,进一步促进农村地区法治建设,保障农村公民基本权益,维护农村地区社会秩序与公平正义。[3]

二是积极发挥群众调解的作用。推进人民调解与司法调解、行政调解相互促进,综治工作与信访工作、维稳工作紧密结合,建立完善社情民意研判机制。选择若干平安建设示范点,层层开展平安创建活动,扩大覆盖面。完善"打防管控"工作网络,整治社会治安重点地区和突出治安问题,提高人民群众安全感。[4] 积极发挥农村公共法律服务体系的社会兜底功能,与政府公共管理职能的演变相适应,积极把握农村经济社会发展状况和社会基本服务需求,发展多种形式与内容丰富的公共法律服务。[5]

三是深入开展法治宣传教育。建立健全法治云安宣传教育联席会议制

---

[1] 参见中共云安县委办公室《中共云安县委云安县人民政府关于组建镇村组"三级理事会"的意见》,2011年6月27日;中共云安县委办公室、云安县人民政府办公室《关于印发〈法治云安建设五年规划(2011—2015年)〉的通知》,2011年4月13日。

[2] 参见中共云安县委办公室、云安县人民政府办公室《关于印发〈法治云安建设五年规划(2011—2015年)〉的通知》,2011年4月13日。

[3] 参见宁琪《农村公共法律服务供给体系完善与创新研究》,《农业经济》2020年第6期。

[4] 参见中共云安县委办公室、云安县人民政府办公室《关于印发〈法治云安建设五年规划(2011—2015年)〉的通知》,2011年4月13日。

[5] 参见宁琪《农村公共法律服务供给体系完善与创新研究》,《农业经济》2020年第6期。

度，整合资源、上下联动，构建法治云安宣传教育大格局。抓好"六五"普法规划实施，加强对普法重点对象的法制宣传，促进全社会依法办事。抓好每年12月第一周的"法治广东宣传教育周"活动。立足云安县经济社会发展需求，深化法治理论与实践研究，服务法治云安建设。进一步加强法治文化建设，充分运用公共文化阵地，广泛开展群众性法治文化活动，大力繁荣法治文化，着力打造具有云安特色的法治文化品牌。① 开展法治宣传教育对于推动云安县建设和完善农村公共法律服务体系，促进建立健全自治、法治和德治相结合的乡村治理体系，对维护农民基本权益、保障农民合法利益、推动农村社会环境稳定具有重大的社会现实意义，有利于推动农村全面发展，保障乡村振兴战略的实施。②

与云安县相似，我国众多基层治理地方虽然已经基本建立了公共法律服务体系，但是城乡之间、地域之间、供需之间仍然存在着显著的差距，因此，为了实现基层治理现代化，共同缔造美好幸福生活，我国的基层公共服务体系仍有待进一步完善。

三 推进诉源治理新实践

《中共中央国务院关于加强基层治理体系和治理能力现代化建设的意见》明确要"增强乡镇（街道）平安建设能力。坚持和发展新时代'枫桥经验'，加强乡镇（街道）综治中心规范化建设，发挥其整合社会治理资源、创新社会治理方式的平台作用。完善基层社会治安防控体系，健全防范涉黑涉恶长效机制。健全乡镇（街道）矛盾纠纷一站式、多元化解决机制和心理疏导服务机制"③。诉源治理成为"枫桥经验"与社会治理的融合战略。在国家层面，2020年3月25日中央全面依法治国委员会发布《关于加强法治乡村建设的意见》，强调在乡村矛盾纠纷化解工作中加强诉源治理。适应新时代要求，引入"诉源治理"，是推进国家社会治理体系和治理能力现代化的一项重要举措。

---

① 参见中共云安县委办公室、云安县人民政府办公室《关于印发〈法治云安建设五年规划（2011—2015年）〉的通知》，2011年4月13日。
② 参见宁琪《农村公共法律服务供给体系完善与创新研究》，《农业经济》2020年第6期。
③ 《中共中央国务院关于加强基层治理体系和治理能力现代化建设的意见》，《人民日报》2021年7月12日第1版。

一是深化社会基层治理，形成多元主体参与的诉源治理格局。"诉源治理"是构建新时代社会治理格局的重要内容。习近平总书记指出要"完善党委领导、政府负责、社会协同、公众参与、法治保障的社会治理体系，打造共建共治共享的社会治理格局"①。"非诉"和"诉讼"作为化解矛盾的两大手段，都是推动矛盾纠纷纳入法治化轨道解决的重要途径。特别是非诉纠纷解决方式运用传统道德、行业规则等手段规范社会行为，促进社会自治善治。坚持把非诉方式挺在前面，充分体现了系统治理、依法治理、综合治理、源头治理相结合，自治、法治、德治三治融合的治理思路，构成新时代社会治理格局的重要内容。② 无论是"枫桥经验"还是"诉源治理"在纠纷化解，依靠和发动群众的纠纷解决方法，就基层社会治理来看都是方式和手段，真正的目的还是促进基层社会治理。③ 云浮市云安县为探索各级党代表、人大代表、政协委员在闭会期间发挥作用的有效途径和形式，在各镇创新设立"两代表一委员"工作站，主要履行宣传政策、参政议政、服务群众、监督执行和调处矛盾等"五大职责"。④ 2010年1月至9月，云安县建立联系服务、收集反馈、工作公示、视察调研、参与决策等规章制度，印发"两代表一委员"联络卡1560张；走访群众7230人，接访收集意见1759条，调处基层矛盾纠纷23宗；组织开展调研、视察、评议活动11次，完成653项决策前意见收集、213项工作跟踪，并对145项重大决策进行监督；参与决策重大事项56个，呈交书面报告83个，向地方党委建言献策29条。2010年，还创新"双向沟通、双向考核"工作机制。在双向沟通上，建立重大事项通报的上情下达机制、民意直通车的下情上达机制，并设立电话直通车绿色通道、信件直通车绿色通道、网络直通车绿色通道，畅通信息渠道。在双向考核上，制定"两代表一委员"考核评价县委、县政府领导班子及党政领导干部办法，以及县委考核评价"两代表一委员"履职情况办

---

① 《习近平出席中央政法工作会议并发表重要讲话》，《旗帜》2019年第2期。
② 参见四川省成都市中级人民法院课题组等《内外共治：成都法院推进"诉源治理"的新路径》，《法律适用》2019年第19期。
③ 参见四川省成都市中级人民法院课题组等《内外共治：成都法院推进"诉源治理"的新路径》，《法律适用》2019年第19期。
④ 参见《中共云安县委云安县人民政府关于深化农村综合改革创新社会管理方式的实施意见》，2011年8月16日。

法，并设置考核指标体系，明确指标分值、考核办法和责任单位，规范考核工作开展。

当前，我国大量社会需求来源于基层，大量社会问题产生在基层，大量社会矛盾根源在基层，对基层社会管理和服务提出了更高和更紧迫的要求。而这些问题的根源很大程度上又在于政府与农民的"脱节"，政府不能及时了解农民的需求，解决农村社会存在的问题。因此，只有将重心下移、关口前移，才能从源头上化解各种矛盾，做好基层社会管理和服务工作。

二是构筑科学解纷防线，建立健全诉源治理的基层制度体系。"诉源治理"坚持全程全域治理，不仅关注纠纷产生后的化解，更注重纠纷产生前的源头防范。通过提升人民群众对纠纷的自我防范和化解能力，进而在纠纷产生前提前预防。因此"诉源治理"对纠纷的全流程治理扩展了"枫桥经验"纠纷化解的链条，实现了对纠纷产生前的治理。[1]

首先，组建社情研判室，实现维稳下乡。通过建立"矛盾共排查、纠纷共调处、问题共研判、预案共制定"的工作机制，实施"日排查、周研判、月考核"的工作制度，变事后处理为事前排查、研判、防控，有效维护社会稳定。2010年，云安全县调处矛盾纠纷2227宗，调处成功率由原来的89%提高到95.2%，95%的矛盾纠纷化解在镇村。

其次，设立综治信访维稳中心。整合乡镇司法、信访、综治等资源，负责承担法治宣传、社会管治、矛盾排查、纠纷调处、接待来访、应急处理、治安防控、司法建设等工作。其中，建立"扇形"调处平台、受理总台，统一接受群众来信来访，并规范分流、处理、督办、结案、归档等工作程序。2010年，云安县各镇综治信访维稳中心共受理案件510宗，成功调解结案的477宗，占比93.5%。其中，当场调解结案384宗，占总受理案件的75.3%。[2]

最后，依靠群众自我调解。"三级理事会"以章程形式明确规定理事会要严格遵守国家法律法规，并以"议事、协调、监督、服务"的总体职责规范运行、明晰职责。其中，村民理事会以"自我教育、自我管理、自我监

---

[1] 参见四川省成都市中级人民法院课题组等《内外共治：成都法院推进"诉源治理"的新路径》，《法律适用》2019年第19期。

[2] 参见《三级联动强化社会建设 深耕基层创新社会管理——云安县探索建立社会管理新模式》，载徐勇等《再领先一步：云浮探索》，中国社会科学出版社2012年版，第212页。

督、自我服务"的要求,履行关乎群众切身利益的"五小"职责,即调解邻里小纠纷、兴办农村小公益、纠正群众小陋习、提出工作小建议、履行自治小职能;社区理事会主要履行"了解民意、商议村事、协助自治、调处民事、服务村民"五项职责;而乡民理事会则主要履行"表达民意、参与议事、监督政务、调处矛盾、兴办公益"五项职责,从而有层次地实现政府服务常态化。①

小 结

回顾云浮市农村实现公共服务均等化的探索经验,对比同一时期全国城乡基本公共服务均等化的发展状况,不难看出,在"共同缔造"理论指导下,云浮市的基本公共服务均等化程度更好,能更好地满足居民,特别是农民对于公共服务的需求。云浮市城乡基本公共服务均等化的基本实现得益于先进的理论指导,以及政府、社会、居民的共同努力,其中,其迅速发展起来的根本在于基层治理理论的创新。在实现城乡基本公共服务均等化,有效联合政府、社会与居民等基层治理的多元参与主体方面,云浮市实现城乡公共服务均等化的探索对于全国基层,特别是农村治理现代化的探索仍有很多可借鉴之处。

基层治理情景是不断变化的,基层治理能力和水平也应随着基层治理情景的变化而不断革新。我国现代化的发展,特别是农村现代化的发展,对于基本公共服务提出了更高的要求,长期以来的城乡二元体制使得我国城乡基本公共服务差距明显。迄今为止,虽然我国已经基本实现了城乡基本公共服务均等化,但是距离满足农村居民对于美好生活的需要仍有差距。因此,要实现基层治理现代化势必要实现"服务下沉",实现基本公共服务均等化。

实现城乡基本公共服务均等化是实现基层治理现代化的题中应有之义,云浮市通过提供社会化、专业化、法治化、智能化公共服务,促进基本公共服务均等化。云浮市围绕"公共服务"这一要素,以需求为导向,厘清基

---

① 参见《中共云安县委云安县人民政府关于组建组村镇"三级理事会"的意见》,2011年6月17日。

本公共服务发展不均衡的现实，充分调动社会的多方资源，搭建智能化公共服务体系，不断提高政府提供基本公共服务的能力。云浮市着力实现基本公共服务均等化的探索既满足了村民日益增长的公共服务需求，又在一定程度上通过公共服务均等化的实践培养和提高了社会组织和居民等多元参与主体参与基层治理的主动性和积极性，有助于实现基层善治。

第六章

考核下移：创新基层干部管理制度

党的二十大报告强调："完善干部考核评价体系，引导干部树立和践行正确政绩观，推动干部能上能下、能进能出，形成能者上、优者奖、庸者下、劣者汰的良好局面。"① 基层干部队伍建设关乎党和政府在人民群众心中的形象和地位，关乎国家方针政策的贯彻落实，关乎人民群众的切身利益多大程度上能够实现。因此，加强基层干部队伍建设，创新基层干部管理制度，锻造出一支"全心全意为人民服务"的基层干部队伍至关重要。广东省云浮市深刻认识到这一点，立足自身实际，积极调整工作思路，灵活转变工作方法，跳出传统的考核模式，在考核主体上，变"政府考核"为"官考民评"，促使考核民主化；在考核标准上，变共性定量为类别定量，促使考核精细化；在考核方式上，变"单向考核"为"多向考核"，促使考核多元化。

第一节　面向社会，创新考核主体

发展是云浮市的当务之急和头等大事。在传统政绩观中，干部的政绩考核只在政府部门的上下级中进行，因此考核导向很大程度上会影响一个地区的发展方向。过去，云浮市在传统政绩观的影响下，"以 GDP 大小论英雄"，

---

① 习近平：《高举中国特色社会主义伟大旗帜　为全面建设社会主义现代化国家而团结奋斗——在中国共产党第二十次全国代表大会上的报告》，《人民日报》2022 年 10 月 26 日第 1 版。

只注重发展的"结果",而忽视了发展的"效果"。没有"效果"的政府管理,只能是政府的"独角戏",它并不能满足人民、企业的需求。① 这种粗放的政绩考核显然过于重视经济增长,而忽视了群众提出的合理诉求和社会发展的整体效益,必然会带来发展不平衡不充分等问题。党的十八届三中全会出台的《中共中央关于全面深化改革若干重大问题的决定》强调,要"完善发展成果考核评价体系";"改革政绩考核机制,着力解决'形象工程''政绩工程'以及不作为、乱作为等问题"②。为了满足新形势对发展的要求,找到更加科学合理的发展方式,云浮市转变传统的发展模式,吸纳群众加入考核队伍,重视发挥群众的主体性作用,为云浮市的发展提质增效。

一 征集民意,制定考核细则

2017年,中共中央办公厅、国务院办公厅印发的《关于加强乡镇政府服务能力建设的意见》中强调,完善社会满意度评价及第三方考评办法,加大群众满意度在考核评价中的权重。2021年《中共中央、国务院关于加强基层治理体系和治理能力现代化建设的意见》强调:"建立健全基层治理体制机制,推动政府治理同社会调节、居民自治良性互动,提高基层治理社会化、法治化、智能化、专业化水平。"③ 随着我国基层治理体系和治理能力现代化程度的不断提高,基层政府"大包大揽"的"家长式"作风逐渐成为历史。尊重民意表达是地方政府制定公共政策的根本前提。④ 现如今,基层政府更加重视群众意见,"从群众中来,到群众中去"的工作方法得到更深层次地贯彻落实。

一是拓宽民意征集渠道。所谓民意,就是指广大民众对政治、经济或社会的意见和愿望等。民意表达是指广大民众在表达意愿的支配下,通过一定的途径和方式,向政府等权力机构提出政治和经济等方面的利益要求或综合意见并试图对其决策或立法等施加影响的政治行为和过程。民意表达是公民

---

① 参见尚虎平《政府绩效评估中"结果导向"的操作性偏误与矫治》,《政治学研究》2015年第3期。
② 《中共中央关于全面深化改革若干重大问题的决定》,《人民日报》2013年11月16日第1版。
③ 《中共中央国务院关于加强基层治理体系和治理能力现代化建设的意见》,《人民日报》2021年7月12日第1版。
④ 参见罗依平《地方政府公共政策制定中的民意表达问题研究》,《政治学研究》2012年第3期。

政治参与的基本形式,民意的充分表达和广泛汇集是中国共产党执政的重要基础和依据。[①] 为了更好地促进政府与民众之间的双向沟通和良性互动,云浮市云安县摒弃以往粗放的发展方式,转变固有发展思路,将"民意为先"的工作理念作为其开展群众工作的基本遵循和执政方针,创新考核主体,充分吸纳群众意见,并将群众意见糅合到考核细则当中,促使乡镇干部把工作重心转移到人民群众身上。一方面,开展宣传动员。云浮市深刻认识到民意对于基层政府工作的基础性和重要性,在考核工作中积极发挥群众的主体性作用,积极转变工作理念和工作方式,打造"服务型政府",力求公共服务的质量和水平不断提升。在"民意为先"工作理念的指导下,云安县在制定《云安县科级领导班子和领导干部落实科学发展观评价指标体系及考核评价实施细则》的过程中,通过广播、电视、干部宣传等方式,广泛动员社会各界人士积极参与考核细则的制定。最大程度地发动群众建言献策,最大程度地组织群众讨论,最大程度地理解采纳群众意见和建议,最大程度地将群众意见融合吸收到细则当中,最大程度地扫除了政府工作的盲点盲区。另一方面,代表联系群众。云安县实施"两代表一委员"工作站制度,建立联系服务、收集反馈、工作公示、视察调研、参与决策等规章制度,为代表联系群众工作提供了依据和遵循,有利于"两代表一委员"的工作站制度高水平高效率地开展。创新"双向沟通、双向考核"的工作机制,设立电话直通车绿色通道、信件直通车绿色通道、网络直通车绿色通道,畅通"两代表一委员"信息收集渠道,打破群众和基层干部之间的沟通壁垒,广泛收集基层群众的意见和建议,把基层群众纳入参政议政中来。

二是制定干部考核细则。群众的意见和建议,是政府政策制定和实施过程中的基本遵循;重视群众的意见和建议,是一个负责任政府在制定有关政策时的必要条件和首要价值取向。只有将民意作为公共政策制定的逻辑起点,才能使其对公共政策过程起到指针和监督的作用,也才能保证合民意性的公共政策从政策系统输出,使公共政策走向公平与正义。[②] 政府在制定考核细则的过程中充分尊重并广泛采纳群众的合理意见,一方面,为政府政策的制定和实施提供了基本遵循,有利于基层政府从"管理型政府"向"服

---

① 参见张兵《民意表达制度化的思考》,《江汉论坛》2008年第9期。
② 参见张宇《公共政策制定的民意向度》,《江海学刊》2008年第6期。

务型政府"转变；另一方面，有利于人民群众监督政府政策的实施，保障广大人民群众的合法权益不受侵犯，从而营造一个和谐稳定可持续的社会发展环境。一些学者认为，当前的考核体系在很大程度上脱离了群众需求，考核指标和考核方法的制定均缺乏人民群众的真正参与，考核结果也没有很好地反映广大群众的意见和建议。"可以说，干部'不怕群众不满，就怕领导翻脸'。"① 鉴于此，云浮市云安县跳出传统的社会发展模式，以"向下"为内核，从理念、主体、体制、目标、途径、动力等方面构建"向下给力"机制，就是尊重群众的主体地位，重视群众意见和建议的范例。在考核细则制定过程中，云安县政府"眼睛向下"，采纳了通过广播、电视等方式收到的140 条群众建议和意见中的 120 条，是对"服务优先"的政府施政理念的贯彻，有利于解决政府"重管制轻服务"的痼疾，确保政府的有关工作不跑偏，从而提高民众的幸福感。

总体来说，云浮市在制定考核细则过程中充分征集民意的做法，符合推进基层治理体系和治理能力现代化建设的要求，符合广大人民群众的根本利益，是一条"信得过、走得通、效果好"的路子。但是，在汲取云浮经验的同时，也要在提高群众政治意识、完善群众建言渠道等方面多下功夫，确保群众"有意见敢发言、有意见能发言"。

二 上考下评，官民双重验收

考评主体是绩效考核效果的重要决定因素。② 基层干部的绩效考核事关国家的政策方针能否落实到位，事关人民群众的意愿和呼声能否得到回应，事关地方经济能否协调有序发展，因此，必须在实践中积极探索创新，不断完善考核制度内容，不断规范考核制度的运行，不断强化考核结果的运用，把考核制度打造成一把干部干事创业的"真标尺"，从源头上引导干部敢担当、愿作为。以往单一的考核主体对于基层干部的工作实际了解不够全面，对于基层干部的考核评价过于片面，往往不能准确反映基层干部的工作实绩，不仅对考核结果的准确性产生影响，更会挫败基层干部为民服务的积极

---

① [德] 托马斯·海贝勒、[德] 雷内·特拉培尔：《政府绩效考核、地方干部行为与地方发展》，王哲译，《经济社会体制比较》2012 年第 3 期。
② 参见裴宏森《政府部门绩效考评主体研究》，《学术论坛》2008 年第 9 期。

性，助长官员不作为或者"有选择地作为"的不良风气。云浮市通过创新考核评议形式，充分利用考核主体在基层干部绩效考核中的重要作用，在"官考"的基础之上创造性地加入"民评"，建立了"政府主导，群众参与"的考核机制，变单一化的考评主体为多元化，将自上而下的"官考"与自下而上的"民评"结合起来，官民双重验收，进一步提升基层干部绩效考核的科学性和准确性，形成了"上下互动"的良好评议氛围。

一是合理设置"民评"指标权重。政府绩效评估以群众参与评估的方式创新了新时代群众路线方略。[①] 政府部门内部的单一考核毕竟只是少数人考核少数人，而群众作为被服务的对象，拥有对政府施策的最直观感受，是不可或缺的考评主体之一。"'官评官'使官员在工作中只唯上、不唯下、不唯实，容易助长'四风'，脱离群众……'民评官'能评出官员的干劲、水平和境界，评出说实话、干实事、求实效的清新政风。"[②] 因此，将群众纳入考评主体，把"人民满意不满意"作为考核内容有利于提升基层政府为民服务的能力，可以在一定程度上确保政府工作不跑偏。云浮市云安县综合考虑多方面因素，规定了"民评"在整体政府考核中的阀门功能作用。其一，"民评"权重比例大幅提升。对县直领导班子的民主测评、单位代表互评及基层人员评价的内部"民评"权重比例之和占到总分值的60%。对县直领导干部的内部"民评"权重之和占到总分值的57%—72%。对镇领导班子和领导干部的民主测评和群众满意度评价的权重比例之和占到总分值的20%—30%。其二，"民评"的好坏直接关系等次的评定。如在民主测评或群众满意度评价（单位代表互评、基层人员评价、县领导班子评价）时，有1项定性考核内容的优良率（优秀、良好得票率之和）或满意度（满意、比较满意得票率之和）低于2/3的，一般不得评为优秀等次；有超过5项定性考核内容的优良率或满意度低于2/3的，一般应评为较差等次。

二是科学设置群众代表参评权重。由于不同的考评主体在地位、背景、综合素质等方面存在差异，因而要根据从事不同行业的群众基数、行业的特殊性及群众背景等方面因素，综合考虑不同群众代表的参评权重，细化考核

---

① 参见尚虎平《激励与问责并重的政府考核之路——改革开放四十年来我国政府绩效评估的回顾与反思》，《中国行政管理》2018年第8期。

② 许耀桐：《从"官评官"到"民评官"》，《北京日报》2013年7月22日第2版。

内容,科学设置"官考"和"民评"的考核权重,合理设计多元化考评主体制度,以便于使考评结果最大范围地代表不同行业群众的意愿和呼声。云安县民主测评的参加人员,除镇党政班子成员、镇纪委委员外,也包括各村(社区)党支部书记、村(居)委会主任,镇机关中层干部和办站所、圩镇单位主要负责人,部分党代表、人大代表、政协委员、退休干部代表,其他需要参加的人员。群众满意度的参加人员包括未参加民主测评会议的党代表、人大代表、政协委员和其他群众代表,人数上,按25%的比例确定参评人员,一般不少于80人。这些社会成员代表的加入,大大强化了人民政治表达和政治监督的权力。此外,在县直单位领导班子和领导干部考核方案方面,云安县通过机关民主测评、单位代表互评、基层人员评价与县领导班子评价及机关效能量化,对县直单位领导班子和领导干部进行全方位的内部民主考核。这些考核几乎覆盖了县直部门的所有服务对象和一般群众,赋予他们更大的发言权,对于县直部门职能的发挥起到了有效的监督和反馈作用。在镇领导班子和领导干部考核方案方面,云安县通过机关民主测评、群众满意度评价、县领导班子评价、单位代表互评、基层人员评价等形式,将县四套班子成员,县直单位干部,镇村干部,各级党代表、人大代表、政协委员的意见建议,以不同的权重比例统一集中起来,形成"实绩考核、民主测评、群众满意度评价、县领导班子的评价"四位一体官民合评机制,使民意在评议中得到较好体现。

总的来说,云浮市云安县不拘泥于传统的考核形式,为了更加准确地了解基层干部的工作实绩,使干部的考核结果与干部的工作实绩相契合,创造性地实行"官考"与"民评"相结合的多元化考评方式,"灵活运用了党的根本工作路线,吸纳群众参与政府绩效评估,'让群众做裁判',以'金杯银杯不如老百姓的口碑'作为评判政府绩效的依据"[①]。实践证明,云浮市云安县充分考虑不同考核主体的差异,科学设置干部和群众的参评权重,实行"官考民评、双重验收"的考核形式,充分凸显了群众意见在干部考核工作中的重要性,充分体现了云安县政府"民意为先"的工作理念,充分展现了基层干部的工作实绩,考核结果得到了各镇、各单位部门的认可,极

---

① 尚虎平:《激励与问责并重的政府考核之路——改革开放四十年来我国政府绩效评估的回顾与反思》,《中国行政管理》2018年第8期。

具参考价值，有利于推动云安县经济社会的可持续发展，有利于云安县打造"服务型政府"。

三 多向考核，力促结果公正

2017年，中共中央办公厅、国务院办公厅印发的《关于加强乡镇政府服务能力建设的意见》强调，建立健全县级职能部门和乡镇政府之间履职双向考核评议制度。2019年出台的《党政领导干部考核工作条例》强调，完善干部考核评价机制，建设一支信念坚定、为民服务、勤政务实、敢于担当、清正廉洁的高素质党政领导干部队伍。党政领导干部能力考核评价机制不仅对党政领导干部选任起着导向、鞭策和激励的"导航"功能，而且对经济社会良性发展起着指挥、评价和监测的"兜底"作用。[1] 干部考核评价机制是否完善关系到干部政绩考核的客观性和公正性，因此，必须不断健全干部考核评价机制体制，丰富干部考核评价的方式方法，最大限度地发挥干部考核机制的导向、激励和约束作用。云浮市创新干部考核方式，将集体与个人、上级与下级、县直单位与乡镇的考核捆绑起来，变"单向考核"为"多向考核"，取得了显著的效果。

一是建立健全组织考核机制。上下捆绑的考核机制，是将乡镇政府工作实绩与分管县直单位直接挂钩，将集体与个人、上级与下级、县直单位与乡镇的考核捆绑起来，实现同奖同责。[2] 云安县健全上下捆绑的考核机制，实际上就是坚持完善组织考核机制的重要体现。在云安县的年终考核中，云安县以挂钩联系镇、分管县直单位的考核等次来衡量县领导的县级考核等次，所挂钩联系镇或分管县直单位有被评为一般或较差等次的，其挂钩联系（分管）的县领导不能评为优秀等次；以镇的某项工作的成效决定需负连带责任的县直单位的年度评优资格。分管县直单位和挂钩联系镇相互之间的这种"一荣俱荣、一损俱损"的同奖同责关系，将县直单位的机关效能的主动权交给镇，使实绩考核与各镇班子成员的分工结合起来，每个班子成员的工作成效与班子集体的工作实绩挂钩起来，使评价班子成员个人的标准或依据看

---

[1] 参见卢爱国、吴家庆《完善党政领导干部能力考核评价机制的思考》，《湖南师范大学学报》（社会科学版）2017年第6期。

[2] 《云安县推行政绩科学考核评价机制的实践与探索》，2010年7月。

得见、摸得着，指标分数的高低成为镇班子成员相互竞争的导向，如所分管的工作在考核中得分低，既能促使个人实事求是地分析存在的差距，又能自觉地增强工作积极性和自主性。① 这种机制充分调动了县镇政府工作的责任感和积极性，提升了云安县政府干部队伍为民服务的自主性，促进了云安县经济社会更好更快发展。

二是不断完善部门考核机制。政府内部的上下级是我国长期存在的干部考核形式。但就目前而言，我国许多地方的部门考核机制仍然存在考核制度不完善、体制机制不够健全等问题，导致我国部门考核的系统化、制度化程度较低，干部考核的结果不能准确反映干部的考核实绩。因此，必须不断完善我国基层政府的部门考核机制，提高基层干部考核的标准化程度，使基层干部绩效考核更具真实性和可靠性。为此，云安县加强考评组织制度建设，使考评程序标准化、考评依据客观化、考评机构统一化，不断完善部门考核机制，为建立健全系统全面的部门考核机制奠定了组织制度基础。第一，设立考核领导机构。为确保干部考核工作能够系统高效地开展，云安县建立了县考核评价工作领导小组办公室，负责全县干部考核工作的组织实施、综合协调、管理指挥。此外，在干部考核过程中，为确保考核工作的客观公正，云安县实行考核评价工作责任制来约束考核工作人员的行为。第二，细化考核工作程序。为确保全县干部考核工作步调一致，云安县干部考核工作严格按照以下五个步骤展开：领导班子和领导干部提交自评报告，按既定工作方案开展考核评价，征求各级部门及相关领导意见，县考核评价工作领导小组提出考核等次意见并报县委审定，向考核对象书面反馈考核评价结果。第三，明确干部考核依据。为了确保干部考核的客观性和科学性，云安县根据不同层次领导班子的工作职责，分别划分考核依据。镇领导班子的考核评价等次以实绩考核得分为主要依据，县直单位领导班子的考核评价等次以机关工作效能考核评价得分为主要依据，县领导的县级考核等次以挂钩联系镇、分管县直单位的考核等次为主要依据。

三是积极深化群众考核机制。在正确认识事物上，往往"窥一斑"而不能"知全貌"，因此必须从多方面多角度来考虑和衡量。在政绩考核评价上亦是如此。往日上级对下级的部门内部考核过于单一，易于导致政府官员

---

① 《云安县推行政绩科学考核评价机制的实践与探索》，2010年7月。

脱离群众，偏离"群众路线"转而走上"干部路线"，滋长不良风气，阻碍地方经济发展。对于基层干部的工作实绩基层群众最有发言权。因此，基层干部的考核绝不能闭门造车，必须充分发挥基层群众的主体性作用，广泛听取来自基层的声音。云浮市根据自身实际情况，解放思想、打破常规思路、破除各种限制，在机制体制上下文章，一改往日只在政府部门内部进行考核的惯例，建立《县直单位机关效能量化考核指标体系》，让群众参与到基层干部的绩效考核之中，在基层干部考核实绩中突出群众意见所占比重，深化群众考核机制。云浮市这种在基层考核过程中引入群众考核的方式，不仅可以进一步促使基层政府部门"向下适应"，还有利于进一步提升基层政府为民服务的能力，盘活了基层干部队伍，丰富了考核的方式，有利于实现由单项考核到多项考核的转变。

总的来说，云浮市建立健全组织考核机制，促进了县镇两级政府工作的良性互动；不断完善部门考核机制，增强了政府内部绩效考核的系统性和科学性；积极深化群众考核机制，提高了基层干部考核工作的民主化程度。云浮市积极建立健全基层干部考核体制机制，极大地丰富了政府绩效考核的形式，实现了由"单项考核"到"多项考核"的转变，提升了政府绩效考核结果的科学性和可信度，增加了群众在基层干部考核中的发言权，使基层干部考核成为县镇两级政府部门工作的"引擎"，为锻造基层干部队伍、提升政府工作效率提供了强大推动力，为推进基层治理体系和治理能力现代化建设提供了强大的体制机制保障。

第二节　服务导向，创新考核标准

提高政府绩效是政府改革的重要目标之一，而科学的政府绩效考核指标是实现政府绩效管理的关键。① 党的十九大报告指出，要"完善干部考核评价机制"。2021年发布的《中共中央、国务院关于加强基层治理体系和治理能力现代化建设的意见》强调，要"改进基层考核评价"，"完善考核评价

---

① 参见赵晖《我国地方政府绩效考核指标要素分析》，《南京师范大学学报》（社会科学版）2010年第6期。

体系和激励办法"。当前，我国在加强基层治理体系和治理能力现代化建设的进程中，仍然存在"指标高度雷同、缺乏针对性、指标内容重经济化、重'显性'轻'隐性'等问题"①。然而，过于笼统的考核标准往往导致考核结果的失真，严重损伤考核的公正性与有效性。② 因此，必须持续创新政府绩效考核标准，不断完善和细化政府绩效考核指标体系。科学合理的地方政府绩效评估体系设计应该遵循体现绩效评估价值原则、共性指标与特有指标相结合原则和可操作性原则。③ 云浮市在创新基层政府绩效考核标准的过程中，结合主体功能区划理念，针对不同乡镇的特点科学合理地设置考核标准，确立了"功能发挥好、考核得分高"的考评原则，探索实施了"岗位性职责＋组织性职责"的"双重履职"标准，创造性地引入了"分类推进"的地方考核标准，走出了一条符合自身实际的发展道路。

一 民评："功能发挥"标准

2013 年出台的《关于改进地方党政领导班子和领导干部政绩考核工作的通知》强调，选人用人不能简单以地区生产总值及增长率论英雄。传统的政府绩效考核方式最大的问题就在于把考核指标之一的经济发展指标当作了唯一考核指标，从而导致上至省级政府、下至乡镇政府在地方经济社会发展中陷入 GDP 的泥潭不能自拔。④ 我国长期以来存在的"以 GDP 大小论英雄"的政绩考核标准，是"一刀切"的做法，把所有乡镇都用一把尺子来衡量，用无差别的标准束缚了基层干部的"双手"，限制了基层治理发展的脚步，使基层干部把工作重心一味向追求经济效益上偏移。基层干部只注重经济效益，不考虑社会效益，忽视了群众的呼声，伤害了群众的感情，也无益于各乡镇结合自身实际制定科学的发展方案，不利于经济社会的长远发展。只有科学合理地设置考核评价内容，解决好评价什么的问题，才能使评价有的放

---

① 潘国林：《我国县级领导班子绩效考核指标体系研究》，《湖北社会科学》2017 年第 12 期。
② 参见周晓玮《我国公务员绩效测评的困境与原因初探》，《理论探讨》2003 年第 3 期。
③ 参见白现军《从"一刀切"到"分类别"：乡镇政府绩效考核制度创新——徐州模式解读》，《行政论坛》2013 年第 5 期。
④ 参见白现军《从"一刀切"到"分类别"：乡镇政府绩效考核制度创新——徐州模式解读》，《行政论坛》2013 年第 5 期。

矢，才能使评价结果更准确地反映领导干部的工作实际。① 为此，云浮市云安县配套建立了"不唯 GDP 论"的政绩科学考核评价机制，确立"不以 GDP 大小论英雄，只以功能发挥好坏论成败"的政绩观。②

一是民评"建设功能"，推动区域协调发展。过分强调经济领域而忽视社会发展领域是现行考核的普遍缺陷。③ 考核指标偏经济化，很容易导致地方在追求 GDP 增长的过程中环境、资源等发展的失衡。在以 GDP 为"指挥棒"的绩效考核指标下，地方政府必然忽视教育、文化、社会治理、公共服务等方面的投入，导致环境恶化、社会公平缺失、社会矛盾尖锐等问题。④ 经济发展只是衡量地方发展状况的一方面，社会的发展建设、党风政风建设同样也是不可忽视的重要部分。因此，云浮市非常重视引导干部加强社会发展建设和党风政风建设。在群众对于镇党政领导干部的满意度测评中，云浮市设置了"社会发展"和"党风政风"两个评价类别，其中"社会发展"包括"群众性文体活动开展情况""公民道德教育情况"和"创建文明村镇、单位情况"三方面内容；"党风政风"包括"依法办事，党务、政务公开情况""班子思想政治建设、党的基层组织和党员、干部、人才队伍建设情况""机关服务水平和效能建设情况"以及"党风廉政建设情况"四个方面内容。云浮市把"社会发展"和"党风政风"两方面的建设放在考核指标之中，用实际行动诠释了"不以 GDP 大小论英雄，只以功能发挥好坏论成败"的政绩观，有利于纠正基层干部工作中的错误倾向，引领地区发展回归正确航向。

二是民评"治理功能"，提升基层治理能力。基层治理是国家治理的基石。长久以来，我国部分地区对基层干部的考核只注重个别重要指标，不考虑经济社会全方位协调发展；只注重发展速度，不考虑质量和效益；只注重个人短期政绩，不考虑经济社会的长远发展；只注重"形式主义"，不考虑为人民群众办实事，这与我国积极推进基层治理体系和治理能力现代化建设背道而驰。治理能力是基层干部至关重要的一项工作能力，各地政府都应该

---

① 参见张铁网《建立科学的干部评价体系》，《求是》2004 年第 12 期。
② 参见《云安县推行政绩科学考核评价机制的实践与探索》，2010 年 7 月。
③ 参见包国宪《绩效评价：推动地方政府职能转变的科学工具——甘肃省政府绩效评价活动的实践与理论思考》，《中国行政管理》2005 年第 7 期。
④ 参见潘国林《我国县级领导班子绩效考核指标体系研究》，《湖北社会科学》2017 年第 12 期。

加强对基层干部治理能力的培养，重视对基层干部治理能力的考核。云浮市为加强对基层干部自身治理能力的考核，提升基层干部的基层治理能力，在《镇党政领导班子群众满意度评价要点》中设置了"社会和谐"这一指标类别，通过"民评"机制对基层干部的"社会治安综合治理能力""群众信访事件处理情况""基层民主政治建设情况"以及"对突发事件的反应和处理情况"进行了全面考核，让群众来评价基层干部的群众工作效果，有利于基层干部认识到治理功能发挥过程中的不足之处，弥补自身治理能力的短板，进一步提升自身的治理能力，推动我国基层治理能力现代化建设进一步发展。所谓"民有所想，政有所为"，云浮市民评"治理功能"，是政府治理与社会调节、居民自治良性互动的具体表现和现实做法，有利于基层干部了解群众需求，回应群众期盼。

三是民评"服务功能"，增强为民服务意识。在推进基层治理体系和治理能力现代化建设的过程中，强化基层干部为民服务的意识，提升基层干部为民服务的能力具有极其重要的意义。相较于经济建设而言，公共服务往往是基层政府在工作中比较容易忽视的部分。一般而言，基层政府的关注点往往不在基层而在上级政府或主管部门。然而，单纯依靠上级政府下达的"任务"和"命令"，无法真正推进基层公共服务的发展和完善，基层干部的为民服务也往往做不到真正的"全心全意"，基层治理现代化建设必然收效甚微。为此，云浮市在对基层干部群众满意度的考核过程中，将民生改善作为主要指标类别之一，并分别设置"扩大就业和社会保障情况""重视群众收入和住房情况""改善交通和生产生活环境情况""解决群众子女入学和医疗卫生情况"四项指标，考核指标内容涉及了收入、教育、医疗等多项群众较为关心的部门和领域，将基层能够承接的公共服务依法下沉到基层，直接面向人民群众。增强乡镇（街道）为民服务能力，是我国加强基层治理体系和治理能力现代化建设的重要内容。让基层群众评价基层干部"服务功能"发挥得好不好，有利于引导干部站在基层群众的立场上，解决人民群众"急难愁盼"的具体问题，提升基层干部"全心全意为人民服务"的实践自觉，让广大群众真正共享改革和发展的成果。

总的来说，云安县通过建立自下而上的群众考核评价机制，使基层干部的各项工作得到了有效监督。一方面，有利于激发基层干部的积极性和主动性，提高基层干部的进取心和责任心；另一方面，有利于引导干部将眼睛向下看，使其不仅要抓经济指标，还要注重民生、服务等基础性指标，有利于提升政府为民服务的能力，回应民众期盼，打造服务型政府。

二 官评："双重履职"标准

2013 年出台的《关于改进地方党政领导班子和领导干部政绩考核工作的通知》强调，根据不同地区、不同层级领导班子和领导干部的职责要求，设置各有侧重、各有特色的考核指标。2019 年，中共中央办公厅印发的《党政领导干部考核工作条例》同样强调，根据不同岗位职责要求，明确领导班子和领导干部不担当不作为的具体情形和评价标准，推动工作落实和担当尽责。基层干部是党和国家工作的"基石"，是推进基层治理体系和治理能力现代化建设的重要力量。党政领导干部能力考评体系对党政领导干部的领导行为作出了"质"和"量"的双重规定性，成为党政领导干部领导经济社会发展的"指南针"。[①] 作为党和国家政策执行的"最后一公里"，基层干部能力的强弱，关系到党和国家的方针政策能否落实到位，关系到区域的经济社会发展是否协调，关系到人民群众的生活水平能否切实得到提高。因此，建立科学完善的干部考核评价机制，是推进基层治理体系和治理能力现代化建设的必然要求，也是基层经济社会可持续发展的重要保障。

一是完善基层干部岗位性职责考核标准。干部考核是坚持和加强党的全面领导、推动党中央决策部署贯彻落实的重要举措，是激励干部担当作为、促进事业发展的重要抓手。对基层干部岗位性职责的考核，主要是对基层干部行政能力的考核。加强对基层干部行政能力的考核，对于我国建设高素质基层干部队伍，强化基层政府为民服务意识，推动基层治理现代化建设具有重要意义。因此，基层干部岗位性职责考核标准不仅要权重分明、主次得当，还要体现不同岗位的差异性，避免出现重经济指标轻其他指标、不同岗位考核指标雷同和考核指标不分主次等问题；考核过程不仅要严格规范，还要主体多元、形式丰富，避免出现考核脱离群众、考核过程"就事论事"，以及将干部的政绩简单和几个重要指标画等号等问题；考核结果不仅要及时反馈，还要充分利用，最大限度地发挥其引导、激励和约束作用。在对县直

[①] 参见卢爱国、吴家庆《完善党政领导干部能力考核评价机制的思考》，《湖南师范大学学报》（社会科学版）2017 年第 6 期。

机关、各乡镇基层干部岗位性职责履职情况的考核过程中，云浮市将思想政治建设、领导能力和工作实绩作为考核干部岗位性职责的主要内容。其中，思想政治建设包括对基层干部政治方向和全局观念的考核，领导能力则重点考核基层干部依法办事、科学决策、统筹协调等能力的发挥，工作实绩的考核则是从年度目标任务完成状况和服务水平两个方面展开。云浮市从多角度多方面综合考核基层干部的岗位性职责履职情况，这就要求基层干部的工作要经得起考察、看得见实绩，把工作真正落到实处。

二是创新基层干部组织性职责考核标准。坚持党对基层工作的全面领导是我国推进基层治理体系和治理能力现代化的一项基本原则。基层干部在基层群众心中的形象，一定程度上影响了党和国家在基层群众心中的形象。要充分发挥党对基层治理工作的引领作用，就必须不断提升基层干部的党性修养和政治素养，不断强化基层干部的组织性和纪律性，不断提高基层干部为民服务的本领和能力。为引导基层干部自觉树立和践行正确的政绩观，锻造出一支"对党忠诚、不负人民"的高素质干部队伍，云浮市在对基层干部进行岗位性职责考核的基础上，完善了对基层干部组织性职责的考核标准。在《县直单位领导班子机关民主测评要点》中，云浮市将"党风廉政建设"作为重要的考核指标类别，其中"部门（系统、行业）管理"是对基层干部"党组织建设，思想道德和纪律教育，履行廉政职责，班子自律，党员和干部队伍建设"的考核；"执行党风廉政建设责任制"是对基层干部"建立健全廉洁从政的规章制度，完善党内外监督机制和依法行政的制约机制"的考核；"行风政风建设"是对基层干部"行业规定、部门规章的制定和实施"的考核。云浮市对基层干部实行组织性职责考核，是对基层干部考核制度的创新性发展，回应了我国推进基层治理现代化的原则和要求，有利于巩固和加强党建引领基层治理工作的作用和效果。

总的来说，云浮市的"双重履职"标准，是对基层干部考核体制机制的一大创新。一方面，"双重履职"标准有利于提升基层干部的工作能力，引导基层干部的工作重点不跑偏，用心用情用力做好基层群众工作；另一方面，"双重履职"标准有利于提升基层干部的党性修养和政治定力，确保基层干部始终把握正确的政治方向，保持党员干部队伍的纯洁性。

三 地方评:"分类推进"标准

2017 年,中共中央办公厅、国务院办公厅印发的《关于加强乡镇政府服务能力建设的意见》中强调,以乡镇政府职责为依据,结合不同乡镇实际,建立科学化、差别化的乡镇政府服务绩效考核评价体系。科学有效的考评机制,应当在保证其公平性和科学性的前提下,充分反映符合地方发展要求的政绩目标。当前,我国地方政府绩效考核指标要素存在政府职能界定不清晰、过度追求经济增长、考核指标定性与定量设置不合理、片面强调考核指标的细化以及指标体系的统一化等偏差。[①] 在地方的考核中,一些政府忽视了考核标准的合理性和科学性,用一套标准来考核所有乡镇,搞"一锅煮""一刀切"。在条块结构的压力型体制下,许多乡镇之间搞"政治锦标赛",但如果"比赛规则"不合理,不仅会损害考核的权威性,还会对地方乡镇的发展产生一些负面影响。云浮市充分认识到了这一点,为实现不同地区考核均等化,使各乡镇明确自身发展定位,充分发挥不同乡镇的优势和特点,云浮市在改革实践的过程中,依据不同乡镇自身的区位特点和发展现状对乡镇进行分类,并因地制宜地制定符合各乡镇实际的考核标准和发展规划,为各乡镇的发展指明了方向。云浮市的"分类推进"标准制定过程大致可以分为以下四个部分。

一是合理划分功能区。考核标准是乡镇发展的"红绿灯"。考核内容如果不分乡情差别,不分主次进行统一设置,容易导致一些乡镇脱离本地实际,片面地就目标而制定目标,就任务而落实任务,主攻方向不明确。[②] 对乡镇进行考核的目的就是检验一段时间内一个地区的发展成果,因此,考核标准的设置一方面要契合乡镇自身的发展方向,另一方面还有"纠偏"和"导向"的功能。如果考核标准过于笼统或者不切合自身实际,就会导致地方政府为了完成考核目标而"按照考核标准的要求发展",或者依照考核标准权重进行"选择性发展",这样一来,各乡镇对自身的发展定位不明确,

---

① 参见赵晖《我国地方政府绩效考核指标要素分析》,《南京师范大学学报》(社会科学版) 2010 年第 6 期。
② 参见鲁华君、陈学群《科学发展观视野下乡镇政府绩效评价科学化的探索——以富阳市乡镇分类考核制度为例》,《甘肃行政学院学报》2009 年第 4 期。

对自身的发展方向不清楚，极不利于乡镇的可持续发展。考虑到不同地区经济发展状况和区位发展条件有所差别，资源禀赋和人口分布也不尽相同，为实现地区经济的均衡可持续发展，云浮市以转变经济发展方式为着眼点，在全县划分"优先发展区""重点发展区"以及"开发和保护并重示范区"3类主体功能区，以各乡镇自身实际确定功能定位，在县级整体统筹规划的前提下赋予各功能区不同的功能定位和职责要求，使各功能区之间形成差异化发展，优化了区域经济结构和区域分工格局。云浮市主体功能区的规划，明确了各乡镇的功能定位和发展方向，有利于破解"镇镇开发、村村点火"的发展难题，形成"功能互补、错位竞争、有序竞合"的发展格局；云浮市主体功能区的规划，转变了各乡镇干部的履职方式，有利于破解"唯GDP论"的施政难题，促使乡镇从管理型向服务型转变；云浮市主体功能区的规划，明确了各功能区的角色定位，有利于破解"重城轻乡、重工轻农"的建设难题，扎实有效地推进新型工业化、新型城镇化、农业农村现代化建设。

二是制定发展规划。乡镇的考核标准如果不科学合理、不切合实际，就会导致乡镇的发展目标过大或者过小，不同程度的乡镇在发展上的压力也就有大有小。经济基础好的乡镇每年毫不费力就能稳居考核前列，经济基础差的乡镇再怎么努力也收效甚微，长此以往，必然会陷入"考核怪圈"，导致强者的考核压力小，越考越没动力，弱者的考核压力大，越考越没信心，使乡镇的积极性和创造性受到打击，乡镇发展没有动力。因此，基层政府必须改变原有围绕一套指标转的情况，因地而异设置符合不同乡镇发展规律的发展规划，针对不同乡镇的发展状况合理设置考核标准，确保考核标准具有科学性、针对性和差异性。在确定了不同乡镇功能区定位的基础之上，云浮市研究制定《云安县主体功能区规划》，进一步细化了不同功能区的发展定位。比如，作为"优先发展区"的县城六都镇，其发展定位是打造"工业新城、港口新城、绿色新城"，成为云安循环经济发展的支撑点。该区以规划建设循环经济工业园为载体，力争打造成为中国最大的新型石材生产基地，中国最大的硫铁矿制酸基地和华南地区最大的硫化工产业集群，西江流域最大的水泥生产基地，广东内河第一大港，省级循环经济产业示范园。① 作为"重点发展区"的石城镇和镇安镇，其发展定位是打造工业聚集区，逐

---

① 《广东省云安县域主体功能区划的改革实践》，2011年3月。

步确立经济发展第二极的地位。该区以发挥区位、交通、资源优势，大力发展石材、纳米碳酸钙、松脂、腐竹加工和采矿产业，积极、有序、有选择地承接珠三角产业转移，并大力发展蚕桑、鳄鱼龟、松脂等特色农业，形成具有特色的工业走廊、绿色走廊。① 作为"开发与保护并重示范区"的高村镇、白石镇、富林镇、南盛镇和前锋镇，其发展定位是打造全县的重要生态屏障、水源涵养区、人与自然和谐相处示范区、农村综合改革先行区。该区以生态保护为主体功能，适当选点集聚人口与产业，大力发展与生态功能相适应的特色产业，促进人与自然和谐共处，逐步确立生态云安的战略地位。②

三是实施梯度考核。由于不同乡镇之间的资源禀赋、区位优势、产业结构存在差异，难免会造成不同乡镇在发展方向、发展速度上的不同，如果忽视不同乡镇的优势和短板，不考虑乡镇到底是擅长"唱歌"还是擅长"画画"，都用同一套卷子考试，按照以往的同一套标准来考核所有乡镇，必然失之偏颇，考核结果也就缺乏可靠性和真实性，从而失去了考核本身的意义。为了确保考核标准符合不同乡镇的发展实际，云浮市按照"功能发挥好、考核得分高"的原则，在考核标准上与"主体功能区"发展规划相结合，将绩效过程分成不同的层次，制定与不同功能区相契合的考核标准。由于不同的功能区之间的发展定位不尽相同，所以不同功能区之间的指标权重也会根据发展规划的先后顺序和重要程度科学设置。这样一来，由于功能区定位的不同，即使是相同的指标，也可能会出现不同的权重。云浮市在实行梯度考核的过程中，分别为三种不同的功能区设置了考核指标组，并不断细化完善其中的考核指标及其权重，以权重指挥重点。2009 年，云浮市设置了由 10 个指标组 50 个明细指标组成的共同指标和 3 个指标组 16 个明细指标组成的类别指标两个体系；2010 年，进一步完善了共同指标体系 9 项指标组和类别指标体系 3 项指标组共 60 个二级考核指标。此外，云浮市坚决用"逐年完善"代替"一劳永逸"，在工作中创新，在实践中完善，考核指标在工作中因时因事不断调整优化。比如，2010 年，云浮市针对 2009 年在考核评价工作中发现的问题，积极探索，大胆创新，将指标组进一步发展完善，确保考核标准的科学性和准确性。

---

① 《广东省云安县域主体功能区划的改革实践》，2011 年 3 月。
② 《广东省云安县域主体功能区划的改革实践》，2011 年 3 月。

四是严格例行奖惩。干部考核的目的是通过考核结果来展现干部的工作实绩，进而实现对干部工作的监督和激励。如果干部考核的结果没有加以合理运用，不仅不利于上级部门选贤任能，也不利于干部自身能力的进一步提升，考核也就失去了其本身的意义。不能将考核结果真正落实到位的考核，到头来只能算作是"空中楼阁"，起不到干部考核的约束和激励作用。因此，云浮市合理运用考核结果，严格例行干部奖惩。首先，表彰考核成绩优异的干部。对于干部考评成绩优异的领导干部和领导班子，云浮市进行通报表彰并给予物质奖励以激励干部，充分调动领导干部的工作积极性。其次，合理安排干部的工作岗位。对于不同的干部，云浮市根据其个人特点和工作实际等多方面综合考虑，使干部与其工作岗位相契合，最大程度发挥领导干部的优势和长处，有利于提高干部队伍的整体实力，优化领导班子的结构。最后，严格处理懒政怠政的干部。考核结果是对干部工作的量化评分，是对干部工作成效的直观反映。云浮市将干部考核结果作为处理干部的依据，很大程度上解决了"干多干少一个样、干好干坏一个样、干与不干一个样"和能上难下的问题。

总的来说，云浮市根据不同村庄的发展现状、区位条件、资源禀赋等，立足于各乡镇自身发展特点划分功能镇，实行"分类推进"的地方考核标准，顺应了乡镇的发展规律和演变趋势，有利于充分发挥各乡镇的自主性和创造性，探索适合自身的发展方式。

第三节　注重实效，创新考核方式

中共中央组织部《关于改进推动高质量发展的政绩考核的通知》强调，要"综合运用多种方式考准考实领导干部推动高质量发展政绩"。基层干部的考核方式，关系到考核体制机制效能能否充分发挥，关系到考核过程是否科学合理，关系到考核结果是否准确可靠。传统的基层干部考核方式存在许多问题，诸如考核指标体系不健全、考核指标重定性而轻定量以及考核参与主体单一等，往往造成考核结果的失真，不能准确、立体地展现基层干部的工作实绩，考核结果也不具有太大的参考价值。鉴于此，云浮市摒弃"以GDP大小论英雄"的政绩考核方式，并进一步整合优化，力求做到精准高效与简便易行相统一，从指标体系、量化评分机制和考核主体上着手，千方百计地突出对基层干部工作实绩的考核，取得了显著成效。

一 建立系统的指标体系

2013 年出台的《关于改进地方党政领导班子和领导干部政绩考核工作的通知》强调，要"加强对政绩的综合分析"。考核是使社会政治控制内部化的手段，同时也是让地方干部遵守国家传统价值观的约束手段。有了考核体系，上级政府可以塑造地方干部的价值观。[①] 考评指标体系是"指挥棒"，是完善党政领导干部能力考评机制的基础环节。[②] 当前，我国正在积极推进基层治理体系和治理能力现代化建设，这就对基层政府领导干部提出了更高的要求，对地区经济社会的均衡协调可持续发展提出了更高的要求。基层干部政绩考核指标体系，关系着基层政府干部的能力能否进一步提升，关系着地区经济社会能否更好更快发展。

一是细化指标，突出导向。考核指标是基层干部政绩考核的重要依据和核心内容，决定着基层干部的努力方向、工作导向和价值取向，影响着基层干部工作中的态度和行为。建立健全基层干部政绩考核指标体系，是政绩考核工作的关键一环，也是客观、公正、准确评价干部政绩的重要基础。导向性问题是一个方向性的问题，表明我国政府重视什么，提倡什么，引导干部的干劲往哪里使。[③] 要发挥好干部考核指标体系"指挥棒"的作用，就必须突出考核指标的导向性，充分发挥考核指标"方向盘"的作用，确保干部的工作方向不跑偏。指标"大而全"，简单粗暴地要求乡镇各方面发展都要到位，不分主次矛盾，没有突出重点。什么都要考，反而什么事也办不好；什么都要管，反而什么事都做不成。"大而全"的考核内容和指标往往会淹没了核心指标，凸显不出核心指标的重要性，导致一些重点工作和目标要求

---

① 参见［德］托马斯·海贝勒、［德］雷内·特拉培尔《政府绩效考核、地方干部行为与地方发展》，王哲译，《经济社会体制比较》2012 年第 3 期。

② 参见卢爱国、吴家庆《完善党政领导干部能力考核评价机制的思考》，《湖南师范大学社会科学学报》2017 年第 6 期。

③ 参见吴志澄《论县级政府领导班子政绩考核指标体系和评价方法》，《中共中央党校学报》2002 年第 3 期。

不能在考评工作中占到应有的分量，使考核指标缺乏指导性。① 因此，干部指标考核体系要充分考虑到不同层级、不同岗位、不同地区的差异性，绝不能"一把尺子量到底"，用一套标准考核所有干部。应根据不同地区的干部职级、资源禀赋、功能定位等因素具体问题具体分析，分级分类制定考核指标，"确保不同班子、各类干部各有各的'赛道'，实现'考事'有体系、有目标，'考人'有对照、有比较"②，力求考核指标与考核对象的实际情况相契合，从而得到最为准确的考核结果。考虑到乡镇工作涉及面广、工作量大，为保证考核的准确性，云浮将一些能够体现政府施政效能、较为综合性的工作考核指标细化分组。

二是设置权重，力求科学。所谓"力求科学"，就是要"全面真实地反映党政领导干部的素质与工作、生活实际，力争使指标全面、客观、公正、合理"③。也就是说，干部考核指标体系既要考察干部自身的工作能力，也要兼顾干部以往的工作实绩；既要运用定性指标，也要设置定量指标；既要注重经济效益，也要兼顾社会效益；既要考察主观努力，也要考虑客观条件；既要考虑当下，也要谋划长远；既要采纳上级领导的意见，也要听取群众、社会组织的看法。务必确保干部考核指标体系均衡全面，科学合理。从某种意义上说，干部考核指标体系就是一份干部的"履职说明书"。同一指标在不同地区的相对重要性或许全然不同，这就要求考核指标的权重要从不同地区的功能区定位、未来发展战略规划和现实条件出发，分清主次，突出重点，设置出最为科学合理的考核权重，从考察的指标权重上呈现出不同地区的发展重点甚至是未来的发展方向。通过实施权重评分，有利于各功能镇探索符合自身实际的发展道路。根据主体功能区划理念，云浮市以权重指挥重点，结合不同功能镇的发展水平，相应确定不同功能镇在相同指标上的权重，设置了由3个指标组组成的类别指标体系。如"工业总产值"指标在"工业镇""商业镇""农业镇"中的权重分别为140、100、60，而"农业总产值"的权重分别为50、100、130。

---

① 参见潘国林《我国县级领导班子绩效考核指标体系研究》，《湖北社会科学》2017年第12期。
② 杨志斌：《完善干部考核评价机制 激励干部担当作为》，《党建研究》2021年第6期。
③ 韩强：《对建立和完善党政领导干部考核评价指标体系的若干思考》，《政治学研究》2003年第4期。

三是细致谋划，统筹全局。系统性是考核指标体系的基本属性。基层社会是一个涵盖了政治、经济、文化、社会等的大系统，基层干部的工作也具有一定的综合性，单一的指标必然不能全面反映基层干部的工作实绩。因此，考核指标体系的建立必须坚持系统性原则，既要着眼当下，也要谋划长远，既要均衡协调，也要突出差异。首先，要避免指标体系主观性过强，杜绝指标设置过于随意、大包大揽、不分主次，要从指标设置、权重划分上明确哪些工作可以做、哪些工作必须做、哪些工作优先做、哪些工作不能做；其次，考核指标应该做到科学合理、综合全面，能量化的坚持量化，确保指标内容可考；最后，要紧抓考核结果的反馈和落实，务必根据考核结果对干部严格进行奖赏和惩罚。云浮不拘泥于传统政绩考核方式，摒弃了"唯GDP论"的政绩观，设置了符合当地实际的考核指标内容，引入了量化评分机制，提高了考核指标体系的全面性，极大地激发了干部的工作热情，提升了干部考核成绩的可靠性，有利于改进干部工作中的不足，推动云浮市基层治理现代化的发展。

四是严谨规范，控制成本。建立一套健全、高效的考核指标体系，必须坚持可行性原则。可行性原则要求考核指标的设置一是要有具体操作的可行性，二是要有纵向与横向的可比性。① 考核指标体系不能过于简单或者过于烦琐，同时也必须考虑考核的成本，这就要求考核指标体系必须因地制宜、实事求是。成本问题往往是考核中比较容易被忽略的地方，成本过高往往会给地方造成不必要的财政负担，甚至会影响干部工作的正常运行，产生连锁反应。因此，为确保考核的规范性和可操作性，在建立考核指标体系的过程中还必须要确保能够将成本控制在一定范围内。一方面，在设置考核指标的过程中要充分考虑到考核时的成本，对于考核成本过高的指标要灵活变通考核形式和考核内容，通过简约高效的形式提高考核的可操作性和可行性；另一方面，在设置考核指标的过程中要注意对干部的履职成本进行考核，杜绝一些干部企图用较大的牺牲来换取短期政绩的做法。鉴于此，在设置政绩考核指标过程中，云浮引入政绩成本概念，设置了行政运行成本、干部腐败成本、职务消费控制、决策失误成本、行政失效成本和办公费用控制等6个明

---

① 参见刘钰、李乐夫、曹春梅《我国区县级领导班子量化考核指标体系》，《统计与决策》2006年第20期。

细的"成本控制"指标，使基层政府在注重政绩取得的同时，也重视政绩成本的控制，有助于优化基层政府的施政质量。

总的来说，云浮市创新考核方式，深谙系统完善的指标体系在基层干部考核中的关键作用，在整体谋划上务虚，在具体实践中务实，不断细化指标内容、科学设置权重、统筹把控全局、把控政绩成本，充分发挥了考核指标体系"指挥棒""红绿灯"的作用。

二 引入量化评分机制

建立科学的分类考核要素和量化测评体系，是弱化主观因素的影响，提高考核结果科学性、准确性的关键之一。[①] 当前的一些基层干部考核指标定性多定量少、指标设定过于形式化、标准掌握极具随意性，大大降低了考核结果的可信度，损害了基层干部绩效考核的权威性。针对目前基层干部考核指标体系中存在的"考核定性多、定量少，共性多、分类少，缺乏可量化同比的指标客观反映乡镇的整体施政效果"[②] 的问题，云浮市在建立干部考核机制的过程中，引入量化评分机制，采取定性与定量相结合、共性与个性相结合的干部考核方式，将政府的工作职能、群众的满意度评价和县直单位机关效能进行量化，提升了干部考核过程的科学性和干部考核结果的客观性。

一是县直单位机关效能量化。县级政府作为我国最高一级的基层政府，负有对于所辖县域内各个乡镇政府工作的统筹规划、治理监督等职责，是我国推进基层治理体系和治理能力现代化中不可忽视的重要力量和抓手。为实现县级政府对各乡镇政府工作的整体统筹，促进县镇两级政府的沟通协作和双向互动，云浮市建立了《县直单位机关效能量化考核指标体系》，在对县直单位"领导水平""履行职责""工作实绩"等部分的考核中，实行正向考核和逆向考核相结合的方式，并根据实际情况设置了不同指标的权重占比。为了减少由于县镇两级政府接触了解造成的主观性过强的问题，云浮市将 8 个乡镇的评分加总起来的平均分为计分标准，以增加考核结果的客观性。此外，云浮市将对县直单位机关效能的考核与各分管乡镇的工作实绩考

---

① 参见王韬、吴建南《国家公务员考核量化测评方法研究》，《陕西省行政学院陕西省经济管理干部学院学报》2004 年第 2 期。

② 《云安县推行政绩科学考核评价机制的实践与探索》，2010 年 7 月。

核结合起来，使县直单位机关效能考核和分管乡镇的实绩考核相挂钩，重点考察县直单位机关效能量化的"领导水平"。在《县直单位机关效能量化考核指标体系》中，云浮市将"领导水平"的整体权重设为160分，并进一步将其细分为"科学决策""工作思路""推进工作"和"依法办事"四个指标，四个指标各占40分的权重。

二是政府部门工作职责量化。对政府部门的工作职责进行量化，可以直观地考察政府部门的工作能力和工作实绩。云浮市结合"主体功能区划"的理念，坚持"能量化则量化"的原则，按照责任轻重、任务多少，对不同功能区的政府工作进行分类量化评分。不同功能区的功能发挥得好不好，用考核的具体数据说话。对于政治文化等不易量化的指标，则采取定性比较分析的方式进行综合评估，然后再按照评估排名的先后顺序从高到低折算分数，尽可能使考核评价做到客观、公正。此外，云浮市根据不同功能区的区位因素、发展水平等合理调整相同指标的不同权重，使镇与镇之间能在相互差异中进行横向纵向比较，突出了不同功能区之间的差异化发展的成效。例如，云浮市充分考虑到不同功能区的差异，设置了由3个指标组组成的类别指标。2009年，"三区八镇"的实绩考核结果，印证了两个体系的设置兼顾了不同功能区的工作侧重点，体现了重点发展与可持续发展同时兼顾的要求。

三是群众满意度评价量化。基层政府的工作做得好不好，要问问基层群众的意见和看法。对政府部门进行群众满意度的考核评价，最能体现基层政府的实际工作成效。云浮市在《科学发展观评价指标体系及考核评价实施细则（试行）》中规定，在民主测评或群众满意度评价时，有一项群众满意度（满意、比较满意得票率之和）低于2/3的，一般不得评为优秀等次；有3项定性考核内容的优良率或满意度低于2/3的，一般不得评为良好以上等次；有超过5项定性考核内容的优良率或满意度低于2/3的，一般应评为较差等次。在具体的群众满意度评价过程中，云浮市将对于乡镇党政领导班子群众满意度的评价分为"社会发展""民生改善""社会和谐"和"党风政风"四个部分，并将群众评价分为"满意""比较满意"、"不满意"和"不了解"四个层次，并规定"领导干部群众满意度得分 = （A×1 + B×0.7 + C×0.4）÷（A + B + C）×1000"。其中，A为"满意"个数，B为"比较满意"个数，C 为"不满意"个数"①。在对镇党政领导干部的群众满意度评价中，同样将"联系群众，为群众排忧解难、办实事情况"作为五项考核内容之一。

总的来说，云浮市在基层干部考核指标中引入量化考评机制，采取定性考核和定量考核相结合的方式，并根据云浮自身的不同功能区的设定，用"类别定量"代替"共性定量"，不同功能区之间谁的发挥好、谁的发挥差，直接让不同区镇经济社会发展情况的考核数据来说话，营造出"重实绩、比贡献"的工作格局。

三 实行多主体共评共议

2012 年，《关于建立促进科学发展的党政领导班子和领导干部考核评价机制的意见》指出，要"强化党内外干部群众的参与和监督，把上级评价、相关职能部门评价、本单位评价、基层群众以及社会评价结合起来，多层次、多渠道、多角度地了解评价干部，避免以偏概全"②。云浮市以"美好环境和谐社会共同缔造"为契机，在基层干部考核中建立健全由政府各部门和社会各界共同参与的多元主体考核机制，坚持把群众的利益、愿望和需求作为政绩考核的基本评价标准，实行多主体共评共议，不仅提高了考核结果的公正性，更极大地提高了基层群众的政治素养和政治参与度，这也有利于增强基层干部的为民服务意识，提升基层干部为民服务的能力。

一是上级部门。上级部门比较熟悉考核对象的工作性质和工作内容，一方面，上级部门在考核过程中能够依靠自身的工作经验，通过和考核对象充分沟通来发现考核对象在工作中存在的问题，并给出一定的建议和意见；另一方面，上级部门掌握着对考核对象进行奖赏和惩罚的权力，可以将考核与奖惩相结合。在对县直单位的考核中，由县委、县人大、县政府、县政协的班子成员对县直单位正职（包括负责日常工作的副职）进行评价。在对各乡镇的考核中，云安县制定《云安县镇级经济社会科学发展评价共同指标体系》，设置经济发展、社会发展等多项考核指标，并规定其权重，各项指标由

---

① 徐勇等：《再领先一步：云浮探索》，中国社会科学出版社 2012 年版，第 206－208 页。
② 《关于建立促进科学发展的党政领导班子和领导干部考核评价机制的意见》，《人民日报》2009 年 10 月 29 日第 1 版。

县委办、县政府办、县财政局等各个县直单位依照指标内容分别进行考核。

二是下属部门。下属部门对于考核对象工作过程中权力的运用最为熟悉,对于考核对象工作中存在的问题感受最深。因此,下属部门参与考核对象的绩效考核,一方面,下属部门可以通过考核帮助考核对象发现自身的权力运用过程中的不足之处,以便于后期改正;另一方面,下属部门可以通过考核和考核对象形成制衡,监督其权力的实施,以防权力滥用。云浮市制定了《县直单位机关效能量化考核指标体系》,实行上级部门和各乡镇对县直单位部门正向和逆向相结合的考核方式,对县直单位的管理、服务等各项工作职能进行考核。

三是同事。相较于上级部门和下属部门,同事与考核对象的接触最多,对于考核对象最为了解。因此,同事参与考核对象的绩效考核,一方面,可以了解到考核对象平时工作中的状态和能力;另一方面,有利于增强考核对象在工作中与同事之间的沟通与合作。在对云浮市县直单位和镇领导干部的考核过程中,由单位全体干部职工、直属单位领导班子成员等组成的机关民主测评以及由单位代表之间进行的单位代表互评同样都是主要的考核方式之一。

四是服务对象。服务对象通常包括群众、企业和社会组织等,他们对于考核对象工作的开展与实施情况最有发言权。一方面,群众和社会组织较为了解基层干部的工作作风;另一方面,接受人民群众和社会组织的考核和监督,有利于考核对象树立"为人民服务"的政绩观,打造服务型政府,提升基层公共服务的水平。为此,云浮市制定了《镇党政领导班子群众满意度评价要点》和《镇党政领导干部群众满意度评价要点》,并严格设置符合优秀、一般、较差各等次的满意度标准,将群众的意见放在非常重要的位置。

五是被考核者。自我工作述评,可以提高干部的参与意识和工作中的自我约束能力。基层干部的考核不能只听其他考核主体的意见和建议,更应该让考核对象本人进行工作述职,开展批评和自我批评。云浮市在对干部进行机关民主测评的同时,积极开展干部自身的述职述廉工作,通过干部的自我反省发现自身存在的问题,从而进一步完善自己工作中存在的问题。

实践证明,多主体共评共议制度下的基层干部实绩考核能够较为直观准确地反映云浮市乡镇领导班子和领导干部的年度工作成效,考核得分对于不同层次的干部谁优谁劣的区分立竿见影,俨然成为乡镇领导班子和领导干部施政的"风向标"。干部的工作是否落实到位，乡镇发展能否看到成果，也不再是凭感觉打主观印象分，不再是由少数人评价少数人，而是由班子实绩、大多数人来决定，最大程度上避免了干部队伍内部"暗箱操作"。虽然多元化的考核主体可以增强考核结果的公正性和客观性，但也要充分认识到不同的考核主体在考核过程中所发挥的作用各有优劣。因此，必须充分考虑到不同考核主体的优缺点，科学合理地赋予不同考核主体在考核过程中的权重。不仅如此，通过多元主体共评共议得到的考核结果，应该及时向社会公开，接受群众的监督，对于群众意见较大的考核结果，应进行复议，以维护考核的权威。

小 结

观念是行动的先导。在"唯 GDP 论"的持续影响下，把经济发展摆在地方发展的优先位置早已成为基层干部的"习惯"。而对于经济基础相对薄弱的云浮市来说，会把经济发展看得更加重要，从而忽略了地区的可持续均衡发展，甚至还会滋生环境、民生等方面的问题，极不利于云浮市推进基层治理体系和治理能力现代化建设。因此，要想改变这种状况，就必须采取措施改变扎根在基层干部观念中的"唯 GDP 论"的政绩观。为确立"不以 GDP 大小论英雄，只以功能发挥好坏论成败"的政绩观，云浮市牢牢抓住基层干部管理制度这根"指挥棒"，充分发挥干部考核指标体系的导向性作用，建立了"不唯 GDP 论"的政绩科学考核评价机制，取得了显著成果。回顾云浮市为创新基层干部管理制度、推进基层治理体系现代化所做的努力，有以下几点经验值得总结。

一是充分尊重民意，实施开放性考核。在进行基层干部管理制度创新的过程中，云浮市十分尊重群众的主体性作用，非常重视群众的意见和建议。第一，在制定考核细则的过程中，云浮市通过各种方式广泛征集群众的意见，听取了各级群众代表的建议，并将民意融入考核细则当中；第二，在基层干部绩效考核过程中，云浮市改变以往的"少数人评价少数人"的常态，实行多主体共评共议的开放性考核；第三，在设置考核指标的过程中，将民意纳入干部考核指标体系当中，并根据实际情况给予民意合理的权重。

二是创新考核制度，强调考核科学性。科学完备的考核制度对于考核结果的准确性起着尤为关键的作用。云浮市结合自身的实际，巧妙地将考核制度的设计与自身的发展实际相结合，产生了意想不到的效果。第一，在制定考核制度过程中，云浮市根据不同功能区的划分，因地制宜分类设置指标组，确保考核指标与不同功能区的发展方向和实际情况相契合；第二，在对干部进行考核的过程中，实行基层干部"双重履职"考核制度，引入量化评分机制，并科学设置指标权重，尽可能地剔除人为因素或减少主观因素影响，使考核评价的结果更趋近科学合理；第三，变"单向考核"为"多向考核"，实行县镇两级上下捆绑的考核制度，注重考核评价过程中的客观、公平、公正，提高了考核的可信度。

三是坚持服务导向，打造服务型政府。打造服务型政府是满足人们对美好生活向往的内在需要和必然要求。云浮市以服务为导向，在基层干部管理制度中认真贯彻落实为人民服务的理念。第一，树立了"眼睛向下"的理念，通过对基层干部管理制度的调整，云浮县实现了基层干部从"眼睛盯着上级看"到"时刻围着群众转"的转变，更加重视群众的意见和需求；第二，通过对基层干部管理制度的调整，基层干部不再"以 GDP 大小论英雄"，更加重视社会稳定、农民增收、公共服务、基础设施等指标；第三，通过对基层干部管理制度的调整，云浮市在制定考核指标的过程中充分征求民意，在对基层干部的考核过程中实施开放性考核，确保民意在干部考核中有所体现。

推进基层治理能力和治理体系现代化，是时代和人民交给党和国家的一道必答题。云浮市在加强基层治理现代化建设的过程中所做的努力，是将"民之所忧"和"民之所盼"放在心里、落在行动上的真实写照。云浮市以"实施美好环境与和谐社会共同缔造行动"为契机，勇做我国基层治理现代化建设的"排头兵"和"先遣队"，在推进考核下移、完善基层干部管理制度上取得了丰硕成果，为我国加强基层治理体系和治理能力现代化建设积累了宝贵经验。

第七章

总结与思考：基层治理现代化的云浮经验

当今，中国特色社会主义进入新时代，社会主要矛盾已经转化为人民日益增长的美好生活需要和不平衡不充分的发展之间的矛盾，这些矛盾和问题主要发生在基层社会。习近平总书记高度重视基层治理工作，反复强调"基层强则国家强，基层安则天下安，必须抓好基层治理现代化这项基础性工作"[①]。2021年，《中共中央国务院关于加强基层治理体系和治理能力现代化建设的意见》从指导思想、基本原则、主要目标、重点任务、组织保障等方面进行了系统性部署，为新时代加快推进基层治理现代化提供了根本遵循和行动指南。只有不断加强和完善基层治理创新，呼应好人民群众的多层次、差异化、个性化的新需求、新期待，才能更好地应对挑战、化解风险，不断夯实国家治理根基。当前，湖北省在习近平新时代中国特色社会主义思想指导下，深入学习贯彻党的二十大精神，坚持和加强党的全面领导，坚持以人民为中心，以增进人民福祉为出发点和落脚点，以深化美好环境与幸福生活共同缔造为路径，以体制机制创新为突破口，加快构建"纵向到底、横向到边、共建共治共享"的基层治理体系。"共同缔造"发源于云浮，云浮探索对于湖北省美好环境与幸福生活共同缔造活动，以及加强基层治理体系和治理能力现代化建设具有重要的价值与意义。

---

① 《习近平春节前夕赴贵州看望慰问各族干部群众 向全国各族人民致以美好的新春祝福 祝各族人民幸福吉祥 祝伟大祖国繁荣富强》，《人民日报》2021年2月6日，第1版。

第一节　共同缔造：云浮探索的核心要义

"共同缔造"是贯彻落实习近平总书记重要讲话精神，推进基层治理现代化的重要探索。2020年习近平总书记指出："一个现代化的社会，应该既充满活力又拥有良好秩序，呈现出秩序和活力有机统一。要完善共建共治共享的社会治理制度，实现政府治理同社会调节、居民自治良性互动，建设人人有责、人人尽责、人人享有的社会治理共同体。"[①] 2022年5月中共中央办公厅、国务院办公厅印发《乡村建设行动实施方案》提出："在乡村建设中深入开展美好环境与幸福生活共同缔造活动。"[②] 党的十九届四中全会提出，健全共建共治共享的社会治理制度，完善基层群众自治制度和协商民主制度。而基层群众自治是一个最基本、最重要也是最容易被忽视的群众社会参与机制，同时也是实现国家治理体系和治理能力现代化需要构建的一个最重要、最基础的支撑和依托。2022年5月中共中央办公厅、国务院办公厅印发《乡村建设行动实施方案》提出："在乡村建设中深入开展美好环境与幸福生活共同缔造活动。"[③]

共同缔造最初产生于广东云浮的农村社会建设。云浮位于广东北部山区，经济欠发达，社会建设滞后。云浮市委提出"共谋、共建、共管、共享"的理念，推动社会建设。之后，这一理念在福建厦门成熟，明确提出"美丽厦门共同缔造"。在"共谋、共建、共管、共享"基础上增加了"共评"。之后，在沈阳进一步实践，提出了"幸福沈阳共同缔造"。再后来成为住建部推动人居环境改善的一种理念，实施"美好环境与幸福生活共同缔造"。通过多年实践形成了完整的理念和方法，这就是"决策共谋、发展共建、建设共管、效果共评、成果共享"。其形成的根本原因是共同缔造回应了时代之问，破解了时代性的治理难题。经验出自地方，经验解决的问题具

[①] 习近平：《论把握新发展阶段、贯彻新发展理念、构建新发展格局》，中央文献出版社2021年版，第376页。

[②]《中办国办印发〈乡村建设行动实施方案〉》，《人民日报》2022年5月24日第1版。

[③]《中办国办印发〈乡村建设行动实施方案〉》，《人民日报》2022年5月24日第1版。

有普遍性，经验具有广泛推行的价值。共谋、共建、共管、共评、共享，这五个方面相互交融，相互促进，不可分割。在"共谋"时，尊重群众的想法，群众就更愿意参与进来，更加积极地参与"共建""共管""共评"，更好地珍惜和"共享"成果。在"共建""共管""共评"中，不是要等到"共建"完成了再让群众"共管""共评"，而要在"共建"过程中就让群众管、群众评，这样能让"共建"更有力。"共享"，不仅仅是享受最终成果，而是要让群众在参与"共谋""共建""共管""共评"的过程中有更多的获得感，更加积极主动地参与到"共同缔造"活动之中。

"云浮探索"本质上是从单一的经济发展向全面协调发展，这就是治理理念的改变，从单一的政府治理向"共谋、共建、共治、共享"基层治理共同体转变。"共同缔造"的关键在于激发群众参与感，凝聚群众共识，塑造群众精神，充分调动群众的积极性、主动性与创造性。"共同缔造"始于广东省云浮市，是中国社会发生深刻变化的大环境下基层治理的革新，形成了一种典型性的基层治理模式。

第二节 积极治理：云浮探索的基本经验

基层治理是为满足人们需求，解决社会矛盾的政治活动。简单一点就是解决问题的方式方法，在此基础上可以区分为两种不同的基层治理方式。一种是有什么问题解决什么问题，就事论事，属于消极被动型。其结果是问题不断出现，防不胜防。另一种基层治理是追溯问题产生的根源，既解决具体问题又从根本上解决产生具体问题的原因，避免问题反复发生，属于积极主动型。共同缔造正是在探寻问题根源过程中产生的积极主动型基层治理方式。共同缔造作为一种积极治理的样式，抓住了基层治理中的突出问题，同时又构造了一种新的治理形态。

一 优化治理结构，破解基层治理之困

云浮探索从基层治理结构入手，按照放权赋能减负的方式为基层治理破题奠定坚实的基础。一是向基层放权。树立尊重基层、尊重群众的理念，坚信"群众是真英雄"，认为基层有无限的智慧和能力，一切适合基层办的事

情，都应由基层决定和执行。云浮市依法下放了经济、社会管理权，并逐步扩展了乡镇权力，基层政府的主动性和自主性得到了极大的提升，从而降低了探索的阻力，增强了改革的动力。二是给基层赋能。党的十九大以来，各级各部门按照党中央提出的推进社会治理重心向下的要求，在编制、职数、待遇、经费等方面给予基层政策倾斜，逐渐形成了在基层聚集人才、在一线创业成长的鲜明导向。因此，基层治理现代化要持续推进基层治理的重心向下，督促各级各部门把资源、服务、管理尽可能放到城乡基层，让城乡基层都有人有权有物，保证基层事情基层办、基层权力给基层。[①] 三是减基层负担。习近平总书记多次对基层干部作风问题、为基层减负问题作出了重要指示，在中央办公厅统一部署下，各地持续推进减轻基层负担工作，取得明显成效。为总结各地在不断纠正形式主义、官僚主义方面的实践经验，巩固和扩大基层减负的成效，重点是解决基层群众需要解决的问题。云浮市地处山区，当地群众要办一张通行证，需耗费大量的人力、物力。为了解决这个问题，云浮将政府的工作向离人民最近的地方延伸。在村内设置乡镇办事员，以前要到镇、县办的事情，现在可以在附近办、身边办。人民群众享受到了实实在在的方便。

二 创新治理方式，激发基层治理之源

云浮探索注重治理方式创新，关键一点就是让群众参与基层治理，扭转以往基层治理的单向模式。一是完善发动群众参与机制。共同缔造的根本目的就是让群众满意，让群众幸福。在集体决策中，充分激发群众的主人翁意识，让群众"坐上席"。正是基于对人民群众主体地位的认识，云浮市始终坚持"政府主导、群众主体"的社会治理理念，以"共谋、共建、共管、共享"为宗旨，积极引导群众参与基层治理工作。改进群众工作方法，充分尊重群众、依靠群众，激发群众主人翁意识，调动群众参与共同缔造积极性。严格落实"四议两公开"制度，凡是村落重大事务，以及与群众切身利益相关的事项，请群众商议，由群众决策。村落多项议题，全部由村民代表"自己说了算"。鼓励村民主动参加基层治理，认领公共事务。政府、市场、社会、公民等主体在党的领导下协同工作，积极互动，共同维护社会的和谐与稳定。挖掘、培养、吸纳乡贤能人参与共同缔造和基层治理，发挥示

---

① 参见詹成付《努力为基层治理创造条件》，《西藏日报》（汉）2020年11月11日第3版。

范引领和骨干作用。

二是坚持法治方式。在基层治理过程中，积极运用法治思维和法治方式优化治理，提升农民法律素养，信仰法律，尊重法律。云浮市通过送法下乡形式，弘扬法治文化，普法于惠民之中，学法于用法之中，护法于守法之中，在日常生活中增强法治意识。一方面，做好农村土地征用、山权林权改革等涉农法律法规的宣传工作。把普法宣传教育与解决实际问题有机结合。另一方面，利用标语、挂图、横额、宣传栏、法制宣传日、法律咨询宣传活动、法治文艺活动、宣传车进村、法治宣传资料进村入户等形式开展法治宣传，进一步提升农民法律素养与法治意识。如云安县设立镇级综治信访维稳中心，对于群众缠访、闹访案件，由镇中心发挥其内设的巡回法庭和检察院工作联络站作用，提供法律援助、法律监督等依法治访服务。对于镇中心难以调处的案件，则提交县中心协调处理。

三是弘扬传统文化。传统的乡村社会是"亲人社会"与"熟人社会"，它是由血缘、地缘关系所组成。这样的社会，是由于长久以来的相互依存与交流而形成的一种"共同体"，它使人们产生了一种认同感与归属感。农村社会是一个比较完整的地方，传统文化在农村社会中仍然扮演着重要的角色。充分利用优秀传统文化来加强和创新社会管理，这是时任广东省委书记汪洋同志对云浮提出的工作要求之一。传统文化有其历史性，但并不意味着不适用于今天的基层治理。云浮市是一个以农业为主的城市，由于农村社会的固化和农民自身素质的制约，现代公共法规在农村的作用相对较小，而传统的文化观念在基层产生的影响更大。云浮市在推进乡村社会建设和社会治理的同时，也充分发挥了乡村认同、乡贤能人的作用。因而，云浮通过共同缔造重新构建"乡村共同体"，从而使人们对自己的美好家园产生一种认同和归属感。在联系起来的过程中，他们彼此熟悉，成为利益相关、生活互助、情感相通的新"熟人"。

四是探索智慧治理。《中共中央国务院关于加强基层治理体系和治理能力现代化建设的意见》强调，"加强城乡社区治理和服务体系建设……构建网格化管理、精细化服务、信息化支撑、开放共享的基层管理服务平台"[①]，

[①] 《中共中央国务院关于加强基层治理体系和治理能力现代化建设的意见》，《人民日报》2021年7月12日第1版。

这是促进基层组织、干部加强社会治理效能和效果的一项切实举措。[①] 云浮市在推进电子政务、远程医疗、远程教育等方面应用"三网合一"技术，构建了一套完善的公共服务系统。云浮市在推进"三网合一"的同时，实行了"足不出村"远程审批制度，逐步实现行政许可、非行政许可审批的网上审批，降低村民享受公共服务的成本，做到一网强监督，一站办审批。"三网合一"体系的实施，既促进了信息技术和信息产业的发展，又有效地缩小了城乡差距，促进了农村现代化和信息化，实现了农民与政府、市场、现代公共服务的对接，改善了农民的生产生活方式。

三 完善治理机制，夯实基层治理之本

云浮探索对基层治理相关制度进行革新，调整基层治理相关体制机制，形成了一种系统性的制度成果。一是构建纵横联动机制。各地区切实解决市域和基层的关系，强化区域统筹协调，健全市域范围社会治理体制机制和资源协调保障机制，形成一个基层治理为市域社会治理打基础、市域社会治理现代化带动基层治理现代化的良好局面。在横向联动机制上，自2008年以来，运用主体职能划分的方式，实现了工业化、城镇化、农业"三化融合"，实现了经济发展与社会建设并驾齐驱，政府主导，群众参与的"云浮模式"。在纵向联动机制上，通过建立"以组为基础，三级联动"的运行机制，在村民小组建立村民理事会，并建立联户代表议事制度，以理事为联户代表，与此同时，实行镇村组三级联动机制，在人员上交叉，在事务上联席，在信息上互通，形成镇村组分级议事而又相互促进的联动机制。二是建立差异化考核机制。只有以正确的政绩观为指导，才有可能全面、客观、准确地评价干部的能力和水平。云浮的绩效考核是一次巨大的突破，用科学的眼光来衡量每一位镇长的工作，这是一次很好的尝试、一套有约束力的制度、一种很有价值的制度。云安县建立政绩科学考核评价机制，对承担不同功能的镇的工作实行分类考核，对各镇经济社会发展水平进行科学评价。对于当今乡村基层治理来说，应把考核的重心放在社会治理和公共服务上。乡镇政府的考核结果不是以政府的职能来衡量，而是以政府的职能为基础，以

[①] 参见《中共中央国务院关于加强基层治理体系和治理能力现代化建设的意见》，《人民日报》2021年7月12日第1版。

政府的服务为中心，以人民的利益为重。因而，云安县乡镇考核机制在注重经济建设的同时，更加注重社会建设，在强调政府主导的同时，更加强调发动与组织群众。三是保障基层财力机制。分税制改革使中央、地方之间的税种、税权、税管分离，实行"分灶吃饭"，对于理顺中央和地方之间的利益分配关系，调动中央、地方的积极性，强化税收的征管，保障财政收入，强化宏观调控等方面起到了积极的作用。① 然而，现行的财税体制也使得财政收入在民生方面所占比重偏低，地方政府财权和事权不对称，区域间公共服务水平差距较大，地方政府"抢资金""争项目"等问题突出。云浮市在财政力量较弱的条件下，创新性地从财政保障、税收共享和税收激励三个层面入手，实现财权下放、财源共享的转变，改变了"唯上"的体制缺陷，为共享改革发展成果提供了财税保障，实现了市域各县区、城乡居民的利益共享。

四　转变治理理念，强化基层治理之基

云浮探索之所以能够取得成效，很重要的是各级干部在基层治理理念和工作方法上实现了创造性转换。一是以人民为中心。党的十九届四中全会提出国家治理需要"坚持以人民为中心"，党的十九届五中全会将"坚持以人民为中心"作为"十四五"时期必须遵循的原则，体现人民主体性成为中国国家治理和基层治理的基本要求。"以人民为中心"的价值理念通过党建引领，融入基层治理的结构性因素中，使参与基层治理活动的动因、利益指向趋于公共性，兼顾他人的诉求，从而优化了基层治理的深层利益结构。"以人民为中心"通过"人民"的政治性集体人格，将基层治理共同体及其共识、治理动力以及激励系统统领起来，将政治与法治融合在基层多样化治理活动中，对基层治理形成引领与规约。② 因而，实现人民群众对美好生活的向往，营造人人愿意有序参与、人人有机会成功、人人幸福美好、人人有归属感的基层治理正能量始终是基层治理改革的目标。云浮经验表明，在新时代推进基层治理体系和基层治理现代化建设过程中，各级领导干部唯有满怀真情，做到心中有群众、工作为群众、想群众之所想、急群众之所急、解

---

① 参见郑楚光《加快财税体制改革　促进经济社会协调发展》，《世纪行》2012年第3期。
② 参见翟校义《"以人民为中心"引领基层治理》，《人民论坛·学术前沿》2021年第Z1期。

群众之所难，才能走好新时代党的群众路线，做好新时代党的群众工作，群众的获得感、幸福感、安全感才能更加充实、更有保障、更可持续。

二是坚持因地制宜。云浮探索是一种新的发展方式，具有推广价值和典型示范意义。从云浮实践来看，改革必须具有一定的条件和基础。2009年底云浮提出了"差异发展""错位发展"的观点，在此基础上，云浮市在2010年就提出了群众参与机制、"四共"机制，从而丰富和发展了"云浮探索"。2011年4月又提出了"主体功能扩展"的概念，在实践中再以"主体功能扩展"指导云浮的经济发展和社会建设，进而创造"三级理事会"的群众组织和群众自治新方式。郁南县也推出了农村征信制度改革，完整地推出了一个改革试验点——信用村。云浮探索最终成型前后经历了三年时间，这三年通过深入的调查研究，根据云浮市的多种因素选择新方式，因地制宜地建构新路子。

三是完善政策体系。治理体系是制度的集中体现，因此治理体系是由制度构成的体系。政策的制定，不仅要以县为中心，同时还要明确镇、村政策，包括财税、投资、产业、土地、环境政策等，这些政策的出台，都是为了加快经济社会的发展。只有各大政策真正落实到位，才能有力推动各个功能区的健康发展。云浮在规划层面上，进一步完善了与功能区相适应的政策制度，包括税收制度的调整、税收的分配等，并将之纳入社会建设之中，将乡镇作为政府的职能定位于社会建设与社会管理，从而将国家主体功能区划构想不断落实与深化。云浮建立并实行了税收共享的金融保障体系，不仅使各类工业区、生态区、农业区摆脱了以往盲目追求经济发展的模式，而且还能在税收和财政的共同分担下，发挥出各自的特点。云浮建立以职能和责任为核心的考评机制，使各功能区在发展自己的特点上，不存在缺位、越位、错位等问题，为当前的干部考评制度改革积累了新的经验。深化基层治理制度革新主要包括绩效考核机制和财税分配调整。

第三节 基层治理现代化：云浮探索的普遍价值

云浮探索是基层社会治理创新的产物。它虽然是从整治人居环境入手，但不是简单地解决美好环境的具体问题，而是要改变原有的社会治理，改变社会治理的体制机制，改变体制机制背后的"人的观念"。云浮探索既发挥政府治理的优势，又抓住了基层治理的薄弱环节，将政府治理与社会调节、居民自治有机衔接起来，形成了积极主动型治理格局，具有可学习、可复制和可推广的普遍性价值。

一 共同缔造是"人民中心观"的实践表达

基层治理现代化首先要有正确的政治方向。基层社会的主体是人民群众。国家对基层社会的治理，首先要处理政权与人民的关系，这是基层治理创新的政治基础，也是最重要的基础。国家治理的政治基础与国家结构相关。我国属于长期历史形成的单一制国家。《史记》总结传统王朝兴亡盛衰的规律，指出"天下之患在于土崩"。"土崩"是"基层社会"崩溃，属于关系政权基础是否稳固的根本性问题。如何驯服"天下之患"，一直是国家治理的难题。天下之治在于"土固"。中国共产党强调江山就是人民，人民就是江山。以人民为中心，沟通上下，为驯服"天下之患"提供了根本条件，但也要通过创新社会治理不断巩固执政基础。"以人民为中心"就是要让人民群众过上幸福美好生活，习近平总书记用"十个更"来概括："期盼有更好的教育、更稳定的工作、更满意的收入、更可靠的社会保障、更高水平的医疗卫生服务、更舒适的居住条件、更优美的环境，期盼孩子们能成长得更好、工作得更好、生活得更好。"[①]

"共同缔造"作为一种理念，一种方法，其核心和实质是最大限度凝聚人心，凝聚力量，共同实现美好生活目标。它将中央的原则精神转化和具体化为人们的实际行动和成效。"以人民为中心"不仅是一个理论问题，更是一个实践问题。习近平总书记强调："以人民为中心的发展思想，不是一个抽象的、玄奥的概念，不能只停留在口头上、止步于思想环节，而要体现在经济社会发展各个环节。"[②] 一是通过共同缔造与人民群众保持血肉相连的联系，及时了解人民群众的意见，解决其所关心的问题。对于普通百姓而言，早晨醒来考虑的不是GDP，而是就学、就业、就医等一系列日常生活问题。这是"百姓政治学"。基层社会治理要围绕解决百姓的日常生活问题展

---

① 《习近平谈治国理政》（第1卷），外文出版社2014年版，第4页。
② 参见习近平《深入理解新发展理念》，《求是》2019年第10期。

开。二是共同缔造将人民对美好生活的需要作为工作的出发点和落脚点。从小事做起，小事不小；从包括小人物在内的共同需要着力，小人物不小。让所有人通过共同缔造的活动，共享改革发展的成果。三是引领人民群众共同创造自己的幸福生活。中国共产党的重要政治功能便是通过具有先进性的规划、引导、动员、组织、凝聚人民群众自己创造自己的幸福生活。共同缔造是中国共产党政治功能的具体体现，是各级党组织满足人民群众对美好环境与幸福生活需要所制定的具体行动方案，是将人民对美好生活的向往变为一个个可实行、可操作、可取得成效的项目，让幸福生活具体化。

二 共同缔造是走好新时代党的群众路线的实践路径

基层社会的主体是人民群众，创新基层社会治理必须以人民群众为主体。自从有了政党之后，便存在政党与群众之间的关系。俄国思想家米海洛夫斯基有一个形象比喻：群众是一串"0"，杰出人物是个"1"。没有领导，群众等于"0"；没有群众，领导只是个"1"。只有"1"之后的"0"越多，力量才越大。马克思主义特别强调人民是历史的创造者。一切为了群众，一切依靠群众的群众路线是中国共产党的三大法宝之一，也是基层社会治理的重要法宝。一段时间内，群众意识淡漠了，群众被丢掉了；群众工作方法陌生了，会做老板工作，不会做老百姓工作。然而，谁丢掉群众，谁就会被群众丢掉。谁不会做群众工作，群众工作就难做，基层治理就困难。党的十八大以来，习近平总书记指出："群众路线是我们党的生命线和根本工作路线，是我们党永葆青春活力和战斗力的重要传家宝。不论过去、现在和将来，我们都要坚持一切为了群众，一切依靠群众，从群众中来，到群众中去，把党的正确主张变为群众的自觉行动，把群众路线贯彻到治国理政全部活动之中。"① 新时代的群众路线有新的特点。一是新群众，群众的主体意识、利益意识、权利意识增强了；二是新问题，群众工作对象更加多元化，群众工作内容更加多样化，群众工作环境更加复杂化；三是新要求，需要通过多种载体、方式来做好群众工作。共同缔造的关键是激发群众参与、凝聚群众共识、塑造群众精神，将群众找了回来，将群众工作方法找了回来。群众不仅不是包袱，而且是资源和动力。共同缔造从群众身边小事做起，从群

---

① 《十八大以来重要文献选编》（上），中央文献出版社2014年版，第697页。

众最关心的事情做起,从做得到的事情做起。通过群众最关心的点滴小事,将群众凝聚起来,在共同缔造中学习做群众工作,让群众由"不动"到"被动",再到"主动"。

三 共同缔造是提升党的组织力的重要载体

基层社会的主体是群众,党领导基层社会治理的重要目标是将群众组织起来。习近平总书记在党的十九大报告中指出:"要以提升组织力为重点,突出政治功能,把企业、农村、机关、学校、科研院所、街道社区、社会组织等基层党组织建设成为宣传党的主张、贯彻党的决定、领导基层治理、团结动员群众、推动改革发展的坚强战斗堡垒。"[1] 提升组织力除了加强党组织自身建设以外,更重要的是通过各种载体将广大人民群众团结动员组织起来,实现共同的目标。共同缔造是在新的历史时期,提升党的组织力的重要载体。中华人民共和国成立前,毛泽东同志提出"组织起来"。中华人民共和国成立后建立了"三级所有,队为基础"的人民公社体制。农村改革废除人民公社体制,实行家庭承包制,个体家庭成为基本单元,农村社会的组织化程度降低,为农村基层社会治理带来新的问题。作为国家建制单位的村民委员会规模较大,人口较多,组织困难。广东云浮在共同缔造当中探索农村基层社会治理的组织基础,将组织力延伸到最基层,提出"三级联动,组为基础",将乡、村级治理延伸到组,通过组将各家各户直接联结起来。组是产权基本单元,又是居住基本单元,也是治理基本单元。组一般为自然村,在湖北通常称之为村湾。武汉汉阳推进"深根工程",将组织的根一直扎入小区、楼栋和家庭。向更深处扎根,向最末端发力。共同缔造以城乡社区为基本单元建立起"纵向到底,横向到边"的基层组织和治理体系架构,实现政府治理、社会调节和居民自治的有机衔接和良性互动。"纵向到底"指政府的管理和服务自上而下经由乡镇(街道)、城乡社区(村委会)、村湾(小区)一直延伸到家庭和个人。治理体制"如身使臂,如臂使指"。"横向到边"是指基层社会通过各种功能性组织联结起来,自我管理、自我服务和自我教育。美丽厦门共同缔造中的农民自己动手拆除猪圈,其中的重

---

[1] 习近平:《决胜全面建成小康社会 夺取新时代中国特色社会主义伟大胜利——在中国共产党第十九次全国代表大会上的报告》,《人民日报》2017年10月28日第1版。

要机制是村民理事会及其自我管理功能。

四　共同缔造是全过程人民民主的具体体现

基层社会的主体是人民群众。基层社会治理是人民群众参与治理，行使人民民主权利的过程。只有人民广泛参与的治理，才能获得稳固的基础。习近平总书记提出了全过程人民民主的重要论断，"党的十八大以来，我们深化对民主政治发展规律的认识，提出全过程人民民主的重大理念"，强调"要继续推进全过程人民民主建设，把人民当家作主具体地、现实地体现到党治国理政的政策措施上来"。[①] 共同缔造是全过程人民民主的具体体现。一是让民主由文本走向生活。基层群众自治是中国特色社会主义的基本政治制度。但这一制度在相当程度上还停留在文本上，未能进入社会生活之中，属于制度"空转"。其重要原因是缺乏相应的行动载体。共同缔造通过一定的活动和载体，激活已有制度，让制度运转起来，让群众行动起来。二是让民主从某个环节走向全过程。过往的基层民主主要是注重民主选举的环节，共同缔造的"五共"体现了民主参与的全过程性，将基层民主的"民主选举、民主决策、民主管理、民主监督、民主协商"具体落实到"共谋、共建、共管、共评、共享"的实际过程当中。三是让民主从注重形式到更加注重实效。共同缔造通过一个个具体的项目让人民从"五共"当中有获得感、成就感，从而有更强大的动力参与到民主过程当中。

五　共同缔造是建设社会治理共同体的重要方式

基层社会的主体是人民群众，只有人人负责，基层治理才有稳固的基础。中国传统社会以家庭、村庄为基本单位治理，改革开放以来，中国社会开放流动，形成了以个体为单位的社会，仅仅依靠单一的政府治理远远不够。党的十九届四中全会提出"要建设人人有责、人人尽责、人人享有的社会治理共同体"[②]。一是形成人人有责、人人尽责、人人享有的理念。共同缔造强调"共同性"，即在差异中寻找"最大公约数"，在分化中凝聚共识。

[①] 参见习近平《在中央人大工作会议上的讲话》，《求是》2022年第5期。
[②] 《中共中央关于坚持和完善中国特色社会主义制度 推进国家治理体系和治理能力现代化若干重大问题的决定》，《人民日报》2019年11月6日第1版。

"美好环境""幸福生活"是人们的共识，可以最大限度将不同的人联结起来。市场经济将人们分为具有独立利益的"你、我、他"，共同缔造将"你、我、他"合为"我们"，将政府与群众"你是你，我是我"变为"我们一起"。二是形成人人有责、人人尽责、人人享有的精神。共同缔造的重要成果是重新建构社会关系。通过共同缔造活动，在一个分化分散的社会基础上重建"共同体"，人们在共同缔造中建立对自己美好家园的认同感和归属感；在共同缔造中大家熟悉起来，成为利益相关、生活互助、情感相通的新型"熟人"。云浮在共同缔造中着力培育"自律自强、互信互助、共建共享"精神，充分发掘中国农民注意家户责任和荣耀精神的传统治理资源。三是形成人人有责、人人尽责、人人享有的机制。云浮在共同缔造中提出"社区是我家，建设靠大家""共驻共建"等，以社区为基本单元，形成社会治理共同体。

六 共同缔造是着力于基层治理现代化的体制机制改革

基层社会的主体是人民群众，基层社会治理要不断满足人民群众的需要，提升基层治理能力。为此必须破除体制机制障碍，推动基层治理现代化。体制机制改革是在解决问题过程当中发生的，具有鲜明的问题导向，人们在具体活动过程当中发现问题、分析原因，从而改革体制机制。共同缔造是社会治理创新的产物。在创新社会治理过程当中，必然面临体制机制障碍，制约着基层社会治理创新。共同缔造着力于体制机制改革，以推进基层治理现代化。一是重心下移。基层社会治理主要是处理和解决基层人民群众所需要解决的事务。治理的重心和相应的资源分配以事为主。权随事走，钱随事转。21世纪以来，国家对农民的支持越来越多，农民要找政府办的事也越来越多。许多事务要找县乡政府办理，办事难、办事负担重成为新难题。云浮通过重心下移，让基层有更主动的意识，有更多的资源，有更强的能力，实现基层"有权办事、有人办事、有钱办事、有劲办事"。二是自我革命。在基层社会治理中，政府是解决社会问题的主导力量，但政府往往成为问题的制造者。这在于政府是一架行政机器，有自己的行为逻辑和惯性，其惰性会妨碍其及时回应人民的意愿和需求。基层干部任务重、压力大，但有相当部分是无效工作。云浮的共同缔造的重要内容是政府的"自我革命"，实行"简约化治理"，简化整合审批手续，优化合并会议文件，让基层干部有更多的精力用于基层社会治理。三是改变机制。基层治理以政府为主导，在于政府是权威和资源的分配者。政府不仅要善于分配，更要善于通过分配激发社会活力，让人民群众不仅成为享有者，更要成为创造者。云浮改变过往的无差别的资源分配方式，推行"以奖代补"，根据基层社会治理的成效分配资源，充分调动和激发基层和人民群众的积极性。为了推动干部重视基层社会治理，创新干部考核机制。对于基层政府和组织实行"加 X"的考核标准，社会建设和社会治理是必选标准之一。

中 编

云浮探索的案例报告

如何让能干什么的地方干什么

——基于云浮市云安县主体功能区的调查与思考

习近平总书记在深入推动长江经济带发展座谈会上提出："各地区要根据主体功能区定位，按照政策精准化、措施精细化、协调机制化的要求，完整准确落实区域协调发展战略。"[①] 当前，湖北省开展"美好环境与幸福生活共同缔造"活动试点工作，主要任务是创新强县工程的体制机制，强化主体功能定位，推进主体功能区拓展延伸到县乡。而早在2010年，广东省云浮市云安县就以创新主体功能区建设机制为着力点，走出了一条统筹城乡发展的新路子。云浮市因为地处粤西山区，受制于区位、资源、政策等因素，社会经济发展水平长期滞后，面临着巨大的发展压力。除此之外，自改革开放以来，由于沿袭"镇镇开发、村村点火"的传统发展模式，云浮市各级地方政府"一窝蜂"地抢项目、争资源，导致同质竞争、无序发展。为破解这一难题，云浮市云安县借助"美好环境与和谐社会共同缔造"行动，率先在全县范围内推进主体功能区建设，通过划分主体功能、统筹区域资源，促使云安县"错位发展、以特取胜"。因此，其发展经验对于当前改革创新县域主体功能机制、加快推进基层治理现代化具有重要的实践意义。

一 云安县划分主体功能区的主要做法

云安县作为广东省云浮市的改革试点，以县级行政区域范围为基本单元实施主体功能区划，通过立足实际差异、明确主体功能、构建保障体系等一系列措施，着力统筹区域、县域以及城乡之间的协调发展。

[①] 《习近平在深入推动长江经济带发展座谈会上的讲话》，《人民日报》2018年6月14日第2版。

1. 立足实际差异，统筹区域发展。云安县充分考虑各地经济基础、区位条件、人口分布、资源禀赋等差异，研究制定《云安县主体功能区规划》，在全县划分"优先发展区""重点发展区"和"开发与保护并重示范区"等3类主体功能区，形成合理的区域经济结构和区域分工格局。

一是"优先发展区"。该功能区的范围包括六都镇在内，面积204平方公里，占全县面积的16.9%，发展定位是打造"工业新城、港口新城、绿色新城"，成为云安循环经济发展的支撑点。该区以石材、水泥、硫化工及其构成的新型材料、农副食品加工业等循环经济产业为主要特色，通过循环经济工业园等载体，增强工业经济实力。同时，云安县还将六都镇作为同城化中心城区的一部分，承担部分城市服务功能，以规划建设循环经济工业园为载体，将其逐步打造成为中国最大的新型石材生产基地、中国最大的硫铁矿制酸基地和华南地区最大的硫化工产业集群、西江流域最大的水泥生产基地、广东内河第一大港、省级循环经济产业示范园等。

二是"重点发展区"。该功能区的范围包括石城镇、镇安镇2个镇在内，面积291平方公里，占全县面积的24.2%。发展定位是打造工农业聚集区，逐步确立经济发展第二极的地位。该区以砂糖橘、西瓜种植等为主要特色，通过南盛十万亩柑橘种植基地等项目的建设与带动，提高农业产业化经营水平与农民收入，促进城乡一体化格局形成，进而发挥区位、交通、资源优势。同时，该区大力发展石材、纳米碳酸钙、松脂、腐竹加工和采矿产业，积极、有序、有选择地承接珠三角产业转移，并大力发展蚕桑、鳄鱼龟、松脂等特色农业，形成了具有特色的工业走廊、绿色走廊。

三是"开发与保护并重示范区"。该功能区的范围包括高村镇、白石镇、富林镇、南盛镇、前锋镇5个镇在内，面积708平方公里，占全县面积的58.9%，发展定位是打造全县的重要生态屏障、水源涵养区、人与自然和谐相处示范区、农村综合改革先行区。该区以南盛砂糖橘种植和林场资源开发与保护为主要特色，强调生态环境的保护与资源的适当开发相结合，为全县提供健康舒适的生态环境。同时，该区以生态保护为主体功能，适当选点集聚人口与产业，大力发展与生态功能相适应的特色产业，促进人与自然和谐共处，逐步确立生态云安的战略地位。

2. 明确主体功能，统筹县域发展。主体功能区划分后，云安县以强化县域经济建设、镇域社会建设、村级社区建设为重点，按照不同区域城乡基本公共服务均等化的目标要求,明晰镇村两级功能职责是"基本职责+主导职责",明确各地"该干什么、不该干什么",着力统筹县域内各级主体的发展。①

一是明确镇级功能职责为"5+X"。"5"即"社会维稳、农民增收、公共服务、政策宣传、基层建设"等基本职责;"X"即赋予各地不同的功能定位、职责要求和经济社会发展目标等主导职责。

二是明确村级功能职责为"5+1"。"5"即"农民增收、社会稳定、公共服务、生态保护、组织建设"等基本职责;"1"即以年度中心工作为主导职责,包括需要村级贯彻落实的县委、县政府的决策部署,以及乡镇结合功能定位、职责要求和社会发展目标而交办村级完成的工作任务。

由此,云安县把镇村两级的履职重点转移到优化"三农"服务、均等公共服务上来,形成合理的功能履职格局。

3. 构建保障体系,统筹城乡发展。云安县以"政策杠杆"强化各地功能作用发挥,配套建立与主体功能区建设相适应的县域统筹保障体系。具体分为政治保障、经济保障以及社会保障三种类型,贯穿于镇级和村级两个层面,着眼于城乡基本公共服务均等化,致力于实现统筹城乡发展。

一是政治保障。云安县按照"和谐社会护航,考核机制导向"的总体思路,建立社会维稳、绩效考核体系,以组建县镇村三级综治信访维稳中心(站)为平台,建立"矛盾共排查、纠纷共调处、问题共研判、预案共制定"的工作机制,实施"日排查、周研判、月考核"制度,变事后处理为事前排查、研判、防控,有效维护社会稳定。2010 年,云安县调处矛盾纠纷 2227 宗,调处成功率由原来的 89% 提高到 95.2%,95% 的矛盾纠纷化解在镇村,没有发生群众越级到市、赴省、进京的非正常上访、集体上访,并妥善处理了多宗牵涉人数较多、对立明显、跨辖区的基层矛盾纠纷。同时,云安县建立"不以 GDP 大小论英雄,只以功能发挥好坏论成败"的政绩考核机制,设置 47 个共同指标和 13 个类别指标,并科学设置分值权重,以相同的指标内容、不同的指标权重,实行分类考核,将考评重点放在功能履职上,体现权责一致。

二是经济保障。云安县按照"保障基本、体现共享、注重激励"的原

---

① 参见徐勇等《再领先一步:云浮探索》,中国社会科学出版社 2012 年版,第 3 页。

则，建立税收共享、财政保障机制，先后出台"项目招入地与所在地税收共享""资源地和项目地税收分成""园区税收增量共享""乡镇运作全额保障"等政策，这样既保障了乡镇运作，又理顺了乡镇利益关系，更激励了乡镇履行功能职责的积极性。2010年，云安县保障镇级运作经费1360万元，平均每镇170万元；激励机制对镇级财税奖励781万元，比2009年增加384万元，增长80.3%；园区税收县级库增量960万元，共享增量税收20%即192万元。其中，在职村干部工资由"基本补贴＋绩效补贴＋村集体经济创收奖励"构成，基本补贴、绩效补贴由县财政统筹，一般村干部的基本补贴标准为每人每月850元，支书、主任每人每月900元，另加通信费100元。2010年，云安县投入村级保障运作经费达761万元。从2011年起，村级保障经费由每村每年1.56万元提高到3万元，主要用于保障村"两委"基本运作和推进新型城镇化建设，让群众享受均等化的城乡基本公共服务。同时，云安县还推行创新激励型的村干部退休养老保险政策，以"在职干得好，退休待遇高"为原则，把养老金发放标准从原来每月160元至340元提高到260元至458元，并把村干部在职年度考核获优秀的次数与养老金挂钩，按分段比例法计算增加附加养老金，激发村"两委"干部履职尽责的动力。

　　三是社会保障。云安县在推进县域主体功能区建设过程中，坚持以解决社会民生问题为"经"，组织社会主义新农村建设大会战；同时以基本公共服务下乡为"纬"，探索新型城镇化建设模式；辅之以美好环境与和谐社会共同缔造行动为"线"，探索建立共铸和谐施政机制，把施政方式从"政府大包大揽"向"共谋、共建、共管、共享"转变，党群携手共同编织一个统筹城乡发展的社会化服务网络。其次，云安县以推进社会公共服务均等化为途径，建立完善的社区服务体系。通过构建"三网融合"平台，把远程医疗、远程教育等服务连接到镇，提升基层公共服务水平；在村层面，通过组建"一站三社"，将原来县、镇部分公共服务职能下派到村，为村民提供良好的公共服务；还有，在村庄开展"户分类、村收集、镇运输、县处理"的垃圾处理模式，开展改水、改路、改厕、改灶、改圈等"五改"工作，改善村庄面貌，营造良好人居环境。与此同时，云安县还将建设高效的服务型乡镇政府作为社会管理体制改革的立足点，将乡镇政府的职能转变到维护市场秩序、强化社会管理和优化公共服务上来。通过设立农村土地流转服务中心、劳动力服务中心、农业发展服务中心等便民服务中心，全心全意地为群众服务，"有问题找中心"成为当地群众的共识与习惯。

二 云安县划分主体功能区的成效

从2010年至2011年，经过两年的实践，云安县主体功能区建设工作取得显著成绩，逐步转变了经济发展方式、基层履职方式以及城乡统筹方式，有效破解了一系列发展难题，为县域主体功能区机制改革创新积累了经验。

1. 转变经济发展方式，有效破解发展难题。2010年，面对国际金融危机冲击，云安县各级政府按照功能定位发挥作用，形成了"功能互补、错位竞争、有序竞合"的发展格局，使经济发展从恶性竞争向有序竞合转变，从粗放发展向集约发展转变，从"快"字当头向"好"字优先转变，促进了经济与生态的和谐发展。到2011年，坐落在"优先发展区"的循环经济工业园以仅占全县1.09%面积，创造出全县83.5%的地方财政一般预算收入和81.6%的税收收入，构筑起全县经济命脉。

2. 转变基层履职方式，有效破解施政难题。"不唯GDP论"的政绩导向，让功能类别各异的乡镇在同一起跑线上竞争，避免了抢资源、抢项目的恶性竞争，把乡镇发展重点转移到功能发挥上来，在发展上平衡了镇与镇的关系，使乡镇从管理型向服务型转变，基层干部从"业务员"向"公务员"回归。从云安县2010年的考核情况来看，属开发与保护并重示范区的高村镇综合得分位居首位，充分体现了"功能发挥好，考核得分高"的特色。

3. 转变城乡统筹方式，有效破解建设难题。云安各地围绕主体功能区划要求，明晰各自角色定位，扎实有效地推进了新型工业化、新型城镇化、农业农村现代化"三化融合"的农村综合改革，统筹了区域城乡发展。2011年，云安县地区生产总值增长16.3%，地方财政一般预算收入增长33.92%，先后获评国家可持续发展实验区、全国法治县（市、区）创建活动先进单位、广东省农村综合改革示范县、广东省依法治省先进单位、广东省林业生态县、广东省人口与计生工作先进单位，同时还被评选为"中国改革（2010）年度十大县市"之一，云安发展亮点频现。

三 云安县划分主体功能区的经验启示

云安县坚持以错位发展代替无序发展的思路，在推进主体功能区机制建设中立足实际差异、整合优势资源、注重分工与合作、尊重人与自然，进而激发县域各级主体的活力，促成了统筹区域协调发展的新格局。

1. 立足实际差异，走出特色之路。功能区建设要围绕发展这个中心，因地制宜地明确各地应该发展什么，怎样去发展。以主体功能区划理念明确哪些区域应该优先发展，建立"项目入园、集约发展"的科学发展新模式；哪些区域应该重点开发，不走"先开发后整治、先污染后治理"的弯路；哪些区域应该开发与保护并重，杜绝城镇无序发展、生态破坏严重等现象发生，形成"一镇一业、一村一品"的特色主导态势，不断做大县域经济的蛋糕，不断夯实农民增收的基础。

2. 整合优势资源，统筹区域发展。县域主体功能扩展通过对不同资源环境承载能力、区位条件和发展基础的分析，确定不同地区的发展重点和开发强度。同时利益共享机制与政绩考核机制的创新，有助于发展机会空间分布的合理化，从而形成良性的县镇、镇际关系，使各镇（村）在良性互动中实现整合协调发展。[1]

3. 注重分工合作，明晰主体功能。云安县通过确定各镇的主体功能和产业发展方向，引导各镇形成建立在自身资源禀赋基础之上的产业结构，从而使县域产业分工更加符合整体发展和长远发展的需要，相应地引导人口在空间上的有序转移，使各地常住人口规模与经济规模相适应，促进生产力布局和人口分布的协调，实现县域资源在空间上的优化配置。

4. 尊重人与自然，优化人居环境。县域主体功能区机制通过确定不同地区的开发强度，对生态脆弱、资源环境承载力较弱地区以保护为主、开发为辅。加强生态修复与环境保护，引导超载人口逐步有序转移，实现人与自然的和谐相处。同时通过对地区发展条件的分析，宜工则工、宜农则农、宜城则城，实现城市与乡村的互促协调发展，推动城乡良好人居环境的形成。[2]

---

[1] 参见王蒙徽、李郇、潘安《云浮实验》，中国建筑工业出版社2012年版，第42页。
[2] 参见王蒙徽、李郇、潘安《云浮实验》，中国建筑工业出版社2012年版，第43页。

如何用政府支出撬动群众投入

——基于云浮市"以奖代补"政策的调查与思考

农村的公共建设是一项民生工程，关乎农民群众的幸福生活。党的二十大报告明确指出，"要采取更多惠民生、暖民心举措，着力解决好群众急难愁盼问题"，将改善民生放在了国家建设的重要位置。近年来，国家对农村公共建设的投入不断增加，农村社会的发展水平日益提升，但在发展的过程中逐渐显露出政府大包大揽、群众参与度不够的弊端，阻碍基层治理的现代化进程。为此，在农村公共建设中激发群众参与的热情，调动群众参与的积极性和主动性变得愈发重要。2021年，中共中央、国务院印发的《关于加强基层治理体系和治理能力现代化建设的意见》中指出，要坚持共建共治共享，建设人人有责、人人尽责、人人享有的基层治理共同体。广东省云浮市作为经济欠发达地区，农村的公共建设仍存在"政府唱戏、群众看戏"的发展困局，为打破这一困境，在2011年前后，云浮市积极探索"以奖代补"新机制，由政府统筹规划农村公共建设项目，通过对村庄分类、竞争建设项目的方式，引导群众"共谋、共建、共管、共评、共享"，变政府包揽建设为政府奖励建设，破解农村公共建设的难题。

一 "以奖代补"的主要做法

（一）建立项目库，搭建实施平台

农村公共建设是一项系统性的工程，要想实现工程的良好运转，需统筹各种资源、形成建设合力。基于此，云浮市通过政府统筹资源，围绕村庄的建设需求，建立建设项目库，制定实施方法，为"以奖代补"搭建实施平台。

一是政府统筹项目。政府各职能部门以自然村"缺什么、建什么"为原则，围绕着村庄的公共建设，梳理"以奖代补"的项目库。根据村庄的实际发展情况，在农村基础设施、环境建设、公共服务、社会管理等关乎群众利益、操作性强的领域实施"以奖代补"，并将梳理的"以奖代补"项目进行公示，印发成册，引导群众选择建设项目。

二是制定项目操作指引。云浮市为进一步强化项目的支撑，制定了详细的"以奖代补"项目简介和操作指引，向社会进行公布，让群众自主选择项目，引导群众参与建设，促进项目落实。操作指南对项目的申报要求、项目的审批标准、项目的实施过程以及项目的验收标准进行了详细的解释，同时选派项目辅导员深入村庄，协助各村"以奖代补"项目的建设。

（二）分类评级，规范项目资金使用

云浮市为激发群众参与村庄公共建设的热情，改变了以往无差别的资源分配方式，对涉农资金进行统筹，以奖励的方式发放，变政府"给资源"为"奖资源"，通过对村庄进行分类管理，引入竞争机制，设置不同的奖励标准，鼓励村庄自主争取建设项目，从而充分调动群众参与村庄建设的积极性和主动性。

一是村庄分类评定。云浮市对参与以奖代补项目的自然村依据群众参与建设、社会和谐程度、基层组织建设等情况进行分类评级。各自然村经由"村自评、镇初评、县审核、市批准"四个程序划分为自强村、自助村、基础村三个等级，"以奖代补"项目优先支持自强村和自助村。村庄的分类评比每年进行一次，年底对村庄的建设情况进行考核，对群众参与程度下降的村庄予以降级，参与程度高的将提级，以此激励各自然村积极引导群众积极参与村庄建设，发挥群众的建设力量。

二是用好资金奖励。云浮市为保障"以奖代补"项目实施的资金来源，将以前零散分布在林业、农业、水利、民政等部门的涉农资金集中利用，形成奖励资金，用于激励村庄的自主建设。改变原来上级给什么、村庄建什么，上级给多少、村庄用多少的常态，云浮市将原来助农的资金以奖励的形式发下去，只要村庄做得好，就会有奖励。这样一来，村庄的建设不再受具体部门要求的限制，自主建设的选择权更大了，有了奖励村庄建设的动力更足。同时政府鼓励村庄通过村民自筹、乡贤捐助的方式筹集建设资金，并将村庄自筹的情况纳入年底的村庄评级考核，与"以奖代补"挂钩，形成良性的循环机制。这种方式不仅提高了资金使用的效益，还激发了村庄建设的积极性。

(三) 健全保障，激发社会活力

云浮市为保障项目建设真正实现群众"共谋、共建、共管、共评、共享"，从多方面完善保障机制，激发群众的主人翁意识，变"看戏人"为"唱戏人"。

一是召开村民会议，让群众发声。云浮市改变传统的村干部"拍板"的决策模式，注重听取群众的声音。云浮市对"以奖代补"项目建设库进行公示后，各自然村会召开村民代表会议和村民大会，由全体村民讨论"建什么、怎么建"，听取村民的利益诉求，遵循群众的意愿，最终经由民主决策选择村民受实惠、愿意干的建设项目。

二是组建"三级理事会"，让群众出力。为发动群众参与项目建设，云浮市在镇村组三级分别成立乡（镇）民理事会、社区理事会和村民理事会，发动村内和村外群众共同参与建设。"三级理事会"按照"注重威望、合理分布"的原则，推荐选举村中有威望的老党员、退休干部、复退军人、外出的乡贤能人为理事，将大批的"体制外精英"纳入村庄建设之中，形成村内村外的建设合力。一方面，"三级理事会"作为沟通的枢纽，建立了理事联户制度，向上反映村民的意见，向下传达项目建设的相关信息，引导群众参与项目建设；另一方面，"三级理事会"是"体制外精英"参与村庄建设的平台，他们可以利用自身的威望和资源优势，为村庄建设添砖加瓦。

三是建立群众考评机制，让群众受惠。在共同缔造理念的指导下，为真正落实群众参与建设项目，云浮市建立自然村群众参与度考评机制，对群众共谋共建共管和共享进行考核评估。云浮市每年会组织基层的党员干部、乡贤代表、村民代表等对群众参与的情况进行考核，确定村庄等级，考核结果与"以奖代补"项目奖励挂钩，优先支持群众参与度高的村庄。

(四) 注重长效，建立激励机制

农村公共建设是一项长期的工作，需要有完善的激励机制，才能激励群众持续参与其中。云浮市在推行"以奖代补"机制的实践中，采用多元奖励的办法，使群众能有高度的热情持续为村庄建设出力。

一是项目奖励机制。政府部门会组织"以奖代补"项目工程的验收，将从各部门统筹的涉农资金化为奖励，对"以奖代补"项目验收合格的工程予以奖励，对群众参与积极性不高、验收不合格的项目不予奖励。

二是履职激励机制。云浮市重视村庄骨干力量的作用,建立村民小组长履职激励机制,把"以奖代补"项目建设工作列为履职考核的重要内容,对小组长按百分制进行打分,并以"以奖代补"的形式,以得分计算奖金。60分以下定为不称职,不予奖励,60分以上按每分10元给予奖励。

三是荣誉激励机制。对各类"以奖代补"项目建设良好的村庄,为项目建设做出有益贡献的乡贤、理事会、能人,给予"十大明星村""十大杰出乡贤""百名优秀理事"等荣誉称号,予以通报表扬,激发群众建设热情。

二 "以奖代补"主要成效

"以奖代补"的建设机制,化"给资源"为"奖资源",以竞争机制充分调动了村庄建设的主动性和积极性,在村庄环境卫生、基础设施建设等方面取得了突出的成绩,改善了民生。

1. 提升了群众的主动性。云浮市"以奖代补"引入竞争机制,通过村庄分类管理,竞争建设项目的方式,极大地激发了群众建设村庄的热情。例如下白村村长陈其东说:"'以奖代补'让村里的建设速度大大加快了,以前是上级指派项目,现在是自己争取项目,申请的都是村里真正急需的,别说政府还有补贴奖励,就是没有补贴村里也要做,因此村民们都很积极,愿意出钱出力。"[①] 群众的积极性和主动性被充分调动起来,成为村庄建设的核心力量。

2. 改善了村庄的环境。"以奖代补"以道路硬化、垃圾处理、危房改造等民生工程建设为主要内容,通过项目奖励的方式极大地改善了村庄环境,促进了村庄的建设。云浮市云安县前锋镇洞表村曾长期受生活垃圾问题的困扰,如今借助项目奖励,调动建设积极性,通过政府奖励一点、村民筹集一点、乡贤捐助一点的方式,生活垃圾得到有效处理。原来"禽畜粪便满地、生产垃圾乱堆"的臭水塘被改造成集休闲、娱乐、运动于一体的和谐广场,人居环境得到优化。在"以奖代补"项目的激励下,云浮市各自然村积极争取上级奖励,农村的环境卫生得到明显的改善,有利于美丽乡村建设。

3. 提高了资金的利用效率。"以奖代补"将以前散落在各部门的涉农资

[①] 韩浩等:《"要我建"多年未决"我要建"及时完成》,《南方日报》2011年8月18日第A04版。

金统筹起来作为奖励资金发放，同时鼓励村庄自主筹款、在外乡贤捐款，为村庄的建设共同出资出力。如横洞村村民理事会以外挂村官张水金、张木生等外出乡贤为骨干，带头出钱出力，并组织全村群众捐资投劳，通过无偿捐地、捐工、捐款等方式积极参与到项目建设中，项目建设得好，上级的奖励也会给到村中。这种方式让资源用在了村庄建设的刀刃上，有利于提高资金的利用效率。

三 "以奖代补"的启示

云浮市"以奖代补"机制的实施，改变了以往"政府主导、群众旁观"的建设困局，将公共建设的主动权交还村庄，通过奖励激发群众的主动性，实现群众自己建设村庄、自己管理村庄、自己发展村庄，这种激励机制对完善农村公共建设具有重要的借鉴意义。

1. "以奖代补"要注重分类指导。中共中央、国务院出台《关于加强基层治理体系和治理能力现代化建设的意见》中指出："基层治理要坚持因地制宜，分类指导、分层推进、分步实施。"云浮市"以奖代补"秉持着分类指导的理念，分析把握各村的群众参与情况，对村庄进行分类评定，给予不同的支持。村庄分类管理的方法，考虑到了村庄的实际建设能力，优先支持群众参与度高、建设能力强的村庄，有利于"以奖代补"项目的推进落实。"以奖代补"要贯彻分类指导的理念，针对不同的村庄给予不同的资源，才能使"以奖代补"发挥激励作用。

2. "以奖代补"要尊重农民的主体地位。农村公共建设是一项民生工程，要把群众受益摆在突出位置，发挥农民的主体作用。从云浮市的做法来看，"以奖代补"改变传统政府大包大揽的建设形式，从农村的环境卫生、道路建设、公共设施建设等关乎农民群众切身利益的公共服务出发确定建设项目，切实维护了农民群众的利益。在项目建设过程中以群众呼声为导向、群众参与为重点、群众满意为准则，积极引导农民群众参与建设的全过程，使项目做到"共谋、共建、共管、共评、共享"。从云浮市的做法来看，"以奖代补"要尊重农民群众的主体地位，才能激发群众的参与热情，发挥农民群众的建设力量，有力地推动农村公共建设。

3. "以奖代补"要发挥乡贤能人的力量。改革开放以来，全国各地都形成了一批有财力、有智力、有慈善心的"乡贤能人"，他们有着广泛的社会资源，想为家乡的建设出份力但缺少平台。云浮市看到了乡贤能人的建设力量，在"以奖代补"的实践中，通过组建"三级理事会"，将游离于体制之外的"乡贤能人"整合进了村庄建设中来，使其成为"建设力量"而非"反对力量"。因此，"以奖代补"要发挥乡贤能人的社会优势，为村庄建设注入新的活力。

4. "以奖代补"要重视激励的持续性。农村公共建设是一项长期性的工程，需要群众的长期性参与。从云浮市的实践来看，为实现群众参与建设的可持续，建立了项目奖励、履职奖励和荣誉奖励等多项激励机制，对项目建设表现良好的村庄和个人进行多样的奖励，以此保障激励效应的长久持续，实现公共建设水平的持续提升。云浮的实践证明，"以奖代补"要重视激励的持续性，使其在农村建设中长期发挥作用。

如何实现县乡财税共享

——基于云浮市财税体制改革的调查与思考

财政是社会运行的重要基石，发挥着维护社会秩序、提供公共产品、促进公平正义的重要作用。2021年发布的《中共中央国务院关于加强基层治理体系和治理能力现代化建设的意见》中指出，"保障基层治理投入。完善乡镇（街道）经费保障机制"，"坚持因地制宜，分类指导、分层推进、分步实施，向基层放权赋能，减轻基层负担"[1]。对于推动基层社会发展来说，财政是政府履职的物质基础和政策手段，是共同缔造得以持续推进的必要前提，是助力基层治理现代化的重要支撑。为了破解分税制下地方政府各自为营、重招商引资轻公共服务以及财权与事权不匹配的困境，广东省云浮市于2009年在财税改革上迈出了有力一步，通过建立健全财税保障、激励、考核等制度，既保障了基层政府运作，又服务于区域协调发展，实现发展成果共享。

一 云浮财税体制改革的具体措施

（一）健全财政保障机制

1. 理顺财政关系。时任云安县委书记金繁丰有一个形象的"分糖"比喻形容改革前的状况，"项目和资金好比是糖果，以前县里直接把糖发给村里，但是县又不直接管村；乡镇直接管村却又没糖给"[2]。为了转变过去

---

[1] 《中共中央国务院关于加强基层治理体系和治理能力现代化建设的意见》，《人民日报》2021年7月12日第1版。

[2] 徐勇等：《再领先一步：云浮探索》，中国社会科学出版社2012年版，第148页。

"给糖的人不管事，管事的人不给糖"的状况，云浮市云安县改变部门资金下拨方式，县直部门扶持镇的各类帮扶资金，先划拨到镇政府，再由镇政府划拨给扶持对象，并由县强化资金监督，直接让乡镇来发糖，县里负责监管，既理顺了县镇村三级财政关系，树立了乡镇政府权威，又真正实现了对财政资金的追踪问效。

2. 保障镇级财政。在镇级层面上，首先，云浮通过全额保障基本经费、全额保障镇干部工资，来保障镇政府正常运转。其次，转移本来属于县级财政支出的经费项目，除另有规定外，对属于县政府承担的支出责任，不要求镇政府安排配套资金。最后，因地制宜下拨额外经费，逐年增拨维稳、计生、教育、文化、卫生、宜居城乡建设等专项经费。

3. 加强村级投入。首先，云浮市加大村级财政支持力度，逐步提高村级保障性经费。2010年，全县投入村级保障运作经费761万元。其次，提高村干部待遇。一般村干部的基本补贴标准为每人每月850元，支书、主任每人每月900元，另加通信费100元。同时，通过完善干部养老保障制度，解决干部的后顾之忧。以"在职干得好，退休待遇高"为原则，养老金由"个人账户养老金+基础养老金+附加养老金"构成，把村干部在职年度考核获优秀的次数与养老金挂钩，同时把养老金发放标准从原来每月160元至340元提高到260元至458元，充分保障村干部的物质基础。

(二) 实行财税激励机制

1. 实行镇级激励机制。在确定财税考核基数的基础上，为促进镇域经济发展，增加财政收入，奖励先进，鞭策后进，云浮建立"确定基数、超增分成、鼓励先进"的财税激励机制。为鼓励镇域经济发展快、税收任务完成好的镇，给予其财税超增分成奖。对获得超增分成奖励的镇，在其超增分成奖励中提15%给当地财政、国税、地税支配使用，奖励最高不超过15万元，用于解决征收经费和个人奖励。其余超增分成奖励资金，30%用于偿还历年债务，其余用于弥补当年办公经费不足、促进镇经济和社会事业可持续发展。

2. 创新村干部激励机制。首先，实行物质激励。由县财政直补，建立以"基本补贴+绩效补贴+创收奖励"为主要内容的村（社区）干部激励保障机制，提高村（社区）干部工资待遇。其次，实行政治激励。云浮通过创建"年度考核、以奖代补"的村民小组长履职机制，为村干部提供晋升通道，将在村级工作中表现突出、工作成绩明显、群众公认的优秀村干部，在条件成熟时优先提拔到镇领导岗位。

（三）实行财税考核机制

1. 建立完善财税考核指标。云浮以财税共享的镇级税收收入和镇属地征收的增值税、营业税、企业所得税、个人所得税、土地增值税、资源税、城市维护建设税、房产税、印花税、城镇土地使用税、车船税作为考核指标。

2. 合理确定财税考核任务。为保持政策连续性和稳定性，按"一定一年"的原则，2009年各镇财税考核收入任务以2008年本镇财税考核收入任务实际完成数作参考基数确定。对完成任务的镇，按2007年各镇奖励基数给予奖励，超额部分按超增分成办法奖励。对没有完成任务的镇，按2007年奖励基数乘以完成任务的百分比计算奖励金额。

（四）实行税收共享机制

1. 县级园区税收共享。云浮市云安县本着相互合作、利益共享、共同发展的原则，建立完善财税共享机制。按照"谁引进、谁受益"的原则，县直部门、县领导招商引资项目产生的税收实行八二分成（县财政占80%、项目所在镇占20%）；镇招商引资的项目产生的税收实行六二二分成（县财政占60%、招商的镇占20%、项目所在镇占20%）。

2. 乡镇间合作分税。云安县各镇政府承担主体功能不同，通过发挥各自资源优势进行合作，以共享税收促进协同发展，实现合作共赢。首先，实行招商地与落户地税收共享。县直部门、县领导招商引资项目到镇落户的，引资项目产生的税收实行二八分成（县财政占20%、项目所在镇占80%）；镇招商引资项目到县内其他镇落户的，引资项目所产生的税收实行五五分成（引资镇占50%、项目所在镇占50%）。其次，实行资源地与生产地税收共享。各镇向本镇以外的县辖区范围内企业、项目提供大宗资源（占企业、项目生产所需原材料70%以上的资源）作为主要生产原料的，对企业、项目产生的税收实行二八分成（提供资源的镇占20%，企业、项目所在镇占80%）。

二 云浮财税体制改革的成效

云浮市云安县通过财税保障、激励以及税收共享机制实现了三级财政关系的协调与整合，夯实了基层治理体制创新的物质基础，镇村级基本财政需求得到保障，税收跨区域整合取得实效，基层干部工作更有劲头。

（一）基层政府财政需求得到保障

云浮市云安县通过实施一系列基层财政保障措施，既保障了乡镇正常运作，理顺了乡镇利益关系，又提高了农村公共服务水平，更激励了乡镇履行功能职责的积极性。2010年全县对镇一级政府及村级基层组织投入13577万元，占全县可支配财力的31.51%，比2009年增加2385万元，增长21.31%。2010年，保障镇级运作经费1360万元，平均每镇170万元。在促进城乡服务均等化方面，2010年，财政投入农村的农业、教育、社会保障、医疗卫生、环境保护等领域的民生资金达4.2亿元，占一般预算支出的60.23%（2009年占55.73%），比2009年的2.99亿元增加1.21亿元，增长40.74%，其中对农、林、水的投入达1.02亿元，占一般预算支出的14.59%（2009年占11.9%），比2009年一般预算支出的6426万元增加3754万元，增长58.42%。2010年，全县投入村级保障运作经费达761万元。2011年每个村补助办公经费由1.56万元增加到3万元，将村支书（主任）工资从800元/月提高到1000元/月，村干部工资从750元/月提高到850元/月，共投入1001万元，增加240万元，增长31.54%，从而使基层干部集中精力搞公共服务工作。时任前锋镇党委书记林沛满算了一笔账：改革之前，镇里的办公经费、人员社保、补贴等开支都要镇里筹集；改革后，光这一项，县里就给减轻100多万元的压力。干部们不用再满世界地招商引资，从"业务员"变回了"公务员"，真正回到了搞好"三农"工作、服务人民群众的本职工作上来了。[①]

（二）税收共享促进区域主体功能发挥

云浮市通过跨区域税收共享，实现区域共赢，推动区域协同发展。第一，实行县级园区增量税收共享，为各区域公共服务供给能力提升夯实了基础。2010年，园区税收县级库增量960万元，共享增量税收20%达192万元。2010年，激励机制对镇级财税奖励781万元，比2009年增加384万元，增长80.3%，最大限度调动了村两委工作积极性。第二，项目招入地与所在地的税收共享增加了招商引资的灵活性，通过项目在区域间的自由流动，实现各区域财政收入的提升以及主体功能的充分发挥。第三，通过资源地与生

[①] 参见施维《广东省云安县：功能区分显效应 强镇扩权保民生》，转引自徐勇等《再领先一步：云浮探索》，中国社会科学出版社2012年版，第145页。

产地税收共享，将资源优势转化为乡镇的财政优势，税收跨区域整合获得实效。回想起改革之前的日子，时任云安县南盛镇委书记谢云生表示"苦不堪言"，"我们不是在忙着招商引资，就是在去招商引资的路上"，"以前，是骡子是马，就看你招商引资行不行。要想年底开大会不灰头土脸，就必须找资金、找项目。当时要求每个镇每年都要引进500万元以上的项目"。改革后，谢云生所在的南盛镇被划为"开发与保护并重示范区"，谢云生终于松了一口气，"再也不用为跑项目发愁了。搞采石场、中药厂，吃力不讨好，污染环境，影响砂糖橘的质量"①。

（三）基层干部工作积极性得到有效调动

云浮市云安县实行财政保障和财政激励政策后，基层干部的工作积极性大大提升。改革前，一位快要退职的村干部说："村干部干两届，6年，拿到的养老金连低保户都比不上！像我这样工龄20年，退职后每月才能拿到100.80元。村干部也上有老下有小，没待遇，光凭情感，怎么留得住人？"②干部养老保障制度完善后，这位干部不无感慨地说道："现在不一样了，退休以后有了保障，可以安安心心地做好工作了。"此外，从2011年起，云安县试行《关于对全县村民小组长实行"年度考核，以奖代补"的办法》，最大限度地调动和激发全县2040名村（居）民小组长履行村民自治职责的积极性。实行绩效激励制度后，时任新兴县簕竹镇永安村村支书唐兰芳感慨地说道："以前村干部干多干少一个样，一些人无心工作，只顾自己的事。实行村干部成绩动态管理后，干好干坏差别大了！"③ 当时新兴县35岁的村干部梁道海由于工作出色，成绩突出，已成功地转型为"乡镇干部"，被大江镇政府调到镇计生办工作，按事业编制享受工作待遇，现每月工资有1700元。④

三 云浮市财税体制改革的启示

云浮市云安县的财税体制改革具有很大的启发意义。第一，财税改革应

---

① 肖欢欢、肖桂来：《问道"云安模式"：乡镇干部从"业务员"变"公务员"》，《广州日报》2011年3月24日第18版。
② 徐勇等：《再领先一步：云浮探索》，中国社会科学出版社2012年版，第146－147页。
③ 《村干部激励机制探索》，《南方》2007年7月30日。
④ 参见《村干部激励机制探索》，《南方》2007年7月30日。

保障好基层需要。第二，财税改革应注重激励。第三，财税改革应服务于区域发展。第四，财税改革需要统筹谋划。最后，财税改革的落脚点是共享发展成果。

（一）财税改革应保障好基层需要

"基层强则国家强，基层安则天下安。"基层是最基础的单元和细胞，财税改革首先要保障好基层政府的运行需要。巧妇难为无米之炊，充足的经费是基层干部做好服务工作的重要底气，是基层政府有所作为的基本保障，是构建服务型政府的重要前提。因此，财税改革要充分发挥其社会职能，应加大财政向基层下沉的力度，优化财政支出结构，保障基本民生等重点领域支出。

（二）财税改革要服务于区域发展

财税改革的目标是服务区域发展需要。财税改革要服务于基层治理现代化，应同步于地区的建设要求，根据各区域的资源与差异性进行科学的筹划与发展，建立与之配套的财税机制，完善财政保障、财税激励以及监督考核机制，进一步加大资金使用监管力度，为地区的民生改善与经济发展做好物质保障。

（三）财税改革应注重激励机制

财税改革应注重激励，通过建立完善财税激励机制，创新"以奖代补"，保障好基层干部这一执行主体的利益，充分调动干部的工作积极性。在基层治理工作的推进中，需要紧紧抓住"人"这一核心因素。既要以财政保障解决好基层干部的后顾之忧，又要以合理的财政激励让基层干部对前路充满信心。只有让基层干部暖了心，基层工作才会有温度。

（四）财税改革需要统筹谋划

习近平总书记指出："系统观念是具有基础性的思想和工作方法。"[1] 云浮通过理顺县镇村三级财政关系，统筹安排县域财税的分配和区域经济的发展，以税收共享保障主体功能区功能的发挥，实现了发展理念、发展质量与发展结构的有机融合。新时代深化财税改革需要统筹谋划，坚持用系统、整体的思路看问题、谋发展，将前瞻性思考、全局性谋划、战略性布局、整体

---

[1] 《关于〈中共中央关于制定国民经济和社会发展第十四个五年规划和二〇三五年远景目标的建议〉的说明》，《人民日报》2020年11月4日第2版。

性规划四者有机衔接起来。

（五）财税改革应共享发展成果

财税取之于民，用之于民。在推进财税改革的过程中，必须以增进人民福祉为价值取向。在做大"蛋糕"的同时也要分好"蛋糕"。共享建设成果是财税改革的出发点和落脚点，必须维护人民群众根本利益，增进民生福祉，不断实现发展为了人民、发展依靠人民、发展成果由人民共享的根本目的，让现代化建设成果更多更公平地惠及群众。

如何不唯 GDP 论英雄

——基于云浮市云安县乡镇考核机制创新的实践

《中共中央国务院关于加强基层治理体系和治理能力现代化建设的意见》强调，充实基层治理骨干力量，加强基层党务工作者队伍建设。之后，党的二十大报告明确指出："建设堪当民族复兴重任的高素质干部队伍，坚持德才兼备、以德为先、五湖四海、任人唯贤，树立选人用人正确导向，选拔忠诚干净担当的高素质专业化干部，选优配强各级领导班子，加强干部斗争精神和斗争本领养成，激励干部敢于担当、积极作为"，[1] 为有中国特色的干部考核体系建设指明了前进的方向和发展的道路。在 2009 年，作为山区县的广东省云安县，经济基础相对薄弱，区域发展、城乡发展、经济社会发展不平衡的问题仍然突出。在传统政绩观的影响下，云安县地方政府在地方发展过程中，偏重经济增长的数量与速度，忽视公共服务，以致形成传统社会管理体制中重管制轻服务、重监控轻保障、重经济轻民生的困境。因此，广东省云安县从自身实际出发，立足县情民情，积极完善干部考核体系，切实转变过去唯 GDP 是从的政绩观，其做法与经验具有示范意义。

一 云安县乡镇考核机制的做法

（一）创新政绩考核理念，明确政绩考核评价

云安县在乡镇干部考核过程中存在考核主体单一、考评层次不够系统、考评制度不统一等问题。为了形成系统而高效的官考体系，云安县从改革考

---

[1] 习近平：《高举中国特色社会主义伟大旗帜 为全面建设社会主义现代化国家而团结奋斗——在中国共产党第二十次全国代表大会上的报告》，《人民日报》2022 年 10 月 26 日第 1 版。

评组织制度着手，建立县考核评价工作领导小组办公室，镇领导班子的考核评价等次以实绩考核得分为主要依据，采取"官考"与"民评"相结合等措施。同时，在政绩科学考核评价机制中融入主体功能区划理念，结合各镇不同的经济社会发展水平和不同的主体功能区规划目标，推动云安县科学发展。云安县将原来多达 35 项的考核及"一票否决"的考核进行整合，又将 47 项代表乡镇日常工作的内容和 13 项涉及经济发展规划的内容转化为指标，综合成为一个基本涵盖乡镇各项主要工作，能客观综合反映各镇的经济、政治、文化和党建等情况的政绩科学考核评价实施细则，形成"不以 GDP 大小论英雄"的政绩考核评价导向。

（二）创新量化评分方式，完善指标设置模式

在传统的政绩考核方式中，容易以同一指标、内容和方式去考核乡镇干部工作情况，缺乏可量化同比的指标，无法客观反映乡镇的整体施政效果。为此，云安县根据主体功能区规划要求，考虑乡镇与县直单位的职责权力范围不同，创新指标设置，量化指标类别，使政绩考核制度与主体功能区划所确定的"功能发挥、错位竞争、有序竞合"的要求相适应，把考评内容放在以社会建设为重点的功能履职上，破除"唯 GDP 论"观念。

一是创新量化评分机制。在具体的指标类别上，取消了 GDP 总量的考核指标，将考评重点放在乡镇主体功能应承担的职责范围；在"区域发展"指标组中，为"优先区""重点区""示范区"的"工业总产值"设定的权重分别为 140、100、60，而"农业总产值"的权重分别为 50、100、130，以权重指挥重点。对于能够量化的指标尽可能量化，采取分级分类细化的方法，用具体的数据来表现某项工作责任的轻重、任务的多少。对于难以量化的指标（如社会发展指标），由县直部门根据掌握的情况进行综合评价估算，考核评分按同比排名的高低折算。以云安县 2010 年干部考核来说，共设置了 9 项共同指标和 3 项类别指标（区域发展、功能发挥和主体规划），类别指标中包含 13 个明细考核指标。其中"区域发展"类别中，优先区 420，重点区 370，示范区 320；"功能发挥"类别中，优先区 380，重点区 390，示范区 400；而"主体规划"类别项，优先区 200，重点区 240，示范区 280。

二是完善考核指标设置。在指标设置上，引入公共服务型政府的理念，设置了行政运行成本、干部腐败成本、职务消费控制、决策失误成本、行政

失效成本和办公费用控制等 6 个明细的"成本控制"指标。通过创新政绩考核指标设置，降低了 GDP 所占比重，实现对经济发展、社会发展、人民生活、生态环境、政务环境、公共管理等的全面考核，改变了单纯以 GDP 为指标的传统政绩考核评分模式。以云安县为例，2009 年的年终考核得到各单位、各镇的认可，考核的结果基本上能反映出干部工作的实绩。但是仍然存在诸多不足。一个突出方面就是在指标设置、指标分值量化上有待进一步完善。为此，2009 年设置了由 10 个指标组 50 个明细指标组成的共同指标和 3 个指标组 16 个明细指标组成的类别指标两个体系；待 2010 年修改后，设置了共同指标体系 9 项指标组和类别指标体系 3 项指标组共 60 个二级考核指标。这些调整，使得干部考核的指标体系愈加规范和完善。

（三）创新考核评议形式，推行民主考核评议

在传统的考核方式下，上级领导和组织部门作为考核主体，掌握着乡镇干部的升迁大权，乡镇政府难免只注重迎合上级政府要求而忽视群众意愿和呼声。云安县大胆进行政绩考核制度改革，创新考核主体，充分发挥群众的民主考核评议作用，把"群众满意不满意"作为乡镇干部考核的重要依据，形成"上下互动"的良好考评氛围，以群众参与考核，推动社会管理工作落到实处。

一是"官考"与"民评"相结合。一方面，坚持在县委统一领导下开展考核评价工作，县考评工作领导小组及其办公室承担考核评价的组织实施、综合协调、指标管理等工作，县直考核单位负责具体指标的日常数据收集、年终考核评分。另一方面，通过机关民主测评、群众满意度评价、县领导班子评价、单位代表互评、基层人员评价等形式，将县四套班子成员，县直单位干部，镇村干部，各级党代表、人大代表、政协委员的意见建议，以不同的权重比例统一集中起来，使民意在评议中得到较好体现。2009 年，在云安县乡镇考核过程中，民评达不到要求或群众意见较大的，一律不得评为优秀等次，有个别考核得分较高的干部因群众有意见而被取消评优资格。通过创新考核评议形式，使"官考"与"民评"相结合，形成了"上下互动"的良好评议氛围。

二是变"单向考核"为"多向考核"。坚持健全上下捆绑的考核机制，以挂钩联系镇、分管县直单位的考核等次衡量县领导的县级考核等次，所挂钩联系镇或分管县直单位有被评为一般或较差等次的，其挂钩联系（分管）

的县领导不能评为优秀等次,以镇的某项工作的成效决定需负连带责任的县直单位的年度评优资格,以突出功能发挥和落实县确定的任务要求来确保考评重点放在乡镇应承担的职责范围内,以采取县镇双向考核、正向与逆向考核相结合的方式促进县镇互动,实现单向考核向多向考核的转变。通过这种"上下捆绑"的考核机制,将集体与个人、上级与下级、县直单位与乡镇的考核捆绑起来,形成了相互之间"一荣俱荣、一损俱损"的同奖同责关系。而这种同奖同责关系,又会促使县镇干部自觉增强工作的积极性和自主性。

(四)创新政绩考核标准,注重提供公共服务

在"以 GDP 大小论英雄"的政绩考核标准理念的影响下,乡镇干部只注重招商引资,忽视了为农村提供公共服务。为此,云安县按照"功能发挥好、考核得分高"的原则,更加注重考核为农民提供服务的职能,实现社会管理与社会服务在职能考核中的指标化、标准化与常态化。

一是"功能发挥"标准。按照"功能发挥好、考核得分高"的原则,在考核标准上更加注重与各地实际结合,与"主体功能区"发展规划相结合,避免"一刀切"。优先开发镇重点考核经济结构调整、节能减排和自主创新能力;重点开发镇主要考核经济增长及其质量效益、工业化和城镇化水平以及相关领域的自主创新能力,实行综合评价;生态发展镇不再重点考核经济增长指标,而是侧重考核基本公共服务、社会管理、生态发展、农民增收和农村稳定等。如在 2009 年年终考核中,属"开发与重点保护并重示范区"的高村镇凭借"零上访""维稳"一项获得满分,加之生态保护成效显著,最终使综合得分位居首位。而经济发展水平全县第一的六都镇则因上访问题失分较多,位列第二,这充分体现了"功能发挥好、考核得分高"的考核特色。

二是"职责发挥"标准。为使乡镇干部转变履职方式,明确职责定位,云安县实施以强化县域经济建设、镇域社会建设、村级社区建设为重点的三级基本功能和基本职责,形成"基本职责+主导职责"的合理功能履职格局。明确乡镇干部的功能职责为"5+X":"5"即"社会维稳、农民增收、公共服务、政策宣传、基层建设"等基本职责;"X"即赋予各地不同的功能定位、职责要求和经济社会发展目标等主导职责,以地方实际为依据,明确"该干什么、不该干什么",构建"职责明晰、优势互补、高效有序"的功能履职格局。

二　云安县乡镇考核机制的成效

经过2009年的实践与探索，云安县推行政绩科学考核评价机制，加强各级党政领导班子建设，充分调动和发挥领导干部的工作积极性和创造性。

1. 群众参与意识显著增强。在推行政绩考核过程中，很容易出现以上级政府为主导的局面，从而往往忽视群众这一主体的参与。从云安县的地方实践来看，社会群众积极参与制定考核细则，如在《云安县科级领导班子和领导干部落实科学发展观评价指标体系及考核评价实施细则》的制定过程中，云安县通过广播、电视、干部宣传等方式，动员社会各界人士广泛参与细则的制定。通过大范围征集群众意见建议、大规模组织群众讨论、大量采纳群众意见建议，使群众意见建议在考核实施细则中得到运用。在细则制定过程中，共收到群众建议和意见140条，其中120条被采纳。

2. 乡镇考核结果更加客观合理。通过类别指标的设置和不同权重的划分，不仅明确了各功能区的考核重点和干部的工作重点，也明确了各功能区的发展重点。在"功能差异"的干部考核权重制度下，没有对GDP总量的考核，政绩科学考核评价机制对承担不同功能的镇的工作实行分区考核，对不同层次、不同职责的干部实行分类评议，兼顾全面工作和经济社会发展的共同指标与类别指标，增加了实绩考评结果的准确性。从2009年云安县各镇实绩考核得分看，考评分数与排序情况较为客观地反映了各镇的工作现状。得分在900分以上的既有优先区的镇又有示范区的镇。由此可见，兼顾全面工作和经济社会发展的共同指标与类别指标能够避免以往倚重GDP衡量政绩、评价干部的片面性，使实绩考核结果不会出现一边倒的情况，更加客观、合理。

3. 基层治理工作得到稳步发展。在实施考核制度过程中，往往容易出现长期存在的"眼睛向上""GDP至上"政绩观，从而忽视本地区的长远发展。因而，云安县塑造了"上下互动"的评议氛围，使乡镇领导注重本地长远的发展问题，将工作重心转移到服务民生、加强社会治理、优化公共服务上来，从根本上克服发展上的"短视"效应，保障了基层社会治理体制创新工作的持续开展与稳步发展。在2009年云安县的年终考核中，属"开发与保护并重示范区"的高村镇综合得分位居首位，而经济发展水平居全县之首的六都镇则因其他问题失分较多，位列第二。这一乡镇考核权重制度，坚持"功能发挥好、考核得高分"的原则,既防止了各地区片面追求经济增长速度,也避免了各地区为抢资源、抢项目而引发的恶性竞争,从而促进各区域协调发展,有效地配合了主体功能区建设,也为衡量干部实绩提供了正确的导向。

三 云安县乡镇考核机制的启示

云安县切实把深入贯彻落实科学发展观的目标和要求转化为可考核的指标,既突出政绩科学考核评价机制的科学性和前瞻性,又充分反映各镇工作的特征,贴近实际,充分发挥考核的导向、激励和约束作用,具有重要的借鉴意义。

1. 乡镇考核机制必须尊重群众的意愿。党的二十大报告强调:"树牢群众观点,贯彻群众路线,尊重人民首创精神,坚持一切为了人民、一切依靠人民,从群众中来、到群众中去,始终保持同人民群众的血肉联系,始终接受人民批评和监督,始终同人民同呼吸、共命运、心连心。"[①] 群众满意不满意、答应不答应、高兴不高兴是衡量政府工作好坏的核心标准,也是建设服务型政府的必然要求。从云安县的经验来看,乡镇政绩考核机制创新必须秉承"群众呼声是第一信号、群众需要是第一选择、群众利益是第一原则、群众满意是第一标准"的理念,把考评权交给群众,把公共服务、农民增收等与群众利益密切相关的指标纳入考核标准,坚持把群众的利益、愿望和需求作为政绩考核的基本评价标准。

2. 乡镇考核机制必须树立正确的政绩观。推行政绩科学考核评价机制,既考核发展速度,又考核发展方式、发展质量;既考核经济建设情况,又考核经济社会协调发展、人与自然和谐发展情况,使政绩考核有导向。政绩考核的科学性首先必须以正确的政绩观为基础。只有以正确的政绩观为指导,才有可能全面、客观、准确地评价干部的能力和水平,才能建立科学发展的干部考核评价机制。云安县建立政绩科学考核评价机制,对承担不同功能的镇的工作实行分类考核,对各镇经济社会发展水平进行科学评价,既是推动云安科学发展的需要,又是云安三大主体功能区建设的需要。因而,乡镇考

---

① 习近平:《高举中国特色社会主义伟大旗帜 为全面建设社会主义现代化国家而团结奋斗——在中国共产党第二十次全国代表大会上的报告》,《人民日报》2022年10月26日第1版。

核机制的顺利开展，必然需要紧紧围绕科学发展和转变经济发展方式的主题，在注重经济建设的同时，更加注重社会建设，在强调政府主导的同时，更加明确群众主体。

3. 乡镇考核过程中必须坚持客观、公平、公正。乡镇考核评价工作的科学性，注重考核评价过程中的客观、公平、公正，尽可能地剔除人为因素或减少主观因素影响，使考核评价的结果更接近科学合理。云安县为了解决不同镇、不同参评人员以不同标准评价所造成的差异性，将民主测评、满意度评价、单位代表互评、基层人员评价、县领导班子评价所占分值比例设置较低。同时，在县直单位机关效能量化考核指标体系中，各镇考核主要依据日常工作的接触了解，存在着较大的主观性，据此云安县采取8个镇综合平均分为计分标准，以降低人为因素。因而，乡镇考核评价工作尽可能降低了人为因素和主观因素的影响，全面了解考核过程中可能会出现的差异性，建立了适宜恰当的考核指标，注重政绩考评过程中的科学性和合理性。

4. 乡镇政绩考核指标设置必须坚持因地制宜。政绩考核机制需以一定的政绩目标为基础。不同地区由于区位、资源、环境、工业等方面的差异，其发展目标不尽相同。政绩考核指标设置一方面不宜采取统一性的指标设置，而应在总体均衡的条件下，按照不同地区赋予不同的考核指标；另一方面，应结合地方实际，对于同一指标赋予不同权重，提高指标设置的科学化。云安县的重要创新之处在于，通过对承担不同功能的镇的工作实行分区考核，对不同层次、不同职责的干部实行分类评议，增加了实绩考评结果的准确性，为县委科学评价领导班子和领导干部提供了量化的依据。因而，在政绩考核指标设置过程中，通过划分功能镇，明确不同地区的政绩目标，并以此为基础建构差异化的政绩考核指标体系，对不同发展水平的地区和承担不同工作任务的部门实行分类考核，确定不同的考核指标分值，做到实事求是，因地制宜。

如何让乡镇有权有人有钱办事

——基于云浮市云安县乡镇体制改革调查与思考

《中共中央国务院关于加强基层治理体系和治理能力现代化的意见》指出："在乡镇基层政权治理中要加强'简政放权'和为民服务等能力建设。"[①] 湖北省第十二次党代会提出："要构建统筹县城、乡镇、村庄的三级服务体系，健全服务'三农'的政务服务体系，推动市县行政审批、公共服务和社会管理等平台向镇村延伸，以县域为基本单元，缩小城乡发展差距，引导更多资源、资金、人才向基层倾斜、向农村覆盖，提升农村地区教育、医疗、养老等基本公共服务水平。"[②] 这就要求乡镇政府要积极转变职能，增强服务群众的条件、能力和质量。然而，在现实中传统乡镇往往被"责大权小"制约着施政能力与效果，使自身陷入"没权办事、没钱办事和没人办事"的窘境，为改变传统乡镇发展困境，提升乡镇治理能力，云浮市云安县在2010年开启了乡镇体制改革的探索，以"配强、重责、放权"为原则，大力推行以"权力下放"为核心的强镇扩权改革，通过下放事权、财权与人事权等"三大权力"，扩大乡镇社会管理权，保障乡镇财政权，增强乡镇人事权，努力破解"职权不对称，权责不明晰"的乡镇难题，变"向上相对应"为"向下相适应"，为乡镇突破"事权、财权与人事不对等"以及"上面千条线、下面一根针"的传统治理困境提供了有益探索。

---

① 《中共中央国务院关于加强基层治理体系和治理能力现代化建设的意见》，《人民日报》2021年7月12日第1版。

② 王蒙徽：《立足新发展阶段 贯彻新发展理念 努力建设全国构建新发展格局先行区 奋进全面建设社会主义现代化新征程——在中国共产党湖北省第十二次代表大会上的报告》，《湖北日报》2022年6月24日第1版。

一 云安县乡镇体制改革的做法

云安县的乡镇体制改革主要体现在两个方面：一是镇级大部制改革，二是简政强镇事权改革。两者分别从组织结构和功能职责推进乡镇改革。乡镇机构调整的同时，乡镇的事权改革也紧随其后。

（一）简政：机构整合

云安县以镇级大部改革为契机，积极为乡镇政府扩权放能，提升乡镇政府社会建设与社会服务的能力。主要做法就是通过整合传统"七站八所"资源，组建成新的党政办、农经办、宜居办、综治信访维稳中心、社会事务服务中心等"三办两中心"，以此集中办理不同方面的问题。

1. 党政办：集中解决组织建设问题。党政办主要承担党的建设、廉政建设、文化宣传、组织协调等职责，统筹推进各项工作。2010年，还在党政办创新设立"两代表一委员"工作站，作为辖区各级党代表、人大代表、政协委员履行职责、联系群众的工作平台，使其作用发挥常规化、有效化。

2. 宜居办：集中解决环境建设问题。宜居办主任由镇班子成员兼任，主要承担村镇规划、绿道建设、旧村改造、环境整治、生态保护、沼气建设等"六大职责"，全面推进乡村建设。

3. 农经办：集中解决农民增收问题。农经办整合农业、水利、国土等涉农站所资源和专业协会、专业合作社等经济组织资源，设立农村土地流转服务中心、农村劳动力服务中心、农业发展服务中心，作为政府优化"三农"服务的工作平台。

4. 综治信访维稳中心：集中解决社会管理问题。综治信访维稳中心整合镇司法所、信访、综治等资源，主要负责法制宣传、矛盾排查、纠纷调处、接待来访、应急处置、治安防控、司法建设等工作。

5. 社会事务服务中心：集中解决民生问题。社会事务服务中心的主要职能是行政服务、社会保障、计划生育、教育卫生、合作医疗、基础建设等。以建立"一校两院三保障四工程"公共服务体系，解决群众最关心、最直接的民生问题为主要工作。

乡镇机构整合并非"只减不增"。在某些方面，特别是公共服务领域，一系列新的社会服务机构也应运而生。如通过设立农村土地流转服务中心、劳动力服务中心、农业发展服务中心等"三大服务中心",使土地流转、就业培训以及农业发展等有了专业的服务机构。又如通过在乡镇组建"农村环卫服务队",由农村环卫服务队安排专人每天开垃圾车到各村转运垃圾,以此解决农村生活垃圾无人管、无人处理的问题。

(二)放权:配强增量

云安县在乡镇大部制改革过程中,通过"权力下放"的方式对乡镇政府进行"配强、放权",以此给乡镇政府注入"增量"。在实行镇级大部制的基础上,简政放权,实行镇级三权扩充。

1. 下放事权,让乡镇"有权办事"。一是行政执法权。云安县针对相对集中的行政处罚情况,将擅自开垦林地的行政处罚权、纵火烧山范围在10到50亩之间的行政处罚权等与乡镇工作较为密切、与群众利益息息相关的行政处罚权下放到乡镇一级,以便及时发现、及时处置,提高行政处罚效率。二是行政审批权。云安县将1.5方以下的林业砍伐审批权、宅基地报批初审权、投资千万元以下企业项目审批权等审批程序比较烦琐、涉及多个部门的行政审批权力下放至乡镇一级,有效缩减办事流程,降低办事成本,提高办事效率,方便群众办事,践行为群众服务的宗旨,推动了乡镇政府的职能转变。三是公共事务管理权。云安县将小二型水库防限水位与山塘安全蓄水位等公共事务管理权委托给乡镇政府,赋予乡镇政府管理辖区公共事务的权限,将上级政府"管不了,管不好"的公共事务交由乡镇管理,充分利用乡镇政府的层级优势,贴近人民群众实时需要,解民困、担民忧,有效管理乡镇公共事务。

2. 下放财权,让乡镇"有钱办事"。一是分税权。云安县鉴于乡镇财政紧张的现状,从下放财权入手,向乡镇政府分税,将乡镇商业税、增值税、资源税等以税收返还的方式注入乡镇财政之中,同时将税收增量部分以税收奖励的形式纳入乡镇财政体系。由此,乡镇财权得到有力强化,税收权构成了乡镇财权的基础,发挥了稳定乡镇财权的突出作用,保证了乡镇财力的有效供给,让乡镇政府充分利用财税收入为民办事,不断提升基层公共服务质量与水平。二是享财权。云安县在下放或者委托乡镇行使的职权中,明确指出在县职能部门下放或委托的职权范围内,乡镇行使职权而依法征收的行政处罚经费,可以县财政按一定比例返还给乡镇,做到权责利相一致。县职能部门给予乡镇政府有限的收费分成权,具体的返还比例根据各职能部门与乡镇政府签订的委托协议来确定，前提是行政处罚必须依法依规，符合法定程序，并且在下放和委托的权限内，严格规范下放或委托的行政处罚收费权。三是"给糖"权。云安县创新"给糖理论"，转变过去"给糖的人不管事，管事的人不给糖"的传统思维，改变部门资金下拨方式，将县直部门扶持乡镇的各类帮扶资金，先划拨到乡镇政府，再划拨给扶持对象，并由县强化资金监督，真正实现对财政资金的追踪问效。

3. 下放人事权，让乡镇"有人办事"。一是人事推荐权。云安县立足乡镇人事制度改革，将乡镇班子副职的推荐权交给乡镇党委，使得乡镇党委对乡镇班子副职享有推荐权。具体来说，乡镇基层干部经过无记名投票，通过乡镇党委启动人事推荐权，实现人才的合理任职，创造"人尽其才"的用人格局。二是人事建议权。云安县为了建立能上能下、人才合理流动的人事制度，把调整乡镇班子成员的建议权一并赋予乡镇党委，使得乡镇党委对乡镇班子成员拥有建议权，打破以往乡镇人事调整听命于上级领导、没有人事调整主动性的困境。在下放人事建议权之后，乡镇能够有效实现人才整合与优化人力资源配置，卓有成效地推进乡镇人事工作，建立和完善乡镇人事制度。三是人事问责处理权。云安县将乡镇干部问责的处理权下放至乡镇，使得乡镇党委有权对乡镇干部的失职渎职行为和违规违纪行为进行问责处理，建立乡镇人事的奖优罚劣机制，保障乡镇人事制度的刚性化，在确定积极性激励的人事奖励制度后，设置消极性激励的人事处罚制度，健全乡镇人事制度体系。

总体来说，云安县通过强镇扩权改革，进一步扩大了乡镇权力，以权力生成动力，进而使得乡镇一级有更多的主动性和积极性，创造性地解决了县乡之间的权力纠纷问题，进一步明确了乡镇一级在基层治理中的地位。

（三）赋能：服务下沉

机构调整与整合，使原有的乡镇资源得到优化利用，是一种"存量"改革。但乡镇政府拥有的"存量"资源是极为有限的，乡镇机构能"向下"设立，却不一定有"能力"向下提供服务。因此，乡镇政府还需县市政府的"还权赋能"。在强化社会服务过程中，云浮还特别注重将政府提供的社会服务制度化、常态化，以此提升社会服务的质量与效率。

1. 建立社情研判机制，将矛盾化解在基层。云安县在应对农村稳定问题时通过以"社情研判机制"为核心的体制机制创新，变事后处理为事前防控与及时化解，由此将矛盾化解在基层，有助于基层构建和谐稳定的社会环境。一是三级联动，构筑"村疏导、镇调处、县督导"综治网络，从而使基层矛盾纠纷和不稳定因素能够得到及时排查、化解。二是把镇中心作为乡镇常设机构，并逐步扩大乡镇的社会管理事权、财权和人事权，让乡镇政府能够有所作为。三是建立"日排查、周研判、月考核"的运作体系。以"日排查"来及时把握工作主动权；以"周研判"诊治疑难杂症，从而对症下药；以"月考核"兑现激励政策。

2. 建立农情研判机制，推动农民增产增收。在乡镇大部制改革的基础上，云安县在农经办创新设立了"农情研判室"，由"农情研判室"统揽农村土地流转服务中心、农村劳动力服务中心、农业发展服务中心，有针对性地对土地流转、农村劳动力培训、转移就业、维权及相关农业生产、农业经营活动提供服务，促进农民增产增收。一是建立"农情月记"制度。镇级"三个服务中心"每月根据汇总而来的调研材料，及时发布种植业生产政策、技术措施、动态等相关信息。二是建立"季度研判"制度。即以镇为单位，县、镇、村三级领导按季分析研究农民增收形势，并针对存在问题提出解决办法。三是建立"年度考核"制度。每年对各镇促进农民增收的工作制度、工作措施和工作成效等进行考核检查。

3. 建立"代表联络机制"，提高干部服务能力。云安县在农村综合体制改革过程中，在各乡镇建立起"两代表一委员"（党代表、人大代表、政协委员）工作站，让干部、代表、委员下得去且坐得住，在制度长效性方面作出了有益探索。一是联系服务制度。由"两代表一委员"工作站印发"两代表一委员"联络卡，公布人员基本情况和联系方式，方便基层群众通过电话、来访、预约接待、登门走访等方式反映意见和建议。二是收集反馈制度。由"两代表一委员"每月走访群众，收集群众意见并通过工作站向镇党委、政府反馈。设立每周二为"民情接待日"，由"两代表一委员"轮流驻站接待群众，对群众反映的问题，能现场解答的现场解答，不能现场解答的通过工作站交由相关部门办理并跟踪落实。三是工作公开制度。将"两代表一委员"活动的时间、地点、内容以及群众反映问题的调处情况及时告知群众。四是调研制度。对事关全镇改革发展稳定的重大事项和群众关心的热点、难点问题开展调研、视察、评议等活动。

4. 建立"新型考核机制"，推动政府职能转变。云安县大力推进考核制度改革，形成了"不以 GDP 大小论英雄、只以功能发挥好坏论成败"的考核氛围，强化了政府社会建设职能。一是创新考核主体。在传统的考核方式下，上级领导和组织部门作为考核主体，掌握着乡镇干部的升迁大权，乡镇政府难免只注重迎合上级政府要求而忽视群众意愿和呼声。云安县在综合改革过程中，把"群众满意度评价"作为乡镇干部考核的重要依据，使民意得到发挥。二是创新考核标准，长期以来存在的"以 GDP 大小论英雄"的政绩考核标准，使得乡镇干部只注重招商引资，忽视了为农村提供公共服务。云安县按照"功能发挥好、考核得分高"的原则，在考核标准上更加注重与各镇实际结合，与"主体功能区"发展规划相结合，避免"一刀切"。如优先开发区重点考核经济结构调整、节能减排等指标；生态发展区侧重考核基本公共服务、社会管理、生态发展、农民增收和农村稳定等。又如工业总产值这个考核项目，在优先发展区中所占考核权重达到总分的12%，而在保护和开发示范区则只占总分的2%。

二 云安县乡镇体制改革的成效

（一）有效整合了乡镇行政资源，上下互动畅通

2010 年党政办设立"两代表一委员"工作站，共印发"两代表一委员"联络卡 1560 张；走访群众 7230 人，接访收集意见 1759 条，调处基层矛盾纠纷 23 宗；组织开展调研、视察、评议活动 11 次，完成 653 项决策前意见收集；通过收集群众意见参与决策重大事项 56 个，呈交书面报告 83 个，向地方党委建言献策 29 条。如今老百姓只需将意见反馈给"两代表一委员"，而不需"进衙门""找干部"。在更深层次意义上，则是通过强化"两代表一委员"的功能，使国家权力借助"两代表一委员"这一活的载体来"进村入户"，解决农民的疑难杂事，强化政府的社会服务职能。

（二）有效提高了乡镇政府的施政能力，农民得到实惠

2010 年，云安县 30 多名乡镇工作人员凭借优秀的工作成绩，在乡镇党委的推荐之下，走上了镇班子领导岗位；有 16 人经过乡镇党委启动干部调整建议权调到了合适的岗位上。南盛镇党委书记谢云生说："以前派出所、变电所等垂直机构的人，我们都派不动，现在有了人事问责处理权，镇干部

说话有分量多了。手头上有实权了，能为群众办些事情了。"①

（三）有效夯实了基层治理的基础，资金得到保障

通过县级统筹财政以及税收等渠道对镇村两级予以资金支持，确保"费随事走"，为农村公共服务建设提供财政保障。2010年云安县共拨款4.2亿元投向农村事业，不断激励乡镇提升民生福祉的积极性。2010年，乡镇以税收共享形式增加财政收入达973万元，是上年的2.5倍；同年征收社会抚养费625万元，比2009年的213万元增加412万，增长193.43%；并且，县财政和部门直拨资金达2180万元，比2009年增加1353万元，增长163.6%。

（四）有效丰富了乡镇公共服务供给，政府职能转变

推动政府职能转变，完善社会服务是加强和创新基层社会管理的重要内容。云安县坚持以提供基本公共服务为着力点，不断完善乡镇社会服务体系，解决人民群众关心的利益问题，让公共服务延伸到最基层，惠及全县人民。如农情研判机制，其实质就是整合县乡政府资源，为农民的农业发展"把脉"，从而为农民增收保驾护航。2009年，该县南盛镇农业生产面临"旱旱病虫多，水果挂果少，养殖趋势好，蚕桑价格高，腐竹原料贵，劳务有工无人做、有人无工做"的农情状况，县镇村三级共同研判，科学提出"环境不足科技补，经营不足劳务补，减负减灾保增收"的应对思路，并在技术指导、农情监测、职能培训等方面拟定了十项应对措施，使农民"减产不减收"。

（五）有效提升了乡镇政府治理成效，发展理念转变

通过实施考核制度改革，扭转了长期存在的"眼睛向上""GDP至上"政绩观，塑造了"上下互动"的评议氛围，使乡镇干部由"业务员"回归到"公务员"，使乡镇政府得以潜心研究本地的长远发展问题，将工作重心转移到服务民生、加强社会建设、优化公共服务上来。如在2010年年终考核中，属"开发与重点保护并重示范区"的高村镇凭借"零上访"，在"维稳"考核项上获得满分，加之生态保护成效显著，最终使综合得分位居首位。而经济发展水平全县第一的六都镇则因上访问题失分较多，位列第二。

总体而言，云安县通过实施乡镇体制改革，有效破解了乡镇政府"职权不对称、权责不明晰"的施政难题，转变了政府职能，使地方政府更加注重

---

① 徐勇等：《再领先一步：云浮探索》，中国社会科学出版社2012年版，第201页。

社会建设，社会服务得到有效改善，农民得到实惠。云浮市以云安县为改革试点，在全市推广乡镇体制改革的经验做法，实现了经济建设和社会建设双丰收。2010年，群众信访数量较2009年下降29.5%，农村治安案件下降30.8%，全市未发生严重群体性事件。同时，经济增长率达到15.41%，农民人均纯收入增长率达到22.8%。

三 云安县乡镇体制改革的启示

云安县的乡镇体制改革探索，创新了基层治理机制，提高了公共服务供给能力，改善了乡镇政府的治理效能，为其他基层政府实施乡镇体制改革提供了一些有益启示。

（一）乡镇体制改革重点在政府

加强农村社会管理和服务，推动乡村振兴事业发展，主要靠乡镇政府。提高乡镇政府行政效率和降低机构运作成本，将更多的人力物力集中到农村建设方面，农村才能得到发展，农民才能得到实惠。实施简政放权，既降低了乡镇政府的运行成本，同时能让乡镇政府把主要精力放在乡村振兴事业上，专注于提升为农民提供公共服务的能力，切实提高农民的生活水平，改善民生。当前，我国城乡差距还很大，农民对各项公共服务的需求日益增加，农村因其环境局限性对政府的依赖度还很高，这对乡镇政府提高治理和服务能力提出了更高要求。各级政府只有重心下移、关口前移，将人力、物力、财力投到乡镇，做好农村治理和服务工作，才能缩小城乡发展差距，全面推进乡村振兴。

（二）乡镇体制改革落实在服务

转变乡镇政府职能，就是要变"以管理为主"为"以服务为主"，提供群众所需的公共服务。加强乡镇便民服务和社会工作服务，是改善民生和推动农民有序参与民主管理的有效途径，能促进基层干部与农民的"上下互动"，使得农民的需求得到及时回应和满足，以此来增强乡镇政府的威信，使得政令畅通，达到政通人和的治理效果。基层政府只有始终坚持"以人为本、服务优先"的社会管理理念，想方设法为人民群众提供全面、优质的公共服务，以服务体现管理，以服务促进管理，以服务深化管理，才能真正获得人民群众的认可。

(三) 乡镇体制改革保障在制度

有效的乡镇治理是一项事关长远的基础工程。实施乡镇事权改革，必须以体制机制创新为保障，实现公共服务的常态化、系统化、机制化。只有建立健全相关制度，特别是不断创新政绩考核机制、财税分享机制等，才能有效推动和保障公共服务的实现，不断提高乡镇治理水平。

(四) 乡镇体制改革基础在群众

群众是乡镇服务的对象，也是社会管理的主体。加强和创新乡镇治理，必须尊重人民主体地位，发挥人民首创精神，努力提高人民群众自我管理、自我服务、自我教育、自我监督以及社会参与的意识和能力。只有充分尊重人民主体地位，切实发挥人民首创精神，积极引导人民群众有序参与、充分参与、高效参与，以决策共谋集中民智、以发展共建凝聚民力、以合作共管汇集民意、以成果共享顺应民心，才能形成政府和群众之间的良性互动，不断提升乡镇政府的管理和服务水平。

如何让公共服务下乡到村入户

——基于云浮市云安县公共服务均等化的调查与思考

基层治理作为国家治理体系和治理能力现代化的重要组成部分，在维护社会秩序和推动社会发展方面起到了重要作用。当前尽管我国经济进入高速发展阶段，但是在基本公共服务均等化方面仍然存在不足，主要表现为均等化失衡、可及性有待提升、村民获得基本公共服务的成本不相同。公共服务作为基层治理的重要内容，在社会稳定和改善民生方面具有十分重要的作用，也是基层治理的主要抓手之一。基本公共服务均等化是一个理念，一种精神，但是如何使这个理念具体化、使这种精神"落地"，需要体制机制上的探索创新。对于云浮这个"八山一水一分田"，农业人口占全市总人口近60%的农业大市来说，如何使基本公共服务均等化的政策落实到每一个村庄，使均等化的服务普惠到每一个农民，成为云浮要思考的重要问题。有鉴于此，云浮市云安县在2010年开始转变传统的工作观念，树立基本公共服务均等化理念，坚持以民为本，重视民众对公共服务的实际需求，向民众公共服务供给上转移，明确政府职能，强化公共服务职能，把推进城乡基本公共服务均等化作为人民群众共享改革发展成果的基本路径，通过"把干部赶下基层、把机构设在基层、把网络覆盖基层"的改革实践，实现公共服务下乡、到村、入户，其做法与经验具有示范意义。

一 云浮市云安县基本公共服务均等化的实践

（一）组建"三大中心"，实现服务下乡

组建镇级农村土地流转服务中心、农村劳动力服务中心和农业发展服务中心等便民服务中心，帮助农民解决土地、就业及农业发展等关系群众切身

利益的民生问题。

1. 设立农村土地流转中心。云安县整合镇经济发展办公室、林业站、村规所等镇属机构和镇国土资源管理所等派驻机构和人员，设立镇级农村土地流转中心。将耕地、林地等农村资源纳入管理，构建"政府培育市场、市场引导流转、流转纳入管理"的良性机制。该中心集信息发布、市场引导、流转管理三项功能于一身，免费为农民发布土地供需信息，提供政策咨询、价格协商、合同签订等服务。例如，南盛镇村民陈兴龙一家自有柑橘地25亩，流转了其他村民的柑橘地30亩，共种植了55亩柑橘。去掉土地流转费、生产成本，陈兴龙一家2010年柑橘纯收入8万元，另外，陈兴龙的儿子外出打工，纯收入5万元左右。陈兴龙一家7口人2010年纯收入12万元。2010年，全县农村以转包、互换、承包、出租、入股等形式流转土地面积达21.92万亩，占可供流转土地面积的51.7%，涉及农户27316户，土地流转的财产性收入达3184万元。

2. 设立农村劳动力服务中心。云安县农村劳动力服务中心承担培训、就业、维权"三重职能"，结合农村实际组织实施"农村劳动力职业技能提升计划"，针对当地所需技术工种，开展计算机操作、收银员、美发美容、维修电工、农村种养加工为主的专业技能培训，对45岁以下且有就业意向的农村劳动力实行一次免费技能培训，低收入家庭的学员还给予适当的生活补助，并充分发挥劳动就业信息网络的作用，开展网络视频招聘。2010年，全县培训10863人次，接受求职者咨询7640人次，直接转移农村劳动力7160人。

3. 设立农业发展服务中心。云安县整合镇级农业发展公司、行业协会、农村经济合作社、农业站所等涉农资源，成立镇级农业发展服务中心。通过"公司+协会+站所+科研+农户"的形式，构建产供销一体化的社会化服务体系。其中，由镇级农业发展公司扶持基地、打造品牌和开拓市场，由专业协会把农户联合起来合作经营，由农业站所和科技部门为农业发展提供支撑。如南盛镇走"产学研"相结合的路子，由镇农业发展有限公司牵头组织与高等院校和科研院所"联姻"，并成立农产品质量安全监管机构，配备农药残留快速检测仪等配套设备，加强对农业生产全过程的质量监管，建立健全农产品市场准入机制。全县有农业产业化基地52.52万亩、国家A级绿色认证产品4个、全国砂糖橘标准园1个、省级现代农业园区1个、省级

"一乡一品"项目镇3个,并成为"中国优质砂糖橘之乡"。

(二)组建"一社一队两室",实现服务进村

公共服务机构"下乡"后,如何使基层干部继续"下沉",真正"进村",成为云浮改革者要思考的问题。为此,云安县通过农村社区服务合作社、农村环卫服务队和农情社情两个研判室,将基层干部"赶到"村庄,使村民不出村便可享受到与城镇居民均等的公共服务。

1. 成立农村社区服务合作社。按照"强化公众参与、突出公共服务、体现共建共享"的原则,先后在南盛镇横岗村、前锋镇崖楼村、石城镇留洞村等3个行政村试点组建农村社区服务合作社,下设经济服务工作站、公共服务工作站、综治信访维稳工作站,以"一社三站"整合农村基层组织资源,推进农村群众在经济发展、公共服务、社会管理等方面的合作共赢,构建村级履行功能职责和村民自治的执行系统,使公共服务延伸到村。2010年试点以来,3个试点村共创办农村经济项目8项,承担公共服务配套项目19宗,化解农村社会矛盾23宗,有效地解决了村党组织与村委会工作不协调、镇村工作不协调、政府行为与群众意愿不一致等问题。2011年,云安将结合试点经验,在全县111个行政村、9个社区全面组建农村社区服务合作社,创新农村社会管理体系。

2. 组建农村环卫服务队。云安县按照"幸福、健康、生态、可持续"的理念,组建农村环卫服务队,探索建立"户分类、村收集、镇转运、县处理"的农村生活垃圾处理机制。县政府拨专款建设垃圾压缩站和垃圾填埋场,并在全县各村庄安置垃圾桶,要求村民把生活垃圾放入指定的垃圾桶。各镇政府组建农村环卫服务队,每天由专人开垃圾车到各村转运垃圾,最后由县进行分片处理。通过组建农村环卫服务队,切实解决了农村脏乱差的问题,为农民营造了健康、幸福、和谐、宜居的生活环境。2010年,全县生活垃圾处理的覆盖人口由原来的3.2万人增加到12.2万人,农村垃圾收集率达40%,收集垃圾处理率达100%。从2011年起,还以10元/人的标准,每年由县财政列支320万元,通过"以奖代补"形式划拨乡镇作农村垃圾处理经费,把全县农村垃圾收集覆盖率提高到80%,2012年达到100%。

3. 组建社情与农情两个研判室。一方面,创建社情研判室,实现维稳下乡。通过建立"矛盾共排查、纠纷共调处、问题共研判、预案共制定"的工作机制,实施"日排查、周研判、月考核"的工作制度,变事后处理

为事前排查、研判、防控，有效维护社会稳定。2010年，全县调处矛盾纠纷2227宗，调处成功率由原来的89%提高到95.2%，95%的矛盾纠纷化解在镇村。另一方面，创建农情研判室，实现服务入村与服务常态化。通过建立"农情月记、季度研判、年终考核"机制，规范"农情日记—农情月记—农情研判—工作实施—总结考核—建档立册"的研判流程，强化农情研判，增加农民收入。2010年至2012年，全县研判事项205宗，提出对策148条，解决问题123个。

（三）开通"四个网络"，实现服务入户

通过一系列改革，使机构"下乡"、干部"进村"之后，云浮进一步探索如何使服务"入户"。

1. 开通"三农"服务网，实现"一网连市场"。通过开通云安"三农"服务网，把农村土地流转、农村劳动力供求、农产品产供销等信息统一在网上发布，把千家万户与市场相联结，使农户足不出户就可实现"一网连市场"。2010年，"三农"服务网共发布各类信息1195条，其中农村土地流转信息376条，劳动力供求信息151条，农产品供销信息97条，其他信息571条，网站浏览量36372人次。

2. 开通政府服务热线，实现"一线解难事"。2011年1月，正式开通12345政府服务热线，处理行政机关职能范围内的咨询、投诉、建议或意见、求助等事项，为群众提供信息化社会服务，使农户足不出户就可实现"一线解难事"。

3. 开通远程审批系统，实现"一站办审批"。探索建立远程审批系统，使农户足不出户就可实现"一站办审批"。2010年，全县共有32个事项通过网上审批系统成功办理各项事务。云安县逐步扩大全县326项行政许可和非行政许可审批事项的网上审批覆盖率，2011年网上审批事项由原来的11项增加到163项，占所有行政许可和非行政许可审批事项的50%，到2012年达到80%，2013年实现全覆盖，让更多农村群众能享受到信息化的服务。

4. 开通"廉政直通车"，实现"一键强监督"。开通"廉政直通车"，在网上公开农村的党务、村务、事务，接受群众监督，农户足不出户就可实现"一键监督"。在"廉政直通车"的推动下，领导干部树立起"执政为民、廉洁执政"的理念，基层民众参与监督、投身社会建设与社会管理的积极性高涨。2010年，以"廉政直通车"为平台，全县120个村（居）委会的党务、政务、村务、财务和服务等信息向社会公开，接受群众监督，全年收到投诉件仅10件，比上年下降44%。

二 云浮市云安县基本公共服务均等化的成效

云浮市云安县把推进城乡基本公共服务均等化作为人民群众共享改革发展成果的基本路径，通过"把干部赶下基层、把机构设在基层、把网络覆盖基层"的改革实践，实现了公共服务下乡、到村、入户，其公共服务均等化改革创新实践的成效显著。

1. 完善了基本公共服务体系。经过不断试点推广，云浮形成了延伸至农户的"一网连市场、一线解难事、一站办审批、一键强监督"的全方位信息化服务体系。运用信息化技术，把远程医疗、远程教育、远程招聘、远程审批、远程监督连接到镇、村，直至农户，农户只需联网即可办理相关事务，享受相关服务。云安县以服务向下延伸拓展基层社会治理的内容，创造了一系列新的向下适应的公共服务载体，寓服务于管理之中，寓管理于服务之中，将基层治理与社会服务有效结合起来，从而实现了基层治理体制与内容的创新。

2. 提升了基本公共服务水平。首先，"三网融合"将医疗、教育等服务连接到乡镇，大力提升了基层公共服务水平。其次，村级设立"一站三社"，县、镇的部分公共服务职能下派到村，乡镇政府的职能转变到维护市场秩序、强化社会管理和优化公共服务上来，使农村群众享受与城市居民均等的公共服务，为村民提供了更好的公共服务，"有问题找中心"已成为当地群众的共识与习惯。最后，农村社区服务合作社、农村环卫服务队和农情社情两个研判室，将基层社会治理寓于公共服务之中，推进公共服务延伸到村庄，既提升了公共服务水平，又创新了基层社会治理方式。

3. 扭转了基本公共服务不均衡的局面。通过构建公共服务信息化体系，农民足不出户就能享受到和县城居民同等的公共服务，切实扭转了长期存在的城乡公共服务不均衡的局面。公共服务的均等化和宜居城乡的建设，使农村居住条件得到改观，农民生活方式得到变化，广东云安在欠发达地区走出了一条生活舒适，设施完善，"小而优"的新型城镇之路。

4. 解决了人民群众关心的民生问题。农村社区服务合作社等组织的成立夯实了基层组织，强化了基层社区自治和服务功能，切实为人民直接提供服务；农村环卫服务队等的建立，寓社会管理于公共服务之中，解决了人民群众最直接最现实的民生问题。

三 云浮市云安县基本公共服务均等化的经验

云浮统筹城乡发展，缩小城乡差距，破除城乡二元的公共服务体系，面对群众的需求，采取了以人为主体的发展思路，让公共服务下乡、到村、入户，发展新型城镇化路径，以优化公共服务、提升人民群众生活品质为基本出发点，坚持"以人为本"，使城乡共享优质的公共服务，打造出美好环境和和谐社会，最终达到建设幸福云浮的目标，为新时代提升全国各地基本公共服务均等化水平提供了经验与启示。

1. 共建共享，实现公共服务设施一体化。国家发展改革委联合多个部门共同印发的《国家基本公共服务标准（2021年版）》是以标准化推动基本公共服务均等化的重要举措，并明确指出涵盖领域包括教育、医疗、就业、养老、住房、文体服务等9个方面。要让政府服务走进社区，实现政府公共服务和基础设施纵向到底，实现教育、医疗、文化等公共服务从区县、镇街辐射到城乡社区，道路、垃圾处理、污水处理等基础设施从区县、镇街统筹到城乡社区。从云安经验来看，要加大对农村的民生投入，按照"延伸乡村、覆盖县域、均等服务"的思路，将基础设施建设延伸到行政村，拿出财政资金向农村投入，逐步建设标准化的学校、医院、敬老院，建设一体化的社会、劳动、医疗保障服务体系，建设网络化的水电、公路、通信设施。运用"三网融合"技术，推进电子政务、远程医疗、远程教育服务，建立公共服务信息化体系，从多方面实现公共设施一体化。

2. 转变观念，推动县域公共服务均等化。云浮市定位县一级的主要职能是统筹发展，乡镇一级政府主要职责是公共服务、农民增收、社会管理，使乡镇职能导向变为注重民生服务。同时实行简政放权，增强乡镇的公共服务能力。习近平总书记指出："要赋予县级更多资源整合使用的自主权，强化县城综合服务能力。"[①] 在新的发展阶段，要解决如何激活"县域"发展潜力这一根本问题，必须瞄准县域公共服务均等化这一底线工程，这对于建

[①] 《坚持把解决好"三农"问题作为全党工作重中之重 举全党全社会之力推动乡村振兴》，《求是》2022年第7期。

设社会主义现代化美丽乡村，实现全体人民共同富裕目标具有现实价值和意义。

3. 以人为本，实现改革发展成果人民共享。云安经验中，通过体制上的创新，夯实了基层组织，强化了基层社区自治和服务功能，解决了人民群众最直接最现实的民生问题。社会要集中优势资源帮助提升公共服务均等化程度，形成企业、事业单位、社会组织、党群社团等社会力量广泛支持县域发展的良好氛围，县域政府在吸引社会力量时要提供一定的激励政策，达到双赢的最优效果；个人要发挥主观能动性，尤其鼓励致富能手和能人大户支持乡村公共事业发展，带动乡村实现振兴与蜕变。

基本公共服务均等化的实现不仅是人们追求美好生活的重要保障，还是推动经济转向高质量发展从而跨越"中等收入陷阱"的重要动力。新的历史时期和新的发展理念必然对基本公共服务均等化提出新的要求，如从过去的从"无"到"有"阶段走向新的从"有"到"优"阶段，从保障上的"局限性"走向"普惠性"，从服务提供上的"注重温饱"走向"注重高品质"，进而高质量推动基本公共服务均等化目标的实现。各地方结合云安经验，针对如今县域公共服务均等化推动乡村振兴中存在的一些问题，进一步做好供需平衡、结对帮扶、科学考评、共建共享等工作，让公共服务下乡、到村、入户，全力守好乡村振兴的民生底线，统筹城乡发展，转变治理观念，实现由政府单一治理转变为政府治理与群众参与良性互动的"共谋共建共治共享"。

如何搭建农民互助服务平台

——基于云浮市云安县农村社区服务合作社的调查与思考

随着农村经济的发展，农民对农村公共服务提出了更高的要求。健全农村公共服务体系对于改善农户生产生活条件日益重要，同时也是促进城乡公共服务均等化的重要途径。2021年，《中共中央国务院关于加强基层治理体系和治理能力现代化建设的意见》强调："要完善党建引领的社会参与制度，支持群团组织承担公共服务职能；优化村（社区）服务格局，推进城乡社区综合服务设施建设。"[①] 2010年，作为典型经济欠发达山区县的云安县，被选为广东省农村综合改革示范县，在深化农村综合改革实践中，围绕省委、省政府加快推进农村改革发展的决策部署和市委、市政府建设全省农村综合改革发展实验区的总体要求，云安县立足县情实际，坚持解放思想、先行先试，在改革实践中，针对农村出现"村'两委'关系不协调、镇村工作不衔接、干群意愿不一致"的"三不"问题，在强化村党支部、村委会基本架构的基础上，试点组建"农村社区服务合作社"，合作社下设经济服务工作站、公共服务工作站、综治信访维稳工作站，以"一社三站"作为村党组织履行核心领导职责、村委会行使村民自治职权、镇政府延伸公共服务的共同服务平台，构建农村基层最基本的公共服务执行系统。农村社区服务合作社的设立，将公共服务延伸到农村的最基层，构建了新型农村基层组织架构和运行机制，强化了基层服务体系。对于我国其他农村地区改革与公共服务提升具有很强的示范意义。

---

① 《中共中央国务院关于加强基层治理体系和治理能力现代化建设的意见》，《人民日报》2021年7月12日第1版。

一 农村社区服务合作社的主要做法

（一）创新基层组织架构，构建社会管理的新系统

"农村社区服务合作社"是一个按照"强化公众参与、突出公共服务、体现共建共享"原则组建而成的群团组织。合作社整合了农村基层组织资源，作为乡镇延伸公共服务功能、村党组织履行核心领导职责、村委会行使村民自治职权的共同服务平台，为村民开展自治活动和政府提供公共服务构建了一个有效载体。

1. 在人员构成上，发挥"村社"主体作用。合作社设主任1名，由村党组织书记担任，发挥农村党组织的核心作用；通过设立社务会、监事会、社员代表大会等，发挥村"两委"、村民代表以及辖区"两代表一委员"等的骨干作用；通过建立"十步工作法"，发挥群众主体作用；由镇委、镇政府委派一名干部任合作社专职干事，发挥乡镇政府指导作用。

2. 在工作职责上，明晰内部分工。合作社内设社员代表大会、社务会和监事会。其中，社员代表大会负责审议合作社章程、社务会的工作报告和财务报告，以及决定其他重大事宜。社务会负责执行社员代表大会的决议，向社员代表大会报告工作和财务状况，开展合作社日常工作等。监事会主要负责对合作社工作进行监督。

3. 在功能发挥上，强化"社会服务"。合作社下设经济服务工作站、公共服务工作站、综治信访维稳工作站。经济服务工作站，对接镇级三大服务中心，协助镇农村土地流转服务中心收集发布信息、展开政策咨询、开展纠纷调处；协助镇农村劳动力服务中心开展农村劳动力调查、发布招工信息、组织技能培训、进行农民工维权服务；协助镇农业发展服务中心组建专业协会等农村经济组织，做好农产品产前、产中、产后服务，定期向镇农情判研室反映"三农"情况等。公共服务站，主要致力于建立村级行政公共服务体系，承担上级关于城乡服务均等化的具体事项和公共服务职责；推行行政事项网上审批，让群众"办事不出村"，抓好医疗卫生工作，抓好基础设施建设，坚持环境整治，完善教育配套，推广科技使用，开展文娱活动，帮扶困难群众。综治信访维稳工作站，作为三级信访维稳网络的落脚点，协助镇综治信访维稳中心排查调处本村不稳定因素和矛盾纠纷，主要通过处理群众来信、来访，协助处置突发性和群体性事件；组建村级治安巡防队，构建群

防群治体系；同时对于流动人口、青少年、刑释解教人员等加强管理和帮助，并及时将各类信息反馈给镇综治信访维稳中心。

（二）突出合作社"四共"特色，强化公众参与功能

1. 建立共谋机制。一是建立工作例会制度。每周召开一次合作社工作例会，对村内各项工作进行研判。二是建立社务会议制度。每月召开一次社务会议，研究、论证以及提交需决策的村级重大事项及初步实施方案。三是社员代表大会制度。适时召开社员代表大会，讨论表决社务会提交事项。涉及群众利益的重大事项，由村民代表会议或村民大会表决通过。

2. 建立共建机制。一是乡镇与合作社共建。乡镇政府定期将各项惠民服务通过合作社传送至群众，合作社定期将基层组织面临的困难、群众所需所盼及时反映到乡镇政府，让其更好地解决民忧民困。二是村"两委"与合作社共建。涉及群众利益的重大事项，由合作社广泛征求社员意见，研究制定具体实施方案，协助村委会组织实施；合作社为村"两委"培养入党积极分子、锻炼村级干部提供良好的平台。三是群众与合作社共建。合作社接纳群众的办事请求，帮助群众解决问题。群众积极参与合作社的工作，发挥参与者、监督员的作用。

3. 建立共管机制。一是建立日常工作制度。制定管理人员轮值制、专职干事在岗制，方便群众前来办事。二是建立公共服务制度。在土地流转、招工就业、农产品供求、文化建设、教育发展等方面，建立常态化的公共服务制度，优化"三农"服务水平。三是建立监督考核制度。以"一社三站"的履职情况作为考核合作社专职干事年度实绩的重要标准；以"活力民主、阳光村务"工程为切入点，保障村民充分享有知情权、参与权和监督权。

4. 建立共享机制。坚持以民为本原则，做到村"两委"发展农村经济与合作社提供经济服务相结合，让群众共享发展成果；村"两委"推进新型城镇化建设与合作社提供公共服务相结合，让群众共享改革成果；[①] 村"两委"抓好社会维稳工作与合作社提供和谐环境服务相结合，让群众共享和谐成果，突出群众在共享中的优先地位。

---

① 参见高新军《广东省云安县农村综合改革的启示》，《中国乡村发现》2010年第4期。

二 农村社区服务合作社的主要成效

云安县先后在南盛镇横岗村、前锋镇崖楼村、石城镇留洞村等3个行政村试点组建农村社区服务合作社。试点以来，3个试点村共创办农村经济项目8项，承担公共服务配套项目19宗，化解农村社会矛盾23宗，成绩显著。

（一）提升了群众幸福感

云安县在农村综合改革的过程中，一直秉持着"以民为本，民意为先"的理念，以提升农民的幸福感作为改革的重要目标。一方面，农村社区服务合作社的建立，从农村经济发展、公共服务供给、治安维护等方面提升了农民的生活水平，使得居民获得了物质上的幸福感。另一方面，通过合作社"共谋、共建、共管、共享"机制，将人民群众的积极性和主动性充分调动起来，群众开始由"旁观观望"转变为"主动参与"，自觉融入农村建设与发展之中，获得了自治的幸福感。

（二）推进了城乡基本公共服务均等化

基本公共服务均等化的状态和水平反映着改革发展成果共享的状态和水平，是衡量改革发展成果共享机制健全与否的重要指标。云安县把城乡基本公共服务均等化作为各级政府履行功能职责的出发点和归宿点，以解决民生问题为"经"，以基本公共服务下乡为"纬"，编织了一个统筹城乡发展的社会化服务网络，使公共服务实现"下乡、进村、入户"，以"一社三站"整合农村基层组织资源，推进农村群众在经济发展、公共服务、社会管理等方面的合作共赢，构建了村级履行功能职责和村民自治的执行系统，使公共服务延伸到村，使得村民不用进城便能享受到公共服务，缩小了城乡基本公共服务水平差距，有效推进了基本公共服务的均等化。

（三）促进了服务主体的多元化

传统政府的社会服务，往往是政府大包大揽，社会服务成为政府的"独角戏"，往往形成资源有限、事倍功半、吃力不讨好的现象。云安县的"农村社区服务合作社"通过引导发挥"村两委"、村民代表、"两代表一委员""乡镇专职干部""乡贤能人"等不同主体的积极性，建立"共谋、共建、共管、共享"机制，变"垄断服务"为"共建服务"，促进了社会服务主体的多元化。这一转变激发了村庄的服务主动性，发挥了群众主体作用，带动了各主体的服务热情，使政府以较少的投入就带动了大量的社会服务，达到事半功倍、省力惠民的效果。

三 农村社区服务合作社的主要价值

（一）农村社区服务合作社有利于发挥人民群众的主体作用

人民群众是社会物质财富、精神财富的创造者，是社会建设与社会管理的主体。加强农村基层治理，创新基层公共建设，应该摆脱政府大包大揽的思想桎梏，不断引导群众有序参与、充分参与、高效参与，发挥群众主体作用，突出群众的主人翁地位。云安县在基层治理的探索实践中，意识到改革不能由政府大包大揽，必须坚持走群众路线，以农村群众作为改革主体。为此，通过农村社区服务合作社的创新，落实基层自治，让群众"共谋、共建、共管、共享"，将农民培育成农村改革发展的自觉拥护者、忠实实践者和有力推动者。

（二）农村社区服务合作社有利于公共服务向农村延伸

我国农村社会"乡政村治"的基本格局已定型，即政府行政管理只到乡镇一级，村一级通过民主选举、民主决策、民主管理和民主监督，实现村民自我管理、自我教育和自我服务。但是，在这种格局下政府的社会服务面临着"服务不畅"的问题，其突出表现就是在向下提供服务时缺乏支点、缺乏载体。虽然乡镇政府可以借助"村委会"来实现服务下乡，但毕竟"村委会"不是一级行政机构，其服务能力有限，也容易造成"村委会"的行政化。云安县以服务向下延伸拓展社会管理的内容，其特色在于创造了一系列新的向下适应的公共服务载体——"农村社区服务合作社"，将社会管理与社会服务有效结合起来。以社区服务合作社为载体的基层架构有助于公共服务下乡进村，让农民获得基本的公共服务。云安县的农村社区服务合作社作为乡镇政府社会服务供给的支点与载体，将乡镇政府的社会服务向下延伸到村，提高了社会服务的供给效率。

（三）农村社区服务合作社有利于服务型政府的建设

建设服务型政府，一要体现以民为本，让人民掌握权力，享有权力，真正当家作主。二要实现政府组织结构的扁平化，要建立政府与社会合作的多中心治理结构，发挥非政府组织的作用，形成政府与非政府组织的合作伙伴关系；建立政府、社会、个人责任与义务相平衡的公共服务与社会安全网机制[1]。云安县通过运用主体功能理念、加强乡镇政府改革，强化基层社会服务，以农村社区服务合作社作为乡镇公共服务延伸、多元主体广泛参与、村民自治职权行使的有效载体，将虚事实做，"软任务"变成"硬功夫"，使地方政府更加注重农村社会建设，农村社会服务得到有效的改善，进而促进服务型政府的建设。

（四）农村社区服务合作社必须与当地实际相结合

农村综合改革是新鲜事物，没有现成的经验可以借鉴，而且牵涉面广，各种矛盾相互交织，不可能一蹴而就。云安县坚持"先规划后建设，先探索后实施，先试点后推广"的原则，因地制宜，以点带面推进农村综合改革。在农村治理上，为解决"村'两委'关系不协调，镇村工作不衔接"问题，创新组织架构设置，探索建立以公共服务为基本职责，公众参与为基本要求的农村社区服务合作社。合作社成立后，切实为农民群众解决最忧心、最关心的问题，提升农村公共服务水平，实现了农村社会和谐稳定。因此，只有充分考虑各地实际情况，以试点发现和解决改革中遇到的矛盾和问题，并及时调整和完善应对措施，才能确保农村改革发展稳步推进。

---

[1] 参见李军鹏《建设中国特色的公共服务模式》，《学习时报》2012年第4期。

如何通过不同赛道激发基层群众动力

——基于云浮市自然村分类评级机制的调查与思考

党的十八届三中全会首次提出"推进国家治理体系和治理能力现代化"的总体目标，将"创新社会治理体制"提高到前所未有的高度，使治理创新成为新时期全面深化改革的新常态。一个国家治理体系和治理能力的现代化水平很大程度上体现在基层。作为美好环境与和谐社会共同缔造的初步实践，广东省的云浮市自2010年以来，以主体功能区为切入点，以体制机制改革为路径，推进农村综合改革，取得了显著成效。2011年6月3日，时任云浮市委书记的王蒙徽同志在"全市农村工作座谈会上的讲话"中强调，云浮的新路子要依靠群众、调动群众的积极性，而群众是"一盘散沙"，所以需要建立组织将农民组织起来。云浮市自然村有很强的凝聚力，也是事实上的资源分配单位，因此，云浮市以自然村为基本单元推进建设完整社区，组织开展全市自然村（社区居民小组）基础分类评定工作，以激发群众参与共同缔造的热情，推动形成"政府搭台，群众唱戏"的良性互动格局。云浮市通过分类定级、晋位升级，以激励先进的办法鞭策后进，调动了群众参与的积极性和主动性，增强了农村基层组织的创造力、凝聚力和战斗力，为当前推进基层治理体系和治理能力现代化提供了诸多经验。

一 自然村分类评级的做法

（一）明确标准，开展基本分类

1. 基本分类的标准。2011年，云浮市结合创建和谐宜居村活动的经验，根据行动纲要制定了首次开展自然村分类定级工作的具体实施方案，纳入《云浮市自然村（社区居民小组）基础分类评定细则》。云浮市依据2009年至 2010 年间自然村（社区居民小组）的群众参与公共事务积极性、社会稳定和谐程度、基层组织建设等情况，共列出八条标准，把全市自然村初步划分为自强村、自助村、基础村三类。具体如下：（1）群众积极义务投工投劳、捐款捐物、捐地让地参与自然村公共事务建设和管理，形成风尚，并有公示、有记录；（2）制定有自然村村务公开、村规民约等制度，自然村重大事项听取群众意见达本自然村人口比例 50% 以上，并有记录；（3）群众自强自律，诚信守法，不赌博，生产农产品不使用违禁农药、添加剂，维护社会文明风尚；（4）群众互信互助，自然村风文明，邻里关系和好，没有发生群体性纠纷；（5）没有集体或个人到县级以上政府上访，没有拖欠电费等事件，社会和谐稳定；（6）本自然村教育、文化、体育等公共场所日常免费向公众开放，管理规范；（7）自然村基层组织充分发挥作用，服务群众，得到大多数群众的认同；（8）党员充分发挥先锋模范作用。以上达到 8 条标准的为自强村，达到 6 或 7 条标准的为自助村，不足 6 条标准的为基础村。此外，2010 年度建成的和谐宜居村（社区）免予考评，直接确定为 2011 年自强村等级。据统计，2011 年云浮市全市 9502 条自然村（社区居民小组），经核定自强村 942 条，自助村 5552 条，基础村 3008 条。

2. 基本分类的程序。云浮市以全市自然村为基本单位，采取自然村自评申报与上级审核评定相结合的办法，由各县（市、区），镇（街）成立考核小组，严格规定评定"自强村、自助村、基础村"三类村的程序为：村自评、镇互评、县审核、市核定、发证书牌匾、长期公布。具体如下：（1）以村委会为单位，组织人大代表、政协委员、村干部、自然村代表、老党员等开展综合自主评定；（2）由镇党委集中组织社会助评，参加人员包括镇领导班子成员和驻自然村干部，镇各办、站、所负责人，本镇 80% 以上的"两代表一委员"（县级以上的党代表、人大代表、政协委员）等；（3）由镇领导班子会议根据村民自评和社会助评的结果，综合评定自然村的基础分类，评定结果在镇（街）和各村公示 7 天，无异议后报上级审核。

（二）实施考评，鼓励晋位升级

1. 考核评级的标准。在基本分类的基础上，云浮市又出台了《云浮市自然村（社区居民小组）群众参与性评价考核细则（试行）》，规定自 2011 年起，每年考评一次全市自然村群众年度参与决策共谋、发展共建、建设共管、成果共享的情况，以鼓励各自然村争先创优、晋位升级。考评主要是以自然村群众参与公共事务积极性、社会稳定和谐程度、基层组织建设等情况为依据，分为"决策共谋、发展共建、建设共管、成果共享"四大项，单项100分，总计400分。考评总分320分以上的自然村经定级审核后，由市命名为自强村；考评总分240分至319分之间的自然村经定级审核后，由各县命名为自助村；考评总分240分以下的自然村为基础村。

2. 考核评级的程序。云浮市采取自然村自评申报与上级审核评定相结合的办法，由各县、镇成立考核小组，采取自然村自评、镇初评、县定级、市审核的方式进行。具体程序如下：（1）由自然村对照考评标准，重点查找自身建设的薄弱环节和需要解决的突出问题，明确努力方向，提出自评意见，上报镇；（2）由镇考核小组，组织党员、群众、"两代表一委员"、服务对象等群体进行初评；（3）由县组织相关职能部门实地考核验收，进行定级，自强村报市考评小组审核；（4）市考评小组审核无误后，确定、公布考核结果。规定自强村由市委、市政府命名；自助村由各县党委、政府命名。

3. 评级结果的运用。自2011年起，每年考评一次，每年年底至次年1月为考评期。在次年年底考评中，群众参与程度下降的将降级，群众参与程度提高的将提级。对自强村，注重宣传引导，打造专属品牌和示范品牌；对自主村，鼓励晋位升级；对基础村，及时指出存在的问题与不足，并进一步帮助其改进提高。

（三）政府主导，提供保障措施

1. 成立专门机构，细化各级责任。一是各县成立专门的工作机构即各级缔造办，通过党政主要领导亲自抓，分别挂点一个村，抽调精干人员充实缔造办，对基层干部开展相应培训，全力推进分类评级工作。二是出台了《关于进一步推进美好环境与和谐社会共同缔造行动的若干意见》《云浮市自然村（社区居民小组）基础分类评定细则》等政策文件，进一步细化各级责任，切实做到组织到位、分工到位、推进到位，推动分类定级各项工作任务的落实。

2. 加大宣传力度，营造良好氛围。一是在分类定级工作开展前，组织宣讲团深入基层，深入自然村宣讲分类定级工作的意义和目标要求。一方面统一基层干部和群众的思想，形成共识；另一方面收集群众和专家意见，完善方案，为全面推进自然村分类评级工作形成良好氛围。二是在分类定级工作开展过程中，组织各级新闻媒体设置专栏，选取典型的自强村、自助村为模范进行大力宣传，激发群众参与分类定级工作的主动性、积极性和创造性，充分发挥典型的示范带动作用，形成全民参与、共建共享的良好氛围。

3. 强化绩效考核，形成制度激励。一是将考核结果与基层干部政绩挂钩。一方面，建立"年度考核、以奖代补"的村民小组长履职机制。采取正向激励与反向督促相结合的方式，将分类定级工作成效作为基层干部绩效考核的重要指标，持续传导责任压力。另一方面，按照"在职干得好，退休待遇高"的原则建立村干部养老保险机制。养老金由"个人账户养老金＋基础养老金＋附加养老金"构成，把干部在职年度考核获优秀的次数与养老金挂钩，按分段比例法计算增加附加养老金，激发村干部履职尽责的动力。二是将考核结果与"以奖代补"项目挂钩。通过规定项目资金优先支持自强村、自助村，促进群众参与"共谋、共建、共管、共享"，由参与一个项目向参与多个项目转变，由一次参与向长期参与转变，实现"以奖代补"项目一般管理向建立长效管理机制转变，提升农村整体管理水平。三是将考核结果与"评优评先"荣誉挂钩。把落实"分类定级，以奖代补"工作的成效，列为"十大明星村""十大杰出乡贤""百条自强村""百名优秀理事"等评选活动的重要标准，以"给荣誉"的形式激发群众和自然村的参与热情。

二 自然村分类评级的成效

（一）广大群众齐参与

乡村社会是一个注重血缘、地缘的熟人社会，人们生于斯、长于斯，对家乡有一种强烈的认同感、归属感。云浮市的分类定级以人们联系紧密、认同强烈的"自然村"为单位，促进了村庄竞争意识的提升和荣誉感的回归，激发了村民参与的积极性和外出乡贤回报家乡的热情，村（居）民从"旁观观望"转变为"主动参与"。比如横洞村村民理事会以外挂村官张水金、张木生等外出乡贤为骨干，带头出钱出力，并组织全村群众捐资投劳，累计自筹资金100.54万元，以外出乡贤捐款为主，群众义务投工投劳1277人次，捐物折款19.96万元，无偿捐地2336平方米，形成了"人人参与、共建共享"的浓厚氛围。同时，通过实施自然村基础分类评定，塑造了"自强自律、互信互助、共建共管"的"互助自立"精神，打破了村庄及村民长期形成的"等、靠、要"思想，激发了农村发展的内生动力。

(二) 基层干部更积极

长期以来，政府对农村的社会管理和服务只能延伸到行政村，主要依靠村"两委"具体实施。云浮市通过完善财税激励机制，创新"以奖代补"制度，实现"向下奖励"，将奖励制度从镇级延伸到村民小组长，调动了镇村干部在基层工作中的积极性。以云安县为例，2009年至2011年，共有30多名乡镇工作人员凭借优秀的工作成绩，在乡镇党委的推荐之下，走上了镇班子领导岗位。新兴县簕竹镇永安村村支书唐兰芳也感慨地说道："以前村干部干多干少一个样，一些人无心工作，只顾自己的事。实行村干部成绩动态管理后，干好干坏差别大了！"[①]

(三) 村庄建设面貌新

云浮市在自然村分类评级机制的基础上，按照"多干多奖、多筹多奖"原则创新建立"以奖代补"机制，促使自然村积极参与项目建设。据统计，2011年，云浮市设立的奖励项目就高达3000多个，其项目内容涉及农村基础设施、环境建设、公共服务和社会管理等21个类别，涉及资金过亿元。由于引入竞争机制，各村以前的"要我建"变成了"我要建"，极大地改善了村庄住房、交通、环境等方面的公共建设。以云安县石城镇横洞村的建设为例，全村新建"农民公寓"42套，建筑面积超过5000平方米，解决全村31%人口的住房问题，节约用地面积超过7000平方米。农村环境综合整治做到雨污分流，人畜分离，垃圾分类，路无尘土，墙无残壁，村内生活污水和垃圾处理基本达到无害化处理，村庄绿化覆盖率达到82%，居屋楼房化率达到100%，俨然一座崭新的小城镇。

三 自然村分类评级的启示

云浮市把基层治理的着力点放在基层社区，从小处着手，通过自然村分类定级，极大调动了村民的积极性和主动性，增强了村委会的凝聚力和战斗力，实现了政府主导与群众主体的有效衔接与良性互动，为基层治理创新的探讨提供了丰富的借鉴与参考。

(一) 分类定级要发挥政府主导作用

基层管理不是单一的政府大包大揽，也需要群众的有效参与。但在社会

---

① 徐勇等：《再领先一步：云浮探索》，中国社会科学出版社2012年版，第146页。

关系网络碎片化的背景下，群众参与难以自发实现，仍需要被视为"主导者"的政府和基层组织发动与组织其参与。因此，云浮市政府在自然村分类评级过程中，一方面紧密结合实际，听取群众意见，认真谋划自然村分类评级的标准和计划，出台相关政策文件，确保推进有序、步步为营。另一方面坚持规范易行，严格工作步骤，坚持自然村自评、社会助评，并在各阶段及时公示评级结果，以接受广大党员和群众的监督，种种举措都旨在为群众参与分类定级工作提供一个相应的制度环境。这说明所谓的坚持政府主导，并不是简单地由政府来组织开展所有工作，而是由政府搭建"舞台"，交给群众"唱戏"，在这个过程中形成政府管理与群众参与的良性互动，保证乡村建设的自主性与可持续性。

（二）分类定级要重视群众主体地位

人民群众是历史的主体，是社会发展的决定性力量。在过去，正是云浮市政府长期的"大包大揽"和基层干部的"不信任"，才在一定程度上导致了群众参与意识的淡薄。因此，云浮市在分类定级工作中不断强化群众主体、群众受益意识。一方面坚持群众、自然村参与分类定级的全过程，做到相信群众、依靠群众；另一方面将资源优先配置给级别更高的自然村，充分调动群众积极性、发挥群众主观能动性。政府不能动不动就替群众拿主意，要了解群众的需要和愿望。而干部要和群众在一起，以自身行动带动群众参与基层治理工作。

（三）分类定级要强调过程公平公正

云浮市的自然村分类评级机制，主要是通过评议自然村在"决策共谋、发展共建、建设共管、成果共享"四个方面的成效，划分自然村等级，并根据级别高低来配置资源，本质上是一种绩效考核机制和激励机制。由于考评结果与基层群众的利益密切相关，对自然村等级的考评过程务必要保持公平、公正、公开透明。因此在考核评级过程中，必须增强评价指标的客观性、科学性，做到公平考核；必须不断强化党内外干部群众的参与和监督，增强考核工作的透明度。云浮分类评级机制的重要特点，就在于以考评标准量化指标突出公平，以村民自评和社会助评突出公正。

如何实现城乡基本公共服务均等化

——基于云浮市云安县农村生活垃圾处理机制的调查与思考

提升基层治理体系与治理能力现代化水平,需要进一步推进城乡公共服务均等化。从处理农村生活垃圾的基本公共服务来看,随着农村经济的发展与农民生活水平的提高,农村生活垃圾的数量逐年增加,又缺乏妥善的处理机制,从而使得农村环境整治受到了不利的影响,因此,加强农村生活垃圾处理服务刻不容缓。以广东云安为例,2009年以前,云安县在农村生活垃圾处理方面,一无完善的服务体系,二无联动的投入机制,三无健全的管理制度,使得生活垃圾处理服务难以下乡,并且农民群众的环境保护意识差,从而使得村庄里的公共区域以及各户的房前屋后经常呈现一种"脏、乱、差"的局面。从2009年开始,云安县在"政府引导,调动群众积极共谋、共建、共管、共享"的理念指导下,着力推动生活垃圾处理服务延伸到农村,构建农村生活垃圾处理服务体系、投入机制和管理制度,在推进城乡公共服务均等化上进行了有益的探索,取得了令人满意的成效,其做法与经验值得借鉴。

一 农村生活垃圾处理的做法

(一)建体系,引导服务下乡

农村生活垃圾处理是一项系统工程,单纯的基础设施建设并不能很好地解决农村生活垃圾问题,关键是把基础设施建设和服务体系建设结合起来,理顺各层次服务关系。基于此,云浮市根据市情民情的特点,以"美好环境和谐社会共同缔造"为契机,从基本公共服务入手来进行公共服务建设,把农村群众普遍关心的生活垃圾处理作为公共服务的重点,从小事做起,将服务理念具体化，因地制宜地推行"户分类、村收集、镇转运和县分片处理"的农村生活垃圾服务体系，引导服务下乡。

一是"户分类"。倡导农户要自觉遵守村规民约，负责自家和房前屋后四周的卫生保洁工作，鼓励其对自家垃圾按照可回收物、可堆肥和不可堆肥三大类进行分类，综合利用，将稻草、动物粪便等可利用的有机物返田或作沼气原料处理，将不可利用的生活垃圾集中堆放在村指定的垃圾收集池，将可回收的生活垃圾循环利用，从而解决农村生活垃圾不分类、垃圾收集面小等难题。

二是"村收集"。各村委会统一规划建设固定的垃圾收集池和移动的垃圾桶，由各自然村的专职保洁人员与志愿保洁队伍负责村主道、公共场所的卫生清洁，将垃圾统一收集到固定的垃圾存放点，同时保持环卫设施的清洁和完整；并且要保持河道清洁，确保无漂浮物、悬挂物，尤其是桥头等重点地段；在"户分类"的基础上，严禁将建筑垃圾、酒瓶等混入统一压缩装运的生活垃圾中。对于交通不便的自然村，采用"统一收集、就地分类、综合处理"的模式进行无害化处理。

三是"镇转运"。各镇环卫保洁人员用垃圾运输车将各村垃圾收集池或垃圾桶中的垃圾收集上车，先转运到镇垃圾填埋场，如果镇垃圾处理场已经饱和而不能满足需要，则转运至县垃圾处理场。"镇转运"是服务体系的重要环节，通过"镇转运"实现农村垃圾与城市服务的有效衔接。

四是"县分片处理"。根据交通条件与基础设施状况，充分利用市区和县城现有垃圾处理场的处理能力，将全县各镇分成若干垃圾处理片区，城郊镇的生活垃圾由县城市管理局负责运送到县垃圾填埋场统一处理，郊区镇的生活垃圾则运送到本镇的垃圾填埋场统一处理。对一些交通不便的偏僻村庄，各镇还可因地制宜，合理选择适用农村的，实际经济、安全的收集处理方式和技术，可探索建设垃圾焚烧窑（焚烧炉）、垃圾堆肥池（屋）等处理方式。

（二）立机制，保障服务下乡

农村生活垃圾投入机制是农村生活垃圾处理的重点，没有足够投入的农村生活垃圾处理难以持续。为此，云安县按照"政府拿一点、集体补一点、群众集一点"的办法，构建县镇村三级联动的投入机制，保障服务下乡。

一是政府主导投入启动资金。首先，县政府加大对垃圾处理的设施建设力度，由县政府拨专款建设垃圾压缩站和垃圾填埋场，在各自然村建设垃圾池及放置垃圾桶，并购置垃圾车、手推车等清洁工具，按各镇实际建设情况配备数量，经实地考核验收后按"以奖代补"的形式补助，其中：垃圾池补助600元/个，购置垃圾桶补助210元/个，手推车补助400元/辆。其次，县财政要筹措资金重点解决镇环卫人员工资，对镇、村保洁员工资实行"以奖代补"的形式。县每季度对各镇进行抽查考核，分"好""良好""一般"三个等次，按抽查结果等次比例计算奖励金额分到各镇。考核评为"好"等次的，按各镇总人口计算，每季奖励2.5元/人；考核评为"良好"等次的，每季奖励2元/人；考核评为"一般"等次的，每季奖励1.5元/人。

二是乡镇多渠道筹资。各乡镇在加大直接投入的同时，积极参照县城区卫生管理办法，按照县物价局出台的乡镇镇区卫生费征收办法和标准，结合制定本镇的收费标准，报县物价部门批准后，分类向镇区各单位和门店收取卫生整治费，确保有更多的资金投入生活垃圾处理工作。

三是强化村级投入。凡是有集体收入的村，每年从集体收入中拿出一定比例的资金用于环境卫生整治，作为解决垃圾处理的日常运作资金；或者各村可以通过"一事一议"的村民自治方式筹集垃圾处理经费，保障村保洁人员的工资和环卫设施的管护。

四是发动群众义务保洁。在配置专职保洁员基础上，积极发动农村党员、退休老教师、老干部、青年志愿者等组成志愿保洁队伍，义务保洁。与此同时，开展云安籍县乡干部回乡清洁活动，对所在自然村的生活垃圾收集处理工作，既要教育好亲属带好头、做表率，又要做好组织协调工作，号召干部带头、鼓励群众跟进，确保所在自然村100%开展农村生活垃圾处理工作。

五是探索长效保障机制。坚持政府投入与市场运行结合原则。在注重县、镇两级政府的财政支持力度，注重村级集体经济对环卫投入力度的基础上，在有条件的地方，按照"谁污染、谁治理、谁付费"要求，参照城市垃圾处理收费办法，探索符合农村实际的生活垃圾处理收费机制，实行环卫设施有偿服务；并按照"谁投入、谁经营、谁收益"要求，探索通过建立市场化机制，吸引社会资金、社会力量、社会资源参与农村垃圾治理与环境建设，推动农村生活垃圾收集处理经营权市场化。

(三) 强管理，促进服务下乡

农村生活垃圾管理制度是农村生活垃圾处理的支点，没有管理制度的农村生活垃圾处理难以有效运转。因此，云安县按照"谁主管、谁负责"的原则，细化部门责任分工，严格考核，严明工作奖惩，强化农村生活垃圾处理的管理制度，促进服务下乡。

一是理顺管理体系。县政府成立农村生活垃圾处理工作领导小组，由县"一把手"亲自抓，由卫生局负责组织协调、指导全县生活垃圾处理工作，建设局、环保局、规划局、水务局、发改局、农业局、经贸局、公路局、教育局、宣传部等职能部门积极参与，按照各自工作职责分工，加强相互间配合协作，做好工作沟通和衔接，从环卫设施规划建设、经费投入、项目审批、宣传发动等多方面予以协助，做到目标同向，工作同心，行动同步，齐抓共管，从而形成工作合力。

二是实行激励制度。农村生活垃圾处理经费从村镇建设补助费中列支，对实施农村生活垃圾处理的村庄给予梯次型奖励，通过实际工作的评估分"优秀""良好"与"一般"三个梯度，以奖代补，充分调动镇、村的建设热情和积极性。并且，县财政也通过考核，以以奖代补的形式对农村环卫服务队、农村生活垃圾处理工作给予经费支持，以此来激励其工作的积极性和主动性。

三是建立考核制度。本着"垃圾不清清干部，服务不下干部下"的精神，落实责任，分级负责，制定了《云安县农村生活垃圾处理考核实施办法》，对镇、村实行动态考核制度，采取定期与不定期检查相结合、随机抽查与集中督查相结合等多种手段，将各镇农村生活垃圾处理工作列入《云安县科级领导班子和领导干部落实科学发展观评价指标体系及考核评价实施细则（试行）》的考核范围。各镇对村进展情况进行全面考核，并对考核结果进行排序，纳入镇、村年度工作目标考核，有力督促农村生活垃圾处理工作。

二 农村生活垃圾处理的成效

从2009年开始，经过两年多的实践，云安县农村生活垃圾处理工作取得显著成绩，不仅使垃圾处理服务逐渐覆盖农村地区，推动了农村环境整治，而且实现了生活垃圾处理服务由城到乡，为城乡公共服务均等化积累了经验。

（一）农村环卫设施得到显著加强

云安县政府安排资金92万元，为县城市管理局购置生活垃圾压缩车，为全县各镇配置小型生活垃圾车，全县共建造垃圾池100个，垃圾临时存放点120个，购置垃圾桶300个、手推车45辆等，并拟建设一个占地面积57.6亩的垃圾填埋场，进一步加强了农村环卫基础设施，夯实了环卫服务的基础。

（二）农村环境卫生得到明显改善

云安县自开展农村垃圾处理工作以来，各圩镇、街道、自然村的环境卫生明显改善，店里店外、屋前屋后、道路两旁、溪流沿岸的生活垃圾明显减少，有力地扭转了农村环境脏乱差的局面。一位村民如是说："以前的垃圾到处扔，路难走、味儿难闻、人难处，现在好多了，环境改善了，心情也舒畅了"[①]。

（三）公共服务得到有效延伸

截至2011年底，云安县实行垃圾收集清运的自然村已有772个，覆盖率54.6%，比全市覆盖率高17个百分点，是全市农村垃圾处理覆盖率最高的一个县。并且，全县每日收集垃圾69.8吨、清运69.8吨，垃圾收集率达到40%以上，已收集的垃圾处理率达到100%，形成了农村垃圾一条龙收集、一站式处理、一体化运作模式。

（四）农民环保观念得到逐步增强

云安县农村生活垃圾处理工作在建管并举的基础上，特别注重环境保护的宣传，积极倡导"保护农村环境从我做起、从我家做起"的理念，农民群众在多途径、多方式的环保宣传下，逐步增强了环保意识和家园意识。一位村干部说："农民素质不高，没有什么环境保护观念，也不懂什么垃圾处理，更不重视什么环境污染，经过一段时间的宣传发动，农民也知道保护环境有什么用，能够主动地收集生活垃圾了。"[②]

（五）农民的主体意识得到激发

云安县农村生活垃圾处理工作中农民群众积极参与，义务投工投劳进行

[①] 徐勇等：《再领先一步：云浮探索》，中国社会科学出版社2012年版，第241页。
[②] 徐勇等：《再领先一步：云浮探索》，中国社会科学出版社2012年版，第241页。

环卫设施建设，义务进行村庄保洁活动。农民群众逐步成为公共服务的主体，不仅是享受的主体，而且是建设的主体。云安县自 2009 年至 2011 年，农民参与建设环卫设施 68 处，占建设总量的 31%，群众投工投劳累计达到近 700 个工作日。

三　农村生活垃圾处理的启示

垃圾虽小，服务事大。云安县在农村生活垃圾处理的服务体系、保障机制和管理制度等方面进行了卓有成效的探索，在小垃圾上做文章，在大服务上下功夫，对促进城乡公共服务均等化具有重要的启发意义。

（一）农村生活垃圾处理着眼于基本公共服务

农村生活垃圾处理是基本公共服务，是农民群众关心的公共服务。从云安的实践来看，城乡公共服务均等化要从农村环境卫生、医疗保健、道路建设、饮水安全等关系到农民群众最现实、最直接和最切身利益的基本公共服务出发。因为相对于其他公共服务，基本公共服务对于农村民生具有更加重大的意义。为此，城乡公共服务均等化从小问题做起，从小投入做起，必将产生倍增的社会效益。

（二）农村生活垃圾处理要尊重群众主体地位

农村生活垃圾处理的主体是农民群众。从云安的经验来看，围绕农村生活垃圾处理，贯彻"共谋""共建""共管"和"共享"理念，突出群众的主体地位，使群众通过自我管理、自我服务、自我教育，积极参与农村生活垃圾处理工作，同时解决了农村生活垃圾处理工作中的劳力问题。因此，在推动城乡公共服务均等化过程中要尊重群众的主体地位，发挥群众的主动性与积极性。

（三）农村生活垃圾处理强化服务型政府的建设

农村生活垃圾处理是基层政府公共服务的重要内容，是建设服务型政府的落脚点之一。从云安的做法来看，"垃圾不清清干部，服务不下干部下"体现的就是一种建设服务型政府的决心，后来的农村生活垃圾服务体系建设、投入机制建设和管理制度建设便是一种实实在在的行动，最后，公共服务得到有效延伸，农村环境得到逐步改善，农民主体意识得到激发就是行动落实后的实际效果。由此可见，服务型政府建设的关键是把服务型政府的承诺放在提供基本公共服务上，强化政府的服务职能。

（四）农村生活垃圾处理要通过城乡统筹发展来实现

农村生活垃圾处理的"户分类、村收集、镇转运和县分片处理"体系较好地展现了城乡公共服务的统筹发展理念，农村垃圾处理能力不足，城市垃圾处理能力有余，将两者结合起来构建城乡统筹的垃圾处理体系对于城乡公共服务均等化是一种有益探索。相对于城市的公共服务，农村缺少资金投入、缺少基础设施、缺少管理体系，因此，农村公共服务体系的建立需要城市公共服务体系的有效延展与对接。通过城乡公共服务体系的统筹发展，不仅能实现城市公共服务体系的充分利用，还能推进城乡公共服务一体化进程，从而有效实现城乡公共服务的均等化目标。

如何让农民学会协商议事

——基于云浮市"十步工作法"的调查与思考

2021年,《中共中央国务院关于加强基层治理体系和治理能力现代化建设的意见》指出,"在基层公共事务和公益事业中广泛实行群众自我管理、自我服务、自我教育、自我监督,拓宽群众反映意见和建议的渠道。聚焦群众关心的民生实事和重要事项,定期开展民主协商"[①],为健全基层自治制度指明了方向。广东省云浮市在2010年前后针对村级建立社区服务合作社的实际状况,通过开展"十步工作法",按照"梳理确定议题—制定初步方案—征求社员意见—依法表决通过—公示表决结果—分流三站实施—定期开展研判—实施民主监督—组织绩效评价—事结公布结果"的工作流程,将决策的执行与决策反馈纳入工作法中,有效提升了村民参与基层治理的积极性和能力,健全了村民自治机制,推动了全过程人民民主建设,对于坚持走好新时代的群众路线具有重要的实践指导价值。

一 "十步工作法"的具体做法

(一)梳理确定议题

1. 广泛收集意见。合作社是一个由全体村民参与的群团组织。合作社的社员代表主要由村"两委"成员、村民小组长、村民代表以及本村辖区内的党代表、人大代表等组成,社员代表坚持从群众中来,到群众中去的工作方法和工作路线。围绕村民关心的问题或涉及群众切身利益的村务,在合

---

① 《中共中央国务院关于加强基层治理体系和治理能力现代化建设的意见》,《人民日报》2021年7月12日第1版。

作社工作例会召开之前，社员代表积极、广泛收集群众意见，听取民意。

2. 召开村级议事例会。农村社区合作社每周召开一次工作例会。例会主要工作内容包括总结上周各项工作，安排本周的具体工作；研判村内各项工作，及时上报存在的问题或隐患等。在合作社工作例会议事过程中，由社员代表根据上级部署和群众意愿，结合本村实际状况，提出需要决策的村级重大事项。村级重大事项决策的议事范围主要涵盖以下六个方面：一是研究保障本村经济和社会发展举措；二是制订《农村社区服务合作社章程（草案）》和内部管理规章制度；三是针对集体资产、集体土地、集体经济项目等方面，提出意见和建议；四是商讨农村文化、土地、环境、综合开发各方面建设；五是关注农村社会民生建设；六是讨论关于经济服务工作站、公共服务工作站、综治信访维稳工作站职责事项。

3. 提出核心议题。在农村合作社工作例会过程中，结合例会中讨论的意见和建议，合作社主任、副主任、专职干事和村"两委"干部对提出的重大事项决策进行一一梳理，确定需运用十步工作法解决的核心议题，有利于下一步制定相应的实施方案。

（二）规范村级决策程序

1. 制定初步方案。议题确定后，经由社务会讨论并制定初步方案。社务会是对涉及群众利益的基本公共服务和其他重大事项进行研讨的重要村级会议，每月召开一次，由农村社区合作社主任主持召集，组织社务会成员参加，监事会成员列席会议，必要时邀请部分村民代表、村民小组长参加。在具体会议召开过程之中，与会人员对相关议题展开多方讨论、协商、论证，在达成共识后，一同研究制定初步实施方案。

2. 充分讨论论证。在社务会闭会及实施方案初步拟定之后，合作社社员代表以进村入户的形式，广泛征求合作社社员的意见，充分了解人民群众的意见、建议，听取民意，再综合群众的意见提交至社务会上讨论论证，进一步修改完善实施方案。

3. 依法审议通过。实施方案正式确定之后，遵循社员代表大会制度，提交至社员代表大会讨论，并由社员代表表决通过。针对相关重大村级公共事务，则需要由村委会依法组织召开村民大会或村民代表会议，广泛听取村民群众的呼声，协调多方利益关系，再审议通过相关决定，确保做到依法、民主、科学决策。

4. 公示表决结果。村务公开是推进农村基层民主的重要方面。为推进村务透明化，依法表决通过的结果必须由社务会即日公示。同时，在决策结果执行过程中，村民群众也能够依照决策方案，全过程、全方位地监督决策实施，对于下一步决策方案的贯彻落实及成效凸显起到外部舆论监督作用。

（三）强化决策方案监督执行

方案表决公示后，交由相关的工作站分别实施。农村社区服务合作社下设经济服务工作站、公共服务工作站、综治信访维稳工作站，以"一社三站"整合农村基层组织资源，推进农村群众在经济发展、公共服务、社会管理等方面的合作共赢，构建村级履行功能职责和村民自治的执行系统，使公共服务延伸到村。在方案实施过程中，全方位接受群众监督。同时，合作社根据实际执行和监督情况，适时对方案进行研判，及时进行调整。

1. 分流三站实施。表决结果公示七天后，由社务会将表决事项按照经济服务工作站、公共服务工作站、综治信访维稳工作站的职责要求，分流实施。合作社通过下设公共服务工作站，承担上级关于城乡服务均等化的具体事项和其他基本公共服务职责，建立村级行政公共服务体系，让广大农村群众足不出村就能享受到信息化的基本行政服务，提升农村服务水平。

其一，强化经济服务功能。经济服务工作站围绕增加农民收入这一核心议题，做好与镇级农村土地流转服务中心、农村劳动力服务中心和农业发展服务中心的对接服务工作。

其二，提供惠民公共服务。公共服务工作站协助实施村"两委"决定的公共服务事项，承担上级基本公共服务事项，特别是建立村行政公共服务体系，推进行政事项网上审批和代办，让广大农村群众足不出村就能享受到信息化的基本行政服务。

其三，推进社会综治维稳。综治信访维稳工作站作为县镇两级综治信访维稳中心的基点，通过村民自治的手段，协助县镇村三级组织开展本村范围内不稳定因素和矛盾纠纷的排查调处工作，处理群众来信、来访反映的有关事宜，构建群防群治体系，维护社会稳定。

2. 定期开展研判。在经济服务工作站、公共服务工作站、综治信访维稳工作站对重大事项的分流实施过程中，合作社每周一次的工作例会对方案的执行情况进行定期研判，及时发现存在的问题，研究提出应对举措。主要是根据方案的执行实施情况，做出对资源和事务的安排，决策进程中不时有信息回流到决策系统，使得决策系统相应调整决策，推动动态的和循环的决策态势。

3. 实施民主监督。建立健全乡镇考核问责、村民自治监督、廉政直通车等监督机制，并由监事会对重大事项决策、议事项目的实施过程进行监督。民主监督主要以"一社三站"为载体，在基层建立"廉政直通车"制度，把村级党务、财务、政务公开上墙、上网，并设立群众信箱，农户足不出户就可实现"一键监督"。

（四）建立科学的评价体系

针对方案实施的最终结果，组织社员采取不同方式进行绩效评价，并在社员代表大会上进行反馈。通过建立健全科学的评价体系，决策效果信息能够传递给群众和上级政府，为进一步明确决策方向、优化决策内容、调整决策目标奠定良好基础。

1. 开展绩效评估。重大事项决策执行落实后，可以通过合作社社员自我鉴定重大事项的执行状况，合作社社员对重大事项的执行状况进行评议，组织对重大事项的执行状况进行客观的考核三种方式，对重大事项的执行情况开展绩效评价。

2. 事结公布结果。重大事项绩效评估过后，在社员代表大会上反馈重大事项的绩效评价情况及其实施结果，并向合作社社员公布。同时，对重大事项决策和实施过程的相关材料按照规范的程序进行整理归档，并报镇委、镇政府存档备查。

二 "十步工作法"的成效

为了培养农民自我管理、自我服务以及社会参与意识，彰显"共谋、共建、共管、共享"的村民自治特色，结合农村"一社三站"建设，在基层治理与管理中推行"十步工作法"，让群众参与贯穿工作始终，实现群众意见和民主决策相结合，推动官民共治。

（一）提升群众参与基层治理的积极性

一方面，激励群众参与民主决策。社员代表根据群众意见提出需决策的重大事项，社务会经调查协商形成初步实施方案，在广泛征求社员群众意见要求的基础上完善方案，并由社员代表表决通过。2010年，云安县通过"十步工作法"共形成43项议案，通过23个实施方案。云浮市洞表村在进行宜居新村规划建设过程中，采用"提案"方式收集村民意见，还召开征询意见座谈会8次，组织群众实地勘察5次，接纳群众意见23条，切切实实地让群众参与农村公共事业之中，充分发挥群众的聪明才智。按照"十步工作法"的要求，先由三个或以上的村民代表同时提出"提案"，提交至绿道建设讨论大会，经由村组反复讨论，再送镇县审定，提高村民参与度。另一方面，激励群众参与监督评议。公示表决通过的事项、方案，决策方案执行过程接受群众监督，监事会对决策方案执行过程实施监察督导，对于社员群众的质疑及时予以解答说明。重大事项决策执行落实后，由社员对执行情况进行绩效评议。2010年，以"廉政直通车"为平台，全县120个村（居）委会的党务、政务、村务、财务和服务等信息已向社会公开，接受群众监督，全年收到投诉件仅10件，比上年下降44%。同时，"十步工作法"也强调公开农村社区合作社的各项运转流程、工作方案和决策结果，例如，2010年，云浮市试点村公开表决结果47项，公开方案执行情况共23次，给予群众充分的知情权，便于其有序参与村庄内部公共事务的治理。

（二）形成了有效运转的决策程序

传统的决策模式是直线式的决策，强调效率优先，忽视了决策方案本身的适配性和有效性，以及决策实施过程的公开和监督、决策制定之后的反馈和评价，以至于整体落实成效不佳，难以促进治理成果的互惠共享。"十步工作法"在传统决策的基础上，对农村基层治理工作的运行程序予以改进，增加了定期研判、民主监督和绩效评价三个环节，使决策程序不仅仅止于决策制定，更注重决策的过程实施和实施后的监督评估，实现民主决策的大循环，促进民主决策程序的完善和健全。通过"十步工作法"，多方主体能够对方案实施过程进行有效监督，有利于及时调整方案，同时，建立起科学的评价体系，检验方案实施有效性，实现以评促改、以评促用、评建结合。

（三）解决了事关民众需求的现实问题

农村社区服务合作社遵循"十步工作法"，关注农村政治、经济、文化、生态和民生建设，从农民的实际需求出发，表决村级重大事项，制定农村重大事项方案。实施方案的全过程中进行定期研判，听取人民群众的意见和建议，及时进行调整。此外，方案的实施依托于农村社区服务合作社下设经济服务工作站、公共服务工作站、综治信访维稳工作站。它们分别从经济服务、公共服务、农村社区维稳三方面满足民众的需求。2010年，3个试点村共完成1326项信息收集和发布工作,开展34次政策咨询活动,组织19次技能培训活动,创办农村经济项目23项。2010年,村级信访维稳工作站共接待处理群众来信来访1719人次,化解农村社会矛盾1637宗,占全县成功化解矛盾纠纷总数的73.5%。3个试点村共承担公共服务配套项目53宗,承接行政事项网上审批96件。

(四)提高了村"两委"干部的威信

农村社区服务合作社运用"十步工作法"解决人民生活中的难题,满足人民群众的需求,将决策过程大公开,对方案实施进行全过程的监督,规范村"两委"的行为,提升云浮市乡村基层治理的有效性,提高了村"两委"的威信。以前,村民有问题或矛盾都直接找镇政府,现在村委会的威信提升了,他们有困难、问题首先会找村干部,真正做到了"小事不出村,大事不出镇"。

三 "十步工作法"的启示

云浮市在积极探索创新民主决策的机制和形式,充实和丰富村民自治内容等方面进行了卓有成效的探索,通过"十步工作法",在基层公共事务和公共事业中充分发挥多方协作作用,完善群众参与制度,构建出"大决策"观和决策循环体系,提高了决策质量和决策效率,实现民主决策和科学决策的统一,对于健全村民自治机制,推动基层治理体系现代化具有重要的启发意义。

(一)依托农村组织建设,构建农村基层治理新格局

农村基层治理是依托多方组织交互合作、良性互动的一个过程。从实际情况来看,农村基层建设面临诸多"疑难杂症",急需动员和统筹多方力量,集合多渠道资源,充分发挥农村基层民主制度优势。"十步工作法"则为祛除治理过程"势单力薄"这一顽疾开出了"多方合作,协同共治"的新药方。在治理过程中,除了强化公众参与,充分发挥群众主体作用,也应当注重多措并举,依托于农村"一社三站"等组织建设资源,有效调动多元社会力量,凝聚起共建共享的治理合力,促进党组织与群众、政府与群众、村委会与群众的双向沟通和良性互动,构建起农村基层治理的多元格局,以此进一步提升农村治理效能。

(二) 倡导"向下看"的理念,发挥人民群众的主体作用

农村是一个相对弱势和落后的地区,需要政府的助力来谋求发展,需要政府的引导来把握发展方向。但当前的农村基层治理与建设过程中,政府主导有余而群众参与不足,"强政府、大政府"理念并没有消失。社会管理不是单一的政府大包大揽,更需要群众的有效参与。[1] 在基层治理的探索实践中,改革不能由政府大包大揽,必须坚持群众观点,坚持走群众路线,以农村群众作为改革主体,充分发挥人民群众的主体作用。针对农村基层民主治理困境,云浮市在吸收外地优秀经验的基础上,从本土实际出发,设立了"十步工作法"。即农村要决定一项事情,必须通过"十步工作法",首先要听群众意愿,到底愿不愿意,然后社区的干部要进行梳理,梳理之后再拿出方案给群众,最后还要通过村民代表大会、社员代表大会进行表决,表决公示之后再分流到相关的工作站去实施,在实施的过程当中接受群众监督,还要不断研判,最后的评估结果还要向群众公示,还要接受群众的投票,表决到底行不行,使决策始终处在一个从群众中来,到群众中去的过程中。"十步工作法"运行过程将群众民主决策与政府指导相结合。坚持以农村群众作为改革主体,充分发挥群众的主体性,引导群众参与公共事务,深入挖掘群众的积极性和创造性,做到决策共谋集中民智、发展共建凝聚民力、合作共管汇集民意、成果共享顺应民心,形成"共谋、共建、共管、共享"的良性治理格局,激发社会活力,实现管理方式由"自上而下、政府管理"向"上下结合、民众共管"转变。

(三) 完善民主决策程序,创新社会管理机制

"十步工作法"是基于传统决策模式的创新机制,它按照决策循环的方式来践行,改变了传统的决策模式即直线型的决策模式,把决策的实施和决策的评价放入民主决策过程中,构建"大决策"观和决策循环体系[2],改进决策质量,提高决策效率,做到民主决策和科学决策的统一,创新基层民主决策体制机制。在"十步工作法"中,梳理议题来自社员的意愿和上级的部署,社区负责人在实地调研后制定初步的方案,随后入户听取民意,收集群众的意见,以进一步修改决策,当议案相当成熟后,分不同层级来表决方

---

[1] 参见徐勇等《再领先一步:云浮探索》,中国社会科学出版社2012年版,第184页。
[2] 参见徐勇等《再领先一步:云浮探索》,中国社会科学出版社2012年版,第127页。

案，公示决策结果，分流不同的工作站实施。按照"四议两公开""五步工作法"，民主决策过程已经结束。但在此基础上，"十步工作法"增加了定期研判、民主监督和绩效评价，并将结果公开。"十步工作法"为社区建设提供一套规范的办事程序，有利于完善民主决策流程，在基层治理中实现村民参与、政务公开和民主监督。社区建设除了需要地方政府的政策和法规、社会组织的积极参与外，还要有一套行之有效的工作流程，没有大家可以遵循的办事程序，任何社区工作都是难以开展和运行的。

（四）监督方案实施过程，营造民主监督的社会氛围

重大事项的实施过程需要即时研判监督，及时发现问题，提升决策的科学性。"十步工作法"在对重大事项的分流实施过程中，由合作社工作例会对执行情况进行定期研判监督，及时发现重大事项方案实施的过程中存在的问题并提出应对措施。同时建立健全乡镇考核问责、村民自治监督、廉政直通车等监督机制，并由监事会对重大事项决策、议事项目的实施过程进行监督，云浮市运用信息化技术，把远程监督连接到镇、村，直至农户，保障群众监督权的实施，提升基层民众参与监督、投身社会建设与社会管理的积极性，推动领导干部树立起"执政为民、廉洁执政"的理念，提升决策的科学性，有利于营造民主监督的社会氛围。

如何让群众自治有效运转起来

——基于云浮市云安县"三级理事会"的调查与思考

《中共中央国务院关于加强基层治理体系和治理能力现代化建设的意见》强调:"在基层公共事务和公益事业中广泛实行群众自我管理、自我服务、自我教育、自我监督。"[1] 2011年以前,云安县政府对农村的管理长期依靠行政村,但由于村一级事务繁多、资源有限,在基层治理的过程中常常感到力不从心,存在许多"管理真空",基层社会稳定与发展不能得到保障。在经过一系列有益尝试仍未取得满意效果之后,云安县积极探索建立"组为基础、三级联动"的理事会制度,"三级理事会"以"民事民办、民事民治"为原则,创新"共谋、共建、共管、共享"的社会管理方式,转政府"独角戏"为官民"大合唱",在自上而下的政府服务与自下而上的群众参与之间形成有效衔接和良性互动,解决了基层社会治理的"落地难"、政府行政与群众自治的"对接难"、党的领导能力和扩大群众参与的"互动难"的问题,对于进一步创新基层治理方式有着重要现实意义。

一 组建"三级理事会"的做法

在实行美好环境与和谐社会共同缔造行动之前,云安县的基层治理多为政府主导,基层群众不了解也没有太多渠道了解公共事务,政府对于基层群众的需求和切身利益也不熟悉,基层治理处于"悬浮"状态。政府只是僵硬地完成上级下达的任务,基层群众也多是"各人自扫门前雪"的心态,

---

[1] 《中共中央国务院关于加强基层治理体系和治理能力现代化建设的意见》,《人民日报》2021年7月12日第1版。

群众自治缺乏活力。有鉴于此，云安县积极探索"三级理事会"制度，寻求在党委领导和政府主导下的基层群众自治道路，在镇村组三级建立分层治理又相互促进的理事会制度，充分调动了群众的积极性，获得了极为显著的成效，主要做法如下。

（一）畅通官民互动渠道

一是自上而下，强化政府社会管理。在设立"三级理事会"以前，云安县的基层治理多以政府为主导，政府没有做到"问需于民"，公共服务也无法很好地落实到基层，"政府干，群众看"是常态，政府官员"跑断腿""磨破嘴"，群众依然受益不多。因此，云安县积极转变原有的工作思路和工作方法，在乡（镇）一级设立乡（镇）民理事会，变"向上相对应"为"向下相适应"，下沉乡镇政府，将乡镇的主要职能定位于社会服务和基层治理，让乡镇干部到群众中去，实现向下给力。

二是自下而上，发挥群众主体作用。基层治理体系和治理能力的现代化离不开基层群众的广泛参与。然而，云安县原有的政府主导型机制体制却极大限制了基层群众主体地位的充分发挥，使村民自治陷入停滞状态。鉴于此，在主体功能扩展理论的指导下，云安县建立村民参与基层事务管理的平台，在村民小组（或自然村）建立村民理事会，在村（行政村）组建社区理事会，积极鼓励和引导村民进行自我管理、自我教育和自我服务，变政府主导为群众参与，为基层自治提供稳固的基础和持续的动力。

三是官民共治，形成上下良性互动。云安县"三级理事会"以村为中心，向下延伸寻找"支点"，向上扩展寻找"空间"。向下延伸，就是在组一级建立村民理事会，将一些不必麻烦村级理事会的事务在村民小组内部自行解决和消化。这样一来，就极大地减轻了村级理事会的负担。向上扩展，就是在乡（镇）一级建立乡（镇）民理事会，乡（镇）民理事会可以通过召开会议，广泛听取群众意见，同时吸纳更多群众参与到日常事务的管理中来。这样一来，乡镇就以极小的成本使得全乡镇的资源得到整合和利用，达到"四两拨千斤"的效果。通过三级联动机制，"乡政"和"村治"可以通过理事会的方式实现有效衔接和良性互动，使得官民在"共谋""共建""共管"中实现"共享"。

（二）明确"三级理事会"职能

一是充分发挥村民理事会的基础性作用。村民理事会是在村民小组（自然村）一级建立的理事会。组作为村民自治的基本组织单元，是最紧密的经济、社会和文化共同体，以组为基础设立村民理事会，更多是基于农村社会内部的现实需求。村民理事会主要履行关乎群众切身利益的"五小"职责，即调解邻里小纠纷、兴办农村小公益、纠正群众小陋习、提出工作小建议、履行自治小职能。村民理事会职责虽小，但事事关乎基层群众的切身利益，直接影响基层群众的生产生活，在"三级理事会"中发挥着不可替代的基础性作用。

二是充分发挥社区理事会的协商自治职能。村一级的社区理事会主要履行"了解民意、商议村事、协助自治、调处民事、服务村民"五项职责。相较于村民理事会，社区理事会为一些更重要的民意和更大范围的民事的协商解决提供了平台；相比于乡（镇）民理事会，社区理事会吸纳了农村各类精英，具有很强的权威性。社区理事会对于妥善解决村民自治"不落地""上不通"的问题和政府管不了、管不好的问题，实现基层和政府的上下联动具有举足轻重的作用，在镇村组"三级理事会"中处于中心地位。

三是充分发挥乡（镇）民理事会的统筹全局功能。云安县积极调整乡镇的职能定位为社会服务和基层治理，向下给力，着眼于服务，着力于基层。乡（镇）民理事会主要协商解决关乎全镇民生的大事要事，履行"表达民意、参与议政、监督政务、调处矛盾、兴办公益"五项职责。乡（镇）民理事会的建立，是变"政府大包大揽、群众被动参与"为"政府以奖代补、群众主体参与"的有效载体，是构建"政府与群众互动"基层治理网络的创新之举。

（三）建立理事会理事履职机制

一是联动运行机制。云安县紧紧抓住村民小组（或自然村）这一能够与村民直接接触的最小层级，以组为基础，建立村民理事会，实行联户代表议事制度，发挥乡贤作为理事的积极作用，将原本犹如"一盘散沙"的基层群众"连成一片"。同时，在行政村和乡镇分别设立社区理事会和乡（镇）民理事会，"三级理事会"彼此相对独立又相互联结的联动机制，在乡镇一级范围内最大限度地盘活了各方面社会资源，形成了一个秩序井然、良性互动的有机整体。

二是推荐选举机制。"三级理事会"是在党委政府领导下，在群众自愿组织下，分别以村民小组（或自然村）、行政村、乡镇三级为基本单元，按照"民事民办、民事民治"原则,通过提名候选人、选举产生理事两个步骤组建而成的。村民理事会的理事,按照"注重威望、合理分布"原则,由村中有威望、有能力的老党员、老教师、老模范、老村干等村中族老,以及村民代表、复退军人、经济能人、外出乡贤等组成,重点解决"政府难以管、干部管不了、农村无人管"的农村管理难题,优化公共服务,强化村民自治。

三是民主议事机制。村民理事会对重大事项决策实行"一事一议",采取"三议三公开",即理事会提议、理事走访商议、户代表开会决议,议案决议公开、实施过程公开、办事结果公布的方式民主议事,让群众在决策共谋中有参与权、表决权、监督权。社区理事会、镇民理事会按照"一会一议一监督"的方法履行理事职责,列席本级会议,商议本级事务,监督本级政务。

四是长效管理机制。一方面,共同研究制订公约。村民理事会、社区理事会分别以户代表会议、村民代表会议的形式,与群众共同议定村规民约,教育和引导村民共同参与基层治理,探索建立"建管并重、属地管理、人人参与、利益导向"的共管机制。镇民理事会则拟定文明公约,在农村倡导文明新风。另一方面,共同研究运转保障经费。村民理事会的运作经费以"一事一议"的形式解决,确保其正常运转。社区理事会、镇民理事会的运作经费则以自筹形式解决。

(四)完善理事会监督激励机制

一是双向评议机制。"三级理事会"以年度评议的形式建立"双向评议"机制。一方面,群众评议理事。镇村民"三级理事会"分别以组织召开"两代表一委员"联席会议等方式对理事履职情况开展评议,对于群众不满意的理事及时更换。另一方面,理事评议群众。镇村民"三级理事会"以组织召开理事会会议等形式评议群众活动。其中,村民理事会重点对农户遵守村规民约、履行村民职责等情况进行综合评议,评选"模范户";社区理事会重点对社会贤能的作用发挥进行综合评议,评选"杰出乡贤";镇民理事会重点对群众参与基层治理的村民小组(或自然村)情况进行综合评议,评选"明星村"。

二是功德载史机制。"三级理事会"通过设立"功德史册",结合各地实际,把外出乡贤捐资公益、农村好人好事等情况,以大事记形式记载下来,著述村庄历史变迁、能人贤良、慈善之举。此外,"三级理事会"通过宣读功德史册、兴建功德堂等形式,在农村倡导"做功德人、办功德事、立功德册、建功德堂"的文明新风,引导群众崇德尚学、致富向善。

三是政府激励机制。第一,给资源。结合美好环境与和谐社会共同缔造行动"以奖代补"项目工作的开展,建立"项目共建、以奖代补"机制,增强村民理事会履职活力。第二,给导向。建立村民理事长"年度评议、以奖代补"的试行办法,引导村民理事会严守章程、履职尽责,从而加强党委、政府对村民理事会的领导和协调,确保"民事民办、民事民治"的履职导向与党委、政府的决策导向保持一致。第三,给荣誉。结合名镇名村示范村建设,建立"名村建设、以奖代补"机制,以"村民理事会自荐、社区理事会推荐、镇民理事会审定"的程序,评选"十大明星村",颁发"明星村流动红旗",配套"以奖代补"资金,增强村民理事会的履职热情。

二 组建"三级理事会"的成效

经过一系列探索和尝试,广东云安县的"三级理事会"制度成功转变了政府原有的效能不高的工作方式,调动了基层群众参与公共事务的积极性,促进了选举性民主向参与式民主深化,推动了乡村治理由政府主导向官民共治深化。

(一)群众主动性显著提高,基层自治焕然一新

"三级理事会"变政府主导为群众参与,政府变"唱戏"为"搭台",群众变"看戏"为"唱戏",充分调动了群众的主动性,使得群众的主体作用得以有效发挥。在横洞村民理事会的引导下,云安县横洞村村民自觉腾出土地、拆除危旧房屋、义务投工投劳1277人次,无偿捐地2336平方米新建了42套"农民公寓",解决了全村31%的人口住房,节约用地超7000平方米。村民们"自己的事情自己办,真正实现了'共享、共管、共议、共建'。现在村容村貌焕然一新,村民过上了令城里人羡慕的'七星级家园'生活"[①],张秀泉说。

---

① 张海燕等:《云安成立民事民治"三级理事会"》,《南方日报》2011年6月30日,转引自徐勇等《再领先一步:云浮探索》,中国社会科学出版社2012年版,第455页。

（二）基层治理单元下沉，"组为基础"效果显著

云安县村民自治长期存在"进得了村，入不了户"的难题，大量农村事务"管不到、管不了、管不好"。"三级理事会"制度通过下沉治理单元到组，推行民事民办，发挥了村民理事会的"补位"作用，扫除了许多村里长期存在的社会事务"薄弱点"和"空白点"，使得农村基层治理落地。例如，前锋镇洞表村民理事会以村规民约的形式制定卫生管理规定，安排专人清洁公共场所，群众自觉做到"三包"，即包卫生、包绿化、包秩序，营造了宜居生活环境；横洞村民理事会则以"十个不准"教育和引导村民共同维护村庄公共设施和环境卫生，落实村中树木的认捐认管和绿化区域的认管责任，共同参与村庄管理，有效体现了群众在管理中的主人作用。

（三）官民互动更加密切，"三级联动"焕发生机

"三级理事会"的建立，为群众表达民意、参政议政提供了窗口，也为政府了解民生、凝聚民力提供了途径，推动了乡镇政府的职能向基层治理和社会服务转变。群众的心愿政府听得到，政府的努力群众看得见，群众的切身利益得到合理关切，政府在群众中的威望也得到显著提高。"每天都有远近的领导下到村里来，他们会去到农田、桔园、猪场"，云安县南盛镇大窝村村支部书记邓建芳介绍说，"领导之后，很多大学教授、专业技术人员也下到村里，而这对靠天吃饭的农民来说真是受益匪浅"[1]。

（四）协商民主不断完善，基层自治长足发展

"三级理事会"机制体制创新，为协商民主的发展提供了载体。村民们通过三级议事平台互动交流，充分体现了"民事民办、民事民治"的原则，破解了长期束缚基层自治深入发展的一系列问题，极大地激发了基层群众参与自治的积极性，促进了基层自治的长足发展。有一件事情让云安县石材商会会长、云安县石城镇乡民理事会理事长、云浮东润创展石材有限公司董事长古喜泉印象深刻，他说："国道324线扩建时，受到部分企业的阻挠，政府想了很多办法都没解决，最终由'三级理事会'出面协调解决。"[2]

---

[1] 雷辉等：《云安社会管理：上下给办官员互动》，《南方日报》2011年7月10日，转引自徐勇等《再领先一步：云浮探索》，中国社会科学出版社2012年版，第459页。

[2] 周小林：《云安探索"互动式"社会管理》，《云浮日报》2011年7月14日，转引自徐勇等《再领先一步：云浮探索》，中国社会科学出版社2012年版，第472页。

三 组建"三级理事会"的启示

"三级理事会"制度是云安县在党和政府领导下对于基层自治体制机制的重大创新,不仅对于云安县本地基层自治的发展具有重要意义,而且对于广大农村地区基层自治的建设和发展具有重要借鉴意义和推广价值。

(一)组建"三级理事会"要尊重群众主体地位,凝聚社会力量

群众是基层自治的主体,美好环境与和谐社会共同缔造要充分团结群众、依靠群众,注重发挥群众的主体功能和作用。因此,要在"共谋、共建、共管、共享"的共同缔造理念的指导下,通过完善制度保障、创新激励机制,提高公共事务决策的民主性和科学性,想方设法汇民智、集民力、晓民情、聚民心,提升群众在基层治理中的地位和作用,确保政府和群众在发展基层自治的过程中能够心往一处想、劲往一处使,充分发挥群众的积极性、主动性和创造性。

(二)组建"三级理事会"要与党和政府步调一致,明确前进方向

一方面,"三级理事会"要坚持"党委领导,政府主导"的原则,确保"民事民办、民事民治"的履职导向与党委、政府的决策导向保持一致,充分发挥"三级理事会"在政府和群众之间的纽带作用。另一方面,党和政府要不断完善机制体制、强化政府激励,不断激发"三级理事会"理事的履职热情和广大基层群众的参与热情,加强党和政府对"三级理事会"的领导和协调,确保"三级理事会"与党和政府目标一致、方向一致、步调一致。

(三)组建"三级理事会"要完善监督激励机制,坚持奖罚分明

"三级理事会"制度能否有效运转关键在人,但"三级理事会"制度不仅要充分认识到理事的重要性,更要确保理事的重要作用能够充分发挥出来。完善监督激励机制,对于严守章程、履职尽责的理事给予充分奖励,违规不称职的理事则要求其主动辞职。这样一来,不仅能够确保"三级理事会"制度"不跑偏、不走样",还能为"三级理事会"制度提供稳固的基础和持续的动力,是基层自治行稳致远的必要保障。

(四)组建"三级理事会"要不断创新体制机制,挖掘制度潜力

体制机制创新可以不断弥补现有制度的不足与短板,不断挖掘有益资源和要素,促使基层群众自治走向深化。"三级理事会"制度是云安县基于自

身情况和实际需求对于基层自治体制的成功创新,其实践的成功落地促使群众在各种机制的激励和乡贤的带动下,积极参与到基层公共事务中来,也推动乡镇政府的基层治理和社会服务不断"向群众看齐",使云安县村民自治一改往日停滞局面,迸发出强大生机和活力。

如何让数据多跑路群众少跑腿

——基于云浮市云安县信息化服务体系的调查与思考

随着农业农村现代化的发展，在农村治理场域中，长期存在的城乡公共服务信息不均衡的现状，使得乡村治理受到诸多限制，难以满足共同缔造美好幸福生活的要求。为了实现公共服务均等化，促进乡村治理的现代化，需要搭建信息化服务网络、完善信息化服务内容、实现治理主体协同共治，从而建立健全信息化服务体系，通过信息赋能完善治理格局。2010年，作为广东省农村综合改革示范县的云安县，以《美好环境与和谐社会共同缔造行动纲要》的文件精神为指引，着力构建信息化服务体系，既有利于凝聚群众共识、塑造群众精神、激发群众参与，又有利于建设服务型政府，搭建群众与政府之间良好互动的信息网络，其做法与先进经验值得借鉴学习。

一　信息化服务体系建构的主要举措

（一）夯基础，搭建信息化服务网络

一是加强信息化设施建设。在搭建信息化服务网络时，云安县走的是"三网融合"的建设道路，即没有纠结于广电和电信在利益上的纷争，而是从老百姓真实需求出发，以有线广播电视网为主通道，实现包括电视、上网、电子商务等在内的多项服务。立足于"共建一张网，共创新业态"的原则，云安县的"三网融合"满足了如下要求：（1）立足实际，尽量帮老百姓省钱，既避免了重复建设，又满足了老百姓的实际需求；（2）建有所用，方便老百姓生活。在共建一张网的基础上，把远程医疗、远程教育、同城电视购物等各种便民服务作为重点，确实让老百姓得到了实惠；（3）试点建立足不出村的远程审批体系，逐步把全县326项审批事项放在网上办理，

提升政府公共服务和基层治理能力。

二是完善信息化服务内容建设。按照"一网连市场、一线解难事、一站办审批"的思路，云安县积极推进政府公共服务向"三农"覆盖，逐步扩大经济服务信息化、社会服务信息化、行政服务信息化的覆盖面，以"三网融合"强化农村信息化服务，把远程医疗、远程教育、远程招聘、远程审批逐步向镇村延伸，并以建立"三农"信息服务网，开设12345政府服务热线，建立网上审批系统为载体，逐步扩大经济服务信息化、社会服务信息化、行政服务信息化的覆盖面，让更多的农村群众足不出村就能享受到信息化服务，以信息化手段提高城乡基本公共服务均等化水平。

（二）建体系，健全信息化服务体系

构建信息化服务体系是一个系统工程，单纯依靠信息化技术和设施建设是难以实现的，建构完善的信息化服务体系需要政府、企业、群众等多元治理主体的积极参与，实现协同共治。

一是发挥政府的主导作用。云安县各级政府通过政策制定、规划执行、资金投入等方式搭建起信息化服务沟通平台，该平台旨在促进城乡基本公共服务均等化，搭建市场与农业产品及生产要素之间的良性互动，健全阳光政务服务体系。

二是发挥市场的引导作用。通过完善和及时更新平台信息，把全县农村土地流转、农村劳动力供求、农产品产供销等信息上网公告，一方面促进农村资源的合理高效利用，为农村谋求更多的发展机遇，另一方面也有利于创造一个公开透明的市场环境，吸引优秀企业和乡村能人来本县投入资金、发展特色产业。

三是发挥群众的主体作用。人民才是历史的创造者，云安县在建设信息化服务体系时更要发挥群众的主体作用，注重民意的收集、研判和执行，以民意为导向；同时在建设过程中注意发挥群众的主动性、积极性和创造性，搭建群众参与与反馈的便捷通道：如政府服务热线。

（三）强服务，提升信息化服务效能

一是畅通民意收集渠道。基层治理不是一个单向的工作流程，而是需要政府与民众之间的双向沟通和良性互动。一直以来，云安都将民意的收集和反馈作为工作推进中的重要一环，提出了"民意为先"的工作理念。"民意为先"强调了民意的重要性和基础性，设立电话直通车绿色通道、信件直通车绿色通道、网络直通车绿色通道，畅通"两代表一委员"信息收集渠道，把基层群众纳入参政议政中来。"两代表一委员"工作站的设立，一方面解决了各级党代表、人大代表、政协委员在闭会期间的作用发挥问题，另一方面有效收集了民情民意，为政府施政提供了决策依据，从而加强服务型政府建设。

二是重点把握农民需求。云安县深化"一网三中心"建设，以搭建平台优化"三农"服务。以"搞好硬件建设，完善软件建设，健全机制建设"为重点，在全县各镇实现镇级"三个服务中心"全覆盖。创新构建云安"三农"服务网，在县政府公众信息网上开辟"三农"服务专栏，把全县农村土地流转、农村劳动力供求、农产品产供销等信息上网公告，以"一网"为平台，提高"三中心"运行效能，不断优化"三农"服务，使土地成为农民财产性增收的重要途径，现代农业成为农民持续增收的重要基础，劳务经济成为农民收入倍增的重要支撑。

二 信息化服务体系建构的成效

云安县充分运用信息化技术，开通"四个网络"，实现服务入户，即把远程医疗、远程教育、远程招聘、远程审批、远程监督连接到镇、村，直至农户，农户只需联网即可办理相关事务，享受相关服务。目前，信息化服务体系的建构取得了阶段性的胜利，已形成延伸至农户的"一网连市场、一线解难事、一站办审批、一键强监督"的全方位信息化服务体系。通过构建公共服务信息化体系，使农民足不出户就能享受到和县城居民同等的公共服务，对于扭转长期存在的城乡公共服务信息不均衡的局面具有重要的借鉴意义。

（一）开通"三农"服务网，实现"一网连市场"

通过开通"三农"服务网，把农村土地流转、农村劳动力供求、农产品产供销等信息统一在网上发布，把千家万户与市场相联结，使农户足不出户就可实现"一网连市场"。2010年，"三农"服务网共发布各类信息1195条，其中农村土地流转信息376条，劳动力供求信息151条，农产品供销信息97条，其他信息571条，网站浏览人数36372人次，平均每天240人次。

（二）开通政府服务热线，实现"一线解难事"

2010年1月，正式开通12345政府服务热线，处理行政机关职能范围内的咨询、投诉、建议或意见、求助等事项，为群众提供信息化社会服务，使农户足不出户就可实现"一线解难事"。

（三）开通远程审批系统，实现"一站办审批"

探索建立远程审批系统，使农户足不出户就可实现"一站办审批"。2010年，全县共有32个事项通过网上审批系统成功办理各项事务。云安县计划逐步扩大全县326项行政许可和非行政许可审批事项的网上审批覆盖率，力争2011年把网上审批事项由原来的11项增加到163项，占所有行政许可和非行政许可审批事项的50%，到2012年达到80%，2013年实现全覆盖，让更多农村群众能享受到信息化的服务。

（四）开通"廉政直通车"，实现"一键强监督"

开通"廉政直通车"，在网上公开农村的党务、村务、事务，接受群众监督，农户足不出户就可实现"一键监督"。在"廉政直通车"的推动下，领导干部树立起"执政为民、廉洁执政"的理念，基层民众参与监督、投身社会建设与基层治理的积极性高涨。2010年，以"廉政直通车"为平台，全县120个村（居）委会的党务、政务、村务、财务和服务等信息已向社会公开，接受群众监督，全年收到投诉件仅10件，比上年下降44%。公共服务信息化体系的构建与完善，使农民足不出户就能享受到和县城居民同等的公共服务，切实扭转了长期存在的城乡公共服务信息不均衡的局面。

三　信息化服务体系建构的启示

借助信息化技术赋能，搭建协同治理大格局，才能成就共同缔造美好幸福生活的美好愿景。云安县通过构建信息化服务体系实现多元治理主体协同治理、强化"三农"服务等方面的探索，对构建信息化服务体系、促进城乡公共服务均等化具有重要的启发意义。

（一）群众需求是信息化建设的出发点

在信息化服务体系的建构过程中，应该着眼于群众需求的实际，立足于社会发展的需求做出决策，唯有如此，才能跳出市场的束缚，使得制定的政策、规划真正做到以群众需求为导向，真正做到发展为了群众，发展的成果由群众享受。

（二）四化协同是信息化建设的着力点

云安把信息化环境看作重要的发展机会和发展环境，注重把信息化同服务于老百姓,为所有群众提供优质、均等的公共服务结合起来,同推进新型工业化结合,同推进新型城镇化结合起来。

(三) 服务群众是信息化建设的突破点

云安以服务向下延伸拓展基层治理的内容,其特色在于创造了一系列新的、向下适应的公共服务载体,寓服务于管理之中,寓管理于服务之中,将基层治理与社会服务有效结合起来,打破了传统基层治理中"管理"与"服务"脱离造成的基层治理行政化困境,从而实现了基层治理体制与内容的创新。

下编

云浮探索的工作文献

王蒙徽书记在落实《美好环境与和谐社会共同缔造行动纲要》县（市、区）委书记座谈会上的讲话

(2010年5月21日)

今天把大家请来，主要是了解各县（市、区）前段时间落实美好环境与和谐社会共同缔造情况，交流经验体会，研究工作举措，推进工作落实。刚才，各县（市、区）委主要负责同志分别作了汇报，应该说，各县（市、区）都有了基本的思路，也做了大量工作，工作正在推进。下面，我围绕美好环境与和谐社会共同缔造主题，讲三点意见。

一 提高思想认识

落实美好环境与和谐社会共同缔造，首先要认识到，当前云浮的主要任务是加快发展。这是省委、省政府的要求，也是全市人民的期待。云浮建设15年，经济社会发展取得了巨大成就，但在全省还是处于落后位置。省提出，要率先基本实现现代化，全省各地都在加快发展，同是山区的清远，近年发展起来了，条件比我们好的老地级市，以及沿海地区的发展也蒸蒸日上。云浮建市晚，底子薄，条件不优越，应该怎样发展，怎样做到科学发展，从而实现跨越发展？2008年10月中共中央政治局委员、省委书记汪洋视察云浮之后，我们就一直在思考。通过反复的调研，认真的论证、探讨，以及前一阶段的工作实践，我们提出了美好环境与和谐社会共同缔造。美好环境与和谐社会共同缔造的主要内涵和基本思路主要是以下几个方面。

（一）要营造优势，差异发展

所谓差异发展，就是在同一个层面、同一个空间、同一个时间的条件

下,他有他的特色,你有你的特色。只有做到差异发展,才能够你中有我,我中有你,相互促进、相互发展。事实上任何一个地方、任何一个国家,都不可能把所有地方搞成一个样。云浮跟东莞比,相差二三十年;与广州比,更不用说;相邻的肇庆已经融入珠三角,并且他们本来条件就比我们好。在这样的条件下,云浮要赶上或者超过别人,只有差异发展,做成跟别人不一样的东西,把劣势转化成优势,才能在同样的空间、时间里和别人站在一起。所以必须做好几件事。

第一,加快交通基础设施的建设。差异必须是在一个层面上的差异。不能一个在山上,一个在山下。如果交通都不通,跟别人就是两个不同的时空了,跟别人不是一个层面、一个空间了,一个落后,一个先进,那不叫差异,必须打通与珠三角的交通联系,才有这个条件去差异发展,才能够形成差异发展的格局。所以要大力加快交通基础设施建设,加快推进"五三二一"工程。

第二,加快信息化建设,推动公共服务水平的提升。没有信息化建设,地球就不是平的。有了信息化,我们就可以享受到大城市的一些公共服务,比如医院、学校。当然这需要有一个过程。但我们是可以做到的,可以做到一些最基本的东西。这样,地球也就变成平的了。

第三,要明确在全省的定位。明确了云浮在全省中的定位,才能明白我们到底做什么才跟别人不一样。与广州、佛山比,是比不了的。因为我们的环境不一样。现在我们能做的,他们做不了,他们想做也做不了,而且他们也很需要。如果脱离实际,说是要把云浮建成广州,那是天方夜谭。不要说建成广州,建成佛山都不可能。所以,我们要找准自己的定位,做珠三角做不到的,做珠三角需要的,比如,健康、生态、幸福。怎样才能做到健康、生态、幸福?首先是要发展循环经济,提升传统产业,只有这样,环境才能保护好,优良环境才能够做得更好。其次是要发展一些可以从我们自身优势和特点生长出来的新兴战略产业,这样我们才能有新增长点。再次是弘扬自身的文化,营造良好的社会氛围。这三个方面都是他们做不了的。而要让人家感觉到你这里是健康、生态、幸福的,人居环境建设是载体,也就是我们现在正在做的美好环境与和谐社会共同缔造行动。这是与全市的发展战略,与加快经济发展方式转变连在一起的,而不仅仅是要建设一个健康、生态、幸福的宜居城市。我们要把云浮建成一个又健康、又生态、又幸福的地区,这样我们才跟广州不一样，跟其他城市不一样，也只有这样，其他城市的人才会到我们这里来。他们来了，我们就有钱了，我们就有发展了。有了健康的生活方式，就会形成健康的产业体系，就会形成良好的生态环境、人文环境，就可以发展现代服务业、现代旅游业、现代休闲业。这样就可以超到别人前面了。

云浮城市的综合竞争力怎样提升，途径就是美好环境与和谐社会共同缔造。这是我们差异发展的核心，这样才能把劣势变成优势。通过这一段时间的实践，实际上已经反映出这么一个情况：现在来云浮的人多了，城区的消费力提高了，周末城区的宾馆也基本住满了。过去一到周末，不要说来云浮的，就是我们的干部几乎都不见了。可是现在不一样了，这个效果是实实在在的，城市有了活力，对内有了凝聚力，对外有了吸引力。

（二）要整合资源，统筹发展

我们缺资金、缺人才，很难与发达地区相比。所以我们要整合资源。比如资金，我们财力有限，我市财政每年支出40多亿元，而收入仅有10多亿元，如果东一点，西一点，是办不了事的，集中起来，放到核心上，放到最需要的东西上，才能使有限的资金，发挥最大的效能。整合资源，才能形成竞争力。比如，绿道建设就是把所有的资源都整合起来。园区建设，也是大家共建共享。为什么要建设主体功能区？就是要把所有资源整合起来，不要"村村点火，处处冒烟"。资源整合起来了，就会形成规模，形成了规模，就会形成效应。没有规模是没有效应的。所以大家要学会整合资源，学会把自己有限的东西用好，同时要把所有的资源整合好，做好自己该做的事情。另外，还要调动各个方面去共建共享，这样才能形成合力。这方面，温氏集团就很值得我们学习。温氏集团成功经验之一，就是与农户共建共享。最近我们进行了一次调查，温氏集团的固定资产投入与农户的固定资产投入比例差不多。温氏集团投入100个亿，农户大概也是投入了100个亿。这样才形成了温氏集团今天这样一个规模。要善于把社会有限的资金，社会各方面的力量，充分调动起来，要善于把各项工作整合起来。很多事情要做到结合，比如，扶贫开发"规划到户，责任到人"工作，绿道种树等工作，都是可以结合的。作为一把手，很重要的一点，就是要去整合，发挥合力。

（三）要以人为本，共同发展

科学发展观的核心是以人为本。如果做不到以人为本，见物不见人，发展就会受到制约。只有做到以人为本,才能实现跨越发展,可持续发展。比如,征地问题,如果闹来闹去,不但影响发展,而且会造成新的社会矛盾。化解社会矛盾,核心是做到以人为本。又比如,美好环境建设,现在很多城市都在做美好环境,建设大马路、大广场、大公园,提高竞争力。但这些地方的老百姓很多都没有感受到美好环境。这是因为,一是没法享受。如广州的珠江两岸,建设得很好,很漂亮,但比较远,要开车去,老百姓没法享受。二是不敢去享受。有的地方搞了很好的环境,但社会环境恶劣,治安状况差,老百姓不敢去。我们的美好环境建设是一个以人为本的载体,不仅要营造自己本身的优势,同时还要创造一种新的发展理念,探索以人为本的发展方式。这不仅对现在,对未来,对我们的发展,都是一个根本性的转变。

总之,大家要统一对美好环境与和谐社会共同缔造的认识。认识指导实践,只有认识到这是什么东西,才能做到什么东西。如果连想都想不到,怎么可能去做成。所以,希望大家认识到美好环境与和谐社会共同缔造,是我们发展的大政方针,是加快转变经济发展方式的载体,也是把思想和行动统一到胡锦涛总书记对全党提出的加快转变经济发展方式以及省委、省政府和市委、市政府的中心工作上来,全面践行科学发展观的一项重要工作。

二 找准工作方法

工作方法是抓落实的重要问题。方法正确科学,事情就会迎刃而解,事半功倍。良好的工作方法是在实践中创造的,根据自己的实际去创新的。

第一,要学习。学习是做好一切工作的基础和前提。在某种意义上,学习水平的高低,决定工作水平的高低。刚才我讲的,不仅是发展思路,更是一种发展的方法。希望你们能够充分理解。各地要差异发展,就要明白在云浮大的方针中,能做什么东西。要把市委的工作跟县(市、区)委的工作结合在一起,变成各地的工作实践。大家要先学,学懂。学懂了然后去跟班子讲。学习不好,工作也是搞不好的。

第二,要试点。新的东西,不要一下铺开,要去尝试。各县(市、区)都要深入进去抓一个点。云城区的点我已经去看过。云安县的点,也出成果了。我希望各地都有成功的点。各地什么时候搞好,我就什么时候去看。总的要求是,各地在今年6月底前都要有成功的和谐宜居示范村(社区)点。

第三，要广泛发动群众。抓试点是发动群众的重要方式。试点搞好了，让群众去看。这点很重要，因为发动群众不仅是讲大道理，更主要的是给群众看到实实在在的东西。我们在做的很多事情，是在于过程，结果可能都是一样的。比如，我们的绿道建设，结果可能比不上珠三角的绿道。因为珠三角花了很多钱，我们怎么去跟别人比。我们也没必要那样去做。南山公园的绿道建设为什么能发动群众？就是通过试点，一个一个点地做出来的。群众一看，确实不错，又花不了多少钱，大家就积极参与，主动共建。谁不想自己生活在美好环境里，生活在和谐社会里。这是人的天性。所以，要把试点做好，让大家去看，特别是让基层干部去看，让村长、村支部书记去看，让村民、村的骨干去看，充分发动群众。

第四，要有制度。怎样做到以奖代补，怎样做到整合资源，大家要积极去探索。这方面，云城区、云安县有一些好的做法。如云安县的垃圾处理问题，我觉得这就是制度创新。大家要围绕共建、共谋、共管、共享这个原则，积极推进制度创新，通过制度创新把你和我变成我们。

这四个方面是基本的要素。而且各县（市、区）要齐心合力，一起做，才有条件去整合资源，才有条件去创新制度。各县（市、区）一把手要切实负起这个责任。

三 把握基本要求

第一，要从小措施到大作为。不要去跟别人比大，比美。要从一点一滴做起，从群众身边的事、身边的要求做起，真正让群众能够不断得到享受。这个要靠设计、靠规划。我们现在搞的建设，管理水平也很有限，管理的人才也不多，管理的资金也没有。这样的情况下，最好的方式就是共建共管。该谁去管的谁就去管。如果把所有的管理都收回来，是管不了的。大家要去琢磨，别整天想着学习人家先进的做法，东莞、广州的环境非常美，但人家很小的建设就投入很大的资金。我们是做不到的。比如，种芒果树，我们要发挥林业局的作用，林业局有很多苗圃，在外面买一棵芒果树苗要300多元，市林业部门的才要100元。这样一棵树就变成3棵树了，等等。又比如，农田管理，按大城市的做法，把地征下来，做成公园。难道农田不是公园？农田不是绿的？为什么不能把田种得像田一样，树种得像树一样，非要把农田变成城市用地？它本来就是农业用地，种稻就行了。种完稻还有国家补助，不需要到哪去找钱。这是我们的工作指导思想，大家要去琢磨这些事情，从群众身边的事情选准做起。

第二，要从你和我到"我们"。也就是说政府引导，群众主体。核心在政府引导。政府要引导，政府工作人员就要到群众中去。要有人去，蹲在现场。扶贫开发"规划到户，责任到人"之所以可以做得好，就是有一个工作组在农村，去指导村民怎么做。一定要有人去引导，让群众来做决策，让群众来做。但必须告诉群众，我们希望他们做什么东西。要把群众组织起来。群众是不可能自己组织自己的，要靠我们去把他们组织起来。组织群众，要派辅导员、派干部到村去，到绿道的沿线去。不能只是动员一下，发动一下就算了。一定要培训干部，把干部放下去。也可以跟扶贫开发"规划到户，责任到人"工作结合，等等。很多东西都是可以结合到一起的。把每个单位的几个人，每个部门的几个人整合在一起，就是几十个人了，事情就可以做了。这样才能把你和我变成"我们"。这种工作方法，不仅是在绿道建设，也在我们工作的各个方面，如征地拆迁、社会维稳，等等。这样才能真正从过去传统的发展方式来探索一种以人为本的发展方式。

第三，要根据自身的文化特色。这点很重要。每个村都有自己的文化特色，每个地区也有自己的文化特色。这些特色是历史的延续，我们不要人为制造一些东西破坏它，要把文化特色伸展开来，今天适合干的，可以先做。发现不合适时，再改。但有一点要注意，不要自己去做决策，要多听取群众意见，换一个角度去思考。比如，本来这条路，我们没有考虑到，群众把它走出来了，走出来是乱七八糟的。按照过去的办法，乱七八糟怎么行啊，要把它堵上，不许走。这个好像没有必要。群众经常走，就说明他们有需要，觉得这个地方需要一条路。路是人走出来的。什么叫行为科学？行为科学就是看人怎么走出来的。人走出来的东西就是最合理的。如果非要人家绕个直角，人家肯定不愿意。包括我们处理南山公园群众取水问题。群众到山里面去取水，他们愿意，而且络绎不绝，所以我们不能把它堵上。而是要加强管理、做好服务。如果我们干部能够到群众中去，就可以看到群众的需要，就不会为了自身的管理方便，简单地去做一件事情。

今天给大家讲那么多，目的是要大家提高认识，统一思想，找准方法，加快推进。这样才能把美好环境与和谐社会共同缔造工作扎扎实实地做出实效，为全市加快转变经济发展方式，创造出好的经验，从而推进云浮实现跨越发展。路是人走出来的。老路走不通,新路要自己去走。我相信,通过大家的实践,云浮科学发展跨越发展道路是可以走得通,是可以取得巨大成功的。

摘录自中共云浮市委办公室:《云办通讯》(第 15 期),2010 年 6 月 4 日

王蒙徽书记在落实《美好环境与和谐社会共同缔造行动纲要》工作汇报会上的讲话

(2011年2月25日)

这次会议的主要目的，是总结成绩，交流经验，深化认识，部署今年工作，全面推进美好环境与和谐社会共同缔造行动。刚才，各县（市、区）和市住建局、市交通局、市林业局、市城管局等都分别作了发言；市委副书记全面总结了近年来的工作，对今年的工作进行了部署。我完全赞同。为更加全面系统、扎实有效地推进美好环境与和谐社会共同缔造行动，这次会议印发了《中共云浮市委云浮市人民政府进一步推进美好环境与和谐社会共同缔造行动的若干意见》（征求意见稿）以及相关配套文件，希望大家先认真学习讨论，提出修改意见。这也是一个共同参与、深化认识的过程。我们只有学习好、理解好，才能结合实际抓好贯彻落实，把工作做好。我们将根据大家提出的意见进一步修改完善，尽快下发。

近年来，各地各部门围绕市委的工作部署，积极推进美好环境与和谐社会共同缔造行动。应该说，大家在工作中都付出了努力，付出了很多心血，做了大量的工作，创造了不少工作亮点，形成了许多好经验好做法，对于推进云浮科学发展跨越发展产生了积极作用。2月19日，胡锦涛总书记在省部级主要领导干部社会管理及其创新专题研讨班上强调指出，要牢牢把握最大限度激发社会活力、最大限度增加和谐因素、最大限度减少不和谐因素的总体要求，以解决影响社会和谐稳定突出问题为突破口，提高社会管理科学化水平。实际上社会管理最根本的是要科学发展，构建和谐社会。这也是我们推进美好环境与和谐社会共同缔造行动的核心所在。省委十届八次全会把"加快转型升级、建设幸福广东"作为"十二五"发展的核心任务，根据省委这个核心任务，市委四届九次全会明确提出了"把握主题主线、建设幸福云浮"的目标，在刚刚结束的市"两会"上，市长在《政府工作报告》中围绕建设"幸福云浮"，推进"十大幸福计划"和"十大发展工程"提出了具体措施，并提出今年要实施100项重点工程，为民办十件实事。如何把这些工作落实好，这是我们今天开会的目的，也就是进一步深化和落实美好环境与和谐社会共同缔造行动，把我们过去的一些经验做法变成全市的共同行动。下面，我想谈两点意见。

一　深化认识，统一思想

思想是行动的先导。我们召开会议，目的就是要提高思想认识，形成共识，为推动工作提供强大精神动力。美好环境与和谐社会共同缔造行动是一个不断创新的实践过程，我们的思想认识也必须不断去深化和提升，以不断推动实践的新发展。

（一）美好环境与和谐社会共同缔造行动，是践行党的根本宗旨，全心全意为人民谋利益的具体体现。全心全意为人民服务是我们党的根本宗旨，也是各级领导干部的天职。在新时期我们要真正做到为人民服务，代表人民群众的最根本利益，其中很重要的是要有办法有手段，而不能只是停留在口头上。作为领导干部，把党的宗旨真正落实到具体工作中，让人民群众得到实实在在的好处，最关键的就是坚持群众路线，把我们工作着力点与人民群众关注点相结合。在实践工作中，有的领导干部也是想为群众服务、为群众做一些事情，能够"为官一任，造福一方"，为什么群众不满意，甚至造成了一些新的矛盾和问题，影响社会和谐呢？很重要的一点就是自己的所作所为和群众的关注点、群众的需求不在同一个点上。没有坚持群众路线，密切联系群众，没有从广大群众的切身需要来作决策办事情，导致政府的决策与作为和群众的切身需要扯裂开来。密切联系群众是我们党的一大法宝。毛泽东同志曾经说过，联系群众，有两条原则：一条是群众实际的需要，而不是我们脑子里头幻想出来的需要；一条是群众的自愿，由群众自己下决心，而不是由我们代替群众下决心。前段时间，省委理论学习中心组读书会专门组织学习了《解放战争》一书。在省委十届八次全会上，汪洋书记又专门讲了"永远和人民群众在一起"这个主题。汪洋书记在讲话中提到，《解放战争》一书中的一个很触动人的情节："一位大娘一边把媳妇坐月子的鸡蛋往战士手里塞一边说：'带上吃吧！多杀顽固军，保俺过好日子。'"话很简朴，道理却很深刻。群众支持我们的根本原因，就是我们为人民群众谋利益。现在很少有这种现象。当然现在的条件变了，为人民群众服务的形式也会有所不同。但是现在做的一些事情，是不是代表了广大人民群众的最根本利益了？是不是跟人民群众在一起了？这些问题值得大家去思考。今年是我们党建党九十周年，现在有的同志已经忘掉了我们党是怎样走过来的，所以建议大家应该好好去重温学习我们党的历史，我们共产党员首先要去重温学习我们党的历史。我在多个场合说过，去年在延安干部学院两周时间的学习，我体会很深，我们党之所以能够从弱小到强大，从革命党变成执政党，团结和带领全国各族人民建立新中国、建设新中国，就是因为我们党的所作所为代表了广大人民群众的最根本利益。现在我们有了更好为人民服务的条件、资源，但是为什么在工作中会出现这样那样的问题，出现这样那样的一些不和谐问题，很重要一点就是我们的所作所为没有代表广大人民群众的最根本利益。

近年来，我们在城乡慢行绿道系统、和谐宜居村（社区）、广场及公园等建设中，通过"共谋、共建、共管、共享"的理念和方法，从群众身边的小事、从群众最需要的事情做起，让群众得到了实实在在的好处，群众也十分拥护和支持，那么刚才各县（市、区）在汇报时都谈到这一点，这就是我们的工作成效。据网上调查统计，群众满意率达96%。实践证明，要把党的宗旨落实到具体工作，必须坚持"问政于民、问需于民、问计于民"，把人民群众赞成不赞成、愿意不愿意、支持不支持作为思考问题、制定政策、开展工作的出发点和落脚点。我们在共同缔造行动中创造"四共"的工作模式，实际上就是新形势下坚持群众路线，践行党的根本宗旨，为群众谋利益的一个创新实践。

（二）美好环境与和谐社会共同缔造行动，是落实科学发展观，坚持以人为本的根本要求。经济社会发展的根本目的和最终归宿就是要不断提升人民群众生活质量，让人民群众过上更好生活。改革开放以来，我们国家以经济建设为中心，取得了巨大成就。应该说，过去这种发展模式适应了当时的形势发展需要。从马斯洛理论来说，人类发展最根本的动力是人的需求。第一是要吃饱穿暖，吃不饱穿不暖，民生问题都解决不了，哪有幸福？吃饱穿暖满足后，就会有民主和精神的需求。现在的发展条件发生了变化，人民群众的需求也发生了变化,所以过去的发展方式不适应人民群众的需要,这就需要我们转变经济发展方式。如果不转变经济发展方式,忽视资源环境的代价,忽视社会的公平正义,忽视人民群众的根本利益,人民群众没有在改革发展中得到应得的实惠和利益,就与科学发展观以人为本的内在要求背道而驰。因此,我们要实现好、维护好、发展好最广大人民的根本利益,就必须加快转变经济发展方式,不能重走传统发展模式的老路,积极探索以人为本的发展方式,也就是我们所提出的,坚持好字当头,快在其中,把我们好的做得更好,以我们的更好去吸引别人的更好,以美好环境建设为载体,营造比较优势促进差异发展,整合资源促进统筹发展,以人为本促进共同发展,让发展惠及群众、让生态促进经济、让服务覆盖城乡、让参与铸就和谐。大家要好好认识理解这几句话。以美好环境建设为载体,推进美好环境与和谐社会共同缔造行动,就是把物质环境的改善与社会精神层面的提升相结合。不是花钱越多环境就越美好,环境有软环境有硬环境,其实我们的南山森林公园,你说它美吗?它有自身的一种特色美,也就是它跟周边的环境能够有机地结合起来,让大家感受到跟这个环境融为一体。但更值得一提的是云浮人民群众很美,有一位省领导来南山森林公园散步回去,在多个场合讲到他的感受,每个人的脸上都流露出一种幸福之情,彬彬有礼。因此,这样的环境建设就会让我们这个地方变成能够吸引人的地方。营造比较优势促进差异发展,这个是非常重要的,为什么云安的改革发展能获得成功?其实很重要的是营造比较优势,让该做什么的地方就做什么,让能做什么的人就做什么。整合资源促进统筹发展。社会在不断发展,我们掌握的资源都是有限的,那如何把我们有限的资源发挥到最大效益,这就需要整合资源。以人为本促进共同发展,这是我们"四共"的核心。还有就是让发展惠及群众、让生态促进经济、让服务覆盖城乡、让参与铸就和谐。近年来的实践证明,我们通过共同缔造的理念和方法,推进农村改革发展、宜居城乡建设、园区建设、主体功能区建设、三网融合等,既促进了经济发展方式转变,又让群众共享到改革发展成果,这种发展思路是正确的,是能够推动云浮科学发展,实现跨越发展的一个有效途径。

(三)美好环境与和谐社会共同缔造行动,是建设幸福云浮,促进社会和谐的现实需要。市委四届九次全会提出了"建设幸福云浮"发展目标,这是"十二五"发展的核心任务。幸福,是一个综合性、动态性发展过程。

过去讲幸福感，主要体现在吃饱、穿暖、有住所、有钱花等方面，而现在更加注重公平、正义、尊严、心情舒畅等，对幸福的追求已经从原来的物质层面上升到精神层面。说到底，人们对幸福的这种新追求，最根本的就是要营造一个和谐社会。所以，在推进美好环境与和谐社会共同缔造行动中，我们始终坚持把建设"美好环境"作为手段，把营造"和谐社会"作为目的。我们以建设美好环境为载体，让广大群众在参与中增强交流沟通，消除隔阂，促进人与人之间、家庭之间、村与村之间的和谐；同时让干部、党员在参与中增进与群众的感情，密切干群关系，更好地为民做事为民办事，增强党组织的凝聚力和影响力，融洽干群关系。因此，推进美好环境与和谐社会共同缔造行动的过程，就是建设幸福云浮、促进社会和谐的过程。

  应该看到，虽然现在网络很发达，但实际上人与人之间的交流跟过去相比，是越来越难了。原来在一个单位里大家有交流，回去后大家住在一个大院里有交流，大家相互帮助。现在虽然大家住在同一幢楼，但彼此之间缺乏交流，大家都互相不认识。导致这种现象的关键是没有去营造交流的空间和平台以及条件，人与人之间的交流是促进社会和谐的一个重要途径。前几天的《人民日报》刊登了由政治学专家俞可平撰写的《善治，打通幸福之路》一文。他在文章中讲了什么是善治，现在很多地方都在讲为人民谋幸福，但究竟政府如何对人民的幸福承担责任？我读一段给大家听听："善治，打通幸福之路。简单来说，善治就是政府官员和平民百姓对治理状况都感觉很好。不仅政府的管理要好，政府不在场时，社会的治理状况也很好。政府没有为公民的幸福生活提供客观条件是一种失职，但试图超越自己的能力去实现公民的幸福，或者试图替代公民去实现他们的幸福，则是相当危险的。"他最后提出了政府应该为人民群众的幸福承担哪些责任，我觉得他讲的几条是非常好的。第一是责任意识。政府要有自我加压、自我提醒的意识，把实现公民的幸福作为一种责任。第二是经济发展。经济不发展，基本生活条件得不到满足，是不可能有幸福生活的。第三是改善公共服务。公共服务的质量在很大程度上决定着人民的生活质量。现在我们国家提出要公共服务均等化，缩小城乡区域之间的差距，就是要改善城乡公共服务。第四是扩大参与度。人是天生的政治动物，除了满足衣、食、住、行的生活需要之外，还有自由、平等、参与等政治需求。保障和实现公民的政治、文化等方面的权益，人们才会有生活的幸福感。民主和民生从来就不可分，是人民幸福生活的两个基本保障。所以，我们在共同缔造行动中提出"共谋、共建、共管、共享"，只有不断地提高群众参与度，才能够不断营造幸福的社会环境。

（四）美好环境与和谐社会共同缔造行动，是新时期构建社会主义核心价值观和社会公德，提升群众文明素质的重要途径。在新的历史时期，特别是经过30年的改革开放，以及市场经济不断发展，群众思想活动的独立性、选择性、多变性和差异性不断增强，群众的价值取向、价值追求和价值目标发生了变化，形成了主体多元、利益多元、信息多元、观念多元的局面。其实现在最大的一个不同就是多元化，多元化给我们新时期的群众工作、社会管理带来了很多新的问题，新的课题，也就是说我们过去的一些方式方法已经不适应现在社会多元化的要求，我们必须根据社会多元化的要求去创新我们的工作方式，也根据市场经济发展的客观规律，运用市场经济的一些规律，去组织群众、发动群众、宣传群众。我一直说，郁南县的信用村建设就是一种创新方式，就是把市场经济的金融、资本和我们组织群众、发动群众、宣传群众有机地结合起来，跟群众的生产生活有机地结合起来，这样才能在新形势下做好群众工作，践行党的宗旨。所以这些都需要大家结合社会发展实际，不断调研、不断学习，才能够创新。思想意识的多元化，需要有与之相适应的社会主义核心价值观和社会公德标准，凝聚社会共识，促进社会和谐。社会主义核心价值观和社会公德标准的培育、形成，必须通过相应的一些活动、载体才能实现。比如，韩国通过"新村运动"，大力倡导"勤勉、自助、协同"，培育农民的国民精神，使农民的精神面貌发生了巨大变化，激发了农民自主建设家乡的积极性和创造性。日本的"造村运动"，注重物质性的"造物"运动，更注重精神性的"造人"运动，激发了发展活力。我们去学习韩国的"新村运动"或者日本的"造村运动"，既要学习其形式，更要学习其内涵，既要看到物质又要看到精神，通过物质来造就一种精神，这样才能使我们的工作层面和工作水平得到更好的提升，才能适应社会发展的要求。广东温氏集团从一间由7户8股8000元起家的企业发展到今天总资产超百亿元的大型企业，成为全国农业产业化重点龙头企业，其成功经验，主要就是在企业经营发展中始终注重培育"同呼吸，共命运，齐创美好生活"的企业文化，实现共同发展。我们实施美好环境与和谐社会共同缔造行动，正是以物质建设为载体，培育与新时期相适应的社会主义核心价值观和社会公德。在工作中,我们注重把"四共"理念体现在各项工作中,渗透到社会生活的各个方面,在改善物质环境的同时,提高人的文明素质,培育广大群众"自律自强、互信互助、共建共享"的精神,促使精神文明与物质文明共同发展,文明城市与文明市民共同成长。比如,在绿道、和谐宜居村(社区)的建设中,通过组织开展各类群众体验活动、培训教育活动等,引导和培育健康、生态、幸福的生活方式和文明行为,提高群众文明素质。再如,郁南县通过创建信用村、信用户,提高了群众的诚信意识,净化了农村社会风气,"以讲信用为荣、以不讲信用为耻"的新风气正在逐步形成。实践证明,美好环境与和谐社会共同缔造行动,是构建新时期社会核心价值体系和社会公德,提高群众文明素质,凝聚社会共识,提升社会文明程度,促进社会和谐的新探索。

各级各部门要进一步深化对美好环境与和谐社会共同缔造的认识,统一思想,充分认识美好环境与和谐社会共同缔造行动,是统筹推进经济、政治、文化、社会和生态文明建设的系统工程,是深入贯彻落实科学发展观,加快转变经济发展方式的重要抓手,是推进云浮科学发展跨越发展,构建和谐社会的关键措施。

二 明确目标,真抓实干

对于今年美好环境与和谐社会共同缔造行动的目标任务,刚才市委副书记已经提出了明确的要求,各级各部门要认真按照这次会议的部署要求,明确目标,把握关键,真抓实干,把市委确定的目标任务落实好、完成好,把工作全面推向深入,务求取得更大成效。

(一)加强学习。学习是做好一切工作的基础和前提。在某种意义上,学习水平的高低,决定工作水平的高低。美好环境与和谐社会共同缔造行动,作为统筹推进经济、政治、文化、社会和生态文明建设的系统工程,既是发展思路,又是一种推动发展的工作方法。但在实际工作中,有的领导干部对共同缔造行动的内涵把握不准、理解不深,经常把手段变成了目的,把绿道、和谐宜居村的建设理解为修路、改善环境等一般性的工作。实际上,能不能准确认识和理解美好环境与和谐社会共同缔造行动的科学内涵,有没有把共同缔造的理念和方法真正落实到工作中,其工作效果是完全不一样的。行动当然要注重结果,但美好环境与和谐社会共同缔造行动更注重的是过程。参与是一个过程，需要时间，需要我们干部去做艰苦的、深入的宣传、发动、教育培训的工作。所以，《美好环境与和谐社会共同缔造行动纲要》的要求是结果重要，过程更重要。为什么要求我们的领导去关心、支持、参与这项工作？因为这样才能够跟大家共同参与，才能够共同享受幸福，希望大家能真正体会，能真正把共同缔造理念融入工作中去。郁南县在南江口镇建设佛山建材转移转型升级示范区中，仅用了三个多月时间，就完成征地2500多亩，拆迁16户，而且群众是零上访。市委办调研组通过调研，认为他们取得这些良好的工作成效，关键是把美好环境与和谐社会共同缔造的理念融入征地拆迁工作中，创造了一个和谐拆迁示范点。云城区通过共同缔造行动化解了市城区的祖坟搬迁、道路权属等一批长期没有解决的矛盾纠纷；最近，征地拆迁的一些节点问题也得到了有效化解，如困扰多年的臻汇园项目建设，已正式动工建设。这些工作成效的取得，关键在于坚持共同缔造，创新工作思路，让群众感受到地方党委、政府是真心实意在帮助他们，是真真正正让他们在得到好处、得到实惠，他们就会支持党委、政府的工作。云安、罗定、新兴等地也通过共同缔造行动解决了一些困扰多年的难题。但在工作中，还有一些地方、部门的工作为什么落实不了，打不开工作局面？关键在于没有转变观念，不善于创新思路，没有把美好环境与和谐社会共同缔造的理念融入实际工作中。实践证明，再困难的工作，再艰巨的任务，只要我们坚持美好环境与和谐社会共同缔造的理念，做深做细群众工作，就一定会得到人民群众的支持和拥护，就一定能够找到解决问题的办法，就一定能形成强大合力，就一定能做好工作，推动新的发展。因此，各级领导干部，特别是主要领导干部，对市委实施美好环境与和谐社会共同缔造行动的意图一定要全面深刻领会好，对市委制定出台的文件，包括这次会议印发的《进一步推进美好环境与和谐社会共同缔造行动的若干意见》及相关配套文件，要认真学，学懂，然后组织班子成员学习，统一思想，达成共识，把市委的工作与各县（市、区），市直各部门的工作结合在一起，变成推动工作实践的具体行动。

（二）发动群众。美好环境与和谐社会共同缔造，其实这里面最核心的是"共同"。"共同"，就是把你、我变成"我们"；就是要改变过去习惯了的主观命令、强势推进的工作方法，突出群众的主体作用。所以，我一直强调，把建设"美好环境"作为手段，把营造"和谐社会"作为目的。要把目的和手段统一起来，就必须做到"共同"，也就是把群众广泛发动起来。去年市委办等单位对实施共同缔造行动进行了问卷调查，调查显示，只有14.1%的调查对象认为最满意的工作是"发动群众参与"。这说明发动群众工作做得还不够，也反映了一些领导干部对共同缔造行动的深刻内涵把握得还不准确，仍存在"包办代替"的思想。广泛发动群众，要着力做好以下几点。

第一，要抓试点。以点带面是我们工作的一个基本方法，也是发动群众的重要方式。因为发动群众不仅是讲大道理，更主要的是给群众看到实实在在的东西。在绿道建设、和谐宜居村（社区）建设等实践中，为什么能发动群众？就是通过试点，让群众切身感受到好处，大家就积极参与，主动共建。比如，云安县南盛镇大田头村看到该县洞表村建设和谐宜居村的前后变化，该村的干部坐不住了，于是村支部书记就用自己的面包车，把村民拉到洞表村去看，并向大家说："我们的基础条件与他们原先的差不多，他们现在能建设成这个样子，我们为什么不能？"这一看，把群众发动起来了，于是大家义务投工投劳1500多个工日（按每个工日60元工价计算，接近10万元了）建设和谐宜居村。还有云城区安塘街下白村、新兴县簕竹镇石头冲村等也通过试点把群众发动起来。我们常讲"百闻不如一见"，只有体验才是感受最深的。所以，要把试点做好，让群众去看、去体验，特别是让基层干部去看，让村的骨干、村民去看，这样才能充分发动群众。

第二，要创新载体。组织发动群众，必须有工作载体。群众是很实在的，你能够为群众做事情，能够为群众提供服务，群众就会拥护你、支持你。去年以来，各地通过建设绿道、和谐宜居村（社区）、信用村等载体，充分调动了群众参与的积极性和主动性，群众投工投劳、捐款捐物，取得了良好成效。要更加广泛地发动群众，全面推进美好环境与和谐社会共同缔造行动，我们必须结合实际，探索、培育、形成有地方特色、行业特点的工作载体。最近，我们研究在全市农村实施以奖代补项目，更加广泛地发动群众。这次会议专门制定了以奖代补项目的相关政策文件，确定了一系列以奖代补项目，包括农村的道路建设、绿化美化、垃圾处理、社区建设，以及新农保、信用村，等等。推进这些以奖代补项目，就是要给基层更多的载体和抓手去组织发动群众，改善城乡环境，为群众谋利益。市直各个部门单位也要紧扣本部门职能，创新共同缔造行动载体，形成有部门特点的工作抓手，更好地去为群众服务，推动各个领域共同缔造行动深入开展。

第三，要发挥政府引导作用。组织发动群众，既需要物质的激励，也离不开政府的组织引导。完全靠群众自发组织自己，难度相对较大，过程也会更长。要做好群众引导工作，就要组织市、县、镇、村的一些干部、骨干进行学习培训，提高他们的思想素质，然后派他们到基层、到农村、到现场去动员，这样才能更好地发动群众，把你、我变成"我们"，充分调动群众的积极性和创造性，让社会各方面的资源、生产要素等活力竞相迸发，让广大群众用自己的勤劳和智慧，建设美好家园。

（三）创新机制。改革创新是推动发展成本最小、效益最大的有力措施。美好环境与和谐社会共同缔造行动是一项创造性的实践。现在很多地方都提出建设美好环境，但仍然没有改变过去政府大包大揽的建设模式。我们实施共同缔造行动，以建设美好环境为载体，发挥群众主体作用，统筹推进经济、政治、文化、社会和生态文明建设，营造和谐社会，这是一种创新，是云浮的特色。要把共同缔造行动全面推向深入，取得实效，达到我们提出的目标要求，就必须敢于、善于创新制度，破除体制机制约束。近年来，我们的三网融合、农村综合改革试点、农村金融综合改革试点等工作，之所以能取得良好效果，带动全局工作，成为全省的亮点，就是因为有体制机制创新的保障。各地各部门要结合实际，不断去创新机制，更好地推进共同缔造行动。当然，我们不能为创新而创新，一定要围绕"共谋、共建、共管、共享"来创新，通过机制创新去整合资源，把你、我变成"我们"，全方位调动群众的积极性，激发全社会积极参与的热情与活力。

（四）注重实效。我们推进美好环境与和谐社会共同缔造行动，不是一种"政治口号"，而是要让发展惠及群众，让生态促进经济，让服务覆盖城乡，让参与铸就和谐，使广大群众共享更多的发展成果。各地各部门要按照市委的要求和这次会议的部署，迅速制定工作方案，落实责任，特别是主要领导切实负起这个责任，围绕市委提出"十二五"时期的"十大幸福计划"和"十大发展工程"，把美好环境与和谐社会共同缔造的理念融入本地区、本部门的各项工作中，做到真干实干善干，齐心合力，推动工作落实，确保取得更大成效。

同志们，美好环境与和谐社会共同缔造行动，功在当代，利在千秋。大家一定要把思想和行动统一到市委的决策部署上来，坚定信心，开拓进取，扎实工作，做出实效，为全市加快转变经济发展方式，创造出好经验，推进云浮科学发展跨越发展。我们相信，通过全市上下的共同努力，人民群众的广泛参与，美好环境与和谐社会共同缔造的目标一定能够实现，我们健康、生态、幸福的家园一定会建设得更加美好。

王蒙徽书记在进一步落实《美好环境与和谐社会共同缔造行动纲要》工作汇报会上的讲话

(2011年5月12日)

刚才,听了市缔造办和各县(市、区)近期推进美好环境与和谐社会共同缔造行动工作情况汇报,从大家汇报的情况看,各级各部门对这项工作抓得比较紧、比较实、比较好,很有成效,真正把群众发动起来了,听了感到非常高兴!

第一,各级干部群众,特别是领导干部对美好环境与和谐社会共同缔造行动理念认识不断深化,实践成果不断扩大。

市委提出《美好环境与和谐社会共同缔造行动纲要》(以下简称《纲要》)已经一年多了,随着各项工作的推进,大家的认识也不断深化,从近期的推进工作情况来看,我感到在座的各位县(市、区)委书记的认识是到位了。实践与认识是辩证的关系,实践对认识起决定作用,认识的正确与否,要通过实践标准来检验。古往今来,何时何地,都不缺少正确的东西,但要人们正确认识和接受,需要一个艰辛的过程。毛泽东思想被全党接受,就是一个人们认识不断深化的过程。对美好环境与和谐社会共同缔造行动的认识,同样也是一个不断深化的过程。

为什么要提出实施美好环境与和谐社会共同缔造行动?一直以来,我们国家是很有社会管理基础的,但近年来一些片面强调学习西方的治理,以为有法律就可以把社会管理好了,结果现在有很多社会矛盾出现了。今年中央把社会管理作为一个重大问题提出来,这就说明当前社会管理的重要性。前段时间华中师范大学的徐勇教授到云浮作辅导讲课时说,现在政府与群众之间缺乏一个社会的橡皮圈,导致了政府与群众之间的硬碰。所以,必须把社会管理放到适当的位置。因为东方文化很重要的是群众自治，推崇的是情、理、法，与西方文化所追求的"法治"不同，所以，单纯用"法"来解决中国的社会管理问题是不可能的。我们提出实施美好环境与和谐社会共同缔造行动，一直在强调，美好环境是手段，和谐社会建设才是目的，就是要把我们的发展从物到人，从物质的建设上升到社会的建设上。韩国新村运动是美好环境与和谐社会共同缔造行动的成功范例，它作为一种社会运动，通过发动群众，让群众自己教育自己，共同建设美好家园，从上个世纪70年代开始到现在，对韩国改变城乡差距，提升整个国民素质，尤其是对建立社会管理体制起到了非常重要的作用。我们美好环境与和谐社会共同缔造行动的具体目标，就是要通过发动、引导群众，教化社会，探索新时期的社会管理体制和机制。实施"以奖代补"项目等这些工作都要围绕这个目标来开展，不明确这个目标，做更多的创新也是形式主义，又将异化到物上面来。今天我感到非常高兴，经过一年多的努力，大家对这一行动的认识提高到了目前这个水平，为推动云浮整个社会建设和发展打下了一个非常重要的基础，我对未来这项工作的开展充满了信心。

第二，要坚持以美好环境与和谐社会共同缔造为工作方法、理念，以县为主体，统筹推进各项工作。

各级推进实施美好环境与和谐社会共同缔造行动，要切实把握好两个方面。一方面，要把美好环境与和谐社会共同缔造这个施政理念转化为统筹各项工作的方式、方法。各项工作，不管是农村基础设施建设，或者是扶贫"双到"，还是农田水利建设，又或者是农村改革发展等，其目标都只有一个，就是构建和谐社会。因此，我们的工作怎样有利于和谐社会建设就要怎样去做。其中，很重要的就是要发动、引导群众，教化社会，不能把这些东西分开来做。让市委副书记同志兼任市缔造办、市试验区办等机构的办公室主任，就是希望大家明白，现在我们做的所有东西都是同一件事，不是一堆事，目标一致。各县（市、区）委书记要切实抓好工作的核心，把工作目的都统一起来。另一方面，要以县为主体推进美好环境与和谐社会共同缔造行动。这与我们整个农村改革工作的思想一致。市一级要通过建立制度、检查、表彰等手段，充分发挥县的作用，由县具体实施。

第三，深入推进实施美好环境与和谐社会共同缔造行动"以奖代补"项目。

深入推进实施"以奖代补"项目,大家要认真抓好以下四个方面。

(一)要把培训、宣讲、讲评贯穿"以奖代补"项目实施全过程。一是要形成培训机制,把培训作为常规动作去做。实施"以奖代补"项目的核心问题是发动群众,以群众为主体,很重要的就是要群众自己教育自己。要学习韩国"新村运动"的做法,培训好本地业务骨干。要组织分层培训,先把县里、镇里懂一点技术、一点艺术的人培训好,再让他们去培训村里面的骨干。如建设局培训混凝土怎么配、钢筋怎么扎,林业局培训树怎么栽,规划部门培训怎么让群众因地制宜地进行一些改造,等等。市缔造办要加快编写教材作为培训使用。二是要进行家喻户晓式的宣讲。如果现在还是抱着"酒香不怕巷子深"的思想是不行的,好的东西你不宣讲,人家是不知道的。每家每户都发一份宣讲资料是必须的,但更重要的问题是采取什么方法去宣传。要认真回顾、学习过去做群众工作的历史,从群众的利益出发去发动群众本来就是我们共产党一大法宝。最近有一部电视剧《人间正道是沧桑》,说我们党到五台山地区去发展革命队伍,靠什么把群众号召组织起来?就是每人就拿着一个武工队的公章,带着一条枪就到村里面问群众愿不愿意打日本鬼子,愿意的就跟着干,队伍就这样拉起来了,就是因为这跟群众的切身利益有关。所以,要发扬过去好的做法,通过贴近群众的宣讲形式,使其家喻户晓。如郁南县信用户评选的那三条"不许赌博,养猪不许用瘦肉精,种砂糖橘不许用违禁药"就是一个好形式。三是要进行讲评。只有讲评,才能树立先进典型、鞭策后进。明朝朱元璋有一个活动叫"酒礼",大概的意思是年终的时候把大家找来喝酒讲评,表现好的就坐着喝,表现一般的站着喝,表现不好的不许喝。大家讲评,表现不好就受到鞭策。对"以奖代补"项目实施情况进行讲评,这是对群众教育的一个好方法。讲评可以是我们自己讲,也可以是村里的长老、有威信的人去讲。建议大家把徐勇老师在云浮讲课时的社会管理内容再认真学习研究一下。四是要创新培训形式。各地可以如云安县那样把我们的工作集中起来,建立一个美好环境与和谐社会共同缔造行动展示馆或者展览厅,但不能仅仅作为一个展览、参观的功能来使用。要把这些馆或者厅作为一个讲评和学习的场所,这对培训、对宣传、对激励先进都有好处,而且不一定要放在县里面,可以放到村里,比如放在六祖镇龙山塘村,让大家看到龙山塘村的同时也了解了全县的情况。

(二)要探索建立自下而上的激励和约束村民自治的长效机制。"以奖代补"项目把群众发动起来是一种机制,要通过这种机制引导社会管理,特别是项目建成后,关键就是要引导,要建立机制。机制建立分为自上而下和自下而上两种方式。自上而下,由政府去建立、引导,如云安县出台的一些机制就是有利于群众建立自治机制的。自下而上,就是要把群众自治的发展突出出来、体现出来,激励群众自身建立自治机制。云安县的那些机制只是一个部分,如果没有群众自己认可并建立的自身自治机制,是难以长久的。包括如村民理事会这样的,也要继续认真研究,体现村民自我自治自我服务的先进性。同时,还要建立一套约束机制去约束群众自治。如正在开展的信用村建设,如果你赌博了,那你就不是信用户、信用村。又如明朝朱元璋要求他的人民都读《大明戒律》(以下简称《戒律》),要求每家必须有一本,然后如果你犯了罪,如果你没有这本《戒律》就要罪加一等,如果有这本《戒律》就可以减轻罪行,结果到明朝后期家家都有这本书。这些都是约束机制。

(三)要坚持从群众身边的事做起的基本原则。"以奖代补"项目实施到现在,很重要的是坚持以激励先进的办法鞭策后进,从群众关心的身边的事做起,把有积极性的人调动起来,如云安县的大田头村、洞表村。如果不坚持这个原则,项目建设就会走样,变成是几个人受益的事,又或者是把项目给了积极性不高的村,那么我们就会失去公信力。

(四)要加强对"以奖代补"资金的监督检查。公开资金的划拨、使用过程,严肃查处公款私用行为,并将此类行为公布,接受群众监督。韩国"新村运动"也出现过这些,比如卖掉了发给他的水泥。对此,我们关键是要加强相关制度建设,切实保障群众利益。

此外,要以市的名义,以县为单位,尽快对自强村进行授牌,并要统一牌匾规格,创新牌匾设立形式,让村民能经常看到,以此增强村民的荣誉感,进一步促进村民自治水平的提升。

摘录自中共云浮市委办公室:《王蒙徽同志在落实〈美好环境与和谐社会共同缔造行动纲要〉工作汇报会上的讲话》,《云办通讯》(第16期),2011年5月30日。

创新社会管理的探索

——广东省云浮市组建镇村组"三级理事会"的体会与思考

加强和完善基层社会管理和服务,是新形势下创新社会管理的重要内容,也是提高我国社会管理科学化水平的基础工程。近年来,我市以推进农村综合改革为契机,探索在镇、村、组三级建立"以组为基础、三级联动"的理事会制度,努力夯实基层组织、壮大基层力量、整合基层资源、强化基础工作,取得良好成效。

一 "三级理事会"的主要内涵及其运作机制

"三级理事会"是在党委、政府引导和指导下,由群众自愿组织,分别以村民小组(或自然村)、行政村、乡镇为基本单元,按照"民事民办、民事民治"原则组建。其中,在村民小组(或自然村)组建村民理事会,在行政村组建社区理事会,在镇级组建镇民理事会。每个理事会均由各级党委派驻一位指导员负责组织、协调理事会运行。其中,村民理事会理事由本村有威信、有能力、有公德、守法纪的老党员、老教师、老模范、老村干等村中长老,以及村民代表、复退军人、经济能人、外出乡贤组成;社区理事会、乡民理事会则由本级以上"两代表一委员"中的本辖区非公职人员、复退军人、杰出乡贤、退休村干、外来工组成,均通过民主选举或者推荐方式产生。"三级理事会"以章程形式明确规定理事会要严格遵守国家法律法规,并以"议事、协调、监督、服务"的总体职责规范运行、明晰职责。其中,村民理事会、社区理事会以"自我教育、自我管理、自我监督、自我服务"为基本职责要求,乡民理事会则主要履行"表达民意、参与议政、监督政务、调处矛盾、兴办公益"五项职责。"三级理事会"主要通过三大机制保障运作，确保效能发挥。

（一）建立理事履职机制

一是通过理事会议协调各方利益。村民理事会对重大事项决策实行"一事一议"，采取"三议三公开"（理事会提议、理事走访商议、户代表开会决议，议案决议公开、实施过程公开、办事结果公布）的方式民主议事，协调村庄内部利益，体现民主、公正原则。二是通过理事议事反映群众诉求。一方面，社区理事会、乡民理事会建立完善季度例会、年度评议会制度，通过各种形式将各理事了解掌握的民情民意集中汇总、整理归类；另一方面，社区理事会、乡民理事会通过列席村民代表会议、镇人民代表大会的方式，将民情民意向村"两委"、镇政府集中反映，以此建立群众利益诉求和民意反馈的制度化渠道。三是通过理事督导监督政府施政。对于镇、村中关于群众切身利益的重大决策，不仅安排理事会成员全程参与商议，而且安排理事直接参与到重大事项的实际运作始终，以此监督各重大事项的实施和绩效情况。四是通过理事公约建立共管制度。村民理事会、社区理事会分别以户代表会议、村民代表会议的形式，与群众共同议定村规民约，教育和引导村民共同参与社会管理，探索建立"建管并重、属地管理、以德为先、人人参与"的共管机制。

（二）建立互动评议机制

一是群众评议理事制度，即村民理事会、社区理事会、镇民理事会分别以组织召开户代表会议、社员代表会议、"两代表一委员"联席会议的形式，以"满意、基本满意、不满意"三个等次，对理事履职情况开展评议，并公开评议结果。对于评议得分高的推荐参评全县"百名优秀理事"；对于违法违规的理事要求其自动辞职，理事空缺由同级理事会按章程规定重新选举或推荐。二是理事评议群众，即村民理事会、社区理事会、镇民理事会以组织召开理事会会议形式评议群众活动。其中，村民理事会重点对农户遵守村规民约、履行村民职责及诚信、守法、文明等情况进行综合评议，评选"模范户"；社区理事会重点对社会贤能的作用发挥进行综合评议，推荐县"十大杰出乡贤"；乡民理事会重点对群众参与社会管理的村民小组（或自然村）情况进行综合评议，初审县"十大明星村"，形成村落间互相竞争的社会氛围。三是群众评议群众。以村民理事会为基本单位，每年以村民量化互评的形式，从邻里关系、参与村务、发展经济等方面进行评议，得分前十名者为本村"好乡邻"，在全县评选出"万名好乡邻"。

(三) 建立奖补激励机制

按照"政府倡导、政策导向"原则，由政府以"以奖代补"形式激发村民理事会的履职活力。一是实行项目激励。积极推进"以奖代补"项目工作开展，建立"项目共建、以奖代补"机制，由县财政统筹安排"以奖代补"项目资金，由村民理事会牵头组织和宣传发动农村群众共同做好项目规划、项目申报、项目资金、项目建设、项目监督等工作，增强村民理事会履职活力。二是实行工作激励。建立村民理事长"年度评议、以奖代补"的试行办法，由镇组织评议，县财政每年安排200万元作"以奖代补"经费，把章程规定的工作职责纳入村民理事长履职评议的重要内容，按照百分制计分，奖金标准为10元/分，以此引导村民理事会严守章程、履职尽责。三是实行考核激励。一方面，结合"十大明星村""十大杰出乡贤"评议活动开展，由县政府颁发"明星村流动红旗"，并配套"以奖代补"资金2万元/村作公共服务经费；另一方面，建立公德载史机制，重点通过设立"公德史册"，把外出乡贤捐资公益、农村好人好事等情况和每年"十百千万"评选结果，以大事记形式记载下来，倡导"以德为先、以和为贵"的文明新风，引导群众自律自强、互信互助、共建共享。

二 组建"三级理事会"的主要作用

在试点推进过程中，"三级理事会"制度获得了广大人民群众的极大拥护和支持，取得了良好成效。以最早试点理事会制度的云安县为例，今年以来实现了零上访、低犯罪率、少纠纷，今年上半年全县犯罪率仅为3.89/0000，大大低于全省平均水平，受理矛盾纠纷425宗，同比下降35%，社会管理成效显著。其中该县试点村横洞村刑事治安案件为零，矛盾纠纷为零，非正常上访为零，赌博吸毒为零，"四难问题"从根本上得以解决；社会管理带动了社会建设，全村累计向上争取了12个"以奖代补"项目，发动群众自筹资金168.2万元，投工投劳2890人次，捐物折款19.96万元，无偿出让土地2336平方米，主动拆除旧房危房13间；该村理事会还成了农业结构调整和农民增收的组织者，组织全村年轻劳动力随乡贤外出打工，农民收入大幅增加，预计今年人均收入超万元。具体来看，"三级理事会"制度重点解决了三大问题，在农村改革发展中发挥了重要作用。

（一）解决了基层社会管理和服务的"落地"问题

加强和完善基层社会管理和服务，应有一定的组织载体为基础。长期以来，政府对农村的社会管理和服务只能延伸到行政村，主要依靠村"两委"具体实施。然而，由于村"两委"任务重、人员少、经费缺，很多社会管理和服务工作很难真正落实，形成政府"管不到、管不了、管不好"的管理真空。通过组建"三级理事会"，地方政府赋予基层社会管理和服务以新的组织载体，为"管理下乡"提供了组织保障。特别是在村民小组（或者自然村）层面设立村民理事会，明确了"组为基础"的理事会建设要求，使政府对农村的社会管理有效"落地"，将政府社会管理的触角延伸到最基层。有乡镇干部反映："建立村民理事会，我们一下子有了'腿'，很多工作可以'一竿子'插到底，工作比以前容易多了，农民也更加满意了。"[①]通过"组为基础"的理事会制度，政府对农村社会管理的效率提高了，社会管理能力也得到增强。

（二）解决了政府行政与基层自治的"对接"问题

长期以来，由于缺乏强有力的组织依托，一方面政府行政难以深入基层，另一方面基层自治很难契合政府要求，以致出现政府行政管理和基层群众自治的脱节。通过组建"三级理事会"，可以使政府的要求和群众的意愿在同一个平台上进行交流互通，更大程度实现政府管理和群众自治的无缝对接，政府与民众的关系也由此融洽起来。特别是在镇村组三个层面上同时组建理事会，通过"三级联动"方式实现了政府与民众的全方位接轨，解决了政府行政管理与基层群众自治的有效衔接和良性互动问题。通过组建"三级联动"的理事会制度，政府与民众的民意沟通更加顺畅、信息传达更为全面、互动交流更为有效，初步形成了上下联动、互为补充、和谐相处的基层治理格局。有一位乡贤说："政府想做什么农民知道，农民想要什么政府知道，村民理事会就像一个通气孔，大家心里都有底了！"[②]

（三）解决了提高党的领导能力和扩大群众参与的"互动"问题

提高党的领导能力和扩大群众参与，是加强和完善基层社会管理的重要

[①] 政府内部调研报告来自云浮市建设农林改革发展试验改革小组办公室编：《云浮市实施主体功能扩展规划资料汇编》。

[②] 政府内部调研报告来自云浮市建设农林改革发展试验改革小组办公室编：《云浮市实施主体功能扩展规划资料汇编》。

内容。通过组建"组为基础、三级联动"的理事会制度，不仅提高了党在基层的领导能力，而且扩大了群众参与度，实现了双赢。一方面，"三级理事会"为党的领导提供了新的抓手，通过理事会中党员理事的内部制衡以及奖补激励机制的外部约束，党委可以加强对理事会的领导和协调，从而在更多的农村事务中体现党委意图；另一方面，"三级理事会"为人民群众反映民意、参政议政提供了制度化、常态化的渠道，通过参加理事会议、列席本级人民代表会议、参与重大事项决策和运行等方式，群众参与基层社会管理的意识和能力大为提高，群众主体作用更加凸显。在自上而下加强党的领导和自下而上扩大群众参与的过程中，"三级理事会"发挥了重要的纽带作用，党群干群的双向互动不断得到加强。正如有的村干部感慨："现在是党的政策下得去，民意上得来，我们也不用两头堵了！"

总体上看，"组为基础，三级联动"的理事会制度，是对传统"三级所有、队为基础"管理形式的继承，也是新时期社会管理体制的一次探索。如果说，"三级所有，队为基础"解决了人民公社体制下的管理机制问题，那么，"组为基础、三级联动"则对解决村民自治体制下的管理机制具有一定借鉴意义。实践表明，"组为基础、三级联动"的理事会制度符合当前我国农村社会建设和社会管理的内在要求，解决了村民自治体制下的管理机制问题，是村民自治的深化和扩展。

三 组建"三级理事会"的体会和思考

（一）创新社会管理必须重视群众主体作用

群众是社会管理的对象，更是社会管理的主体。加强和完善社会管理，必须坚决贯彻党的群众路线，重视人民群众的主体地位，发挥人民首创精神，培养人民群众自我管理、自我服务、自我监督以及社会参与的意识和能力。要坚持在思想上尊重群众、感情上贴近群众、工作上依靠群众，想方设法调动人民群众的积极性和能动性。充分发挥群众的主体作用，不仅有助于提升社会管理和服务水平，减少政府施政成本，而且符合人民群众的内在意愿和需求，有利于达成政府和群众的双赢。我市组建"三级理事会"的重要体会，就在于不断引导群众参与到社会管理和服务过程当中来，以决策共谋集中民智、以发展共建凝聚民力、以合作共管汇集民意、以成果共享顺应民心，形成了政府和群众的良性互动和有效衔接。

（二）创新社会管理必须寓管理于服务

社会管理，说到底是对人的管理和服务，涉及广大人民群众切身利益，必须始终坚持以人为本、执政为民的根本宗旨。民生问题与人民群众的利益息息相关，是人民群众最普遍、最直接、最现实的问题，也是加强和完善社会管理的重要任务。解决民生问题，光靠"管"还不行，关键在"理"，其核心是提高和完善社会服务的水平。只有始终以服务为先导，才能真正实现好、维护好、发展好最广大人民的根本利益，也才能从根本上获得人民群众的认可和赞同。因此，加强和创新社会管理，必须坚持寓管理于服务之中，以服务体现管理，以服务促进管理，以服务深化管理，通过优化服务提高社会管理科学化水平。我市组建"三级理事会"的重要体会，就是始终秉承"以人为本、服务优先"的社会管理理念，在创新社会管理过程中，让人民群众享受到更好的公共服务。

（三）创新社会管理需以体制机制为保障

制度化是社会管理科学化的重要方面。要提高社会管理科学化水平，很重要的一点就是通过体制机制创新来保障社会管理和服务工作的推进。传统的社会管理往往"头疼医头，脚疼医脚"，"出了问题才管"，缺乏主动性、系统性和长效性。社会管理不是动员口号，也不是社会运动，而是一项事关长远、关乎全局的基础工程。因此，加强和创新社会管理，必须以体制机制创新为保障，实现社会管理和服务的常态化、机制化。只有体制机制创新了，社会管理创新才是可持续的、可复制性的、有生命力的。我市组建"三级理事会"的重要体会，就是注重通过建立理事履职机制、互动评议机制和奖补激励机制等一系列机制来保障基层社会管理和服务的实现。

（四）创新社会管理应注重挖掘传统资源

继承、创新，是事物发展的一个基本规律。不善于继承，就没有创新的基础，不善于创新，就缺乏继承的活力。社会管理同样如此，既不能与现实脱节，也不能与传统割裂。我国几千年的社会治理，都十分倚重道德教化在引导人们行为、规范社会秩序中的重要作用。同时，我国传统社会注重基层乡村自治，主要依靠乡绅、里甲自治，大多数矛盾在民间得到化解。在新的历史时期，加强和创新社会管理，要善于继承中华民族历史上社会治理的优良传统，对传统美德进行扬弃。我市组建"三级理事会"的重要体会，就是充分利用民间矛盾自我化解机制、乡村自治的历史文化传统，创新机制，努力使群众自己的事情自己解决,引导群众自律自强、互信互助、共建共享。

作者:王蒙徽,时任中共广东省云浮市委书记,摘录自云浮市建设农村改革发展试验区领导小组办公室编:《云浮市实施主体功能扩展规划资料汇编》,2011年10月13日,第62—65页。

加强社会管理：重点在基层 关键在服务

——广东省云浮市创新社会管理的做法与启示

完善基层社会管理和服务体系，是加强和创新社会管理的重要内容，对于提高我国社会管理科学化水平，促进经济社会持续、健康、稳定发展具有重大意义。近年来，广东省云浮市以推进农村综合改革为契机，通过创新体制机制不断加强基层社会管理和服务体系，取得显著成效。

一 "向下给力"：将社会管理和服务的重心下移

云浮立足市情实际，大胆创新、着力基层，在加强和创新社会管理过程中，变"向上相对应"为"向下相适应"，在"下"字上做文章，探索出一套"向下给力"的云浮经验。

理念向下，创新社会管理方式。一是在转变经济发展方式上"向下看"。创造性地将主体功能区概念引向基层，以县为单位规划建设，确定了"优先发展区""重点发展区"和"开发与保护并重示范区"等三类主体功能区，实行分类指导，让"该干什么的地方干什么"，走"错位发展、以特取胜"的经济发展道路。二是在转变基层治理方式上"向下看"。创新推进镇级大部制改革，按照"因事设岗"原则，在整合现有资源基础上组建党政办、农经办、宜居办、综治信访维稳中心、社会事务服务中心等"三办两中心"，重点解决组织建设、农民增收、环境建设、社会管理、民生服务等五大问题。三是在转变管理工作方式上"向下看"。坚持"政府主导、群众主体"原则，积极推进"十步工作法"，通过明确梳理确定议题、制定初步方案、征求社员意见、依法表决通过、公示表决结果、分流三站实施、定期开展研判、实施民主监督、组织绩效评价、事结公布结果等环节，让群众参与贯穿社会管理工作始终。

权力下放，增强社会管理能力。巩固和完善基层政权是推进基层社会管理和服务的基础。云浮市着力实施以"权力下放"为核心的强镇扩权改革，通过下放事权、财权和人事权，增强基层政府执政能力。一是下放事权，让乡镇"有权办事"。有效的事权是政府执政的基础，也是提高政府行政效能的保障。云浮市率先在云安县推进强镇扩权改革，按照"责权利相一致"的原则，将14个县直部门的72项职权下放到乡镇，通过赋予乡镇更多的事权，充分发挥了基层政府的能动性。二是下放财权，让乡镇"有钱办事"。财权与事权的匹配，是增强基层政府执政能力的基本要求。云浮市积极探索扩大乡镇应有财权，除县对镇的公共服务支出给予全额保障外，还逐步提高乡镇税收返还比例，最高给予超增部分100%的奖励。同时，规范县直部门资金下拨方式，扶持资金统一划拨到乡镇政府，由县直部门负责监管，乡镇直拨扶持对象，树立乡镇权威。三是下放人事权，让乡镇"有人办事"。云浮市逐步扩大乡镇应有人事权，按照配强配优乡镇班子的要求，扩大乡镇干部人事推荐权、干部调整建议权和干部问责处理权，使乡镇党委对配备镇级班子副职有推荐权，调整个别镇班子成员有建议权，乡镇干部工作问责有处理权。人事权的下放，有助于调动基层干部的工作积极性，不断提升和优化社会管理的领导和组织力量。

资金下发，夯实社会管理基础。基层社会管理任务艰巨繁重，管理成本较高。在乡镇财政能力总体不足的背景下，云浮通过财政、税收等多个渠道给予基层政府资金支持，有力保障了社会管理和服务工作的顺利推进。一是创新财政保障机制，实现向下拨款。在镇级运作上，除提供公共服务全额保障外，逐步提高乡镇税收返还比例；在村"两委"运作上，实行县级财政直补；在保障民生上，实现专项财政下乡。二是创新税收共享机制，实现向下分税。按照"相互合作、利益共享、共同开发"的原则，出台"项目招入地与所在地税收共享""资源地和项目地税收分成""园区税收增量共享"等政策，并明确税收共享资金只能用于社会管理和服务。三是创新财税激励机制，实现向下奖励。在确定财税考核基数的基础上，实行"超率累进分成"激励机制，超过基数增长率的部分越高，奖励比例越高。同时，设立"上台阶奖"，对财税收入首次突破一定数额的乡镇给予奖励。通过实施有效的财税保障机制，基层政府实施社会管理和服务的能力大为提高，基层干部的动力也更足了。

服务下移,充实社会管理内容。完善社会服务是推进基层社会管理工作的重要内容。云浮在改革实践过程中,以提供基本公共服务为出发点,不断完善基层社会服务体系,重点解决人民群众关心的重要问题。一是组建"三大中心",实现服务下乡。组建镇级农村土地流转服务中心、农村劳动力服务中心和农业发展服务中心等便民服务中心,帮助农民解决土地、就业及农业发展等关系群众切身利益的民生问题。二是组建"一社一队",实现服务进村。成立农村社区服务合作社,夯实基层组织,强化基层社区自治和服务功能;组建农村环卫服务队,寓社会管理于公共服务之中,解决人民群众最直接最现实的民生问题。三是开通"四个网络",实现服务入户。云浮市充分运用信息技术平台,把各项社会服务逐步向镇、村延伸,开通"三农"服务网、政府服务热线、远程审批系统和"廉政直通车",形成覆盖农户的"一网连市场、一线解难事、一站办审批、一键强监督"的全方位信息化服务体系。

考核下沉,提升社会管理成效。建立面向基层的政绩考核机制,是加强基层社会管理和服务的必然要求。云浮市在政绩考核过程中,尊重民意、重视基层。一是将"官考"与"民评"相结合。通过机关民主测评、群众满意度评价、领导班子评价、单位代表互评、基层人员评价等形式,将各考评主体的意见和建议以不同的权重比例集中起来,使民意在评议中得以体现,形成"上下互动"的良好评议氛围。二是创建"5+X"的乡镇干部考核机制。云浮市探索实施"基本职责+主导职责"的双层履职制度,明确乡镇干部的功能职责为"5+X"。其中,"5"即"社会维稳、农民增收、公共服务、政策宣传、基层建设"等五项基本职责,将民生、服务等群众关心的问题放在更加突出的位置,体现了以基层为导向、以群众为中心的干部考评标准;"X"即赋予各乡镇不同的功能定位、职责要求和经济社会发展目标等主导职责,体现了实事求是、因地制宜的政绩考核原则。

二 云浮市创新社会管理改革实践的几点启示

胡锦涛同志在省部级主要领导干部社会管理及其创新专题研讨班开班式上强调,要"进一步加强和完善基层社会管理和服务体系,把人力、财力、物力更多投到基层,努力夯实基层组织、壮大基层力量、整合基层资源、强化基础工作,强化城乡社区自治和服务功能,健全新型社区管理和服务体制"。广东省云浮市的改革实践不仅体现了中央政策精神,而且将其落到了实处,产生了实效。从云浮市的改革实践中,我们可以得到以下几点启示。

启示一:加强和完善社会管理的重点在基层

完善基层社会管理和服务,是加强和创新社会管理的基础工程。基层稳定了,社会才能稳定;基层发展了,社会才能发展。只有搞好基层社会管理和服务,社会管理的"大厦"才有扎实的根基。当前,我国大量社会需求来源于基层、大量社会问题产生在基层、大量社会矛盾根源在基层,对基层社会管理和服务提出了更高和更紧迫的要求。只有将重心下移、关口前移,做好基层社会管理和服务工作,才能从源头上化解各种矛盾,从根本上协调不同群体之间的利益关系。云浮创新社会管理的突出特点,就是把基层作为加强和创新社会管理的主战场,不断将人力、财力、物力投到基层,通过"向下给力"实现社会管理创新。

启示二:加强和完善社会管理的关键在服务

社会管理,说到底是对人的管理和服务,涉及广大人民群众切身利益,必须始终坚持以人为本、执政为民的根本宗旨。民生问题与人民群众的利益息息相关,是人民群众最普遍、最直接、最现实的问题,也是加强和完善社会管理的重要任务。解决民生问题,光靠"管"还不行,关键在"理",其核心是提高和完善社会服务的水平。只有始终以服务为先导,才能真正实现好、维护好、发展好最广大人民的根本利益,也才能从根本上获得人民群众的认可和赞同。因此,加强和创新社会管理,必须坚持以服务体现管理,以服务促进管理,以服务深化管理,通过优化服务提高社会管理科学化水平。云浮改革实践的重要经验,就是始终秉承"以人为本、服务优先"的社会管理理念,将保障和改善民生作为加强和创新社会管理的突破口,想方设法为广大人民群众提供全面、优质的公共服务。

启示三:加强和完善社会管理的保障在机制

制度化是社会管理科学化的重要方面。要提高社会管理科学化水平,很重要的一点就是通过体制机制等制度创新保障社会管理和服务工作顺利推进。传统的社会管理往往"头疼医头,脚疼医脚","出了问题才管",缺乏主动性、系统性和长效性。社会管理不是动员口号,也不是社会运动,而是一项事关长远、关乎全局的基础工程。因此,加强和创新社会管理,必须以体制机制创新为保障，实现社会管理和服务的常态化、机制化。只有体制机制创新了，社会管理创新才是可持续的、可复制的、有生命力的。云浮加强社会管理的重要经验，就是特别注重建立健全促进社会管理和服务的体制机制，通过诸如政绩考核机制、财税分享机制等一系列制度创新来推动和保障社会管理和服务的实现。

启示四：加强和完善社会管理的主体在群众

群众是社会管理的对象，更是社会管理的主体。加强和完善社会管理，必须坚决贯彻党的群众路线，重视人民群众的主体地位，发挥人民首创精神，培养人民群众自我管理、自我服务、自我监督以及社会参与的意识和能力。要坚持在思想上尊重群众、感情上贴近群众、工作上依靠群众，想方设法调动人民群众的积极性和能动性。当前我国着力推进的社会管理工作，理应是一种参与式管理，重点是引导群众有序参与、充分参与、高效参与，以参与突出群众的主体性，以参与突显群众的主人翁地位。积极发挥群众的主体作用，不仅有助于提升社会管理和服务水平，减少政府施政成本，而且符合人民群众的内在意愿和需求，有利于达成政府和群众的双赢。云浮改革实践的重要经验，就在于不断引导群众参与到社会管理和服务过程当中来，以决策共谋集中民智、以发展共建凝聚民力、以合作共管汇集民意、以成果共享顺应民心，形成了政府和群众的良性互动和有效衔接。

作者：王蒙徽，时任中共广东省云浮市委书记，摘录自云浮市建设农村改革发展试验区领导小组办公室编：《云浮市实施主体功能扩展规划资料汇编》，2011年10月13日，第73—76页。

破解"一事一议"难题　发展农村公益事业

——广东省云安县组建"三级理事会"的实践与思考

《中共中央国务院关于推进社会主义新农村建设的若干意见》指出：要健全村党组织领导的充满活力的村民自治机制，进一步完善村务公开和民主议事制度，让农民群众真正享有知情权、参与权、管理权、监督权。我国在农村税费改革之后不再收取固定的统筹提留，农村公益事业发展充分尊重和发挥村民的主体作用，采取"一事一议"的方式筹集资金。然而在一些地方，"一事一议"在施行中还存在召集难、议决难、执行难等问题，在一定程度上制约了农村经济社会发展。近年来，广东省云浮市在云安县进行试点，通过组建镇、村、组"三级理事会"解决"一事一议"面临的难题，既推动了农村公益事业发展，又提高了农村基层民主建设水平。

主要做法

为了把"一事一议"落到实处，云浮市进行了深入的调查研究，搞清了制约"一事一议"施行的主要问题，即"有事不议、无事乱议、有议难决"。在此基础上，提出了通过组建"三级理事会"，破解"一事一议"在组织载体、议事发起、外部支持、运转动力等方面存在的问题，形成"理事组织实施、政府以奖代补引导、群众积极参与"新格局，推动了农村公益事业的发展。

构建镇、村、组三级体系，让"一事一议"有载体。云浮市在云安县开展试点，推动组建"三级理事会"，即以村民民主推荐和选举的方式在村民小组或自然村组建村民理事会，在行政村组建社区理事会，在镇级组建乡民理事会。各级理事会围绕各自范围内的公益事业开展工作，每项公益事业先由理事会提议，再由理事组织村民商议，最后由户代表或者村民代表开会表决。采取有效措施，保证议案决议公开、实施过程公开、办事结果公开。

发挥理事引导作用，让"一事一议"有方向。"一事一议"制度施行的一个常见困难，是议事难以召集，农民需求难以集中，建设项目难以确定。对此，云浮市提出将理事发挥带头作用情况作为考核理事履职情况的重要内容。在"三级理事会"中建立季度例会、年度评议会制度，通过会议形式将各个理事掌握的公益事业需求整理汇总。理事通过列席村民代表会议、镇人民代表大会的方式，将村民的公益事业需求向村"两委"、乡镇政府集中反映，提出有针对性的议案，积极引导"一事一议"的方向。

实行以奖代补制度，让"一事一议"有保障。由县财政统筹安排"以奖代补"项目资金，理事会理事牵头组织和宣传发动农村群众共同做好项目规划、申报、拨款、建设、监督等工作，切实把"以奖代补"和"项目共建"结合起来，为农村公益事业提供有力支持与财政保障。

制定理事评议制度，让"一事一议"有动力。"三级理事会"有效运转的关键在人，特别是承担着重要沟通和联系职能的理事。为了激励理事长和理事严守章程、履职尽责，云浮市高度重视搞好对理事长和理事的评议工作。制定理事长"年度评议、以奖代补"试行办法，由镇政府组织评议，把理事会章程规定的工作职责作为理事长履职评议的重要内容；"三级理事会"分别以组织召开村民小组户代表会议、村民代表会议、乡镇人大代表和政协委员联席会议的形式，对理事履职情况开展评议，评议得分高的推荐其参评全县"百名优秀理事"，违规不称职的要求其自动辞职。

开展年度"十件民生实事"活动，让"一事一议"有目标。云浮市围绕农村民生问题，在镇村组"三级理事会"中开展年度"十件民生实事"活动。首先，由镇、村、组"三级理事会"理事发放"社情民意征集表"收集各自范围内的社情民意；随后，将意见与建议按照文化教育、农田水利、道路建设等门类整理成议案；最后，在理事全体会议上进行讨论协商，以投票的方式从中选出"十件民生实事"作为本级理事会年度工作目标，以公开承诺的形式向村民张榜公布，接受广大村民的监督。

建立"以组为基础、三级联动"的运行机制，让"一事一议"有秩序。云浮市在组建"三级理事会"的过程中，坚持以村民理事会为重心、以组为基础，建立联户代表议事制度；以相邻的数户农民为一片、以理事为联户代表，在理事的带动下充分发挥村民小组内村民参与公共事务的积极性。与此同时，实行镇、村、组三级联动机制，保证人员上交叉、事务上联动、信息上互通，努力形成镇、村、组分级治理而又相互促进的联动机制。

几点启示

"一事一议"作为推动农村公益事业发展的一种制度安排，顺应社会主义市场经济不断发展、社会主义民主政治建设不断推进的形势需要，符合广大农民群众的实际愿望和根本利益。但是，"一事一议"作为新生事物，在实践中必然会遇到这样那样的问题，需要不断加以完善。云浮市通过建立镇、村、组"三级理事会"，有效解决了"一事一议"在施行中的突出问题，极大激发了农民参与农村公益事业的积极性。云浮市的实践探索，不仅对推动农村公益事业发展而且对加强和创新农村社会管理、推进农村基层民主建设带来一些有益启示。

尊重人民主体地位。云浮市"三级理事会"的理事都由村民选举产生，以老干部、老党员、经济能人居多，这些人热心公益、乐于奉献，受到了农民群众的拥护；镇、村、组的公益事业项目都由理事会"三议三公开"，建什么和怎么建都由群众说了算，体现了农民群众的意愿；理事会组织群众监督项目进展以及后期结算，让群众参与"一事一议"的全过程，取得了农民群众的信任。洞表村在制定社会主义新农村建设规划过程中，除了多方征询政府相关部门的意见外，还由村民理事会牵头组织，以"一事一议"的方式召开征询意见座谈会8次，组织农民群众实地勘察5次，接纳农民群众意见23条，真正让农民群众参与农村公共事业发展，提高了决策的科学性和民主性。

多方整合社会资源。"三级理事会"以政府财政"以奖代补"的资金为支撑，发动群众积极投工投劳，并广泛吸引社会资金参与建设，建立了农村公益事业的多元投入机制，解决了资金短缺的难题。同时，实行镇、村、组理事会联动，村民小组不能兴办的公益事业可以在社区理事会得到解决，跨村的公益事业可以由乡民理事会来协调，农村社会资源得到了有效整合。东风村的村民希望重修一条向外运砂糖橘的路，由于这条路经过其他几个村庄，资金和劳力难以统一筹集调配，建设项目一直无法启动。村民理事会将情况反映到镇上，乡民理事会马上将情况向镇政府做了报告，在争取政府投入的基础上，还吸引社会资金参与建设，不到两个月，这条路就顺利开工了。

　　充分发挥理事作用。当前，一些村民"等、靠、要"的思想比较严重，农村公益事业面临"三个和尚没水喝"的困境，致使"一事一议"的效果大打折扣。云浮市的"三级理事会"以"理事引导"为抓手，在理事的带领下，对群众需求强烈和直接受益的公益项目提请理事会讨论，打破了这一困境。同时，"三级理事会"积极发挥"群众参与"这一抓手的作用，充分调动农民群众的积极性，为发展农村公益事业夯实群众基础，实现了理事引导和群众参与的有机结合。横洞村实施"三级理事会"制度以后，在理事的积极引导下，村民主动拆除旧屋、猪舍，捐种名贵树木，自筹资金达156.54万元，累计投工投劳1824人次，真正成为发展农村公益事业的主体。

　　　　　作者：王蒙徽，时任中共广东省云浮市委书记，摘录自《人民日报》2011年11月18日第7版。

云浮市美好环境与和谐社会共同缔造行动纲要

一 背景和意义

1. "美好环境与和谐社会共同缔造"是加快经济发展方式转变、破解科学发展难题、实现科学发展的需要。单纯追求经济指标高速增长的粗放型发展模式,由于受资源环境承载力、社会矛盾等条件的制约,在云浮目前难以为继;以拼成本拼消耗的传统工业招商引资带动社会经济全面发展的策略,也因云浮的土地和人力资源、交通区位条件、基础配套设施等比较优势不突出而受到制约。作为广东欠发达的山区市,要实现跨越式发展,就必须努力践行科学发展观,坚持又好又快的发展,结合云浮的实际,探索科学发展之路。努力实现"好字当头,快在其中",就必须把我们好的做得更好,以我们的更好去吸引别人的更好,特别是吸引高附加值的人。为此,我们实施"美好环境与和谐社会共同缔造"行动纲要,统筹推进经济、政治、文化、社会、生态文明建设,增强城市的综合竞争力,并形成云浮特有的比较优势,促进各种经济资源与社会资源在云浮聚合,实现云浮科学发展跨越发展。

2. "美好环境与和谐社会共同缔造"反映了广大人民群众对美好幸福生活的追求,是发展成果惠及广大人民群众的需要。2009年,我市以科学发展观为指导,对宜居城市建设模式进行了探索,在推进南山森林公园和城市环境改造工程等项目的建设过程中,坚持以人为本,规划让广大群众参与、建设体现群众需求,受到广大群众的称赞,也调动了群众参与建设的积极性。同时,还成功地探索了民办公助的宜居城市建设方式以及人民城市人民管的管理模式。实践表明,通过美好环境建设,可以引导群众有序的参与、规范的自治，增强基层组织的凝聚力和战斗力，促进和谐社会建设，同时又通过群众有序的参与和自治，促进美好环境的建设。

"美好环境与和谐社会共同缔造"的发展理念是在上述背景下，为推动转变经济发展方式而提出的，其内涵为：根据云浮面临的机遇和条件，坚持以人为本、科学发展，以宜居城乡建设为载体，以人民城市人民建、人民管的建设与管理模式，统筹经济建设、政治建设、文化建设、社会建设和生态文明建设，实现五者的相互统一、相互促进，把云浮内在的生态资本、资源资本与外部的物质资本、人力资本结合起来，实现云浮科学发展、跨越发展，增强城市的综合竞争力。

二 指导思想和目标任务

（一）指导思想

以科学发展观为指导，以《珠江三角洲地区改革发展规划纲要（2008－2020年）》《云浮市资源环境城乡区域统筹发展规划》和《云浮市改革发展规划纲要（2009－2020年）》为指引，坚持"以人为本"的发展理念，以建设广东农村改革发展试验区、循环经济和人居环境建设示范市、广东富庶文明大西关为目标，以建设宜居城乡为载体，统筹推进经济、政治、文化、社会、生态文明建设，营造健康、生态、幸福的美好环境，促进经济发展方式的转变，推进和谐社会建设。

（二）总体目标

坚持科学发展的执政理念，探索以人为本的发展方式，通过"美好环境与和谐社会共同缔造"行动，将云浮建成"健康、生态、幸福的宜居城市"。加强生态文明建设和人居环境建设，倡导健康幸福的生活方式，发展健康和生态产业，形成低耗高效的生产发展方式，使经济效益、生态效益和社会效益互相促进、相得益彰，实现人与自然和谐共生、经济社会全面进步、人民安居乐业，把云浮建成"值得作为故乡的城市"。

（三）工作要求

1. 让发展惠及群众：坚持"以人为本"的发展理念，以改善人民群众的生活质量和提高人民群众满意度为根本要求，开展宜居城市建设，推进城市户外活动空间（慢行交通系统）建设，完善城市基础设施。

2. 让生态促进经济：坚持全面、协调、可持续的基本要求，实践发展第一要义，推进经济发展方式的转变，着力发展循环经济和生态低碳经济，构建现代产业体系。

3. 让服务覆盖城乡：坚持统筹兼顾的根本方法，缩小城乡差距，着力推进生态文明村建设、学校和医院改造，统筹推进教育、医疗卫生体制改革，加强饮水安全等基本公共服务设施建设，积极发展小额贷款等农村金融服务，逐步实现城乡公共服务均等化。

4. 让参与铸就和谐：坚持"人民城市人民建，人民城市人民管"的建设理念，探索转变传统城市建管模式，以资源的差异化配置为动力，激发群众对公共事务的参与热情，引导有序自治，增强基层组织的战斗力、凝聚力；以"三网融合"为平台，建设城乡公共交流空间，通过发动群众积极参与，更好地凝聚民智，树立云浮人新风貌；以推进和谐宜居示范村（社区）为着力点，不断提升群众的综合素质，努力实现文明市民与文明城市的共同成长，实现美好环境与和谐社会同步缔造。

三　工作措施

1. 以"三规合一"为手段推进各类规划在空间上实现整合。以资源环境承载力和建设的适宜度为依据，以实现城乡空间合理布局和区域协调发展为目标，通过调控城乡发展空间布局，实现资源环境城乡区域的统筹发展。

2. 以培育健康幸福的生活方式为主题提供舒适的户外活动空间。一是完成城区步行道规划，建设与机动车交通系统相分离的步行交通系统。二是完成城区自行车道规划，设立环城自行车道，并与步行系统相衔接，形成城区慢行交通系统，引导市民健康出行。三是建设山地自行车赛道，带动市民开展健康活动。四是完成绿地系统规划建设，以步行及自行车等慢行交通系统为依托，科学布局市民活动场所，增设绿色开放空间。在提供舒适户外空间基础上，加大宣传力度，积极倡导生态、健康、低碳的生活方式。

3. 以山水特色为优势营造具亚热带风貌的宜居城市。一是倡导建筑节能减排，充分依托我市亚热带气候优势，引导运用首层架空、建设骑楼、冷巷及天井等传统亚热带建筑物的设计手法，推广使用太阳能、天然气等清洁能源，建设亚热带特色风貌示范区。二是启动"显山露水"工程，推进山水特色城市建设，引导和鼓励市民进行屋顶及阳台绿化美化改造。

4. 以生态慢行绿道系统为载体推动健康产业的发展。坚持"点、线、面"相结合，规划建设生态慢行绿道，将现有的自然景观、人文景观、生态农业示范区、特色村庄（社区），以及规划建设的和谐宜居示范村（社区）连为一体，营造人与自然和谐相处的绿色生态环境，建设珠三角健康休闲度假基地，推动休闲旅游业发展；大力开展休闲健康运动，催生发展健康产业。

5. 以探索以人为本的发展方式为理念发展循环生态低碳经济。坚持走生态文明之路，努力实现经济发展与环境保护"双赢"。一是大力发展循环经济。通过技术创新、资源整合，积极实施能源资源节约、资源综合利用等循环经济工程，推动石材、不锈钢制品、硫化工、水泥等传统产业向高端化发展，延长产业链，提升产业附加值，实现可持续发展。二是推进低碳经济发展。按照低碳经济的发展要求，加快建设清洁能源基地和低碳化城市公共服务系统，引导低碳化的消费和生活方式；加快发展低能耗、低污染和高附加值的装备制造、生物制药等新兴产业；同时，以"三网融合"为平台，推动电子制造业和信息服务业发展，提升产业发展水平。

6. 以营造和谐共享的社会氛围为目标均等配置优质的公共服务。一是促进公共教育均等化。以市教育园区建设为重点，加大投入，大力发展中等职业技术教育，进一步优化教育网点布局，促进基础教育均衡发展，不断缩小城乡、区域间教育发展差距。二是促进公共卫生均等化。以市人民医院新院建设为重点，加强县、镇级医疗卫生机构建设，改善村（社区）卫生服务，提高公共卫生服务水平，逐步完善城乡基层医疗卫生服务体系，为城乡居民提供安全、方便、价廉的公共卫生服务。三是加快图书馆、博物馆、影剧院，以及镇（街）综合文化站、农村（社区）文化活动场所等公共文化设施建设，逐步形成覆盖城乡、结构合理的基层公共文化设施网络，基本满足城乡居民就近便捷享受公共文化服务的需求。四是完善城乡基础设施建设。加快完善城市供水、供电、排污等基础设施，重点推进云浮中心城区自来水保障工程，加大饮用水水源和应急备用水源的规划、建设和保护力度，完善城市供水保障，加快农村饮水安全工程建设；进一步完善公共交通网络建设，推进城市公交向农村延伸，逐步建成惠及城乡、全民共享的城乡一体化公共交通服务体系。

7. 以和谐宜居示范村（社区）为抓手强化基层组织建设。坚持"政府引导、群众主体、共建共享",做好和谐宜居示范村(社区)的建设工作,引导有序的村(居)民自治,增强村(居)委的战斗力和凝聚力,推进基层组织建设。一是整合资源。对省、市、县安排到村(社区)的政府资源进行统筹整合,优先配置到符合要求的示范村(社区),提高资源使用效益。二是建立奖励机制。建立"以奖代拨"的资源配置机制,设定奖励条件,激发村(居)民的参与热情,充分发挥群众的积极性和创造性。三是文化熏陶。在推进和谐宜居示范村(社区)建设过程中,以塑造现代公民为目标,强化群众自我教育,培育"自主、自强、合作"的精神,提高群众的综合素质,营造良好的文明风尚,促进社会和谐。

8. 以"三网融合"为平台推进公众参与,提高公共服务水平。加快推进"三网融合"建设,为民众参与公共事务管理提供良好平台。通过市民评审团、市民调查群、公众论坛、公共调查、公共辩论等多种公众参与方式,广泛听取各方面意见建议,了解民意,汇聚民智,推动决策的科学化、民主化建设。同时,通过推进"三网融合"建设,改善信息化公共服务,缩小城乡、区域的信息服务差距,不断满足人民群众日益增长的精神文化需求。

四 2010年工作要点

(一)积极打造健康、生态、幸福的宜居中心城区

1. 进一步完善慢行交通系统。重点推进"上山进城"工程建设。"上山"工程,即对南山森林公园现有环境设施进行改造升级,完善南山森林公园周边步行系统,建设符合山地自行车比赛标准的山地自行车道。"进城"工程,即推进南山森林公园与城区学校、市场、社区相连接的慢行交通系统建设,逐步使城区慢行交通系统形成南北拓展、东西呼应、山上与山下互动的新格局。

2. 积极推进绿地网络建设。以市城区慢行交通系统为主线,增加公共绿地面积,规划和推进居民区公共绿地及活动空间建设。

3. 推动亚热带特色风貌示范区建设。出台相关优惠政策,引导和鼓励市民进行屋顶及阳台绿化美化改造,推进城区街道的美化、绿化、亮化改造工作。

4. 建设"显山露水"工程,保护和利用特有的自然山水风貌,塑造独

具个性和文化品位的城市景观，推进"城中有山，山中有城，城中有水，山水相映"的山水城市建设。

5. 加快旧城镇、旧厂房、旧村庄"三旧"改造，抓紧制定相关规划和措施，积极引进有实力的企业和商家投资参与"三旧"改造。

6. 继续实施"美化云城行动月"活动，推进市城区及其周边绿化美化净化工作，提高单位庭院和住宅小区、校园、部队驻地的绿化美化净化水平。

（二）连接珠三角绿道网，加快推进我市生态文化旅游慢行绿道建设

以市区为中心，加快规划建设连接5个县（市、区）的慢行绿道，逐步形成连接禅宗六祖文化、南江文化和石艺文化三大文化区，以及自然景观点、人文景观点、生态旅游景观、和谐宜居示范村（社区）的生态文化旅游慢行绿道。

1. 积极开发禅宗六祖文化、南江文化和石艺文化三大文化旅游观光点和邓发故居、邓发纪念馆、腰古水东明清古村落、蔡廷锴故居、连滩光仪大屋、大湾古民居等旅游点，推动特色文化游。

2. 积极开发南山森林公园、城北大绀山森林公园、大王山森林公园（同乐大山自然保护区），推动生态休闲娱乐游。

3. 规划建设生态农业、观光农业基地或"农家乐"庄园，积极开发乡村风情体验游。

4. 规划建设具有亚热带风貌的林业观光带，推进沿线未开发用地的绿化工作。

5. 规划建设10条和谐宜居示范村（社区），保护和开发原有的人文景观，积极开发"广东大西关"淳朴乡土风情体验游。

6、在慢行绿道自然风景点规划建设观光亭，依托河流、小溪、水库、山塘和绿地等自然资源积极开展钓鱼、泛舟、慢跑等户外休闲游。

（三）加快规划建设生态循环经济园区

1. 加快推进循环经济园区建设。充分发挥后发优势，打响生态优良的牌子，大力发展循环经济，使经济效益和生态效益相互促进。

一是以循环经济的理念，推动省市共建先进制造业硫化工产业基地、广东省粤西水泥基地和云浮新型石材基地的整合，发挥云安县循环经济示范县示范作用，加快建设云浮循环经济工业园。

二是依托云浮市民营科技园，加强石材工业技术改造，增加石材行业的

技术含量，推动石材企业节能减排，提高石材的循环利用率，发挥资源的最大效益，实现清洁生产和可持续发展。同时，出台优惠政策，引导城区石材企业入园发展。

三是依托罗定双东环保工业园，整合郁南大湾环保工业园，规划建设一个跨县界，以"绿色、环保、生态、科技"为定位的新型现代化环保工业园区，积极承接珠三角转移的五金、化工等产业。

四是加快省级高新技术产业开发区建设的步伐，全力做好省级高新技术产业开发区申报工作，加快佛山（云浮）产业转移工业园、温氏科技园和云浮循环经济工业园建设，以"一区三园"统筹发展，把高新区逐步建设成为企业增强自主创新能力的试验区、高新技术产业发展的示范区和高新技术企业孵化基地。

2. 加快推进现代农业园区建设。进一步提升罗定优质粮生产现代农业园区、郁南县柑橘产业园区和新兴飞天蚕生态茶园三个现代农业园区建设力度，争取在云城区、云安县新建两个现代农业园区，推动现代农业园区均衡发展。积极完善农科信息服务网点，加强园区服务。

3. 加快规划建设六祖惠能禅宗文化博览园。在六祖故里旅游度假区核心区规划建设以禅宗文化为主题的六祖惠能文化博览园，弘扬禅宗文化积极价值，努力打造一个集心灵和谐、自然和谐、社会和谐为一体的美好环境载体。围绕名寺、名泉、名人、生态、工农业观光等内容，推动旅游资源的整合，积极打造影响省内外、辐射东南亚的知名旅游品牌。

（四）加快规划建设和谐宜居示范村（社区）

在生态文化旅游慢行绿道沿线选取群众参与积极性高、基层组织能力强的村（居）规划建设和谐宜居示范村（社区）。按照因地制宜、彰显特色的原则编制村庄总体规划，统筹和谐宜居示范村（社区）建设。

五 保障措施

（一）加强领导，落实责任。美好环境与和谐社会共同缔造行动是一项系统工程，涉及面广、综合性强，各地、各部门务必要切实加强学习，加强领导，以点带面，统筹安排。各县（市、区）要成立专门的工作机构，建立相应的工作机制和制定配套工作方案，进一步细化各级的责任，切实做到组织到位、分工到位、推进到位，推动美好环境与和谐社会共同缔造各项工作任务的落实。

（二）联创共建，形成合力。各相关职能部门要有大局观念，立足职能，密切配合，协调联动，形成推动共同缔造行动的合力。规划部门负责指导、组织编制和审查相关的详细规划，及时办理有关手续；发改部门负责相关项目的立项，产业政策制定；国土部门负责办理农用地转用、征收土地等用地手续；建设部门负责房屋的拆迁管理，工程项目建设监管；市财政、税务、监察、审计、农业、社保、环保、林业、文化、城管、公安、金融等相关部门要按要求积极配合。

（三）强化考核，务求实效。各相关部门要根据行动纲要制定相应的具体实施方案。市委、市政府督查部门要出台具体考核办法，对各相关部门推进美好环境与和谐社会共同缔造的工作实行绩效考核，纳入《云浮市县处级党政领导班子和领导干部落实科学发展观评价指标体系及考核评价办法（试行）》。

（四）强化宣传，营造氛围。要加大舆论宣传力度，各新闻媒体要广泛深入宣传美好环境与和谐社会共同缔造工作的目的意义和目标要求，激发群众对建设美好环境、和谐社会的主动性、积极性和创造性。要大力宣传工作中的好做法、好经验，以及好人好事，充分发挥典型的示范带动作用，形成全民参与、共建共享的良好氛围。

摘录自中共云浮市委办公室 云浮市人民政府办公室：《关于印发〈美好环境与和谐社会共同缔造行动纲要〉的通知》（云办发〔2010〕4号），2010年3月20日。

云浮市云安县美好环境与和谐社会共同缔造行动纲要的实施方案

市委四届七次全会通过了《美好环境与和谐社会共同缔造行动纲要》，"美好环境与和谐社会共同缔造"的内涵为：根据云浮面临的机遇和条件，坚持以人为本、科学发展，以宜居城乡建设为载体，以人民城市人民建、人民管的建设与管理模式，统筹经济建设、政治建设、文化建设、社会建设和生态文明建设，实现五者的相互统一、相互促进，把云浮内在的生态资本、资源资本与外部的物质资本、人力资本结合起来，实现云浮科学发展、跨越发展，增强城市的综合竞争力。为贯彻落实好《美好环境与和谐社会共同缔造行动纲要》，现结合云安实际，制定如下实施方案。

一 指导思想和目标任务

（一）指导思想。以科学发展观为指导，以《珠江三角洲地区改革发展规划纲要（2008－2020年）》《云浮市资源环境城乡区域统筹发展规划》、《云浮市改革发展规划纲要（2009－2020年）》和《美好环境与和谐社会共同缔造行动纲要》为指引，巩固国家可持续发展实验区、广东省循环经济试点县、广东省林业生态县等创建成果，以创建国家循环经济试点县、广东省农村综合改革示范县，争当全市科学发展排头兵为目标，坚持以人为本，建设宜居城市，统筹推进经济、政治、文化、社会和生态文明建设，创造健康、生态、幸福的宜居环境，实现美好环境与和谐社会共同缔造。

（二）目标任务。坚持科学发展的执政理念，探索以人为本的发展方式，通过"美好环境与和谐社会共同缔造"行动，实施"两轮驱动"（循环经济和农村综合改革）战略，以发展循环经济加快经济发展方式转变，形成低耗高效的生产发展方式；以推进农村综合改革统筹城乡发展，加强生态文明建设和人居环境建设，使经济效益、生态效益和社会效益互相促进、相得益彰，实现人与自然和谐共生、经济社会全面进步、人民安居乐业，把云安建成"六合之都、特色新城"。

二 工作措施

（一）以主体功能区划为手段，统筹资源环境城乡区域发展。针对全县各地经济基础、区位条件、人口分布、资源禀赋的差异，从资源环境承载能力、现有开发密度和发展潜力等现实情况出发，把全县8个镇科学划分为优先发展区、重点发展区、开发与保护并重示范区等三大主体功能区，在实施"两轮驱动"战略中赋予各镇不同的功能定位，明确发展方向，优化发展布局，提高资源配置效率，形成区域经济结构和合理区域分工格局，统筹资源环境城乡区域协调发展。

（二）以"借城发展、园城融合"为理念，拓宽宜居城市建设空间。坚持"借城发展"理念，以云城、云安同城化建设为切入点，主动融入"一江三组团"（"一江"，即西江；"三组团"，即云浮市中心城区、云安县城、都杨滨江新城）城市格局，致力打造"城市规划统筹协调，基础设施共建共享，产业发展合作共赢，公共事务协作管理"的同城共建格局，联手打造环珠三角最具特色和活力的中等城市经济圈。坚持"园城融合"理念，以云浮循环经济工业园建设为载体，把工业园区建设和县城市政建设有机融合起来，在规划中融园入城，在配套中城中建园，在发展中园城融合，实现城市总体规划与产业园区规划有效衔接，城市配套设施与产业功能布局有效共享，形成具有云安特色的、园城融合的"工业新城、港口新城、绿色新城"。

（三）以发展循环经济为支撑，探索以人为本的科学发展模式。以创建国家循环经济试点县为契机，围绕"建链补链做强经济，建设园区做大城市，节能减排做优环境，增加收入做好民生"的工作思路，按照循环经济发展的"五个一"基本要求和"分步走"目标任务，加快经济发展方式转变，让生态促进经济，探索以人为本的科学发展模式。一方面，以工业园区建设为载体，集聚产业，发展工业循环经济。以循环经济发展的思路和模式加快云浮循环经济工业园的规划建设，各类工厂工业污水和居民生活污水集中于污水处理厂处理；处理后的水用于工业用水循环再用；城市生活垃圾集中分类进行利用和作为水泥生产的燃料进行无害化处理，实现工业废水循环利用和生活垃圾的综合利用，使硫化工、水泥、石材企业的工业废水实现循环利用并达标排放，建立城乡生活产业链。另一方面，以新农村建设为载体，集聚优势，发展农业循环经济。积极探索农业循环经济发展新模式，构建起"养殖—沼气—肥料—种植"的生产链、"土地流转—劳动力转移—农业产业转型"的发展链和"循环经济—公共建设—改善民生—社会稳定"的建设链，实现农村繁荣；改善社会民生。同时，要加快农村循环经济示范村、示范户建设和推进农村垃圾处理工作，建立农村生产生活循环链，实现美好生活与和谐社会同步缔造的目标。

（四）以城乡环境综合整治为重点，建设资源节约型、环境友好型社会。坚持"既要金山银山，更要绿水青山"的理念，以环境的综合整治，促进资源节约型、环境友好型社会建设，造福云安人民。在整治思路上，要按照"点面结合、城企联治、上下互动、奖惩并举、持之以恒"的原则，建立经济总量与生活质量同步提升的共建机制，依法管理与道德规范同步推进的联动机制，激励与问责同步强化的奖惩机制，花大力气解决好企业污染源、建设污染源、交通污染源、生活污染源的问题，通过"堵源头、增绿地、扩路网、强监管"等多管齐下，最大限度地减少粉尘、废气、污水和噪声等污染，提高城区环境质量。同时，以推动农村环境综合整治解决农村"脏、乱、差"和有新屋没新村的问题，全力推进农村沼气建设，把沼气建设作为农村减污增效的重要举措来抓，实现治污和增效"双赢"。

（五）以推进农村综合改革为突破，提高城乡公共服务均等化水平。以争创全省农村改革示范县为契机，以"服务'三农'、改善民生"为核心，以"转变政府职能、完善公共服务"为重点，以强镇扩权为手段，推进农村综合改革，实现城乡公共服务均等化。必须坚持以改革创新为主要途径推进乡镇综合改革，全面建设"一网三中心"（云安"三农"服务网和镇级"三个服务中心"），全面启动以"扩大乡镇应有社会管理事权、应有财权和应有人事权"为主要内容的乡镇职权改革，全面实施"不唯GDP论"的乡镇政绩考评机制，促进乡镇政府服务职能的转变和服务质量的提高。必须坚持以农民增收为主要目标推进优势产业发展，始终把服务"三农"作为推进农村综合改革的出发点和落脚点，立足县情实际，在大力实施"双转移"战略的基础上，确立"继续稳定粮食生产、巩固提升柑橘产业、不断扩大蚕桑规模、大力发展畜牧水产、扶持建立油茶基地、积极培育品牌农业"的思路，鼓励各镇结合自身产业基础和优势，积极探索"内外联动、工农并举、多元致富"的农民持续增收路子，促进农村经济发展模式的多样性和发展元素的丰富性。必须坚持以城乡统筹为主要方向合理配置公共资源，构建具有云安特色的"一校两院三保障四工程"农村公共服务体系，有效统筹城乡发展。

（六）以生态慢行绿道系统为载体，营造人与自然和谐相处的绿色生态环境。坚持"点、线、面"相结合，围绕云浮生态慢行绿道建设的统一部署，突出"建设百里绿道，展示云安风貌"主题，规划建设禅道云安段（南盛、前锋线），文道和同道（云安段），以及福道（县城段）等三条生态慢行绿道，并将沿线的自然景观、人文景观、生态农业示范区、特色村庄（社区），以及规划建设的和谐宜居示范村（社区）连为一体，营造人与自然和谐相处的绿色生态环境。

（七）以和谐宜居示范村（社区）为抓手，强化基层组织建设。坚持"政府引导、群众主体、共建共享"原则，做好和谐宜居示范村（社区）的建设工作，引导有序的村（居）民自治，增强村（社区）"两委"的战斗力和凝聚力，推进基层组织建设。一是整合资源。对省、市、县安排到村（社区）的政府资源进行统筹整合，优先配置到符合要求的示范村（社区），提高资源使用效益。二是建立奖励机制。建立"以奖代拨"的资源配置机制，设定奖励条件，激发村（居）民的参与热情，充分发挥群众的积极性和创造性。三是文化熏陶。在推进和谐宜居示范村（社区）建设过程中，以塑造现代公民为目标，强化群众自我教育，培育"自主、自强、合作"的精神，提高群众的综合素质，营造良好的文明风尚，促进社会和谐。

三 2010年工作要点

（一）深化主体功能区划。结合《云安县主体功能区规划》的实施，继续深入调研论证，把功能区建设延伸到村级，逐步把镇村两级的工作重点转移到维护社会稳定，增加农民收入，优化公共服务，强化基层组织，加强自身建设上来。

（二）抓好同城共建工作。认真总结去年同城共建的成效和经验，深刻查摆存在问题，与云城区讨论商定今年同城共建重点，并拟定工作台账，务求在城市规划、产业布局、交通网络和公共服务"四大对接"上有更大突破。

（三）加快云浮循环经济工业园建设。围绕打造一流循环经济园区的工作要求，年内必须完成园区规划、省级循环经济工业园报批工作，以及市下达的园区征地拆迁、基础设施、招商引资等目标任务，全力推进云浮循环经济工业园建设，并确保国家循环经济试点县创建成功。

（四）强化城乡环境综合整治。一方面，强化县城环境整治。从干部抓起，从机关做起，做文明公民，创文明机关。从办清洁企业入手，办良心企业，做文明业主。从今年起，把办清洁企业作为入园的条件和享受优惠政策的依据，并建立环境全天候监测机制，用两年时间实现园区清洁企业全覆盖目标。从完善城区公共设施着力，重点解决道路不平、设施不足问题。从共建共享着眼，在强化城管队伍建设的同时，发挥县城所在地六都镇以及所属村（社区）作用，发挥社会义工作用，共同营造优美环境。另一方面，强化农村环境整治。重点推进农村垃圾处理，制定《云安县农村生活垃圾处理工作实施意见》，试点推进南盛镇七洞村委七木坑的垃圾压缩站和垃圾填埋场建设，成立农村环卫服务队，落实专人，配套专车，解决专款，构建"户分类、村收集、镇转运、县分片处理"的机制，上半年加快推进南盛、前锋、镇安、石城、六都等镇公路沿线村庄的环境整治，下半年全面推进全县农村环境整治。重点推进旧村改造，借鉴学习江浙等地做法，县镇村三级共同研究，科学编制规划方案，配套完善卫生保洁、绿化养护等管理制度，建立村庄管理的长效机制。全面启动旧村改造试点工作，确保年内完成"一镇一示范"任务。

（五）推进农村综合改革。按照抓深化促创建、抓整治促改貌、抓发展促增收的"三抓三促"的要求，加快推进农村综合改革，全力创建广东省农村综合改革示范县。一要深化富县强镇事权改革，在总结南盛试点经验的基础上，在全县范围内启动乡镇职权改革，以强镇扩权树立乡镇权威。二要深化"一网三中心"建设，以搭建平台优化"三农"服务。以"搞好硬件建设，完善软件建设，健全机制建设"为重点，在全县各镇实现镇级"三个服务中心"全覆盖。创新构建云安"三农"服务网，在县政府公众信息网上开辟"三农"服务专栏，把全县农村土地流转、农村劳动力供求、农产品产供销等信息上网公告，以"一网"为平台，提高"三中心"运行效能,不断优化"三农"服务,使土地成为农民财产性增收的重要途径,现代农业成为农民持续增收的重要基础,劳务经济成为农民收入倍增的重要支撑。三要构建具有云安特色的"一校两院三保障四工程"农村公共服务体系。办好"一校",重点加快凤凰中学筹建进度,优先发展农村教育,促进基础教育均衡发展。建好"两院",重点扩建县人民医院,逐步完善城乡基层医疗卫生服务体系;加强云安福利服务中心和镇敬老院管理。抓好"三保障",重点增强社会保障、医疗保障、劳动保障等社会公共服务的保障能力。其中,把扶贫开发"双到"工作作为落实"三保障"的重要工作来抓,以"五个四"举措,即严把"四关"核准对象,实施"四联动"落实帮扶,落实"四定"包干扶持,坚持"四结合"确保实效,实施"四轮驱动"整村推进,提高扶贫开发工作的准确性、严肃性、及时性、创新性和实效性,探索一条"双到+双扶"(干部责任帮扶、党员结对帮扶)、"特色+转移"的帮扶新路子,加快农民脱贫致富步伐。实施"四工程",重点实施宜居家园工程、社会管理工程、收入倍增工程和固本强基工程。要按照市委提出的"美好环境与和谐社会共同缔造"的总体要求,成立县、镇宜居办,着力推进以村镇规划、绿道建设、旧村改造、环境整治、生态保护和沼气服务为重点的宜居家园建设。要以实施"阳光法制、惠民法制"为主要内容的"法治文化"建设为切入点,强化社会管治,致力推进依法治县。要以"现代农业为基础、劳动力转移为重点、智力扶持为支撑"的工作思路,探索农民收入倍增新路子。要以配强镇班子为切入点,致力实施"活力民主、阳光村务""勤廉村官""一村一大学生"和绩效挂钩等工程,激发基层组织建设活力。

(六)抓好绿道建设工作。必须把绿道作为"一把手"工程和民心工程来抓好落实,确保按时保质圆满完成。其中,福道(县城段)的建设要在今年5月底前完成,县城环城慢行系统(含支线)、禅道(云安段)和文道、同道(云安段)均要于今年上半年贯通。

(七)抓好美好环境与和谐社会共同缔造试点村庄(社区)建设。把慢行系统建设延伸到学校、社区和景点活动区,形成慢行系统重点区干道,不断提升群众的综合素质,发动广大群众参与建设,保护和开发原有的人文景观,积极开发淳朴的乡土风情游,实现美好环境与和谐社会共同缔造。在慢行绿道建设沿线选取群众参与积极性高、基层组织能力强的村规划建设和谐宜居示范村（社区）。按照因地制宜、彰显特色的原则编制村庄总体规划，统筹和谐宜居示范村的建设，将选好的试点村庄建成和谐的生态文化旅游点，并完善沿线服务点建设。

（八）推进现代农业园区建设。重点规划建设以柑橘为主的南盛现代农业园区，把石城、前锋在内的柑橘基地纳入园区之中；扶持建立油茶基地，规划建设以油茶产业为主的高村现代农业生态园区；规划开发以南盛、前锋为主线的，乡村观光和农业生态观光为主要内容的绿色云安游项目，以此推动农家乐项目，带动群众致富。推进农村沼气建设和循环经济示范村、示范户建设；大力培育农业龙头企业，积极培育品牌农业，推动现代生态农业建设；大力发展畜牧水产业，加快引进温氏集团养殖项目。

四　保障措施

（一）加强组织领导。美好环境与和谐社会共同缔造行动是一项系统工程，涉及面广、综合性强。各镇各部门要成立专门的工作机构，加强对美好环境与和谐社会共同缔造行动工作的领导，统筹安排。其中，县委、县政府要充实宜居办工作人员，组建规划设计组，确保项目先规划后设计，先设计后施工；技术监督组，专责工程项目立项报批、招标报建、质量安全等，确保项目依法依规、按时保质完成；文秘综合组，专责文书管理、资料收集整理、行政后勤服务等。

（二）加强协调联动。各级要主动树立美好环境与和谐社会共同缔造行动发展新观念，立足职能，密切配合，协调联动，在人力、物力、财力等方面提供支持，真正形成推动共同缔造行动的合力。规划部门负责指导、组织编制和审查相关详细规划，及时办理有关手续；发改部门负责相关项目的立项，产业政策的制定；建设部门负责房屋的拆迁管理，工程项目建设监管；财政、税务、监察、审计、农业、社保、环保、林业、文化、城管、公安、金融等相关部门按要求协调配合。在共同缔造行动中，广大党员要发挥先锋模范作用，自觉参与行动，为推进城乡统筹发展作出应有的贡献。

（三）完善工作机制。一是建立实施工作责任制度。本着"谁主管，谁负责"的原则，把任务指标细化、量化；层层落实。要定期向领导小组和领导小组办公室反馈工作及项目的进展情况。二是建立督查工作制度。政府对相关部门推进美好环境与和谐社会共同缔造的工作实行绩效考核，将工作情况纳入《云安县科级领导班子和领导干部落实科学发展观评价指标体系及考核评价办法（试行）》。

（四）加大资金投入。县财政设立专项资金，用于城区慢行系统建设，生态旅游慢行绿道（禅道云安段、文道和同道云安段），循环经济工业园特色游以及和谐村庄示范村建设。整合可统筹的财政、农业、水利、科技、经贸、卫生等资源和资金，通过"以奖代补"的形式，将资源优先配置，投放至美好环境与和谐社会建设上。充分利用银行、债券和贷款等商业融资手段，筹集社会资金，解决城乡环境基础设施建设需要巨大资金投入问题，同时加强对资金的管理，提高资金使用效率。

（五）加强宣传发动。要加大舆论宣传力度，组织新闻媒体广泛深入地挖掘、宣传美好环境与和谐社会共同缔造工作的意义、内涵和发展方向，激发广大人民热爱云安、建设云安的热情，对已建好的美好环境要加倍爱护和珍惜，对破坏美好环境和公共设施的行为要依法打击，动员社会各界参与到共同缔造行动中来。开设宣传专栏，广泛宣传宜居城市健康、生态、幸福的生活理念，使健康、生态、幸福的生活方式人人向往、人人参与、人人享受，全面形成美好环境与和谐社会共同缔造的工作新格局。

摘录自中共云安县委办公室 云安县人民政府办公室：《关于印发〈美好环境与和谐社会共同缔造行动纲要的实施方案〉的通知》（云县办发〔2010〕11号），2010年5月6日。

云浮市云安县进一步推进美好环境与和谐社会共同缔造行动的实施方案

为贯彻落实云浮市《美好环境与和谐社会共同缔造行动纲要》、《中共云浮市委云浮市人民政府关于进一步推进美好环境与和谐社会共同缔造行动的若干意见》（云发〔2011〕3号）精神，创新社会管理方式，把政府主导作用和群众主体作用有机统一起来，凝聚合力推进美好环境与和谐社会共同缔造，特制定本方案。

一 指导思想

全面贯彻落实党的十七届五中全会、省委十届八次全会、市委四届九次全会和县委四届八次全会精神，深入贯彻落实科学发展观，围绕"转变方式走新路、建设幸福新云安"的核心任务，以市《美好环境与和谐社会共同缔造行动纲要》和《中共云浮市委云浮市人民政府关于进一步推进美好环境与和谐社会共同缔造行动的若干意见》为指引，以自然村（社区居民小组）为基本单位的竞争性"以奖代补"项目建设等为载体，激发群众参与公共事务的热情，引导形成与建设幸福云安相适应的社会价值观和社会公德标准，探索新形势下与人民群众在一起的新途径、新方法，实现美好环境与和谐社会共同缔造，为建设幸福云安注入新的动力。

二 基本原则

——群众参与为核心。坚持把群众参与作为美好环境与和谐社会共同缔造行动的核心，以群众参与公共事务决策共谋、发展共建、建设共管、成果共享的程度评判各项工作，让群众在参与中铸就和谐，用自己的勤劳和智慧，建设幸福家园。

——培育精神为根本。通过发动群众广泛参与，以"三讲一有"素质提升工程为载体，培育"自律自强、互信互助、共建共管"的精神和社会价值体系，激发云安发展的内生动力，让一切创造活力充分迸发，促进城乡精神文明与物质文明共同发展，文明市民与文明城乡共同成长。

——项目带动为载体。紧紧抓住"以奖代补"项目这一载体，统筹整合各种资源，充分发挥部门规划、协调、服务的职能作用和群众自发推进的主体精神，实现内力作用和外力作用相结合，同心协力，推进各项工作。

——奖励优秀为动力。建立"以奖代补"激励机制，科学合理确定奖励标准，对群众通过自身努力，参与"共谋、共建、共管、共享"程度较高的自然村（社区居民小组），让其优先选择"以奖代补"项目，"以奖代补"项目资金优先支持，以调动群众参与和自发推进的积极性。

——统筹推进为方法。坚持统筹城乡发展，统筹区域发展，统筹经济社会发展，以美好环境与和谐社会共同缔造行动为抓手，与农村综合改革示范县建设相结合，与实施"十大民生工程"相结合，与推进新型工业化、新型城镇化、农业农村现代化"三化融合"发展相结合，统筹兼顾，全面推进。

三 工作重点

（一）以分类施策为基础，发动群众参与。按照决策共谋、发展共建、建设共管、成果共享的群众参与度，通过组织"两代表一委员"、村（社区）干部、自然村（社区居民小组）代表、老党员等进行综合评定、基础分类，把全县自然村（社区居民小组）分为自强村、自助村、基础村三类，在所在镇、行政村（社区）、自然村（社区居民小组）进行公示，发动群众积极参与"共谋、共建、共管、共享"，建设幸福家园。

（二）以"以奖代补"项目为载体，吸引群众参与。统筹确定"以奖代补"项目，编制项目简介和操作指引，向社会进行公布，让群众自主选择项目，自强村优先选择"以奖代补"项目，进一步强化项目支撑。统筹林业、农业、水利、民政、交通、建设、环保、卫生等部门资金，用于支持"以奖代补"项目建设。以推进农村生活垃圾处理工作为契机，建立"以奖代补"机制，制定项目立项和验收标准，项目资金优先支持参与"共谋、共建、共管、共享"程度高的自然村（社区居民小组）。建立政府引导、群众主体、市场运作、社会参与的投资机制，吸引社会资本参与"以奖代补"项目建设和经营管理。

（三）以培训提高为切入点，引导群众参与。以县委党校为主阵地，分级开展专题培训，主要负责对县缔造办工作人员、县直"以奖代补"项目辅导员、各镇缔造办工作人员、村（社区）干部、自然村（社区居民小组）联络员进行培训。把"以奖代补"项目，群众参与度考评标准等编制成简易教材，作为重点培训内容，引导自然村（社区居民小组）自主选择项目，引导群众积极参与。创新教育培训方式，通过组织现场参观学习和谐宜居村建设等方式，以生动事例和事实，增强培训的针对性和实效性。

（四）以规划协调服务为纽带，启发群众参与。按照"分级负责，条块结合，以块为主，群众参与"原则，统筹协调推进"以奖代补"项目。县、镇缔造办统筹策划，梳理"以奖代补"项目，统一编制印发项目简介，并进行公布。县直主管部门负责对"以奖代补"项目规划、审批和实施、考核、奖励等进行指导与监管，并确定一名专职辅导员，指导开展工作。各镇党委、政府负责统筹组织好"以奖代补"项目实施相关工作，确保"以奖代补"项目高起点规划、高标准建设、高质量完成。村（社区）要积极配合，组织好"以奖代补"项目实施相关工作，以调动群众积极性。自然村（社区居民小组）要结合实际，发动群众参与，主动申报项目。

（五）以宣传培育精神和价值观为根本，推动群众参与。把宣传培育"自律自强、互信互助、共建共管"为基本内涵的社会价值观贯穿于美好环境与和谐社会共同缔造行动的全过程，通过宣传教育、广泛讨论、群众参与，组织开展形式多样的体验和参与活动，举办一月一个主题的地方特色文化活动，加强精神文明建设，着力提升群众综合素质和社会文明程度，着力增强群众参与意识，让"共建共享"成为全县人民的共同价值取向，让参与成为广大群众的自觉行为。

（六）以年度考评为手段，激励群众参与。制定年度考核标准，每年年底对自然村（社区居民小组）决策共谋、发展共建、建设共管、成果共享的群众参与度进行考核。年度考核采取自然村（社区居民小组）自评申报与上级审核评定相结合的办法。实行分级动态管理，市主抓自强村的指导、督促、检查和考核，经市验收的自强村，由市委、市政府按年度命名；自助村由县按年度命名通报；基础村由各镇进行管理，按年度命名通报。县缔造办要根据"以奖代补"项目推进进度,每年下达各镇自然村(社区居民小组)自强村、自助村实施"以奖代补"项目目标任务,年终进行检查考核,激励群众经常参与。在次年年底考评中,群众参与程度下降的将降级,群众参与程度提高的将提级,促进群众参与"共谋、共建、共管、共享",由参与一个项目向参与多个项目转变,由一次参与向长期参与转变,实现"以奖代补"项目一般管理向建立长效管理机制转变,提升农村整体管理水平。

四 实施步骤

美好环境与和谐社会共同缔造行动是一项长期的系统工程,必须持之以恒地推进。其中,今年要按照"六个步骤"组织推进。

(一)宣传发动(2011年3月25日—2011年3月31日)。必须坚持共谋共建共管共享理念,推动农村改革发展,营造广大党员干部群众自觉参与的良好氛围。一是制定方案。根据《中共云浮市委云浮市人民政府关于进一步推进美好环境与和谐社会共同缔造行动的若干意见》等政策文件要求,立足县情实际,研究制定《云安县自然村(社区居民小组)基础分类评定细则》和《美好环境与和谐社会共同缔造行动"以奖代补"项目操作指引》。同时,各级各部门要结合实际制定实施方案,提出进一步推进美好环境与和谐社会共同缔造行动的明确目标和具体要求。二是动员部署。结合村"两委"换届选举工作开展,发挥农村社区服务合作社作用,以召开社员会议或村民代表会议、进村入户等形式,组织广大党员干部和群众认真学习市、县相关文件精神,分层级做好宣传发动工作,凝聚共谋共建共管共享的社会合力。三是宣传教育。充分利用广播电视、公众信息网、远程教育网等宣传媒体,以及张贴墙报标语、出版宣传专栏、印发宣传单张等宣传形式,重点宣传自然村(社区居民小组)基础分类评定细则、"以奖代补"项目操作指引等惠民政策,统一全县上下的思想共识。四是项目公示。县直职能单位提出"以奖代补"项目年度实施计划报县缔造办,并做好项目申报审批等前置工作,公示"以奖代补"项目及内容。

(二)基础分类(2011年4月1日—2011年4月20日)。一是分类评级。以村自评、镇初评、县审核的分类程序进行基础分类评级,把全县自然村(社区居民小组)分为自强村、自助村、基础村三类(2010年度建设的和谐宜居优秀村〈社区〉免予考评,直接向市申报确定为自强村等级)。二是领导挂点。自强村由县四套班子领导成员或镇党政主要领导挂点建设，自助村由镇领导班子成员挂点推进，并在"以奖代补"项目的选择和实施过程中加强指导和督办。

（三）项目申报（2011年4月21日—2011年4月25日）。按照"申报酝酿、申报确认、申报提交"的程序办理，具体按"以奖代补"项目操作指引操作（另行发文）。

（四）项目审批（2011年4月26日—2011年5月10日）。以分类评级作为实施"以奖代补"优先安排项目和差别化补助的依据，其中，在同等条件下，自强村、自助村享有优先权。

（五）项目实施（2011年5月11日—2011年12月15日）。各级各部门按照方案的要求，发挥先进典型示范带动作用，分阶段推进各项工作，提升整体工作水平。一是启动项目实施。以自强村作为先行点，广泛发动群众参与，落实自筹资金，组织项目实施。二是加强工作指导。设立项目责任单位和项目辅导员，对自然村（社区居民小组）反映的项目建设问题、困难及时给予指导、协调。三是强化跟踪督办。县缔造办对项目实施进行不定期检查，督促没有按照要求推进项目建设的自然村（社区居民小组）整改，形成"比、学、赶、帮、超"的浓厚氛围。

（六）年度考评（2011年12月16日—2012年1月10日）。总结项目实施经验，深入剖析存在的问题，落实整改措施，建立长效机制，巩固提高实效。重点抓好四项工作。一是项目验收。明确验收时限和验收办法，按照验收告知、验收提出、验收归档、验收汇总等程序，规范项目验收，并提出补助标准。二是年度考评。对自然村（社区居民小组）进行年度考评，重新分类自强村、自助村、基础村。三是考核通报。由县缔造办组织有关部门、社会各界代表，对自然村（社区居民小组）项目计划完成情况进行自评考核，并形成考核报告，提交市缔造办，接受市缔造办的考核验收，并通报考核情况。四是巩固提高。各级各部门对项目实施情况进行年度总结，将行之有效的做法以制度形式固定下来，建立和健全长效工作机制。

五　保障措施

（一）加强领导。全县各级各部门要成立美好环境与和谐社会共同缔造行动"以奖代补"项目工作领导小组，确定一名领导专职负责主抓，要高度重视，全力以赴抓好美好环境与和谐社会共同缔造行动工作。其中，各级党政主要领导要亲自抓，分别挂点一个村。要抽调精干人员充实缔造办，全力推进工作开展。县直相关部门要成立美好环境与和谐社会共同缔造行动"以奖代补"项目工作领导小组，确定一名领导专职负责主抓，指导工作开展。各级各部门要确定一名专职负责美好环境与和谐社会共同缔造汇报材料的工作人员，并将专职负责领导和专职写材料的工作人员上报县缔造办。县直部门单位、各镇要协调联动，合力推进各项工作。

（二）统筹资金。县成立美好环境与和谐社会共同缔造行动"以奖代补"项目资金协调委员会，下设办公室，设在县财政局，主要负责全县"以奖代补"项目资金的具体统筹、确定奖励标准、审批奖励资金，以及对奖励资金的使用进行监督。其中，要加强涉农项目整合，由县"以奖代补"项目资金协调委员会统一规划，集中审批和上报项目，以提高资金使用效益。县直有关部门要提前做好"以奖代补"年度实施规划，把"以奖代补"项目纳入省专项项目，变事后操作为事前操作，确保"以奖代补"项目落到实处。建立"以奖代补"项目奖励基金，奖励金由县财政资金安排解决，按照"多干多奖，多筹多奖"原则进行奖励。

（三）倒逼推进。制定目标任务推进时限，落实各方责任，压任务、打硬仗，务求快速推进，务求2011年内取得实效。实行目标责任制和严格的问责机制，加大督查和考核力度，推动工作落实。

（四）加强宣传。宣传部门要组织宣讲团深入基层，深入自然村（社区居民小组），宣讲政策，要及时总结推广典型经验。新闻媒体要设置专栏，宣传报道群众参与共同缔造行动的先进事迹和体会，宣传报道群众参与的人和事，用生动的事迹引导人、启发人，营造良好的共建共享氛围。

> 摘录自中共云安县委 云安县人民政府：《印发〈进一步推进美好环境与和谐社会共同缔造行动的实施方案〉的通知》（云县委〔2011〕7号），2011年4月1日。

云浮市云安县主体功能区规划

推动形成主体功能区是党的十七大、国家"十一五"规划纲要提出的贯彻落实科学发展观、优化国土开发格局、促进区域协调发展的重要战略举措。为解决我县在有限的土地空间，既要满足经济发展、工业化城镇化推进、基础设施建设等对土地的巨大需求，又要守住耕地和保障生态安全等问题，特制定云安县主体功能区规划。

一 指导思想

以邓小平理论和"三个代表"重要思想为指导，全面落实科学发展观，确立"不以GDP大小论英雄、只以功能发挥好坏论成败"的政绩考核观，树立新的开发观念，调整开发内容，创新开发方式，规范开发秩序，提高开发效率，前瞻性、全局性地谋划好未来全县人口和经济的基本格局，促进经济社会又好又快可持续发展。

二 主要原则

坚持以人为本，引导人口与经济在国土空间合理、均衡分布，逐步实现不同区域和城乡人民都享有均等化公共服务；坚持集约开发，引导产业相对集聚发展，提高土地、水等资源的利用效率，增强可持续发展能力；坚持尊重自然，开发必须以保护好自然生态为前提，发展必须以环境容量为基础，实现人与自然和谐相处；坚持城乡统筹，防止城镇化对农村的过度侵蚀。

三 主要目标

到2020年，全县形成主体功能定位清晰的国土空间格局，经济布局更加均衡、城乡区域发展更加协调、资源利用更加集约高效、生态系统更加稳定，基本实现人口分布与经济布局、生态环境相协调，城乡和区域间基本公共服务均等化。

四 具体规划

根据我县的地域、资源、经济发展水平、交通状况、历史沿革、民风民俗等因素，基于方便群众的原则，把县域范围主体功能区划分为优先发展区、重点发展区、开发与保护并重示范区（以下简称优先区、重点区、示范区）三类区域。优先区204平方公里，占全县面积的16.9%；重点区291平方公里，占全县面积的24.2%；示范区708平方公里，占全县面积的58.9%。

表1　　　　　　　　　　云安县域范围主体功能区划表

功能区分类	范围	面积（平方公里）	比例（%）
优先发展区	六都镇	204	16.9
重点发展区	镇安镇	291	24.2
	石城镇		
开发与保护并重示范区	高村镇	708	58.9
	白石镇		
	富林镇		
	南盛镇		
	前锋镇		

（一）优先发展区

云安县优先发展区主要是六都镇，六都镇位于云安县东北部，是云安县人民政府所在地，全县的政治、经济、文化中心。2009年，该区域管辖13个村委、1个社区，总面积204平方公里，总人口50005人，耕地面积1848公顷。

表2　　　　　　　　云安县优先发展区域基本情况（2009年）

区域	面积及占全县比重		常住人口及占全县比重	
	平方公里	%	人	%
优先发展区	204	16.9	50005	15.7

1. 综合评价

该区域区位和交通优势明显，濒临西江，东、南与云城区相连，西与郁南县接壤，北与德庆县隔江相望。水路上溯云、黔、桂，下达穗、港、澳，陆路有云六一级公路（省道 S368 线）、沿江公路，正在建设的广梧高速公路、广州至南宁铁路途经该区域，与国道 G324 线连接。区域内有六都港和云浮新港，均为国家二类口岸。六都港常年通航能力达到 3000 吨级，港口年吞吐能力达 350 万吨。云浮新港共有 7 个 2000 吨级泊位，最大可停靠 5000 吨级船舶，设计年处理标准箱 40 万标箱，年吞吐量可达 1000 万吨，已于 2009 年底正式投入运营。毗邻世界上硫铁矿储量最大的云浮硫铁矿。该区域资源丰富，主要矿藏有铁、锡、铅、硫、瓷土、河砂、石灰石等；主要农副产品有优质水产、水果、笋竹、玉桂、蚕桑等；濒临西江，水资源丰富；旅游资源开发潜力大。该区域是云安县的工业重镇，循环经济基础好，开发潜力大。

2. 功能定位

全县的政治、经济、文化中心，致力于建设成为工业新城、港口新城、绿色新城，以"一园六区"模式规划建设循环经济工业园，在成功创建国家级可持续发展实验区的基础上，争创国家级循环经济试点县，打造成为中国最大的新型石材生产基地，中国最大的硫铁矿制酸基地和华南地区最大的硫化工产业集群，西江流域最大的水泥生产基地，广东内河第一大港，广东省循环经济产业示范园。

3. 发展方向

加快调整产业结构，促进产业升级和聚集，重点发展水泥、硫化工、新型石材、港口物流四大产业，同时大力发展房地产、酒店业、商贸流通业、旅游业等第三产业，优化空间结构、城镇布局、人口分布、基础设施布局。

4. 发展布局

总体布局。拓展县城区发展空间，以西向高村镇、以南向云城区、以东向六都镇富强村方向扩展，沿西江上游向六都镇上六村、下四村方向扩展。以构筑"两轴"的产业空间组织形式布局产业，一是以贯通南北的云六公路为空间扩展的"南北向纵轴"，主动接受云城区的辐射带动。二是以西江经济带为空间扩展的"东西向横轴"，大力发展沿江经济。同时，以"一园六区"模式优化县城空间布局。北部为综合服务区和港口物流区，其中，综合服务区集中行政、教育、文化、生活服务功能，港口物流区临西江经济走廊，主要作为中部、南部工业区的发展延伸空间。中部为石材工业区、水泥工业 A 区，规划安排以水泥、建材业为主的三类工业用地，同时相应安排一部分一、二类工业用地和配套的居住生活设施。南部为硫化工业区，位于冬城村（广东省省市共建先进制造业硫化工产业基地），与云城区相邻，并与中部连成较完整的工业片区。

人口布局。引导县内其他地区的人口适度向该区域聚集，推进本地农民向居民转化，逐步完善社会保障体系。

农业布局。水产养殖布局在黄湾村委，充分利用西江水面，大力发展集约化网箱养鱼；蔬菜基地布局在佛水村委，建成特色蔬菜基地；柑橘种植布局在大河、富强村委；粮油播种布局在佛水、庆丰村委，推广优质粮油作物品种，重点发展优质水稻；桑园布局在上六、下四村委；经济林种植布局在大河、富强、光明、谷塘、佛水村委。

生态布局。加强水生态综合治理和生态修复，以作为省林业生态县为契机，通过西江防护林、城镇绿化隔离带建设，加强封山育林和保护河口湿地等措施来改善生态环境。

交通布局。目前陆路有云六一级公路（省道 S368 线）、沿江公路与国道 G324 线连接，水路有西江黄金水道，正在建设的有广州至南宁铁路、广梧高速公路、云安县六都至高要大湾（云安段）沿江公路，形成了四通八达的交通网络。

（二）重点发展区

云安县重点发展区包含镇安镇、石城镇，其中镇安镇位于西南部，石城镇位于中南部。2009 年，该区域总面积 291 平方公里，总人口 93054 人，耕地 3746 公顷。

表3　　　　　　　云安县重点发展区域基本情况（2009 年）

区域	面积及占全县比重		常住人口及占全县比重	
	平方公里	%	人	%
重点发展区	291	24.2	93054	29.3

1. 综合评价

该区域区位和交通优势明显，国道 G324 线贯穿全境，其中镇安镇距云浮市区 42 公里、距县城六都 62 公里。石城镇距云浮市区 26 公里、距广州 186 公里。该区域距离广梧高速公路、广州至南宁铁路、西江黄金水道也很近。该区域资源丰富，主要矿藏有大理石、铁、瓷土、石灰石、铅、锌、砷等，水资源充足，可开发潜力大。该区域尚未进行大规模的开发，生态环境好，环境容量大，具有后发及可持续发展优势。该区域是云安县的第二经济中心，经济基础较好。

2. 功能定位

建成工业聚集区，充分发挥区位、交通、资源优势，大力发展石材（打造"中国·石城"品牌）、纳米碳酸钙、松脂、腐竹加工和采矿产业，积极、有序、有选择地承接珠三角产业转移，并大力发展蚕桑、鳄鱼龟、松脂等特色农业，形成具有特色的工业走廊、绿色走廊，为云安科学发展多作贡献，逐步确立经济发展第二极的地位。

3. 发展方向

加快调整产业结构，重点发展石材、纳米碳酸钙、蚕桑、松脂、腐竹、采矿等产业，逐步成为广东省重要的石材产品生产和销售基地，优化空间结构、城镇布局、人口分布，发展循环经济，提高发展质量，保护生态环境。

4. 发展布局

总体布局。工业主要沿着国道 G324 线铺开，并形成一条狭长的工业带。重点发展石材、纳米碳酸钙加工产业。石材行业配套建设石材产品专业市场、石材加工机械设备市场和石材加工技术服务中心，形成产业发展的规模和集聚效应，促进石材加工企业产品由粗加工向精加工、多品种、高档次转变，逐步成为广东省重要的石材产品生产和销售基地。

人口布局。加强劳动力培训，提高劳动力素质，并引导其转移到发达地区，同时引导县内其他地区的人口适度向该区域聚集，使人口总数略有增加。推进本地农民向居民转化，逐步完善社会保障体系。

农业布局。积极发展特色农业，镇安镇主要发展蚕桑、蔬菜、高脂松种植，发展鳄鱼龟、肉猪、种猪养殖；石城镇主要发展蔬菜、腐竹、高脂松种植，发展肉猪、种猪养殖。

生态布局。处理好开发建设与生态环境保护的关系，以作为省林业生态县为契机，切实抓好天然林管护、生态公益林建设、林区结构调整。到2020年，全区森林覆盖率达到65%以上，建成以森林植被为主的生态屏障。

交通布局。加快完成国道G324线的改造工程，完善沿线工业区配套道路建设，与镇安至白石、石城至富林县道，石城至南盛小珠线，与乡道形成较为完善的交通网络。

（三）开发与保护并重示范区

云安县开发与保护并重示范区包含高村镇、白石镇、富林镇、南盛镇、前锋镇，其中高村镇位于西北部，白石镇位于西部，富林镇位于南部，南盛镇位于东部，前锋镇位于东南部。2009年，该区域总面积708平方公里，总人口174845人，耕地9043公顷。

表4　　云安县开发与保护并重示范区域基本情况（2009年）

区域	面积及占全县比重		常住人口及占全县比重	
	平方公里	%	人	%
开发与保护并重示范区	708	58.9	174845	55.0

1. 综合评价

该区域属于典型的山区，区位和交通的劣势明显，不利于发展工业，森林覆盖率超过65%，人口密度相对较低，2009年为247人/平方公里，仅为全省平均水平的46.9%。该区域资源丰富，主要矿藏有钨、锡、铁、锰、铅锌、硫铁矿、石灰石、萤石、花岗岩、黏土、铜、大理岩、石棉、方解石等，水资源充足，可开发潜力大。该区域是全县水、土、空气环境质量保持良好的区域。

2. 功能定位

全县的重要生态屏障、水源涵养区、人与自然和谐相处示范区，以生态保护为主体功能，适当选点集聚人口与产业，大力发展与生态功能相适应的特色产业，促进人与自然和谐共处，逐步确立生态云安的战略地位。

3. 发展方向

严格控制开发强度，严格限制建设用地和保护现有耕地；以修复生态、保护环境、提供生态产品为首要任务；在不损害生态功能和严格控制开发强度前提下，因地制宜适度发展资源开采、旅游等产业；引导超载人口逐步向发达地区，向县内优先发展区和重点发展区有序转移，并完善移民搬迁政策。

4. 主要目标

到 2020 年，经济发展与生态环境更加协调，人口对生态环境的压力减轻，生态环境质量进一步提高，基本公共服务水平与其他地区大体相当；森林覆盖率达到 70% 以上，形成以环境友好的特色产业和服务业为主体的经济格局，人均地区生产总值提高 100%；人口总量减少，总人口占全县比重从 55% 降到 47% 以下；人口受教育年限、城镇居民人均可支配收入和农村居民人均纯收入大幅提高。

5. 开发指引

高村镇。大力发展粮食生产和高脂松、木薯、南药等传统农业，加强生态公益林建设。以"政策扶持、龙头带动、农民入股"的模式重点发展油茶等特色农业。科学开发石灰石矿、锡矿、铅锌矿等矿藏资源，并发展相应的加工产业，提高矿业开采附加值。适当发展松脂加工、小水电、淀粉生产和生态观光旅游。扶持发展茧丝绸生产和蔬菜种植。

白石镇。在发展传统粮食生产和加强生态公益林建设的基础上，重点发展西瓜、木薯、蚕桑、荔枝生产基地，捆绑生态农业旅游，积极开发石林旅游风景区，适当发展淀粉、石材、松脂等加工产业。

富林镇。加快传统农业向现代农业转变，优化农业生产布局，推进农业产业化经营，加快农业标准化步伐，建设商品粮、经济林、水果、大型优质肉猪养殖四大基地；科学合理开发大理石、石灰石、煤、石棉等矿藏资源，并发展相应的加工产业，提高矿业开采的附加值；发展红色旅游、生态旅游观光、旅游度假业。

南盛镇。按照"一乡一品"的发展思路，继续优化做强柑橘特色产业。加强实施产学研合作，用先进技术改造传统农业，提高产业的商品化率和加工增值水平。建设大型农产品加工基地，大力发展保鲜、加工、储藏技术。着力培育柑橘加工农业龙头企业，扶持生产大户，走"公司+基地+农户"和"订单农业"的生产合作经营模式。结合地方特色，重点发展郊外休闲游、农业生态观光旅游业。适当、科学开发铅锌、方解石、钨、铁、大理石等矿产，大力开发天马山和石龙山两处优质矿泉水。

前锋镇。建设蔬菜、禽畜、水果三大基地，擦亮碳酸钙生产行业、养殖专业、生态旅游业三大品牌。科学合理开发石灰石、黏土等矿藏资源，着力引进一批生产设备先进、技术含量高的碳酸钙生产企业；加大与新兴温氏集团等企业的联系合作，形成产、供、销一体化的服务链，不断扩大养殖规模；充分利用前锋的天然公益生态环境和农业特色，开辟生态农业、观光农业郊野旅游线路，开辟以山水（崖楼大山、鹅塘水库等）观光、吸氧、品果（主要有龙眼、荔枝、柑橘等）采摘为主的农家特色观光游憩旅游线路。

摘录自《中共云安县委 云安县人民政府关于印发〈云安县主体功能区规划〉的通知》（云县委〔2010〕7号），2010年4月1日。

云浮市云安县关于推进乡镇职权改革的实施意见

为深入贯彻落实科学发展观，创新行政管理体制机制，增强镇级经济社会发展活力，推动全县三类主体功能区协调发展，深化镇级机构改革，加强基层政权建设，根据《中共广东省委办公厅广东省人民政府办公厅关于富县强镇事权改革的指导意见》（粤办发〔2009〕33号）、《中共广东省委办公厅广东省人民政府办公厅印发〈关于简政强镇事权改革的指导意见〉的通知》（粤办发〔2010〕17号）和《中共云安县委云安县人民政府关于在全县开展乡镇改革工作的意见》（云县委〔2010〕11号）等有关文件精神，提出如下实施意见。

一 指导思想

以邓小平理论和"三个代表"重要思想为指导，深入贯彻落实科学发展观，按照建设服务型政府的要求，以转变政府职能为核心，实行简政扩权，理顺关系，赋予各镇履行职能必要的事权和财权，建立权责一致、分工合理、决策科学、执行顺畅、监督有力的行政管理体制，为有效推动主体功能区建设、实现云安科学崛起提供体制机制保障。

二 基本原则

1. 科学发展原则。坚持发展第一要务，健全完善与社会主义市场经济相适应的行政管理体制，加快职权改革。

2. 权责统一原则。增强镇级经济社会管理自主权，理顺政府条块之间、部门之间的关系，做到权力与责任对等。

3. 分类指导原则。根据三类主体功能区的定位，分类施策，引导和促进镇级经济社会全面协调发展。

4. 积极稳妥原则。坚持依法探索、规范管理，整体部署、分步实施，正确处理好改革、发展、稳定的关系。

三 主要目标

经过两年努力，要实现镇级管理体制得到根本优化，社会管理能力得到明显增强，公共服务能力得到大幅度提升，政府职能得到有效转变，行政运行机制和管理方式更加规范有序、公开透明、便民高效，经济社会又好又快发展。

四 职能定位

按照建立服务型、法治型政府的要求，镇级政府的职能定位在：促进经济发展，增加农民收入；加强社会管理，维护农村稳定；强化公共服务，着力改善民生；推进基层民主，促进农村和谐。

五 机制保障

配套建立与改革相适应的"四大机制"。

1. 税收共享机制。实施项目招入地与所在地税收共享、资源地和项目所在地税收分成、园区内税收增量按比例分享的政策，对开发与保护并重示范区的乡镇，以税收共享作为生态补偿。

2. 财政保障机制。除全额保障镇干部工资外，每年定额下拨办公经费，包干社会经费（单位部分），逐年增拨维稳、计生、教育、文化、卫生、宜居城乡建设等专项经费。建立完善以"基本补贴+绩效补贴+创收奖励"为主要内容的村（社区）干部激励保障机制，提高村（社区）干部工资待遇。

3. 社会维稳机制。以镇综治信访维稳中心为连接点，向上延伸设立县综治信访维稳中心，向下延伸设立村级综治信访维稳工作站，构建起"县中心重督导处置难事、镇中心重调处处理大事、村工作站重疏导调处小事"的三级信访维稳大网络，做到"网络全覆盖、资源全整合、社会全参与"，务求收到"大网络创大稳定、大稳定促大发展"的成效，提高矛盾纠纷调处成功率。

4. 绩效考核机制。以"不以 GDP 大小论英雄、只以功能发挥好坏论成败"理念，创新考核内容、指标设置、分值权重和考核方式，设置共同指标和类别指标，以相同的指标内容、不同的指标权重，实行分类考核，将考评重点放在乡镇主体功能应承担的职责范围内，以"功能发挥好、考核得分高"的原则，体现权责利相一致的机制。

六　工作任务

（一）深化用人制度改革，进一步健全完善干部管理体制

1. 健全镇级党政领导班子选拔任用机制，注重从优秀乡镇基层干部中选拔镇级党政领导班子成员。坚持老中青梯次配备，优化镇党政领导班子和干部队伍年龄结构。深化落实各镇党委在科级干部任用上的初始提名权，镇班子副职的职位出缺时，镇党委可向县委推荐提名本镇符合基本条件和任职资格的干部；可根据班子结构、工作需要向县委提出调整个别镇班子成员的建议。

2. 改革现行干部管理体制，按照有关规定和干部管理权限，规范上级派出机构与镇级政府的关系，明确干部双重管理工作中主管与协管双方职责权限和任免程序，列入管理干部职务名称表（见附件1）。

赋予各镇对镇机关、事业站所、服务中心的干部交流调动的建议权，有计划地推进干部跨镇、跨部门的双向交流。确保各镇公务员队伍的相对稳定，支持和鼓励新招录公务员扎根乡镇、安心工作。

除法律和行政法规另有规定外，县直部门派出机构实行双重领导体制，其业务接受镇的协调和监督，资金财物调拨使用接受镇的监管；党群工作实行属地管理，主要负责人的人事任免、年度考核等事项要按规定程序征求所在镇党委、政府的意见。

专业性较强的学校、医院等单位实行双重管理，其职责履行情况接受镇的评议和考核，其负责人的任免要征求所在镇党委、政府意见后按程序办理。

3. 从严管理干部，严厉治懒治庸，认真执行问责、辞职等制度。对基本素质较好但不适宜担任现职的镇党政领导干部，及时调整到合适岗位；对不具备担任领导职务素质的镇党政领导干部，改任非领导职务。严格教育干

部，切实加强干部的党性修养和作风养成。从严监督干部，认真执行并不断完善各项制度，建立健全强化预防、及时发现、严肃纠正的工作机制。

（二）完善镇级机构设置，进一步科学配置政府管理职能

整合调整镇内设机构职能，采取党政联动的方式，科学配置行政管理职能，综合成立党政办公室、宜居办公室、农业经济办公室、综治信访维稳中心和社会事务服务中心等"五大机构"，以"三办两中心"统揽全局。

1. 党政办公室。主要承担党的建设、固本强基、党风廉政建设、宣传文化、日常事务、组织协调和检查督促等职责，主任由镇委副书记兼任。通过授权、委托，赋予行政综合执法职责，设立行政综合执法队；发挥好党代表、人大代表、政协委员的参政议政作用，设立"两代表一委员"工作室，室主任由镇人大副主席兼任；综合执法队和"两代表一委员"工作室归口党政办管理。

2. 宜居办公室。主要承担村镇和国土规划、绿道建设、旧村改造、环境整治、生态保护、农民生活设施建设等职责，全面推进新农村建设，主任由镇班子成员兼任。

3. 农业经济办公室。整合农业、水利、林业等涉农站所资源和农业发展公司、专业协会、专业合作社等经济组织资源，创新服务平台，构建"一网三中心"，即云安"三农服务网"、农村土地流转服务中心、农村劳动力服务中心、农业发展服务中心，归口农业经济办公室管理。农业经济办公室主任由镇班子成员兼任，

4. 综治信访维稳中心。整合镇司法所、信访、综治等资源，主要负责法制宣传、社会管治、矛盾排查、纠纷调处、接待来访、应急处置、治安防控、司法建设等工作，主任由镇委副书记兼任，专职副主任由镇委委员及派出所所长兼任。

5. 社会事务服务中心。主要职能是行政服务、社会保障、计划生育、文化教育、医疗卫生、民政扶贫、基础建设的管理，增强城乡基本公共服务均等化能力，主任由镇班子成员兼任。

同时，创新建立社情研判和农情研判"两大机制"，成立社情民意咨询机构，定期或不定期邀请社会资深人士、两代表一委员、专家学者、热心社会公益代表参与党政决策、事务咨询，实现党政决策透明化、政府服务常态化、农民增收多元化。

（三）调整事业站所职能，进一步推进事业单位分类改革

1. 加强农业公共服务能力建设，归类整合站所，按领域综合设置公益类事业站所或服务中心。

（1）农村土地流转服务中心。加强村镇规划与建设统筹服务，整合村镇环保和规划管理所职责任务。

（2）农村劳动力服务中心。加强人力资源和社会保障统一管理服务，规范人力资源市场，整合劳动保障事务所（企业退休人员社会化管理服务所）职责任务。

（3）农业发展服务中心。加强农村农业生产经营服务，整合农业水利站（农业技术推广站和农产品质量监督检验测试站）、林业站（林业技术推广中心）、畜牧兽医水产站（动物防疫监督站）、农村合作经济经营管理站职责任务。

2. 推进事业单位分类改革，调整事业站所主要职责，将事业站所承担的行政管理职责划归镇政府，行政执法职责依法交由行政机关承担。区分事业站所的公益性职能和经营性活动，对公益性站所加强财政保障，经营性站所转制为经济实体或中介服务组织。镇不再设置经费自理的事业单位，取消镇事业站所现有经营项目。

（四）积极实施强镇扩权，进一步扩大镇级社会管理权限

1. 深化行政审批和行政执法制度改革，依法下放与镇经济社会发展水平相适应的行政审批、行政执法以及其他行政管理权，扩大镇级政府行政事务管理和处置权限。除需由上级政府统一协调管理的事项外，在经济发展、市场监管、社会管理、公共服务、民生事业等方面，赋予镇级政府部分县级经济社会管理权限。

2. 本着"该放必放、能放则放"的准则，依法依规、稳步有序推进事权下放或职权委托，强化各镇政权职能和社会服务功能，建立下放或委托职权机制（见附件2），明确下放或委托的职权范围，明确适度下放相应的责和利，镇级政府履行下放和委托行使职权而依法取得的行政处罚等经费，按一定比例返还给镇政府，做到权责利相一致。

3. 切实推进政企分开、政资分开、政事分开、政府与市场中介组织分开。优化政府职能结构，加大向社会和市场的简政放权力度，降低市场门槛，减少行政审批事项。积极扩大实施行政审批"零收费"制度范围，降

低政务、商务和公众办事成本。改革后，镇属事业单位和社会组织，必须有法律法规授权或者规章以上依据规定可以委托，方可承担行政审批或行政执法职能。

（五）理顺县镇纵向权责关系，进一步减轻镇级政府负担

1. 理清界定法定执法职责。法律法规和政策规定由上级党委、政府及其部门承担的责任，不得转移给镇承担。确需镇配合做好有关工作或承办有关事务，要赋予其相应的办事权限并提供必要的经费保障。县直单位在镇开展工作时，应提前告知所在镇并征求其意见建议，加强与镇的沟通、协调、联系；凡因沟通协调不到位，使该项工作在镇执行落实不到位的，有关县直单位负主责。

2. 规范限定委托行政执法事项和权限。委托镇政府实施行政执法限定于：公共安全监管领域中主要涉及企业安全生产管理、销售与燃放烟花爆竹管理、镇村道路交通安全、煤矿与非煤矿山安全、农业机械安全的执法职权；市场秩序监管领域中，主要涉及食品卫生、药品监管的执法职权；人口资源环境监管领域中，主要涉及村镇规划建设管理、殡葬管理、人口和计划生育管理、环境保护管理、动植物检疫监管的执法职权。

3. 县政府及其行政执法部门委托各镇政府行使行政执法职权只限定于行政检查权、违法行为制止权、部分行政处罚权。下放或委托部分行政处罚权的同时，要为各镇配套相应的行政处罚票据。加强对镇级执法人员的培训，使其具备执法资质，提高其执法水平。

4. 完善委托执法法律文书。各相关县级行政执法部门要在明确限定的委托执法范围内与镇级政府在合法、自愿的前提下，就达成一致协议的具体委托事项、权限签订书面协议报县政府法制局备案，并向社会公告。镇级政府要严格按照法定执法程序，使用委托行政执法机关的法律文书，从事受委托执法事项的执法活动。

5. 严格控制对镇的"一票否决"事项，坚决清理和规范各种评比达标表彰活动。规范对镇的考核，严格执行《云安县科级领导班子和领导干部落实科学发展观评价指标体系及考核评价实施细则（试行）》，明确各镇与县直单位的工作分工，不属于镇职责的事项不列入考核范围，确保权责一致。

（六）深化财政管理体制改革，进一步落实镇级财力保障

1. 加大财力投入力度，增强镇级政府履行职责的能力。逐步完善财税

考核指标体系、财税共享和激励机制，增加镇级可支配财力。多渠道筹集资金，化解镇级历史债务。

2. 建立经费保障长效机制，努力实现城乡基本公共服务均等化。逐步提高镇级财政供养人员公用经费标准，完善镇级经费补助制度。优先保证镇级业务经费、计划生育经费、维稳经费、社会保险费及各项建设经费的需要，缩减基本公共服务投入的差距，实现城乡基本公共服务均等化。

3. 规范部门资金下拨方式。县直部门扶持镇的各类帮扶资金，应先划拨到镇政府，再划拨给扶持对象。加强财政监管，进一步提高财政资金使用的安全性、科学性和有效性，开展覆盖事前、事中、事后的财政监督检查，真正实现对财政资金的追踪问效。

（七）改革公共服务方式，进一步优化提升政府服务质量

1. 积极探索镇村公益服务的有效实现形式。按照市场化、社会化、契约化要求，改变政府或事业站所包办镇村公共事业的做法，鼓励发展多元化的农村社会化服务组织和农民专业合作社，扶持社会力量兴办为农服务的公益性机构和经济实体。

2. 实行政府出资购买公共服务改革，按"养事不养人"原则，对原由事业站所提供的公共服务，探索试行政府出资购买公共服务制度；对本镇不能直接提供公共服务的事项，允许通过市场购买部分农民需要的公共服务产品，逐步将一部分农村公益性事务市场化、社会化。

3. 切实提高直接面向农村和群众的"窗口"机构的服务质量和效率，通过推行"一站式"服务、办理代理制、首问责任制、办理时限制等，减少办事程序和环节，完善服务制度。加快电子政务建设，建立和完善网上审批和并联审批制度。加大政务公开力度，落实公众的知情权、表达权、参与权和监督权。探索通过政府采购、项目招标、合同外包、社区治理、志愿者服务、委托代理、公众参与等社会化方式，建立多元化的公共服务投入体系和运行机制。

七　工作要求

（一）健全监督机制。加强和改进对镇政府的监督，属于县政府及其所属部门行使的行政管理事项，下放镇后实行备案制度。加强镇依法行政工作，全面推行行政执法责任制。健全行政监督与外部监督相结合的长效机

制。建立健全以镇党政正职为重点监督对象的党政领导监督制度。加强执法监察、廉政监察和效能监察。推行政府绩效管理，建立政府行政绩效评估机制。建立与扩大镇权相适应的民主决策和权力监管体制。扩大公众对党政决策的参与，建立专家论证机制、决策听证等咨询机制和民意征集吸纳机制。

（二）强化责任追究。坚持有权必有责，用权必问责，违法必追究，镇承接上级下放的管理事权后，依法承担相应的行政和法律责任。建立完善以行政首长和工作主管为重点的行政问责制度。完善行政过错责任追究制度。完善行政复议、行政赔偿和行政补偿制度。镇在行使行政权力中产生行政诉讼、行政复议的，应承担行政应诉、复议答辩等具体事务及相关责任。

（三）建立倒逼机制。围绕改革确定的各项工作目标和实施步骤，实行全过程目标倒逼管理，倒推各级各部门和领导干部承担相应的责任和任务，倒推每季度、每月、每周的进度，坚持每季通报，确保工作如期有效推进。加强机构改革工作的督促检查，对工作落实不力的单位和个人进行通报批评、诫勉谈话等，并责令限期整改；对影响目标进度的因素进行详细分析，采取针对性措施有效控制，确保实现既定目标。2010年底前完成改革工作。

（四）加强组织领导。改革在县委、县政府统一领导下进行，建立镇级改革联席会议制度，研究和解决改革工作中的问题。各镇党委、政府要从战略和全局的高度，镇党政主要领导要亲自抓，切实加强领导，大胆改革创新，务求取得实效。县直各部门要按照本指导意见的要求，配合做好有关工作，抓好工作落实。要正确处理好改革发展稳定的关系，严肃组织人事纪律、财经纪律和机构编制纪律，加强思想政治工作，确保干部思想不散，工作秩序不乱，基层政权正常运转，农村社会和谐稳定。

附件：1. 干部管理职务名称表
  2. 下放或委托镇政府行使职权表

  附件1：

干部管理职务名称表

一、镇委直接管理的职务名称

党政办正副主任；

宜居办正副主任；

农业经济办正副主任；

综治信访维稳中心正副主任；

社会事务服务中心正副主任；

农村土地流转服务中心正副主任；

农村劳动力服务中心正副主任；

农业发展服务中心正副主任。

二、镇委协管、县直部门主管的双重管理职务名称

派出所副所长；

司法所所长或全面主持工作的副所长；

国土所所长或全面主持工作的副所长；

财政所所长或全面主持工作的副所长；

中学、中心校校长或全面主持工作的副校长；

卫生院院长或全面主持工作的副院长。

三、要求

1. 实行双重管理的职务，县直单位在调整干部时，需向当地镇党委征求其意见；未征求当地镇党委意见的，县组织人事部门均不予以办理相关的手续；县直单位在向县委推荐提名派出机构、下属单位的干部时，需提供征求当地镇党委意见的材料。

2. 工商、税务、金融、邮政、电信、供电等条条管理的单位正副职参照省有关规定执行。

附件2：

下放或委托镇政府行使职权表

领域	县直单位	下放或委托职权类别	下放或委托职权内容	管理要求	备注
公共安全监管	县安全生产监督管理局	企业安全生产管理	1. 对辖区内生产经营单位的安全生产活动进行监督检查； 2. 对检查中发现的安全生产违法行为，当场予以纠正或者要求限期改正，并在规定时间内对整改的情况进行复查； 3. 对重大事故隐患排除前或排除过程中无法保证安全的，应当责令从危险区域撤出作业人员，并责令暂时停产停业、停止施工或停止使用，限期排除隐患； 4. 对适用简易程序的行政处罚； 5. 对适用一般程序但不符合听证条件的行政处罚； 6. 对本级人民政府授权组织实施3人以下（不含3人）重伤事故的调查。实施第3、4、5项的，必须在作出行政决定之日起3个工作日内报县安监局备案。	1. 要建立健全相关工作制度，依法执法，配合委托机关工作； 2. 在委托权限和范围内执法，不得再委托其他组织或个人实施行政执法； 3. 要2人以上持证共同开展执法，主动出示执法证及规范使用执法文书； 4. 及时按要求备案； 5. 不可越权或超越范围执法； 6. 加强授权人员管理和证件管理； 7. 定期培训人员。	
	县国土资源管理局	国土管理	1. 违法用地的行政检查权、违法行为制止权； 2. 违法开采矿山的行政检查权、违法行为制止权；	1. 依法检查，依法收集证据材料； 2. 及时制止被确认国土资源违法行为的，及时向上报告；	

续表

领域	县直单位	下放或委托职权类别	下放或委托职权内容	管理要求	备注
公共安全监管	县国土资源管理局	国土管理	3. 违法在地质灾害危险点区进行工程建设等可能诱发地质灾害活动的行政检查权、违法行为制止权； 4. 本辖区内地质灾害的监测、巡查和地质灾害测群防工作落实情况的监督权； 5. 违法损毁或移动测量标志的行政检查权、违法行为制止权。	3. 依法巡查，规范使用执法证件。	
	县发展和改革局	项目审核	企业利用自有资金、融资等非政府性资金投资1000万元以下鼓励类企业项目的审核权。	要督促企业办理规划、用地、环评、资金证明等审批手续。	
市场秩序监管	县文化广电新闻出版局	业务受理	文化业务受理和初审权，包括音像制品零售(出租)、复印打印、出版物发行(书报刊零售)等经营单位的设立申请及其变更登记(变更经营地址、负责人等)、年度核验等的初审。	要按照文化市场、新闻出版等有关法律法规实施，认真执行行政许可的程序期限规定。	
	县经济贸易局	生猪管理	1. 进入生猪屠宰有关场所实施现场检查。 2. 向有关单位和个人了解情况。 3. 查阅、复制有关记录、票据以及其他资料。 4. 查封与违法生猪屠宰活动有关的场所，扣押与违法生猪屠宰活动有关的生猪、生猪产品以及屠宰工具设备。 5. 部分行政处罚权。根据国务院《生猪屠宰管理条例》和商务部《生猪屠宰管理条例实施办法》。	1. 须在委托权限和范围内实施委托事项，依法执法； 2. 依规实施执法行为； 3. 按要求，建立执法队伍； 4. 自觉接受各方监督； 5. 定期汇报执法情况； 6. 及时反映在委托行政执法过程中存在的问题；	

续表

领域	县直单位	下放或委托职权类别	下放或委托职权内容	管理要求	备注
市场秩序监管	县经济贸易局	生猪管理	施办法》的规定，对违法行为人直接给予行政警告、行使2000元（不含2000元）以下行政罚款等行政处罚权，超过2000元（含2000元）以上的行使行使权。 6. 提请行政处罚权。受托镇政府或者委托职权范围的，应当提请委托单位依法对违法行为人作出行政处罚。	7. 承担违规执法的法律责任； 8. 严格执行"收支两条线"的规定。	
	县建设局	村镇规划建设管理	1. 私人住宅建工程的报建、报监； 2. 建筑面积在3000 m²及以下、投资在300万元及以下的私人企业或民营企业建设工程的报建、报监； 3. 在镇办理报建、报监的建设工作的竣工验收备案。	1. 建立健全相关工作制度，依法行政； 2. 加强镇级规划建设管理专业人才的配备。	
人口资源环境监管	县农业局	植物检疫监管	1. 植物检疫证的核发，由县农业局下属的植物检疫站委托镇农业水利站核发； 2. 农产品监督抽查、农产品质量安全检验监测中心委托镇农产品质量监督所开展农产品检测，负责监督辖区内农产品质量安全，对生产中或者市场上销售的农产品的监督抽查。	1. 要贯彻执行有关规定，认真履行植物检疫工作，对携带有检疫对象的产品要坚决禁止调出，不予发给《植物检疫证书》，并及时报告主管部门； 2. 从源头上对农产品质量安全进行把关，经常性开展检测，强化检测工作。	

续表

领域	县直单位	下放或委托职权类别	下放或委托职权内容	管理要求	备注
	县城乡规划局	规划许可验收	1. 乡村建设工程规划许可证的核发权；2. 建设工程规划验收合格证的核发权。	1. 规划管理权；2. 加强镇级规划管理机构的人才配备；3. 建立公众及政府部门参与规划管理的监督机制。	
人口资源环境监管	县畜牧兽医渔业局	动物检疫监管	1. 十项行政处罚：对违反《中华人民共和国动物防疫法》第七十三、七十五、七十六、七十七、七十八、七十九、八十、八十三条规定和《重大动物疫情应急条例》四十六、四十七条规定的行政处罚。2. 两项行政许可：(1)《出县境动物检疫合格证明》《出县境动物产品检疫合格证明》和《动物及其产品运载工具消毒证明》的核发；(2)《动物及其产品检疫合格证明》的核发。3. 两项行政强制：(1) 对动物及动物产品按规定实行采样、留检、抽检、隔离、查封、扣押、销毁等；(2) 临时隔离控制措施。4. 行政征收：动物检疫费。5. 两项行政检查：(1) 对经营动物、动物产品的集贸市场检查；(2) 查验检疫证明、检疫标志。6. 动物防疫条件初步审核权。	1. 严格按《中华人民共和国动物防疫法》等畜牧兽医法律法规的规定，认真履行动物防疫、检疫及防疫条件初审等工作，对不符合条件的坚决不予出具有关证明。2. 如发现重大动物疫情或疑似重大动物疫情要立即报告当地政府和上级业务主管部门。	

续表

领域	县直单位	下放或委托职权类别	下放或委托职权内容	管理要求	备注
人口资源环境监管	县人口和计划生育局	人口和计划生育管理	1. 再生育一胎子女的审批。 2. 社会抚养费的征收。 3. 十二项行政处罚：（1）非法为他人施行计划生育手术的；（2）利用超声技术和其他技术手段为他人进行非医学需要的胎儿性别鉴定或选择性别、进行假医学鉴定、出具虚假计划生育手术、伪造、变造、买卖计划生育证明的；（4）参加计划生育证明的；（5）组织他人冒名顶替参加孕情检查、落实节育措施的；（6）使用虚假计划生育证明的；（7）组织进行非医学需要的胎儿性别鉴定或者选择性别终止妊娠的；（8）自报新生儿死亡但不能提供合法证明的；（9）不按规定参加孕情检查或者落实避孕节育措施、补救措施、落实节育措施、参加孕情检查、落实节育证明的；（11）用人单位和个人雇用无计划生育证明的流动人口育龄妇女或者不履行计划生育管理职责的；（12）流动人口育龄妇女不按照规定办理或交验计划生育证明的。	1. 再生育一胎子女审批后按要求上报备案； 2. 按要求、依标准征收社会抚养费； 3. 自觉接受县计生局及其他计划生育兼职成员单位的监督检查； 4. 实施人口与计划生育政务公开，接受社会监督。	

续表

领域	县直单位	下放或委托职权类别	下放或委托职权内容	管理要求	备注
人口资源环境监管	县扶贫办	扶贫开发	1. 农村安居工程项目扶持对象初审权； 2. 省"大禹杯"专项资金项目初审权； 3. 智力扶贫发生资格确认初审权。	1. 严格按审批程序实施，并按要求及时上报； 2. 要对实施对象进行公示，接受群众监督； 3. 配备专职业务员。	
	县林业局	行政处罚	1. 对滥伐林木3立方米以下的行政处罚权； 2. 对擅自开垦林地3000平方米以下的行政处罚权； 3. 对擅自在森林防火区内用火造成森林火灾30亩以下的行政处罚权。	1. 依法执法，要准确引用法律条文和执证执法，正确使用法律文书； 2. 规范执法行为，正确使用法律文书； 3. 自觉接受县林业局和社会的监督。	
	县环境保护局	环境保护管理	1. 环境影响登记表审批权； 2. 环境影响报告书、报告表初审权； 3. 排污证发放初审权； 4. 依法征收排污费； 5. 环境污染纠纷和信访的办理、环境污染监督管理、排污单位环保设施的建设和运行情况的监督。	1. 要建立健全相关工作制度，依法执法，配合委托机关开展工作。 2. 不得再委托其他组织或个人实施行政执法权，不可越权或超越范围执法； 3. 要2人以上持证执法，规范使用执法文书； 4. 及时备案； 5. 加强人员、证件管理； 6. 定期培训人员。	

续表

领域	县直单位	下放或委托职权类别	下放或委托职权内容	管理要求	备注
人口资源环境监管	县水务局	资源利用管理	1. 小（二）型水库防限水位和山塘安全蓄水位的审批权（由镇按设计标准和技术要求审批，并报县水务局备案）； 2. 除西江外各镇辖区内占用河滩地的审批和管理权（跨县河流的占用河滩地建设项目的审批权限仍按《广东省河道堤防管理条例》的有关规定执行，镇出具初审意见）； 3. 水事违法的初步审查、上报和应急处理，以及处理后的监督实施。	有关审批、处理结果须报水务局备案。	

摘录自中共云安县委办公室 云安县人民政府办公室：《中共云安县委 云安县人民政府关于推进乡镇职权改革的实施意见》（云县委〔2010〕23号），2010年9月8日。

云浮市云安县财税共享激励和保障机制实施方案

为进一步改革和完善我县财政体制，调动镇级组织收入的积极性，增强执政能力，促进全县经济社会又好又快发展，特制定我县财税共享、激励和保障机制实施方案。

一　指导思想

以科学发展观为统揽，以"建设科学发展新云安，实现富民强县新飞跃"为总目标，以开展"百亿云安大会战、新农村建设大会战"、打造"百亿云安、生态云安"为总任务，通过建立县镇财税共享、激励和保障机制，充分调动镇政府发展镇域经济的积极性和主动性，从机制上激励和促进镇政府全力以赴抓收入，促进财税增收，实现我县财税收入的协调增长。

二　基本原则

树立全县"一盘棋"思想，体现"责权利相结合""奖励先进、鞭策后进""资源共用、利益共享、实现共赢"以及"谁发展谁得益、发展快多得益"的原则，实现全县经济发展"功能区域化，建设同城化，利益共享化"，达到确保既得利益，增强发展动力，更好地促进经济发展和财税增收，促进全县区域协调发展的目的。

三　建立完善财税考核指标体系

1. 以财税共享的镇级税收收入和镇属地征收的增值税，营业税，企业所得税，个人所得税，土地增值税（上述5项税收包括体制分成的县级、省级和中央级收入），资源税，城市维护建设税，房产税，印花税，城镇土地使用税，车船税作为考核指标。

2. 合理确定各镇年度财税收入考核任务。为保持政策连续性和稳定性，按"一定一年"的原则，2009 年各镇财税考核收入任务以 2008 年本镇财税考核收入任务实际完成数作参考基数确定（各镇当年税收收入、县级库收入任务另文下发）。对完成任务的镇，按 2007 年各镇奖励基数给予奖励，超额部分按超增分成办法奖励。对没有完成任务的镇，按 2007 年奖励基数乘以完成任务的百分比计算奖励金额。

3. 各镇城市维护建设税收入由县统筹安排开支，主要用于城市维护、社会公益事业建设等。其中：六都镇、镇安镇、富林镇的城建税收入全部奖励，石城镇按 80% 奖励，其余镇按 60% 奖励。城市维护建设税不列入镇年度财税考核县级库收入任务。

4. 契税和耕地占用税、县级以上重点工程所产生的一次性税收，以及根据招商引资优惠扶持措施通过先征后奖励用于扶持企业发展的税收，暂不列入财税共享范围。

四　建立完善财税共享机制

本着相互合作、利益共享、共同发展的原则，建立完善财税共享机制。

（一）县级产业园区税收共享

按照"谁引进、谁受益"的原则，县直部门、县领导招商引资项目产生的税收实行八二分成（县财政占 80%、项目所在镇占 20%）；镇招商引资项目产生的税收实行六二二分成（县财政占 60%、招商的镇占 20%、项目所在镇占 20%）。县级产业园区指六都工业园、黄湾工业园、镇安工业园。

（二）易地招商税收共享

县直部门、县领导招商引资项目到镇落户的，引资项目产生的税收实行二八分成（县财政占 20%，项目所在镇占 80%）；镇招商引资项目到县内其他镇落户的，引资项目所产生的税收实行五五分成（引资镇占 50%，项目所在镇占 50%）。

（三）资源地与生产地税收共享

各镇向本镇以外的我县辖区范围内企业、项目提供大宗资源（占企业、项目生产所需原材料 70% 以上的资源）作为主要生产原料的，对企业、项目产生的税收实行二八分成（提供资源的镇占20%，企业、项目所在镇占80%）。

五　建立完善财税激励机制

在确定财税考核基数的基础上，为促进镇域经济发展，增加财政收入，奖励先进，鞭策后进，建立"确定基数、超增分成、鼓励先进"的财税激励机制。

（一）超增分成

实行县级库（剔除城市维护建设税收入，下同）超增分成部分分档次按超收增长率分别给予奖励的办法，即超收增长率部分在20个百分点以内（含20%）的，按60%给予奖励；在20—40个百分点之间（含40%）的，按70%给予奖励；在40—60个百分点之间（含60%）的，按80%给予奖励；在60—80个百分点之间（含80%）的，按90%给予奖励；80个百分点以上的，给予100%奖励。

（二）鼓励先进

设立上台阶奖、财税超增分成奖两个奖项。

1. 上台阶奖。为鼓励镇财税收入上台阶：对财税收入首次突破3000万元、2000万元、1000万元的镇，由县财政一次性相应奖励镇30万元、20万元、10万元。奖金的使用原则是：奖金的20%用于奖励党政主要领导，40%用于奖励领导班子其他成员，40%用于奖励镇其他干部职工。

2. 财税超增分成奖。为鼓励镇域经济发展快、税收任务完成好的镇，给予财税超增分成奖。

（1）对获得超增分成奖励的镇，可在其超增分成奖励中提30%用于奖励有功人员，奖励最高不超过50万元。奖金的使用原则是：奖金的10%用于奖励党政主要领导，30%用于奖励领导班子其他成员，60%用于奖励镇其他干部职工。

（2）对获得超增分成奖励的镇，在其超增分成奖励中提15%给当地财政、国税、地税所支配使用，奖励最高不超过15万元，用于解决征收经费和个人奖励。

（3）其余超增分成奖励资金，其中30%用于偿还历年债务，其余用于弥补当年办公经费不足、促进镇经济和社会事业可持续发展。

3. 按照就高不就低的原则，财税超增分成奖与市对镇经济考核奖由县财政负担部分不重复计算奖励。

摘录自云安县人民政府办公室：《关于完善〈云安县财税共享激励和保障机制实施方案〉的通知》（云县府办〔2010〕54号），2010年9月8日。

云浮市云安县关于建立城乡均等化财政机制的意见

为深入贯彻落实县委、县政府实施重大项目的决策部署，促进城乡基本公共服务均等化，推动城乡经济社会协调和谐发展，现就建立城乡均等化财政机制，提出如下意见。

一 指导思想和目标要求

（一）指导思想：以党的十七大，十七届三中和四中全会精神为指导，认真贯彻县委四届四次全会精神，深入贯彻落实科学发展观，坚持把建立发展成果及时普惠广大人民群众的公共服务城乡均等化机制，作为探索科学发展新模式的一项体制创新，促进基本公共服务向基层延伸、向农村覆盖、向弱势群体倾斜，推进城乡基本公共服务均等化。

（二）目标要求：坚持从我县实际出发，根据经济社会发展水平和公共财政承受能力，制定实施合理的基本公共服务均等化标准。着力优化配置公共资源，优先保障基本公共服务需求，逐步提高基本公共服务人均水平，努力缩小城乡之间的基本公共服务差距。力争到2012年，全县初步建成覆盖城乡、功能完善、分布合理、管理有效、水平适度的城乡公共服务体系；到2018年，基本形成惠及全民、公平公正、水平适度、可持续发展的公共服务城乡均等化机制。

二 建立公共财政城乡均等化保障机制

（一）建立县、镇统一的公共财政体系。加快财政税收体制改革，逐步建立县、镇统一的公共财政体系。逐步实行"镇财县管镇用"，县级政府作为县镇财政主体,对镇财政收支实行统一管理,统一审核,统一拨付,对镇财政收支实行分户核算。逐步完善村级财务管理制度,全面推进村级财务委托镇财政结算中心代理记账,在确保"四权"(资产所有权、资产经营权、资产处置权、财务审批权)不变的前提下,强化会计监督。

(二)建立城乡基本公共服务支出增长机制。调整财政收支结构,财政预算安排要逐步减少对一般竞争性领域的投入。县级财政要按照公共财政原则,每年安排新增财力中的三分之二资金用于增加城乡公共服务支出,加大对四项"基础服务"(公共教育、公共医疗卫生、公共文化事业、公共交通)和四项"对人保障"(生活保障、住房保障、就业保障、医疗保障)方面的投入,坚持投入向农村倾斜、向基层倾斜、向落后地区倾斜、向弱势群体倾斜,建立健全城乡公共服务体系,使基本公共服务加速覆盖全县居民。

(三)加大转移支付力度。支持和帮助镇级财政储备基本公共服务财力,着力保障基层运转。县财政要按照统筹发展的根本要求,通过积极争取国家、省、市支持,进一步加大对各镇的转移支付力度,规范转移支付行为。逐步建立镇级最低财力保障机制,县每年在新增财力中安排一部分转移到镇,不断提高财政困难镇的财力水平和公共服务能力,逐步缩小地区间财力差距。

(四)建立公共财政支出责任制度。进一步理顺县、镇职责权限,明确财政的供给范围和支出责任。凡属于县政府承担的支出责任,县财政要全额保障经费,除上级部门另有规定外,一律不得要求镇政府安排配套资金;县政府委托镇政府承办的事务,要足额安排专项经费,不留资金缺口;属于各级政府的共同事务,要尽可能降低财政困难镇的资金负担比例。县镇政府要按照统筹城乡协调发展和完善公共财政体制的要求,合理确定财政支出范围和支出顺序。凡属于公共财政保障范围的,必须足额保证支出需要。县财政要根据农村税费改革后面临的新情况,积极做好对镇和村必需支出的财政保障工作。

(五)建立增收节支激励机制和引导机制。要进一步完善财税激励共享措施,调动各镇增收节支的积极性,逐步化解镇政府债务。要充分发挥市场和社会的作用,引导各方面力量参与基本公共服务的投入,形成政府主导、市场和社会参与的基本公共服务供给机制。

三 着力推进城乡基本公共服务均等化

实现公共财政城乡均等化是一项中长期的奋斗目标。近期要围绕到2012年的目标任务，重点满足人民群众需求最迫切的基础教育、医疗卫生、社会保障、公共文化等基本公共服务，逐步推进城乡基本公共服务均等化。

（一）推进城乡教育事业健康、快速、均衡发展。高标准、高质量地继续普及九年制义务教育，全面实施城乡免费义务教育，全县小学适龄儿童入学率保持99.9%，初中净入学率保持98%，初中三年巩固率达到98%左右，适龄残疾儿童少年同步接受义务教育，义务教育学校规范化标准的比例达到80%。加快发展高中阶段教育，到2012年，增加学位6000个，实现毛入学率85%。扩大职业教育规模，实现中等职业技术教育和高中阶段普通高中教育在校生规模大体相当。大力发展农村教育，合理调整学校布局，促进公共教育资源向农村地区和相对薄弱学校倾斜，改善办学条件，实施农村义务教育学校"三室一场五有"工程，促进县域内义务教育均衡发展。提高教师的工资福利待遇，实现中小学教师工资福利待遇"两相当"，即县域内中小学教师平均工资水平与当地公务员平均工资水平大体相当，县域内农村中小学教师平均工资水平与城镇中小学教师平均工资水平大体相当。

（二）健全公共医疗卫生体系。提高政府卫生支出比重，按照公共财政原则调整卫生支出结构，重点支持公共卫生、农村卫生和社区卫生以及医疗体制改革。明显改善农村公共医疗卫生条件，城乡区域卫生协调发展，基本医疗卫生制度基本建立，公共卫生公平性明显改善。逐步完成全县薄弱卫生院改造，完成村卫生站规范化建设。加强优秀医疗人员的引进，基本实现60%以上镇卫生院有3名以上本科毕业生，3名以上执业医师；县级医院有2名以上高级专业技术人才。初步建立较完善的城乡基层卫生服务体系，不断提高服务水平，为城乡居民提供安全、方便、价廉、快捷的公共卫生服务。新型农村合作医疗保持99.5%以上的参合率，逐步提高财政对新型农村合作医疗补助标准，不断完善新型农村合作医疗制度，建立统一的住院补偿、即时补偿、信息化管理、单病种付费制度。

（三）建立共享型城乡一体的社会保障体系。按照分类施保、扩大覆盖、保障基本的原则，继续抓好社会保险扩面工作，完善社会保险制度。逐步建立农村养老保险制度。积极推进城镇居民参加医疗保险，择机推行城乡居民医疗保障一体化，促进城乡居民基本养老保险全覆盖。建立城乡抚恤优待补助自然增长机制，切实保障重点优抚对象生活不低于当地平均生活水平，确保重点优抚对象参加医疗保险。逐步提高低保对象和五保供养对象的保障标准，使农村五保对象基本上不低于当地居民的平均生活水平，确保低保对象、五保对象和孤幼儿的生活得到基本保障。

（四）完善惠及全民的公共文化服务体系。进一步加大公共文化设施建设投入，全面实现县有图书馆、文化馆、博物馆、档案馆、体育馆，力争镇有综合文化站（广播电视站）、体育活动场所、社区文化中心，县城社区建有综合性文化设施；基本实现村有文化活动室、农家书屋，每个行政村每月放映一场电影，20 户以上通电自然村广播电视村村通（8 套以上电视节目）；在县城启动"电信网、广播电视网、互联网"三网融合有线互动数字电视整体转换试点工作，加快全县有线电视数字化步伐。

（五）加快推动农村富余劳动力向城镇集中。打破城乡二元结构束缚，率先在户籍制度等改革上取得突破。要按照省提出的"教育、社保等一证待遇"的工作思路，就计划生育、退伍安置、教育学位、劳动就业、最低生活保障、农村五保户供养、统筹医疗、养老保险、土地承包等制定相关政策和管理办法，理顺附加在户籍上的各项功能，研究出台教育、社保等一证待遇的实施意见，探索计划生育、农村土地管理等按居住地的管理办法，减少户籍管理制度改革障碍。加强对农村劳动力的职业技能教育和岗前实用技能培训。继续实施"智力扶贫"、农民工技能提升、"一户一技能"、百万农村青年技能培训等工程，推动富余劳动力向城市转移，就地就近就业。力争每年组织劳动预备制培训、转移就业培训、高技能人才培养等 3000 人次。到 2012 年，力争使全县技能劳动者占非农产业从业人员的比重达到 45%，高技能人才占技能劳动者的比重达到 20%；力争新增转移本县农村劳动力 2.5 万人，转移前组织技能等级培训 1 万人次，培训就业后一年内就业稳定率达到 90% 以上，全社会非农就业比重达到 80%。

（六）建立广覆盖的住房保障体系。加大廉租住房建设力度，多渠道筹措房源。提高廉租住房保障实物配租比例，以实物配租为主，结合发放租赁补贴改善符合廉租住房保障条件家庭的居住水平，逐步解决我县城镇户籍低收入且人均住房建筑面积 10 平方米以下家庭的住房困难问题。开展农村安居工程建设，力争每年均超额完成省下达的农村贫困户危房改造目标计划任务。继续实行农村居民住房保险统保工作，由县级财政出资统一为全县所有农村居民住房购买保险。

四　组织保障

（一）加强组织领导。县政府成立领导小组，由县政府分管领导担任组长，成员由县财政局和有关部门负责人组成，定期召开协调会议，形成齐抓共管的工作合力。各镇要加强领导，分管领导具体抓好该项工作的落实；建立工作目标责任制，层层分解任务。县直各部门要各负其责，密切协作，形成齐抓共管的工作合力。

（二）加快公共服务型政府建设。各镇、各部门要进一步转变职能，改进作风，注重社会管理和公共服务，加快建设人民满意的服务型政府。深化行政管理体制改革，强化政府履行社会管理和公共服务的职能。深化行政审批制度改革，规范行政许可，提高审批效率。深化事业单位改革，对监督管理类、公益类事业单位，加大公共预算投入，强化绩效监管，确保其提供公共服务的能力。

（三）加强监督考核。构建依法依规、严格监督、违规查处的财政监管工作机制；对各镇政府和各部门推进基本公共服务城乡均等化机制实施情况，每年进行督查评估，并分别纳入领导班子和领导干部政绩考核体系和县政府一类目标责任制考核。

摘录自云安县人民政府办公室：《关于印发云安县关于建立城乡均等化财政机制的意见的通知》（云县府办〔2009〕86号），2009年12月17日。

云浮市美好环境与和谐社会共同缔造行动"以奖代补"项目操作指引

为认真贯彻《中共云浮市委云浮市人民政府关于进一步推进美好环境与和谐社会共同缔造行动的若干意见》（云发〔2011〕3号）和《中共云安县委云安县人民政府关于印发〈进一步推进美好环境与和谐社会共同缔造行动的实施方案〉的通知》（云县委〔2011〕7号）精神，进一步强化项目支撑，发动群众参与，促进项目落实，现对美好环境与和谐社会共同缔造行动"以奖代补"项目制定操作指引如下。

一 项目规划

1. 规划时限。每年12月（2011年在3月底前）。

2. 项目提出。由县直单位根据职能，在每年规划时限内，按照群众参与"决策共谋、发展共建、建设共管、成果共享"（以下简称"四共"）工作要求，统筹组织规划，提出本单位"以奖代补"项目下年度实施计划，提供项目基本情况，确定熟悉业务的同志作为项目辅导员（职责见附件），并报县缔造办及按照同类项目资金以往申报形式，向上级提出项目资金申报。

3. 项目确定。县缔造办、县财政局统一规划梳理县直单位提出的项目，把可操作性较强、可以发动群众参与、群众受惠明显的项目作为全县"以奖代补"项目，编制项目简介。"以奖代补"项目确定后，县财政局应按照同类项目资金以往申报形式，会同县直有关单位向上级提出项目资金申报，并牵头与县缔造办制定"以奖代补"项目资金年度安排方案。

二 项目公示

1. 公示时间。全年向社会公示。
2. 公示范围。县、镇、行政村（社区）、自然村（社区居民小组）。
3. 公示内容。各批次的《美好环境与和谐社会共同缔造行动"以奖代补"项目简介》（见附件）。
4. 公示形式。云安县公众信息网站、云安县广播电视台专栏公示，行政村（社区）、自然村（社区居民小组）上墙张贴。

三 申报审批

（一）项目申报

1. 申报时限。每年1月（若遇法定节假日，顺延天数，2011年在4月20日前）。
2. 申报酝酿。县缔造办、县直部门、镇政府可根据不同自然村（社区居民小组）的实际情况，发动、引导、指导自然村（社区居民小组）选择可行的项目。自然村（社区居民小组）应按照"四共"工作要求，广泛发动群众参与，按照《美好环境与和谐社会共同缔造行动"以奖代补"项目申请表》（见附件，以下简称《申请表》），作出参与计划，推选自然村（社区居民小组）项目负责人，提出建设规模、投资计划、预计工期；初步统计折算村民自愿筹资筹劳、无偿出让物资、村集体经济投入、社会捐赠等资金。
3. 申报确认。自然村（社区居民小组）项目负责人填写《申请表》，并经参与项目的群众代表（至少10名）签名确认。
4. 申报提交。自然村（社区居民小组）项目负责人在申报时限内将《申请表》集中报送镇政府。

（二）项目审批

1. 审批时间。每年2月（不考虑是否含国务院规定春节假期，2011年在5月初）。
2. 审批单位。县缔造办负责分别牵头组织县直部门、镇政府审批。
3. 审批标准。优先支持群众参与"四共"程度高，村民计划自愿筹资筹劳、无偿出让物资、村集体经济投入、社会捐赠多的自然村（社区居民小组)。同等条件下,自强村、自助村优先。

4. 审批时限。每年 2 月 20 日前（2011 年在 5 月初）。镇政府把加具意见后的《申请表》集中报送县缔造办,县缔造办牵头组织县直部门集中审批,并形成《美好环境与和谐社会共同缔造行动"以奖代补"项目申请汇总表》纸质及电子文档（见附件,以下简称《项目申请汇总表》）,按照《项目申请汇总表》"备注"要求,连同县《申请表》一次性报送到市缔造办。每年 2 月 21 日至当月底,向市缔造办报送《申请表》《项目申请汇总表》,由市集中审批。

5. 审批反馈。每年 3 月 10 日前,按照《申请表》《项目申请汇总表》"备注"要求,逐级反馈审批结果至自然村（社区居民小组）。

四　项目实施

1. 统一启动。每年 3 月底前（2011 年在 5 月中旬）,县缔造办负责组织县直部门统一启动各村项目。需要招投标的,由县直部门参照同类项目以往做法操作。

2. 组织发动。自然村（社区居民小组）项目负责人按照"四共"工作要求,广泛发动群众参与,落实自筹资金。

3. 指导监督。项目辅导员、对口项目的县直部门应对自然村（社区居民小组）反映的项目建设问题、困难及时给予指导、协调。县缔造办应对项目实施进行不定期检查,督促没有按照"四共"工作要求推进项目建设的自然村（社区居民小组）整改。

4. 资金管理。由项目受惠群众（群众代表）按照"四共"工作要求,决定自然村（社区居民小组）自筹资金的管理形式。

五　项目验收

（一）验收

1. 验收告知。项目辅导员、对口项目的县直部门应根据项目建设进度,及时将项目完工验收程序告知（送达）自然村（社区居民小组）项目负责人。

2. 验收提出。项目完工后,自然村（社区居民小组）项目负责人应填写《美好环境与和谐社会共同缔造行动"以奖代补"项目验收申请表》（见附件，以下简称《项目验收申请表》），按照项目完工验收程序，向对口项目的县直部门提出验收申请。

3. 验收时限。项目验收单位自收到自然村（社区居民小组）验收申请后的 10 个工作日内完成验收。

4. 验收办法。"以奖代补"项目除应达到相关质量技术标准外，自然村（社区居民小组）在项目建设全过程发动、组织群众参与项目共谋、共建，在项目建成后发动、组织群众参与共管等情况，应作为项目验收固定的、重要的条款之一。

5. 验收归档。项目验收单位应按照《项目验收申请表》"备注"要求，将《项目验收申请表》作为项目验收档案之一归档。

（二）汇总

1. 汇总时间。每年 12 月至次年 1 月 10 日

2. 汇总对象。已验收的"以奖代补"项目。

3. 汇总要求。次年 1 月 5 日前，项目验收单位形成《美好环境与和谐社会共同缔造行动"以奖代补"项目验收汇总表》纸质及电子文档（见附件，以下简称《项目验收汇总表》），报送到县缔造办。县缔造办应将各单位《项目验收汇总表》整理，形成县《项目验收汇总表》，按照《项目验收汇总表》"备注"要求上报市缔造办。

次年 1 月 6 日至 10 日，由市缔造办按照《项目验收汇总表》"备注"要求，对上报的《项目验收汇总表》进行处理、反馈、存档。

六　项目考核

由县缔造办组织有关部门、社会各界代表，根据"以奖代补"项目资金年度安排方案，按照"四共"工作要求，对自然村（社区居民小组）项目计划完成情况进行考核，并形成考核报告，提交市缔造办，并接受市缔造办的考核验收。

七　工作要求

县缔造办、县委宣传部、县财政局、"以奖代补"责任单位，应按照《美好环境与和谐社会共同缔造行动"以奖代补"项目责任单位职责》（见附件）的要求，切实发挥指导协调、推进落实、督促检查等作用，确保全县

"以奖代补"项目顺利实施。

> 摘录自中共云安县委办公室 云安县人民政府办公室:《关于印发〈美好环境与和谐社会共同缔造行动"以奖代补"项目操作指引〉的通知》(云县办发〔2011〕6号),2011年4月1日。

云浮市云安县村民小组长"年度评议、以奖代补"试行办法

根据《中华人民共和国村民委员会组织法》《广东省村务公开条例》《广东省实施〈中华人民共和国村民委员会组织法〉办法》等有关规定，为适应当前农村工作要求和形势变化，建立村民小组长履职激励机制，深化我县农村综合改革，结合我县实际，特制定本办法。

一　指导思想

以邓小平理论和"三个代表"重要思想为指导，以科学发展观为统揽，以建设幸福云安为核心，以村民自治为手段，通过建立"年度评议，以奖代补"机制，最大限度地调动和发挥村民小组长落实美好环境与和谐社会共同缔造行动的积极作用、推进村民自治的骨干作用、化解农村矛盾的维稳作用，促进农村科学发展、和谐稳定。

二　评议对象

评议对象为全县登记在册的村民小组长。评议对象任职不满半年的，参加评议，但不确定评议等次；评议对象被纪检、公安、检察机关立案审查尚未结案的，参加评议，但暂不确定等次，待问题查清后再确定评议等次；评议对象违法犯罪或受党纪处分的，一律定为不称职等次，并实行一票否决。

三　评议内容

主要评议村民小组长在维护社会稳定、搞好村容村貌、抓好生态保护、做好社会服务等方面的履职情况。

四 评议方法

由各镇根据评议内容,于每年年底或次年年初组织开展评议工作,对村民小组长进行履职评分,确定评议等次,评议等次分为优秀、称职、基本称职、不称职四个等次。

五 组织实施

评议工作由县委、县政府统一部署,各镇党委、政府负责具体组织实施。

六 评议步骤

(一)组成评议组。各镇成立评议组,由镇领导班子成员及镇有关部门负责人组成;各村成立评议小组,镇挂村领导班子成员为组长,镇挂村干部、村社区服务合作社专职干事、村"两委"干部、村社区服务合作社"三站"站长为成员。

(二)开展评议。由村评议小组召开履职评分会,对村民小组长进行履职评分,并将结果报镇评议组。

(三)确定评议得分及等次。镇评议组根据各村评议小组的评议结果,初步确定评议得分和评议等次,在征求县综治办、县信访局、县人口和计划生育局的意见后,确定最终评议结果,并报县民政局备案。

(四)有关说明。

1. 评议期内出现下列情形之一的,一律定为不称职等次,并实行一票否决。

(1)被镇级以上党委、政府通报批评的。

(2)参与赌博、贪污受贿等被公安司法机关处理的。

(3)违反计划生育政策的。

(4)参与非法上访、群体性事件,或发生非法上访、群体性事件未及时上报的。

(5)不组织开展环境整治,村容村貌脏乱差的。

(6)其他严重问题的。

2. 评议期内获下列表彰奖励(含村民小组或个人)和完成"以奖代补"项目建设的,可在评议总分中进行加分。同一项奖、工作或表彰的,分数不累加，按最高一项的标准加分。

（1）获镇委、镇政府和县直单位表彰或被授予荣誉称号的加2分/项，获县委、县政府和市直单位表彰或被授予荣誉称号的加5分/项，获市委、市政府和省直单位表彰或被授予荣誉称号的加10分/项，获省部级表彰或被授予荣誉称号的加15分/项，获中央、国家表彰或被授予荣誉称号的加20分/项。

（2）在落实镇级以上重点项目、完成重大任务和解决复杂矛盾中，表现突出并受镇通报表扬的，加5分/项；受县以上通报表扬的，加10分/项。

（3）在自然村基础分类评定中，获评"自强村"的村民小组长加5分，获评"自助村"的加3分，"基础村"的不加分。

（4）在落实"以奖代补"项目工作中，能够按时按质完成建设任务并通过检查验收的，加10分/项。

七 奖励办法

评议结果与村民小组长的奖金挂钩。评议按百分制计分，90分以上为优秀，80—89分为称职，60—79分为基本称职，并以"以奖代补"的形式，以得分计算奖金，奖励给村民小组长，奖金标准为每分奖励10元。如任职不满半年的，则按评议得分计算出奖金后，再按任职月份数折算；评议得分60分以下为不称职，被评议为不称职或被实行一票否决的，一律不予发放奖金。

八 附则

1. 本办法可根据试行情况，结合中央、省、市对村民小组长的相关规定，进行相应调整。

2. 本办法由县委组织部、县民政局负责解释。

3. 本办法自发文之日起试行。

摘录自中共云安县委办公室 云安县人民政府办公室：《关于印发〈云安县村民小组长"年度评议、以奖代补"试行办法〉的通知》（云县办发〔2011〕13号），2011年4月29日。

云浮市云安县关于试点组建农村社区服务合作社的意见

为更好地贯彻落实《中华人民共和国村民委员会组织法》《广东省实施〈中华人民共和国村民委员会组织法〉办法》《广东省村民委员会选举办法》（以下简称"一法两办法"）等法律法规，围绕《美好环境与和谐社会共同缔造行动纲要》《云安县农村改革发展实施纲要（2009—2013年）》《云安县新型城镇化建设规划纲要（2010—2020年)》的工作要求，县委、县政府立足农村现状和县情实际，决定试点组建农村社区服务合作社（以下简称合作社)，在构建新型农村基层组织架构和运行机制中作有益尝试，特提出如下意见。

一 指导思想

以邓小平理论和"三个代表"重要思想为指导，科学发展观为统揽，"一法两办法"为依据，《美好环境与和谐社会共同缔造行动纲要》为指引，创建全国农村综合改革示范县为动力，突出公共服务，强化公众参与，彰显"共谋、共建、共管、共享"的村民自治特色，组建农村社区服务合作社，构建以村党组织为领导核心、村委会为自治主体、合作社为服务平台的新型农村基层组织架构和运行机制，推进新型城镇化建设。

二 工作步骤

组建合作社的工作步骤是：一年启动试点，两年循序渐进，三年全面铺开。

一年启动试点。坚持试点先行原则，2010年选择南盛镇横岗村、前锋镇崖楼村作为组建合作社的试点村，先行先试，探索经验。

两年循序渐进。坚持以点带面原则，2011年总结南盛镇横岗村、前锋镇崖楼村的试点经验，并在南盛镇和前锋镇全面推广，以点带面，有序推进。

三年全面铺开。坚持点面结合原则，2012年在巩固南盛镇、前锋镇试点工作经验的基础上，在全县其他镇全面推广实施。

三 组织机构

合作社是群团组织，以村"两委"干部为该组织主要发起人，受村党组织、村委会的直接领导。合作社设主任1名，原则上由村党组织书记担任，负责合作社的全面工作；设副主任1名，原则上由村委会主任或副主任担任，负责协助主任抓好合作社的各项工作落实；设专职干事1名，由镇委、镇政府委派，协助办理合作社的日常工作业务。

（一）内设机构。合作社内设社员代表大会、社务会和监事会。其中：社员代表由村"两委"成员、"活力民主、阳光村务"工程三组成员、村民小组长、村民代表，以及本村辖区的党代表、人大代表等社员组成；社务会由村"两委"成员、"活力民主、阳光村务"工程的会议召集组和发展组成员、专职干事组成；监事会由"活力民主、阳光村务"工程的监督组成员组成。

（二）下设机构。合作社下设经济服务工作站、公共服务工作站、综治信访维稳工作站，各设站长1名，原则上由村"两委"干部担任，组织开展本站职责范围内的各项工作。各站设3至7名成员，从社员代表中挑选合适人选组成。

四 工作职责

（一）合作社的工作职责。合作社是乡镇延伸公共服务功能、村党组织履行核心领导职责、村委会行使村民自治职权的共同服务平台，基础是合作，核心是服务，为村民开展自治活动提供有效载体，以"共谋、共建、共管、共享"的村民自治形式，推进新型城镇化建设，为社员提供经济发展服务、基本公共服务和社会维稳服务，共享改革发展成果。

（二）内设机构的工作职责。社员代表大会负责审议合作社章程、社务会的工作报告和财务报告，依法依规决定其他重大事宜。社务会负责执行社员代表大会的决议、提议和筹备召开社员代表大会，向社员代表大会报告工作和财务状况，研究制定村级重大事项决策的实施方案，决定社员的吸收或除名，开展合作社日常工作。监事会负责对合作社工作进行监督。

（三）下设机构的工作职责。经济服务工作站、公共服务工作站、综治信访维稳工作站的具体职责如下。

经济服务工作站协助镇农村土地流转服务中心收集发布信息、开展政策咨询、调处纠纷等，促进农村土地向规模化集中；协助镇农村劳动力服务中心开展农村劳动力调查、发布招工信息、组织技能培训、进行农民工维权服务等，加快农村劳动力转移；协助镇农业发展服务中心组建专业协会、专业合作社等农村经济组织，做好农产品产前、产中、产后服务，完善产供销一体化服务体系；定期收集、记录"三农"工作情况，及时向镇农情研判室反映，并按要求落实各项工作；收集整理党员群众对发展本村经济的意见建议，配合组建本村党员服务队和创建党员致富示范园、党员服务示范园，指导和服务群众发展农业生产，增加村集体和群众收入。

公共服务工作站协助实施村"两委"决定的公共服务事项，承担上级关于城乡服务均等化的具体事项和其他基本公共服务职责，建立村级行政公共服务体系，推进行政事项网上审批，促进行政服务城乡均等化，让广大农村群众足不出村就能享受到信息化的基本行政服务；宣传党的方针政策，开展爱国主义、社会公德、家庭美德等教育活动，增强群众国家观念、道德观念、集体观念；推进法治文化建设，深入开展法制宣传教育，弘扬法治精神，形成自觉学法、守法、用法的社会氛围；开展计划生育、卫生保健、疾病预防、农村合作医疗等工作，保障群众健康；抓好农家书屋、文化广场等设施建设，开展各类文体娱乐活动，丰富群众精神生活；抓好乡村道路建设、农村环境卫生整治，维护市场秩序，方便群众生产生活；完善村小学软硬件配套设施，提高教育水平和质量；开展科技信息宣传教育活动，引导村民学科技、用科技；接受符合条件的五保、低保、优待抚恤对象、残疾人、单亲家庭、独生子女户、纯二女户、困难党员、困难户、困难学生等相关待遇申请；接受社会和热心人士的捐赠，做好捐赠款物的上缴或发放工作，促进农村和谐。

综治信访维稳工作站协助村"两委"组织开展本村范围内不稳定因素和矛盾纠纷的排查调处工作，处理群众来信、来访反映的有关事宜，协助处置突发性和群体性事件;组建村级治安巡防队,指导督促村内企业和村小组开展社会治安防范工作,构建群防群治体系;配合开展依法打击违法犯罪专项活动,协助抓好治安突出问题的整治;做好流动人口和出租屋管理、预防青少年违法犯罪、刑释解教人员安置帮教、校园及周边治安综合治理、反邪教等工作;加强与镇综治信访维稳中心、派出所、司法所、工青妇组织、村民小组和企业单位的沟通,及时收集报送综治信访信息,把握维护稳定主动权;接受村民的来人来电,了解村民的合理诉求,并及时向相关部门转达,争取支持解决。

五 运作机制

(一)共谋机制。坚持从下而上原则,做到群众意愿与上级部署相结合,初步梳理决策事项;村"两委"研究提出意见与广泛征求群众意见相结合,形成初步决策方案;村民依法表决与公示票决结果相结合,确定最终决策方案。突出群众在共谋中的基础地位。一是建立工作例会制度。每周召开一次合作社工作例会,由合作社主任、副主任、专职干事和村"两委"干部参加。主要是总结上周各项工作,安排本周的具体工作;对村内各项工作进行研判,及时上报存在的问题或隐患;根据上级部署和社员意愿,综合、梳理需决策的村级重大事项,并研究提出初步实施方案。二是建立社务会议制度。每月召开一次社务会议,由合作社主任主持召集,由社务会成员参加,监事会成员列席会议,必要时可邀请部分村民代表、村民小组长参加。主要是总结本月工作,查找不足,研究部署次月工作;研究、论证工作例会提交需决策的村级重大事项及初步实施方案,并确定需提交社员代表大会表决的重大事项。三是社员代表大会制度。每年召开一次合作社社员代表大会,总结一年来的工作,并将工作情况向镇委、镇政府汇报;因特殊情况或社务会提议,可适时召开社员代表大会,依法依规讨论表决社务会提交事项。涉及群众利益的重大事项,应由村民代表会议或村民大会表决通过。

(二)共建机制。坚持公众参与原则,做到村"两委"履职与乡镇延伸服务相结合,形成镇村共建合力;党员干部带头与广大群众参与相结合,形成党群共建合力;群众自力更生与社会配合支持相结合,形成社会共建合力。突出群众在共建中的主体地位。一是乡镇与合作社共建。镇委、镇政府通过合作社定期将各项决策、工作要求、惠民服务传达至群众,进一步优化延伸政府的服务功能,促进农村各项事业发展。合作社定期通过专职干事将基层组织面临的困难、群众所需所盼及时反映到镇委、镇政府,让其更好地制定相应措施,解决民忧民困,促进公共服务的均等化。二是村党组织与合作社共建。村党组织依托合作社,把推动发展、服务群众、凝聚人心、促进和谐的作用充分发挥出来,进一步巩固农村经济社会发展的领导核心地位。合作社为村党组织培养入党积极分子、发挥党员作用、锻炼村级后备干部提供良好的平台,促进基层组织生活的创新,提高党员整体素质,增强党组织的凝聚力、创造力和战斗力。三是村委会与合作社共建。涉及群众利益的重大事项,受村委会委托,由合作社广泛征求社员意见后,研究制定具体实施方案,提交村民会议或村民代表大会讨论通过后,协助村委会组织实施。四是党员群众与合作社共建。合作社要接纳党员群众的办事请求,听取党员群众的意见,帮助党员群众解决问题,维护党员群众的合法权益,做党员群众的贴心人。党员群众要积极参与合作社的工作,发挥参与者、监督员作用,及时提出相关意见建议,促进各项工作落实。

(三)共管机制。坚持村民自治原则,做到政府指导与村民自治相结合,推动有序管理;党组织发挥领导核心作用与村委会发挥自治主体作用相结合,推动依法管理;组织监督与村民监督相结合,推动规范管理,突出群众在共管中的主人地位。一是建立日常工作制度。由合作社管理人员共同研究制定管理人员轮值制、专职干事在岗制,并把管理人员轮班时间和专职干事在岗时间向群众公开,方便群众前来办事。二是建立公共服务制度。合作社要围绕章程规定和工作职责,在土地流转、招工就业、农产品供求、政策宣传、社会维稳、计划生育、文化建设、教育发展等方面,建立和健全一系列常态化的公共服务制度,优化"三农"服务水平,提高行政服务效能。三是建立信息报送制度。每月定期收集、整理、分析社情、农情信息,向镇综治信访维稳中心和农情研判室报送;收到群众求助申请时,经初审符合条件的,在规定时限内将申请送达有关部门;发生突发事件时,应及时向镇委、镇政府和县职能部门报告,并进行前期处置,处置中出现的新情况随时上报。四是建立监督考核制度。建立"上下捆绑"考核问责制,以"一社三站"承担乡镇公共服务延伸的履职情况,作为衡量挂点县镇领导、合作社专职干事和村"两委"成员的年度实绩,以真问真责确保"一社三站"工作落到实处;以深入开展"活力民主、阳光村务"工程为切入点,发挥

"三个组"和监事会作用,保障村民充分享有知情权、参与权和监督权,重点监督村务、村财务活动;启动"廉政直通车",以"一社三站"为载体,在村级建立"廉政直通车"制度,把村级的党务、政务、财务公开上墙、上网,并设立群众信箱,接受群众监督。

(四)共享机制。坚持以民为本原则,做到村"两委"发展农村经济与合作社提供经济服务相结合,让群众共享发展成果;村"两委"推进新型城镇化建设与合作社提供公共服务相结合,让群众共享改革成果;村"两委"抓好社会维稳工作与合作社提供和谐环境服务相结合,让群众共享和谐成果,突出群众在共享中的优先地位。

六 保障措施

(一)加强领导,强化组织推进。必须把组建合作社工作作为各级"一把手"工程来抓,层级成立由一把手亲自挂帅任组长的工作领导小组,层级落实工作责任,形成一级抓一级、层级抓落实的工作格局。

(二)舆论先行,强化宣传发动。在农村组建合作社,是我县在推进新型城镇化建设,深化农村综合改革的新形势下提出的一项创新举措。当前,必须采取宣传、教育、培训等各种行之有效的措施,让全县上下充分认识到组建合作社的重要性和必要性,深刻理解合作社的功能和职责,形成改革合力。

(三)以点带面,强化示范带动。坚持"因地制宜、先行先试"原则,大力推进试点工作,通过典型示范,以点带面推进合作社建设。

(四)把握政策,强化规范运作。县镇两级和职能部门要结合实际,严格遵循"一法两办法"和相关法律法规组建合作社,并建立和完善内部管理和约束机制,理顺村"两委"与合作社的关系,保障合作社规范运作,各项工作有效开展。

> 摘录自中共云安县委办公室:《中共云安县委云安县人民政府关于试点组建农村社区服务合作社的意见》(云县委〔2010〕22号),2010年9月3日。

云浮市云安县农村社区服务合作社
重大事项决策的实施细则

根据《中华人民共和国村民委员会组织法》《广东省实施〈中华人民共和国村民委员会组织法〉办法》《广东省村民委员会选举办法》（以下简称"一法两办法"）等法律规定，以及《中共云安县委云安县人民政府关于试点组建农村社区服务合作社的意见》（云县委〔2010〕22号）的要求，为规范农村社区服务合作社（以下简称合作社）的重大事项决策实施程序，更好地体现"共谋、共建、共管、共享"的村民自治特色，建立和完善以村党组织为领导核心、村委会为自治主体、合作社为服务平台的新型农村基层组织运行机制，特制定本实施细则。

一 重大事项决策的议事原则

（一）依法议事原则。按照"一法两办法"规定，根据群众意愿和上级部署，结合工作职责，在村委会的统一部署下，对涉及群众利益的基本公共服务和其他重大事项，研究制定实施方案，并依法依规提交社员代表大会或村民代表会议、村民大会讨论通过。

（二）民主议事原则。广泛听取社员意见，尊重和保障其民主权利，把"公开、公正、公平"的民主决策要求贯穿议事的始终，保障和落实社员的知情权、参与权和监督权。

（三）规范议事原则。严格遵守合作社的工作例会制度、社务会议制度、社员代表大会制度等议事制度，建立健全乡镇与合作社互动、村党组织与合作社互动、村委会与合作社互动、党员群众与合作社互动等运作机制，致力规范议事程序，全面提高村级重大事项决策的执行力、创造力和公信力。

二 重大事项决策的议事范围

（一）研究发展举措。围绕村民会议或村民代表会议决定的本村经济和社会发展的长远规划和年度计划，研究保障目标实现的工作措施。

（二）制定章程制度。制定《农村社区服务合作社章程（草案）》和内部管理规章制度。

（三）谋划集体经济。在集体资产购建、处理，集体土地承包、租赁，集体经济项目立项、承包，土地征用补偿费分配，大额经费支出等方面，提出意见或建议。

（四）商议农村建设。对农村文化事业建设、农田水利基本建设、农业综合开发、农村土地整理、农村环境整治等事项，提出意见或建议。

（五）关注社会民生。对筹集公益事业经费、分配宅基地、综治信访维稳、新型农村合作医疗，以及农村低保对象和"五保"对象的申报、供养，上级下拨资金、救灾救济款物及集体资产的使用、处置等事项，提出意见或建议。

（六）讨论职责事项。研究涉及经济服务工作站、公共服务工作站、综治信访维稳工作站职责的有关事宜。

三 重大事项决策的实施程序

合作社议事决策的重大事项，按"十步工作法"规范实施程序。

（一）梳理确定议题。由社员代表根据上级部署和群众意愿，结合本村实际，提出需决策的村级重大事项，经合作社工作例会综合、梳理后确定议题。

（二）制定初步方案。议题确定后，由社务会调查研究、协商论证，并研究制定初步实施方案。

（三）征求社员意见。社员代表以进村入户形式，广泛征求社员意见，并提交社务会修改完善实施方案。

（四）依法表决通过。确定的实施方案，提交社员代表大会讨论，由社员代表表决通过。需要由村民大会或村民代表会议依法讨论决定的重大事项，由村委会依法组织召开相关会议讨论通过。

（五）公示表决结果。表决结果由社务会即日公示，接受社员监督。

（六）分流三站实施。表决结果公示七天后，由社务会把表决事项，按照经济服务工作站、公共服务工作站、综治信访维稳工作站的职责要求，分流实施。

（七）定期开展研判。在重大事项的分流实施过程中，由合作社工作例会对执行情况进行定期研判，及时发现存在的问题，研究提出应对措施。

（八）实施民主监督。建立健全乡镇考核问责、村民自治监督、廉政直通车等监督机制，并由监事会对重大事项决策、议事项目的实施过程进行监督。

（九）组织绩效评价。重大事项决策执行落实后，以自我鉴定、社员评议、组织考核等三种方式，对执行情况开展绩效评价。

（十）事结公布结果。事结后，在社员代表大会上反馈绩效评价情况及实施结果，并向社员公布。同时，重大事项决策和实施过程的相关材料要整理归档，并报镇委、镇政府存档备查。

四 重大事项决策的保障措施

（一）强化组织领导。把合作社重大事项的决策实施作为加强农村基层组织建设的重要内容，落实科学发展观的重要举措，镇村绩效考核的重要依据，由挂钩联系县领导落实挂点责任，镇委书记落实直接责任，村党组织书记落实具体责任，形成"一级抓一级、层级抓落实"的工作格局。

（二）完善配套制度。为规范合作社重大事项决策实施程序，镇村两级要指导合作社配套建立重大决策的征求意见制度、执行研判制度、工作监督制度、绩效评价制度、事结公开制度、档案管理制度，务求决策执行落到实处。

（三）严格工作问责。建立绩效问责机制，对重大事项决策"只说不议、议而不决、决而不行、行而无果"的人和事，要适时启动问责程序，采取对村党组织主要负责人进行诫勉谈话、村委会主要负责人依法罢免等办法予以问责。

摘录自中共云安县委办公室 云安县人民政府办公室：《关于印发〈云安县农村社区服务合作社重大事项决策的实施细则（试行）〉的通知》（云县办发〔2010〕26号），2010年9月3日。

云浮市自然村（社区居民小组）基础分类评定细则

根据《中共云浮市委云浮市人民政府关于进一步推进美好环境与和谐社会共同缔造行动的若干意见》（云发〔2011〕3号）精神，特制定本细则。

一 基础分类的目的

通过把全市自然村（社区居民小组）分为自强村、自助村、基础村3类，为实施"以奖代补"项目提供参考依据，激发群众广泛参与热情，共同建设幸福云浮。

二 基础分类的标准

以2009年至2010年间，自然村（社区居民小组）群众参与公共事务积极性、社会稳定和谐程度、基层组织建设情况为依据。2010年度建成的和谐宜居村（社区）免予考评，直接确定为2011年自强村等级。

①群众积极义务投工投劳、捐款捐物、捐地让地参与村（组）公共事务建设和管理，形成风尚，并有公示、有记录；②制定有村（组）务公开、村规民约等制度，村（组）重大事项听取群众意见占本村（组）人口比例50%以上，并有记录；③群众自强自律，诚信守法，不赌博，生产农产品不使用违禁农药、添加剂，维护社会文明风尚；④群众互信互助，村（组）风文明，邻里关系和好，没有发生群体性纠纷；⑤没有集体或个人到县级以上政府上访，没有拖欠电费等事件，社会和谐稳定；⑥本村（组）教育、文化、体育等公共场所日常免费向公众开放，管理规范；⑦村（组）基层组织充分发挥作用，服务群众，得到大多数群众的认同；⑧党员充分发挥先

锋模范作用。

达到 8 条的为自强村，达到 6 或 7 条的为自助村，不足 6 条的为基础村。

三 基础分类的程序

（一）自然村（社区居民小组）自评（2011 年 3 月底前）

以村（居）委会为单位进行组织，村（居）委干部、自然村（社区居民小组）组长、村（居）民代表参加，参评人员无记名填写《村（居）委自然村（社区居民小组）基础分类自评表》，村（居）委会将自评情况综合汇总到《村（居）委自然村（社区居民小组）基础分类自评汇总表》，并报镇（街）党（工）委。

（二）镇（街）评定（2011 年 3 月底前）

1. 社会助评。参加人员包括：①镇（街）领导班子成员和驻村（组）干部；②镇（街）各办、站、所负责人；③本镇（街）80% 以上的"两代表一委员"（县级以上的党代表、人大代表、政协委员）。由镇党委（街道党工委）集中组织各参加人员填写《镇（街）自然村（社区居民小组）基础分类助评表》进行助评。镇（街）要将自评情况综合汇总，按得票多少排序，填写《镇（街）自然村（社区居民小组）基础分类助评汇总表》。

2. 镇（街）领导班子会议确定等级。镇（街）召开领导班子会议讨论，根据自然村（社区居民小组）自评和社会助评的结果，综合评定自然村（社区居民小组）的基础分类，并填写《镇（街）自然村（社区居民小组）基础分类评定表》，并按等级分类形成《自然村（社区居民小组）基础分类评定汇总表》。

3. 公示。各自然村（社区居民小组）的基础分类评定结果在镇（街）和各村（居）委公示 7 天。

（三）县（市、区）审核（2011 年 4 月初）

各镇（街）基础分类评定结果一式两份报县（市、区）缔造办，由县级缔造办审核，并报一份给市缔造办备案。

四　考评结果运用

"以奖代补"项目优先支持自强村、自助村。

摘录自中共云安县委办公室　云安县人民政府办公室：《关于印发〈云安县自然村（社区居民小组）基础分类评定细则〉的通知》（云县办发〔2011〕7号），2011年4月1日。

云浮市自然村（社区居民小组）群众参与性评价考核细则

为发动群众参与美好环境与和谐社会共同缔造行动，促进社会管理创新，全面推进各项工作，根据《中共云浮市委 云浮市人民政府关于进一步推进美好环境与和谐社会共同缔造行动的若干意见》（云发〔2011〕3号）精神，制定本细则。

一 考核评选范围

对全市自然村（社区居民小组）[以下简称"村（组）"]群众年度参与决策共谋、发展共建、建设共管、成果共享的情况进行考评，按自强村、自助村、基础村3类进行定级。

二 年度考评标准（总分400分）

（一）决策共谋（100分）

1. 村（组）群众代表集中筹划公共事务，并有与会记录。（30分）

2. 决策前采取一定形式征询群众意见，如走访群众、座谈或发放征询意见表等，并有记录。（30分）

3. 对征询意见进行汇总分析，并采取一定形式公示集体决策方案和采纳群众意见情况。（40分）

（二）发展共建（100分）

1. 年度申报批准实施共建项目（"以奖代补"项目或自建项目）1个以上；对于公共设施较完备、服务较齐全的村（组），能组织群众参与对已建项目的改造、扩建，或通过改进管理等，继续完善设施，提升服务，扩大共

享成果。(30分)

2. 在共建项目建设过程中，群众自愿参与筹资筹劳、无偿捐赠土地和物资的折合金额占总投入的30%以上，参与户数占本村总户数60%以上。(40分)

3. 年度共建新项目或改建、扩建、改进管理的任务按计划完成，并通过有关部门验收。(30分)

(三) 建设共管 (100分)

1. 村（组）事务按规定公开和实行民主管理，共建项目完成后订立日常管理公约，并建立监督和定期报告制度。(30分)

2. 共建项目完成后群众自愿筹集管护经费，并建立各户轮值管护的制度，或选出群众代表组成管护队伍管理，或委托专人管护。(40分)

3. 项目没有出现"豆腐渣"工程现象或由于管护不善导致设施损毁破坏的情况，没有接到群众相关投诉。(30分)

(四) 成果共享 (100分)

1. 共建项目有效发挥作用，有关服务设施免费向群众开放，方便使用，受惠群众达本村人口60%以上。(40分)

2. 群众利用共建设施开展多种活动，并形成互信互助、和睦相处的社会风尚。(30分)

3. 村（组）基层组织以共建共管项目为抓手，充分发挥核心作用，服务群众。(30分)

(五) 级别评定和命名

考评总分320分以上的村（组）经定级审核后由市命名为自强村；考评总分240—319分之间的村（组）经定级审核后由各县（市、区）命名为自助村；考评总分240分以下的村（组）为基础村。

三 年度考评时间

从2011年起，每年考评一次，每年年底至次年1月为考评期。

四 年度考核管理

各县（市、区），镇（街）要成立考核小组，按以下程序进行考评。

1. 考核采取村（组）自评、镇（街）初评、县定级、市审核的方式进行。由自然村（社区居民小组）填写《云浮市自然村（社区居民小组）群众参与性评价年度考评申请表》，提出自评意见，上报镇（街），镇（街）考核组利用《云浮市自然村（社区居民小组）群众参与性评价年度考评评分表》组织初评，再由县（市、区）组织相关职能部门实地考核验收，进行定级，自强村报市考评小组审核。

2. 确定、公布考核结果。自强村由市委、市政府命名；自助村由各县（市、区）党委，政府命名。每年度考评和定级后进行命名，实行动态管理。

五　考核结果运用

考核结果与奖优评先、"以奖代补"项目奖励挂钩，优先支持自强村、自助村。

摘录自中共云安县委办公室 云安县人民政府办公室：《关于印发〈云安县自然村（社区居民小组）群众参与性评价考核细则（试行）〉的通知》（云县办发〔2011〕8号），2011年4月1日。

云浮市云安县农村生活垃圾处理工作实施方案

我县自2010年开展农村生活垃圾处理工作以来，经过各级的共同努力，取得了一定的成效。为进一步完善我县农村生活垃圾处理工作，改善农民生产、生活环境，不断提高农民生活质量，构建幸福云安，特制定本方案。

一 指导思想

以党的十七大精神和科学发展观为指导，坚定不移地实施可持续发展战略，紧紧围绕县委、县政府"转变方式走新路，建设幸福新云安"的战略目标，以人为本，科学规划，注重提高广大农村群众的环保意识，逐步建立健全农村生活垃圾收集处理长效管理机制，努力抓好农村生活垃圾源头治理、过程管理和资源化利用，实现"生产发展、生活宽裕、乡风文明、村容整洁、管理民主"目标，不断开创社会主义新农村建设的新局面。

二 目标任务

到2011年底，全县农村生活垃圾处理工作整合资源、分块管理、分级负责、分类指导的工作机制以及"户分类、村收集、镇转运、县分片处理"的运行处理模式得到进一步完善，生活垃圾收集覆盖率由40%提高到80%以上，其中国道、省道、县道两旁村庄生活垃圾收集处理率达到100%。

三 工作原则

（一）政府主导，整合资源

在县委、县政府统一领导下，充分发挥各镇及职能部门的主导作用，齐抓共管，建立完善公众和社会力量参与机制，鼓励和引导群众及社会力量参与、支持农村生活垃圾收集处理工作；进一步加大县财政对农村生活垃圾收集处理设施建设的扶持力度。

（二）统筹规划，分块管理

着眼当前，兼顾长远，科学系统地规划建设农村生活垃圾收集处理体系，充分利用市区和县城现有垃圾处理场的处理能力。合理选择适用农村实际经济、安全的收集处理方式和技术。实行属地管理、条块结合、以块为主的管理模式。

（三）落实责任，分级负责

明确县、镇、村、县直有关部门等各级职责，按照"谁主管、谁负责"的原则，落实层级责任，确保工作落到实处。

（四）突出重点，分类指导

以全县各镇所在国道、省道、县道两旁村庄的生活垃圾清理为工作重点，由镇统一收集处理，其余偏远村庄暂由各村组织收集处理。

四 运行处理模式

（一）责任区划分

1. 六都镇：负责将靠近县城主道的生活垃圾运到县城市管理局指定的地方堆放，由县城市管理局负责收集转运。河道中的垃圾由县水务局负责收集处理；其余村的生活垃圾由镇、村分级负责收集处理。

2. 其余镇、村的生活垃圾按照"户分类、村收集、镇转运、县分片处理"的模式进行处理。

3. 全县辖区内国道、省道、县道两旁的垃圾由县交通局、县公路局按照"谁管养、谁负责"的原则负责清理。

（二）完善"户分类、村收集、镇转运、县分片处理"的运行处理模式

1. 户分类。农户要自觉遵守村规民约，负责自家和房前屋后四周的卫生保洁工作，对自家垃圾按照可回收物、可堆肥和不可堆肥三大类进行分类，可堆肥的作返田或作沼气原料处理，将不可堆肥的生活垃圾集中堆放在村指定的垃圾堆放点（池、桶）内，将可回收的生活垃圾循环利用。

在县城以及现由县城市管理局负责清运的六都镇、石城镇和南盛镇公路沿途村庄开展生活垃圾分类试点，并加快垃圾分类收集处理系统建设，具体试点办法由县城市管理局制定实施。

2. 村收集。村保洁员每天必须将村主道、公共场所清扫一次，将垃圾统一收集到固定的垃圾存放点；保持河道清洁，确保无漂浮物、悬挂物，尤其是桥头等重点地段；保持环卫设施的清洁和完整；严禁将建筑垃圾、酒瓶等混入统一压缩装运的生活垃圾中。交通不便的自然村，采用"统一收集、就地分类、综合处理"的模式进行无害化处理。

3. 镇转运。各镇环卫人员每天将公路（主干道）两旁垃圾存放点的生活垃圾收集清运到市、县或镇垃圾填埋场处理。

4. 县分片处理。六都镇、石城镇和南盛镇公路两旁主干道的生活垃圾暂运到市垃圾填埋场处理，其余各镇的生活垃圾暂以镇为单位自行填埋处理，待镇安垃圾填埋场建成后，实行统一填埋处理。对一些交通不便的偏僻村庄，各镇还可因地制宜，探索建设垃圾焚烧窑（焚烧炉）、垃圾堆肥池（屋）等处理方式。

五　工作步骤

1. 宣传动员阶段（2011年2月10日至2011年2月28日）

县、镇两级分别召开动员大会，明确工作目标和要求，对工作进行安排部署；各村委会要通过召开群众大会、张贴标语、办宣传栏、发放宣传单等形式，广泛宣传做好此项工作的目的意义和主要内容，动员全社会力量积极参与。各镇要根据本行政区域特点，制定本镇农村生活垃圾处理方案，明确组织机构，人员设置，工作步骤，设施建设（含布点布局、处理方式、资金来源和项目责任人），奖补措施等。

2. 设施建设阶段（2011年3月1日至2011年5月31日）

在镇安垃圾填埋场建成前，各镇要建设好生活垃圾临时填埋场，确保做到及时填埋处理。各村委会要对各自然村固定的垃圾堆放点进行统一的规划建设，做到布点合理，不留死角。要加快推进镇安垃圾填埋场的建设，力争2011年上半年动工兴建。

3. 全面治理阶段（2011年6月1日起）

在原有基础上，将垃圾收集处理范围扩展到全县各村，各镇要组织干部职工、村民对本区域内的农村环境卫生进行综合整治。通过全面整治，使农村垃圾处理设施基本完善，农村居民环境卫生意识得到全面提高，生活环境明显改善，农村生活垃圾污染得到有效治理，收集处理率达到80%以上。

4. 建章立制阶段（2011年4月1日至2011年12月底）

全县各镇及县直相关单位在开展农村环境卫生综合整治的同时，要结合本区域实际，逐步建立健全环卫保洁长效管理机制、体制，比较完善的农村生活垃圾收集处理体系，镇、村、组的环卫保洁机构、人员保障体系，农村垃圾处理设施相关运行、管理制度，并使其得到有效落实。

六　保障措施

（一）加强领导，成立机构

各镇、各责任单位要高度重视，充分认识到农村生活垃圾处理工作的重要性和紧迫性，进一步形成共识，全面树立大局意识、责任意识，把这项工作作为今年我县落实科学发展观的第一号工作来抓，切实加强组织领导，做到"一把手"亲自抓、负总责，分管领导具体抓，县政府成立县农村生活垃圾处理工作领导小组。各镇也要相应成立领导小组，落实具体的工作职责，以岗定职，责任到人，为农村生活垃圾的集中处理提供强有力的组织保障。

（二）广泛宣传，深入发动

加大对开展农村生活垃圾收集处理工作的宣传力度。一方面，通过召开动员会、利用有线电视、召开村小组村民会议、建立村规民约、开设宣传栏、开展课堂教育、发放宣传单等方式，不断加强对农村群众的环境保护教育，提高农村群众的环境保护意识，动员群众广泛参与农村生活垃圾减量化、资源化、无害化处理的行动，让广大群众真正明白垃圾集中收集处置的益处，形成健康、文明的生活习惯，逐步实现乡风文明、村容整洁。另一方面，要通过在校学生的宣传教育，由学生去教育家长，使整治工作在农村家喻户晓，引导广大农民群众积极支持、主动参与整治工作，动员社会各方面力量关注和参与整治活动，形成全社会共同参与、全民共建的良好社会氛围，使"保护农村环境从我做起、从我家做起"的意识深入人心。

（三）加大投入，健全机制

1. 加强镇、村环卫队伍建设。镇、村保洁员工资以各镇、村自筹解决为主，县财政对镇、村保洁员工资实行"以奖代补"的形式。县每季度对各镇进行抽查考核，分"好""良好""一般"三个等次，按抽查结果等次比例计算奖励金额到各镇。考核评为"好"等次的，按各镇总人口计算，每季奖励2.5元/人；考核评为"良好"等次的，每季奖励2元/人；考核评为"一般"等次的，每季奖励1.5元/人。

2. 加强环卫设施建设。县财政对各镇建设垃圾池（炉）、填埋场，配备垃圾运输车及垃圾桶等设施加大投入，按各镇实际建设配备数量，经实地考核验收后按"以奖代补"的形式补助，其中：垃圾池补助600元/个，购置垃圾桶补助210元/个，手推车补助400元/辆。

3. 多方筹措资金。县财政安排资金重点解决镇环卫人员工资、垃圾填埋场、垃圾处理设施设备配套建设；各镇可参照县政府《关于印发〈云安县城区生活垃圾处理收费管理办法〉的通知》（云县府〔2005〕18号）的有关规定，结合实际制定本镇的收费标准，报县物价部门批准后进行收费；村有集体经济的要适当安排部分经费，作为解决垃圾处理问题日常运作资金；各村要通过"一事一议"、村民自治的方式筹集垃圾处理经费；动员社会力量开展筹措活动。

（四）协调联动，齐抓共管

按照"谁主管、谁负责"的原则，各责任单位要按照各自工作职责分工，加强相互间配合协作，做好工作沟通和衔接，做到目标同向，工作同心，节奏同拍，行动同步，形成工作合力，在全县上下形成齐抓共管的强劲工作势头。

1. 县卫生局：负责牵头组织、协调、指导全县农村生活垃圾收集处理工作，制定农村生活垃圾集中处理的实施方案及《云安县农村生活垃圾处理考核办法》。

2. 县建设局：负责提供垃圾填埋场、垃圾池（屋）的设计样图，并指导各镇按规范建设垃圾处理设施；结合开展生态文明村建设抓好生活垃圾处理工作，积极向省政府争取项目资金。

3. 县水务局：负责大力推进河道整治、建设工程，指导监督各镇、村做好河道保洁工作。

4. 县环保局：组织开展农村污染环境评估，指导各镇开展生活垃圾无害化处理的具体实施，积极向省政府争取项目资金。

5. 县规划局：协助各镇做好垃圾填埋场、垃圾池等设施的选址规划，避免垃圾设施对人、畜饮用水安全及附近居民生产生活造成影响。

6. 县财政局：负责全县垃圾收集处理工作的经费预算、审核、划拨工作，保障工作正常运转。

7. 县发改局：负责全县垃圾收集处理工作的项目审批等工作。

8. 县农业局：结合沼气村建设，提高生活垃圾处理的减量化、资源化和无害化水平。

9. 县经贸局：负责指导全县所有工业企业的垃圾收集处理工作，重点指导工业企业对生活垃圾和工业垃圾进行分类处理。

10. 县公路局、县交通局：按照"谁管养、谁负责"的原则，负责公路两旁的垃圾收集处理工作。

11. 县教育局：负责指导全县所有教育、教学单位的垃圾收集处理工作，开展青少年环保卫生意识教育。

12. 县委宣传部：负责推进全县农村生活垃圾收集处理工作的政策宣传、新闻报送工作。

13. 党员干部职工：在云安县工作的云安籍党员干部职工要积极参与"回乡清洁工程"，对所在自然村的生活垃圾收集处理工作，既要教育好亲属，带好头、做表率，又要做好组织协调工作，确保所在自然村100%开展农村生活垃圾处理工作。

（五）严格考核，严明奖惩

1. 县委、县政府把农村生活垃圾收集处理工作的实施情况列为《云安县科级领导班子和领导干部落实科学发展观评价指标体系及考核评价实施细则（试行）》考核的重要内容之一，对认识不到位、工作不落实的镇和县直有关部门，按照"垃圾不清清干部，服务不下干部下"的原则，对镇、县直有关部门主要责任人和直接责任人进行行政处理。用铁的纪律确保农村生活垃圾处理工作目标任务的完成。

2. 县成立农村环境整治督查工作组，成员由县委办、县纪委、县卫生局、县电视台等单位组成，开展定期督查和不定期暗访曝光。

3. 县考核组按照《云安县农村生活垃圾处理考核办法》每季度对各镇工作进行定期考核，考核结果按分数高低在全县通报，并作为单位年度工作考核和工作经费拨付的重要依据。

摘录自云安县人民政府办公室：《关于印发云安县农村生活垃圾处理工作实施方案的通知》（云县府办〔2011〕17号），2011年4月12日。

云浮市云安县关于组建镇村组"三级理事会"的意见

为深化农村综合改革，创新社会管理方式，充分调动广大农村群众参与社会管理的积极性，县委、县政府决定，在创新以政府为主导的"服务为先、向下给力"社会管理方式的基础上，在村（居）民小组（或自然村）组建村（居）民理事会，行政村（社区）组建社区理事会，镇级组建乡民理事会，建立以群众为主体的"组为基础、三级联动"的社会管理模式，从而构建起政府以自上而下的服务形式强化社会管理，群众以自下而上的理事形式参与社会管理的互动式社会管理网络，实现政府行政管理与基层群众自治有效衔接与良性互动。特提出如下意见。

一 重要意义

长期以来，政府对农村的社会管理主要依靠行政村，村"两委"的社会管理任务多、责任重。然而，由于人员、经费等条件限制，村级在社会管理过程中的能力极为有限，很多问题鞭长莫及，"管理真空"普遍存在，管理难度极大，严重影响到基层社会稳定与发展。责任与能力的倒挂迫切要求进一步强化基层组织管理效能，改革现行农村社会管理格局势在必行。党的十七届三中全会以来，我县作为广东省农村综合改革示范县，在创新社会管理方式上进行了许多有益的探索和尝试，一些改革实践走在全省甚至全国的前列，如以"主体功能扩展"模式，促使政府转变理念、转变职能、转变方式，以自上而下的服务形式强化社会管理。但是，群众主体作用发挥仍然不够明显，共谋共建共管共享的社会氛围仍然不够浓厚。鉴于此，我县探索设立"以组为基础、三级联动"的理事会，以自下而上的理事形式，畅通民意表达和群众参与渠道，在自上而下的政府服务与自下而上的群众理事之间形成良性互动，这是我县创新基层社会管理方式的又一改革实践，是发挥群众主体作用、提高社会管理科学化水平的重大突破，具有极为重要的理论和实践价值。

（一）组建"三级理事会"是妥善处理党群关系的重要方法，在农村管理中发挥着"补位"作用。"三级理事会"有别于传统的宗族理事会，它有群众的信任、支持和基层组织的骨干力量参与，有章程规范和党委、政府的引导和领导，运作有序，职责明晰，成为政府与群众之间既紧密连接又不硬性碰撞的"橡皮圈"，既可以使党委、政府在落实决策部署和化解社会矛盾中找到着力点，又可以有效填补政府在农村管理中"管不了、管不到、管不好"的"管理真空"，形成上下联动、互为补充、和谐相处的党群干群关系。因此，组建"三级理事会"，构建"组为基础、三级联动"的社会管理模式，既是对"队为基础、三级管理"这个我党做好群众工作传统方法的有效继承，也是在新形势下融洽党群关系的工作创新。

（二）组建"三级理事会"是有效凝聚社会合力的重要途径，在村民自治中发挥着"聚力"作用。"三级理事会"进一步完善农村最基层的村民自治组织架构，有效整合农村"两代表一委员"、村中族老、外出乡贤等社会力量参与新农村建设和社会管理，成为政府、社会、群众之间的"黏合剂"，不仅让热心家乡建设、致富后欲反馈社会的社会贤能在参与新农村建设中有平台、有活力，而且使其在参与社会管理中有责任、有面子；不仅让群众在新农村建设中有知情权、表达权，而且在村民自治中有参与权、监督权，有效凝聚社会的人力、财力、智力资源，充分凝聚党群共同缔造幸福家园的强大社会合力，有效解决新农村建设主体缺位的问题，实现"农村呼声有人听、农村事务有人管、农村公益有人干"。

（三）组建"三级理事会"是共谋共建共管共享的重要平台，在共同缔造中发挥着"抓手"作用。落实美好环境与和谐社会共同缔造行动，构筑"共谋、共建、共管、共享"的社会氛围，必须以一定的组织载体为基础。而组建"三级理事会"，在很大程度上解决了农村社会建设的载体问题，成为政府与群众之间便民、利民的"连心桥"。尤其是在兴办农村公益事业和均等城乡公共服务过程中，政府以"三级理事会"为抓手，以优化服务为手段，通过项目支持、经费奖励、荣誉表彰等形式有效激发群众主体作用，群众则以理事形式参与和监督涉及自身利益的农村公共事务、农村社会管理等的决策、实施全过程，做到决策共谋、发展共建、建设共管、成果共享。因此，"三级理事会"的组建，既是创新"共谋、共建、共管、共享"社会管理方式的重要平台，又是转变以往新农村建设"政府大包大揽、群众被动参与"为"政府以奖代补、群众主体参与"的有效载体，不仅大大加强和完善了社会建设，而且降低了政府的行政成本，提高了政府行政效能。

二 指导思想

以邓小平理论和"三个代表"重要思想为指导，科学发展观为统揽，"一法两办法"（《中华人民共和国村民委员会组织法》《广东省实施〈中华人民共和国村民委员会组织法〉办法》《广东省村民委员会选举办法》）为依据，"民事民办、民事民治"为原则，在组建镇级"两代表一委员"工作站和村级农村社区服务合作社的基础上，在村（居）民小组（或自然村）组建村（居）民理事会、行政村（社区）组建社区理事会、镇级组建乡民理事会，进一步完善农村社会管理网络和运行机制，以自下而上的理事形式创新社会管理方式，形成政府与群众良性互动的"共谋、共建、共管、共享"社会管理新格局。

三 工作步骤

按照"试点先行、示范带动、点面并进、全面铺开"等"四个阶段"，组建"三级理事会"。

（一）试点先行（2011年6月—2011年7月）。以石城镇横洞村、前锋镇洞表村、富林镇大坪村作为组建村民理事会先行点，以石城镇留洞村委会、前锋镇崖楼村委会、富林镇马塘村委会作为组建社区理事会的先行点，探索组、村两级理事会试点工作经验。

（二）示范带动（2011年7月—2011年8月）。总结推广试点工作经验，各镇至少选择3个以上条件成熟的村（居）民小组作示范点，有序组建村（居）民理事会。其中，在石城镇所有村（居）民小组（或自然村）全面组建村（居）民理事会，在前锋镇崖楼村委会、富林镇马塘村委会试点组建社区理事会。同时，在前锋镇、富林镇完成乡民理事会组建工作，搭建政府与群众的沟通互动桥梁。

（三）点面并进（2011年9月—2011年12月）。在巩固村（居）民理事会、社区理事会、乡民理事会示范点建设的基础上，在全县逐步推进"三级理事会"建设。其中，村（居）民理事会、乡民理事会的覆盖率要达100%，社区理事会覆盖率要达50%以上，点面并进推进"三级理事会"建设。

（四）全面铺开（2012年1月—2012年3月）。在2012年第一季度，全面组建"三级理事会"，确保覆盖率达100%。

四　组建方式

"三级理事会"是在党委政府引导和领导下，由群众自愿组织，分别以村（居）民小组（或自然村）、行政村（社区）、乡镇为基本单元，按照"民事民办、民事民治"原则组建。

（一）组织机构以依法依规形式组建。"三级理事会"必须依法依规组建，并报县民政局备案。其中，村（居）民理事会属于自治组织，其章程要由户代表会议表决通过或户代表签名通过；社区理事会作为农村社区服务合作社内设的自治机构，工作职责、运作机制等由农村社区服务合作社章程明确；乡民理事会属于群团组织，以章程形式明确理事产生、工作职责和运作机制。

（二）组织成员以选举或推荐方式产生。村（居）民理事会选举程序分提名候选人、选举产生理事"两个步骤"进行，理事候选人由村（居）"两委"成员和本村（居）民小组（或自然村）的党员、村民代表和外出乡贤联合提名，由户代表以无记名投票选举或表决通过形式产生；社区理事会的理事产生由村（居）民小组（或自然村）以推荐形式产生，具体操作程序由农村社区服务合作社以章程形式明确；乡民理事会的理事由村（居）"两委"以推荐形式产生。"三级理事会"每届任期三年，与村（居）"两委"同步换届。

（三）成员组成以村中族老和外出乡贤为主。"三级理事会"的理事人数按人口比例确定（以单数为宜）。其中，千人以下的村（居）民小组（或自然村）设理事7至11名，千人以上的设9至13名；社区理事会、乡民理事会的理事人数由各级按人口比例自行确定，其中社区理事会的理事人数原则上以21—31名为宜，乡民理事会的理事人数则以51—81名为宜。村

(居)民理事会理事由本村有威望、有能力的老党员、老教师、老模范、老村干等村中族老,以及村民代表、复退军人、经济能人、外出乡贤等组成。社区理事会、乡民理事会理事由本级以上"两代表一委员"中的本辖区非公职人员、复退军人、杰出乡贤、退休村干组成。"三级理事会"设理事长1名,副理事长1—17名[其中,村(居)民理事会设副理事长1—2名,社区理事会设副理事长2—6名,乡民理事会设副理事长6—17名],理事若干名;社区理事会、乡民理事会增设秘书长1名,负责具体处理日常工作事务。理事长、副理事长、秘书长均由理事以无记名投票形式选举产生。其中,以章程形式明确村(居)民小组长担任村(居)民理事会理事长,现届村民代表自然当选为村(居)民理事会成员。

(四)工作职责以公众参与和共建共享为核心。"三级理事会"以章程形式明确规定理事会要严格遵守国家法律法规,并以"议事、协调、监督、服务"的总体职责规范运行、明晰职责。其中,村(居)民理事会以"自我教育、自我管理、自我监督、自我服务"的要求,履行关乎群众切身利益的"五小"职责,即调解邻里小纠纷、兴办农村小公益、纠正群众小陋习、提出工作小建议、履行自治小职能。社区理事会主要履行"了解民意、商议村事、协助自治、调处民事、服务村民"五项职责。而乡民理事会则主要履行"表达民意、参与议事、监督政务、调处矛盾、兴办公益"五项职责。

五 运作机制

重点建立"三项机制",规范"三级理事会"运作。

(一)理事履职机制。一是通过理事承诺接受群众监督。"三级理事会"成员按照"量力而行、尽力而为"原则,围绕章程规定的工作职责,每年以公开形式向村民作出履职承诺,并在践诺中自觉接受群众监督。二是通过理事会议协调各方利益。对于涉及全体村民的重大事务,由村(居)民理事会采取"三议三公开"(理事会提议、联户代表商议、户代表开会决议,议案决议公开、实施过程公开、办事结果公布)的方式民主议事,让群众在决策共谋中有参与权、表决权、监督权。其中,以村(居)民小组(或自然村)为单位,以相邻10户左右为一片,在每片中推选一名联户代表,组成联户代表议事会,建立联户代表议事制度。三是通过理事议事反映群众诉求。社区理事会、乡民理事会按照"两会两议两监督"的方法履行议事职责。"两会"即列席本级会议、参与理事会议（其中，社区理事会、乡民理事会要建立完善季度例会、年度评议会制度，及时掌握和研判民情民意，并集中汇总、整理归类）；"两议"即商议本级政务，决议内部事务；"两监督"即监督本级政务，监督内部财务。其中，社区理事会的正副理事长、秘书长列席村民代表会议，并参与村中包括每年十项民生实事在内的重大事项决策，监督其实施和绩效情况；乡民理会事的正副理事长、秘书长列席镇人民代表大会，乡民理事会理事长列席涉及群众利益重大事项决策的镇党政班子会议，并以议事和监督形式推动决策落实。四是通过理事公约建立共管机制。村（居）民理事会、社区理事会分别以户代表会议、村民代表会议的形式，与群众共同议定村规民约，教育和引导村民共同参与社会管理，探索建立"以德为先、人人参与"的共管机制。此外，在保障经费运作方面，村（居）民理事会以"一事一议"形式解决村（居）民理事会运作经费，确保正常运转，社区理事会、乡民理事会运作经费则以自筹形式解决。

（二）互动评议机制。建立"一比两追三评"互动机制，激发"三级理事会"理事和广大群众参与建设与管理的积极性。"一比"即比和谐。以村（居）民小组（或自然村）为单位，在实施"三讲一有"（讲信用、讲法治、讲文明、有本领）素质提升工程中比和谐，创建法治和谐新农村。"两追"即追标兵。在深化农村综合改革过程中，组织开展"模范户""明星村"创建活动，树立学习追赶的标杆，营造"户追户、村追村"良性竞争局面。"三评"即评先进。采用群众评议理事、理事评议群众、群众评议群众的方式，以及"村（居）民理事会自荐、社区理事会推荐、乡民理事会初审、县镇两级审定"的程序，开展"十百千万"评选活动，即在全县评选"十大明星村""十大杰出乡贤""百条自强村""百名优秀理事""千个模范户""万名好乡邻"。一是群众评议理事，即村（居）民理事会、社区理事会、乡民理事会分别以组织召开户代表会议、社员代表会议、"两代表一委员"联席会议的形式，对理事履职情况开展评议，在全县评议"百名优秀理事"。违法违规的理事要自动辞职，理事空缺由同级理事会按章程规定重新选举或推荐。二是理事评议群众，即村（居）民理事会、社区理事会、乡民理事会以组织召开理事会会议形式进行评议活动。其中，村（居）民理事会重点对农户遵守村规民约，履行村民职责及诚信、守法、文明等情况进行综合评议，评选"模范户"；社区理事会重点对社会贤能的作用发挥进行综合评议，推荐县"十大杰出乡贤"；乡民理事会根据辖区群众参与社会管理情况，重点以村（居）民小组（或自然村）为基本单位进行综合评议，初审县"十大明星村"，形成村落间互相竞争的社会氛围。三是群众评议群众。每年由村（居）民理事会牵头组织辖区户代表，以量化互评形式，从邻里关系、参与村务、发展经济等方面互相评议，得分前十名者为本村"好乡邻"，在全县评选出"万名好乡邻"。具体的量化评选标准和表彰奖励制度由村（居）民理事会以"一事一议"形式确定。

（三）奖补激励机制。按照"政府倡导、政策导向"原则，由政府以"以奖代补"形式，增强"三级理事会"的履职活力、动力和热情。一是实行项目激励。结合美好环境与和谐社会共同缔造行动"以奖代补"项目工作的开展，建立"项目共建、以奖代补"机制，由县财政统筹安排"以奖代补"项目资金，由村（居）民理事会牵头组织和宣传发动农村群众共同做好项目规划、项目申报、项目资金、项目建设、项目监督等工作，增强村（居）民理事会履职活力。二是实行工作激励。建立村民理事长"年度评议、以奖代补"的试行办法，由镇组织评议，县财政每年安排200万元作"以奖代补"经费，把章程规定的工作职责纳入村民理事长履职评议的重要内容，按照百分制计分，奖金标准10元/分，以此引导村（居）民理事长严守章程、履职尽责，从而加强党委、政府对村（居）民理事会的领导和协调，确保"民事民办、民事民治"的履职导向与党委、政府的决策导向保持一致。三是实行荣誉激励。一方面，结合"十大明星村""十大杰出乡贤""百名优秀理事"评议活动开展，由县政府颁发"明星村流动红旗"，并配套"以奖代补"资金2万元/村作公共服务经费，增强村民自律自强、互信互助的热情；由县政府颁发"十大杰出乡贤"牌匾，激发外出乡贤建设家乡、行善积德的热情；由县政府颁发"百名优秀理事"证书，激发"三级理事会"理事履职尽责、服务村民的热情。另一方面，建立公德载史机制，重点通过设立"公德史册"，把外出乡贤捐资公益、农村好人好事等情况和每年"十百千万"评选结果，以大事记形式记载下来，著述村庄历史变迁、能人贤良、慈善之举。其中，"三级理事会"结合各地实际，以宣读公德史册、兴建公德堂等形式，在农村倡导"以德为先、以和为贵"的文明新风，引导群众自律自强、互信互助、共建共享。

六 保障措施

重点做到"五个强化"。

（一）强化领导，层级推进。坚持"党委倡导、政府引导、群众自愿、社会参与"原则，各级成立由党政"一把手"亲自挂帅的试点工作领导小组，以"强领导、强指导、强协调、强效能"为方法，形成一层抓一层，层级抓落实的工作格局。

（二）强化宣传，营造氛围。把组建"三级理事会"作为创新社会管理方式、深化农村综合改革的创新之举，作为提升村民自治水平、促进城乡公共服务均等化的重要举措，以树立典型、现场参观、互相交流等群众喜闻乐见的形式，宣传先行点的成效，明星村、杰出乡贤的事迹，在全县上下形成共识、凝聚合力。

（三）强化培训，加强指导。以镇为单位举办试点工作培训班，重点对村（居）"两委"干部、村（居）民小组长进行业务培训，强化试点工作指导，确保试点工作有序推进。

（四）强化示范，点面并进。坚持"组建一个、带动一方、辐射一片"的办法，选择基础好、热情高的村（居）民小组先行先试，以树典型促示范，以点带面推进"三级理事会"建设。

（五）强化督导，有序推进。建立试点工作督导机制，由县民政局牵头组织，强化监督和指导，扎实有效推进试点工作。

摘录自中共云安县委办公室：《中共云安县委云安县人民政府关于组建组村镇"三级理事会"的意见》（云县委〔2011〕22号），2011年6月27日。

云浮市云安县关于建立村（社区）干部激励保障机制的实施办法（试行）

为认真贯彻落实党的十七届三中全会精神，切实加强村（社区）干部管理，建立"岗位有明确责任、工作有合理待遇、干好有发展前途"的村（社区）干部队伍激励保障机制，激发村（社区）干部工作活力，根据《关于建立村（社区）干部激励保障机制的实施办法（试行）》（云组通〔2009〕36号）和《中共云安县委关于抓基层打基础推进城乡党建统筹发展的实施意见》（云县委〔2009〕29号）精神，现就建立我县村（社区）干部激励保障机制，制定如下实施办法（试行）。

一　报酬补贴

1. 村（社区）干部的待遇应与全县经济发展水平、村（社区）集体收入和农民人均纯收入相适应，并随着经济发展逐步提高。

2. 村（社区）干部报酬实行"基本补贴＋绩效补贴＋村（社区）集体经济创收奖励"的结构补贴制度，确保村（社区）干部有合理经济待遇。基本补贴和绩效补贴由县财政解决，村（社区）集体经济创收奖励由村（社区）视实际情况而定。有条件的镇也可给予村（社区）干部适当的补贴。

3. 从2009年7月1日起，按村（社区）党支部书记、村（居）委会主任人均800元/月，其他村（社区）脱产干部人均750元/月的标准，提高村（社区）"两委"脱产干部补贴标准（基本补贴＋绩效补贴）。其中基本补贴为支书、主任600元/月·人，其他干部（含聘用人员）550元/月·人；绩效补贴为人均2400元/年。

4. 基本补贴由县财政逐月划拨。绩效补贴为村（社区）干部补贴中

"活"的部分，由县财政在年底划拨到各镇，并由各镇根据《云安县村（社区）"两委"脱产干部年度岗位责任制考核办法（试行）》，在每年年底对村（社区）"两委"脱产干部完成当年各项工作任务情况进行考核评分，根据考核结果发放相应的绩效补贴。村（社区）"两委"脱产干部的绩效补贴计算方式为：本镇当年绩效补贴的总额÷当年所有村（社区）"两委"脱产干部的总得分×个人得分。

5. 村（社区）集体经济创收奖励按年集体经营性收入的一定比例计算奖金额度，需经村（居）民代表大会同意，在村（社区）集体经济收入中列支。

二 社会保险和医疗保障

6. 认真执行《云安县村（社区）党支部和村（居）委会干部养老保险实施办法》，并根据经济社会发展情况，逐步提高村（社区）干部养老保险缴纳和发放标准，切实解决村（社区）干部退有所养问题。同时，进一步完善激励型的养老保险机制，将年度岗位责任制考核结果与村（社区）干部养老待遇结合起来，体现"在职干得好，退休待遇高"的理念，充分调动现职人员的工作积极性和主动性。

7. 由县财政安排解决村干部参加新型农村合作医疗和社区干部参加城镇居民基本医疗保险所需经费。对正常离任但没有享受养老保险的村（社区）干部，由各镇、村（社区）根据其任职年限和贡献给予一定的生活补助。

8. 建立村（社区）干部救济申报制度，患大病、因公受伤、遭遇灾害而导致生活困难的村（社区）干部可向上级党组织申报，申请给予适当的生活补助。对患病、因公、遭遇灾害而导致死亡的在职村（社区）干部，视具体情况在县镇党员互助金中适当给予一次性补助。有条件的镇、村（社区）可组织村（社区）干部定期进行体检。

三 关爱帮扶

9. 加大对村（社区）的帮扶力度。进一步健全和完善领导干部挂村（社区）、县直单位干部联村（社区）、镇干部包村等制度。每个镇每年至少集中扶持一个村（社区），集中解决重点难点问题，增强村（社区）干部攻坚克难的信心。

10. 关注村（社区）干部的思想，了解村（社区）干部的思想动态和日常工作；加强对村（社区）干部的教育培训，积极利用党校、技校、农村党员干部现代远程教育网等平台，对村（社区）干部进行政策理论、法律法规、岗位业务和致富技能等培训，提高村（社区）干部的思想政治素质和带头致富、带领致富的本领。

11. 继续实施"一村一名大学生工程"。积极利用各级党校、电大、技校等资源开展形式多样的在职教育。符合条件的村（社区）干部参加省委党校或电大函授大专班学习，由县财政解决全部学费、书费，领取毕业证后每人每月增加50元的奖励工资。

12. 加大对村（社区）干部的培养力度。加大力度做好从优秀村（社区）干部中考试录用镇机关公务员、事业编制干部工作；积极推荐政治素质高、参政议政能力强的村（社区）干部作为各级党代表、人大代表和政协委员人选；大力宣传和表彰优秀村（社区）干部的先进事迹，增强村（社区）干部的工作荣誉感和责任感。

四　管理考核

13. 各镇要严格执行《云安县村（社区）干部管理暂行规定》和《云安县村（社区）"两委"脱产干部年度岗位责任制考核办法（试行）》，加强监督管理，进行全面考核，对村（社区）干部作出准确评价，为落实相关待遇提供科学依据。

14. 通过奖优罚劣方式，充分调动村（社区）干部的工作积极性和主动性。对实绩突出的优秀村（社区）干部，要进行宣传、表彰及奖励；对作风不实、履行职责不到位、群众反映不满的，要及时批评教育，促其整改；对岗位目标任务完成情况差、作风不好、群众反映强烈不满的，要按有关规定及时调整；对以权谋私、违法违纪的，要严肃处理。

本办法自发文之日起实施，由县委组织部负责解释。

摘录自中共云安县委办公室 云安县人民政府办公室：《印发〈关于建立村（社区）干部激励保障机制的实施办法（试行）〉的通知》（云县办发〔2009〕42号），2009年11月26日。

云浮市云安县关于在各镇建立"两代表一委员"工作站的意见

为探索各级党代表、人大代表、政协委员（以下简称"两代表一委员"）在闭会期间发挥作用的有效途径和形式，根据《中国共产党章程》《全国人民代表大会和地方各级人民代表大会代表法》《中国人民政治协商会议章程》和省市有关规定，结合我县实际，现就在各镇建立"两代表一委员"工作站提出如下意见。

一 指导思想

以邓小平理论和"三个代表"重要思想为指导，以科学发展观为统领，通过建立"两代表一委员"工作站，系统构建联系和服务群众的工作体系，提高党的执政能力、保持党的先进性，发挥"两代表一委员"参政议政、民主监督的作用，进一步凝聚群众，服务社会民生，推动"两轮驱动"战略实施，建设幸福、生态、健康新云安。

二 目标任务

以系统构建联系和服务群众工作体系为目标，结合开展广东省法治文化建设试点县工作和社情研判、农情研判机制，建立"两代表一委员"工作站，强化"两代表一委员"履职的责任感，发挥其联系群众、服务民生的重要作用，提高履职成效，推动循环经济发展，促进农村综合改革；进一步畅通社情民意表达渠道，完善深入了解民情、充分反映民意、广泛集中民智的决策机制，建立健全群众利益协调工作机制，不断创新服务群众的有效载体，进一步提升服务群众的水平，推进基层民主政治建设，促进社会和谐。

三　工作职责

参加"两代表一委员"工作站活动的人员包括镇级及以上党代表、人大代表，县级及以上政协委员，已退休、外调或其他特殊情况不能参加者除外。"两代表一委员"的工作职责主要有以下五方面。

（一）宣传政策。沟通联系镇党委、政府，参与政策宣传，向辖区群众宣传宪法、法律、法规和党委、政府的决策部署。

（二）参政议政。定期听取镇党委、政府的党情、政情、民情通报，并提出意见和建议。围绕镇党委、政府作出的重大决策组织开展调研，形成建议性调研报告，为科学决策、改进工作提供参考。

（三）服务群众。沟通联系群众，开展"两代表一委员"民情接待日活动，认真接待、倾听和了解群众关心的热点、难点问题，并就有关问题开展调查研究，向党委、政府提出意见、建议，表达群众意愿，为群众服务。

（四）监督执行。定期开展调研、视察、评议活动，对镇党委、政府工作进行监督，对政策执行情况进行督查，确保有关政策落实到位。

（五）调处矛盾。协助镇综治信访维稳中心，以民主监督、民主评议形式，调处基层矛盾纠纷，促进社会和谐。

四　工作制度

（一）联系服务制度。由镇"两代表一委员"工作站印发"两代表一委员"联络卡，公布"两代表一委员"的基本情况和联系方式，方便基层群众通过电话、来访、预约接待、登门走访等方式反映意见和建议。积极联系群众，帮助他们解决实际问题，办好事实事。

（二）收集反馈制度。"两代表一委员"每人每月走访辖区内群众不少于1次，并将收集的意见通过工作站向镇党委、政府反馈。每周二为"民情接待日"，由"两代表一委员"轮流驻站接待群众，现场了解民意，听取群众呼声，对群众反映的问题，能现场解答的现场解答，不能现场解答的通过工作站交由相关部门办理，并跟踪办理情况，事结后向党员群众公示。

（三）工作公开制度。实行工作预告和结果公示制度，将"两代表一委员"活动的时间、地点、内容以及群众反映问题的调处情况等及时告知群众，确保活动实效。

（四）视察调研制度。对事关全镇改革发展稳定的重大事项和群众关心的热点、难点问题开展调研、视察、评议等活动，每年不少于2次；对重大事项进行决策前的意见收集和决策实施后的成效跟踪；对本镇重大决策贯彻落实、年度计划实施等工作进行监督。

（五）参与决策制度。在镇党委、政府对本镇有关经济、社会发展和党的建设等方面的重大事项决策前，广泛征询群众意见并形成书面报告，为镇党委、政府决策提供依据，确保决策的科学性、针对性。

五　工作程序

（一）收集意见。深入群众或在工作站接访群众，收集群众意见建议。

（二）梳理分析。对收集到的意见建议进行梳理、归类，深入分析原因。

（三）提出意见。在调查核实和分析研究的基础上，提出交办方案。

（四）反馈分流。属本镇的事务交由镇党委、政府处理，属上级部门的事务通过镇党委、政府与上级有关部门沟通协调解决，将解决方案向群众反馈。

（五）监督评议。对解决方案落实过程进行监督和评议，确保及时有效解决问题。

（六）事结公示。项目完成后，公开处理情况，对群众进行回访，询问满意情况。

六　工作要求

（一）提高认识，加强领导。各级领导要站在坚持党的领导、人民当家作主的高度来认识建立"两代表一委员"工作站这项工作的重要性，把建立工作站列入重要议事日程，加强领导，落实责任。县委建立"两代表一委员"联席会议制度，由县委专职副书记担任联席会议召集人，县人大、县政协各安排一名领导任成员，并由县委办、县人大机关、县政协机关、县委组织部落实专人负责。各镇委专职副书记为镇"两代表一委员"工作站的主要责任人，镇人大副主席为具体责任人，负责工作站日常工作，并配备1至2名联络员。各级党代表、人大代表、政协委员要深刻认识新形势下"两代表一委员"工作的重要性及肩负的重大任务，切实发挥工作站的平台作用，进一步强化履职意识，增强使命感、责任感和荣誉感，认真依法履行职责，切实为群众解难题、办实事。

（二）创造条件，强化保障。各镇要统筹安排好"两代表一委员"工作站办公场所，并按照"六有"（有组织、有场地、有制度、有公示牌、有办公设备、有意见信箱）标准配备办公设施；每年安排一定的活动经费，保障工作站开展活动。工作站要突出统筹兼顾，在不影响正常生产和工作的前提下，合理安排"两代表一委员"的活动，确保"两代表一委员"能够依法履行职责。

（三）加大宣传，营造氛围。县有关部门和各镇要加大宣传力度，充分利用电视、专栏、横幅、宣传单等形式，在群众中广泛宣传工作站的设置和作用，为"两代表一委员"开展工作营造良好的舆论氛围。

（四）探索经验，形成机制。县委组织部、县人大办、县政协办要定期召开"两代表一委员"工作站工作情况汇报会、经验交流会，收集情况，通报信息，交流经验，有计划、有目的地安排工作，不断研究和探索工作站开展工作的方法，总结实践经验，提高工作质量，确保工作程序规范、职责明确、监督到位、效果明显。要积极探索工作站建设工作的长效机制，使工作逐步走向规范化、制度化，创新完善组织领导、管理制度、考核办法、工作守则和责任追究等工作机制，保证工作站得以规范有序运行，保证工作常态化、长效化。

摘录自中共云安县委办公室 云安县人民政府办公室：《关于印发〈关于在各镇建立"两代表一委员"工作站的意见〉的通知》（云县办发〔2010〕28号），2010年10月25日。

后 记

2022年中共湖北省第十二次党代会提出：广泛开展美好环境与幸福生活共同缔造活动，以城乡社区为基本单元，以改善群众身边、房前屋后人居环境的实事小事为切入点，以建立和完善全覆盖的基层党组织为核心，以建构"纵向到底，横向到边，共建共治共享"的城乡社会治理体系为目标。一场以"共同缔造"为主题的基层治理创新在湖北全省推广开来，当然，"共同缔造"并不是一蹴而就，而是十多年的滴水穿石。"共同缔造"产生于云浮，成熟于厦门，实践于沈阳和全国住建系统，最后进入中央文件。其根本原因在于"共同缔造"回应了时代之问，有助于破解时代性的基层社会治理难题。

本书的主要目的是为"共同缔造"探源，在云浮探索中，时任广东省云浮市委书记王蒙徽同志推动"美好环境与和谐社会共同缔造行动"，形成政府、社会与群众"共谋共建共治共享"的理念。云浮探索的实质是发展观念的转变，由单一的经济发展转变统筹经济与社会发展，统筹城乡发展；是治理观念的转变，即由政府单一治理转变为政府治理与群众参与良性互动的"共谋共建共治共享"。这一地方探索当时在广东，乃至全国都具有领先性。当时，徐勇教授作为最早跟踪观察和系统研究"共同缔造"的学者之一，曾主编《再领先一步：云浮探索》一书。"领先一步"是撰写过《日本第一》的美国著名学者傅高义在广东考察时提出来的，即广东在中国改革开放中领先一步。该学者后来写了《邓小平时代》，是美国的"日本通"和"中国通"。"再领先一步"指广东在发展观和治理观方面的"再领先一步"。当时国家话语中大量使用"社会管理"，云浮提出了"共治"，具有了"社会治理"的元素。随着地方探索的推进，2013年中共十八届三中全会正式提出"社会治理"的命题，标志着我国社会管理理论与实践的发展与创新达到新高度。"社会治理"与"社会管理"只有一字之差，但其内涵有重大区别。在强调党委领导、政府主导的前提下，更加强调社会协同和群众参与，强调政府治理、社会调节和居民自治的良性互动。这是基层社会治理的重大顶层设计，但需要具体落地和丰富。中国改革发展有两条路径：一是自下而上的地方经验提升。2006年，徐勇教授在中央政治局集体学习中作讲解时，胡锦涛同志讲道："中国改革开放的重要路径是：先有地方和基层创造的好经验，中央加以总结提升为好政策，试行若干年转化为好制度。"[1]在中央使用"社会管理"话语时，云浮的共同缔造已包含了"社会治理"理念，将社会与群众带入治理中来。二是中央顶层设计的创造性落地。党的十八届三中全会提出了社会治理的理念，其实，云浮探索当中提出了"四共"，即共谋、共建、共管、共享，为中央构建"共建共治共享"的社会治理格局提供了丰富的实践经验。

作为《再领先一步：云浮探索》的姊妹篇，摆在读者面前的《以共同缔造推进基层治理现代化：云浮探索》的主题更加集中于基层治理，聚焦于云浮市运用"共同缔造"理念和方法推动基层治理体制创新的理论与实践，立足于当下基层治理现代化的现实问题，全面梳理云浮基层治理的各类资料等，全面展现云浮探索中所蕴含的基层治理重心下移的做法、成效与经验等，分别从理念向下、资金下移、权力下放、服务下沉、考核下移等层面逐次展开，构成了本书的理论研究部分。在此之后，为了更加形象生动地展现云浮探索中的具体经验，本书围绕当时云浮主政者面临的一些棘手问题，结合相关资料，整理了"一事一议"性质的案例报告，侧重于操作性层面的经验介绍，能够为实践者提供借鉴，承担咨政服务作用。最后部分是云浮探索实践经验所形成的制度性成果，包括当时主政者的讲话稿、理论思考、政府文件等，能够更加直接地为当下以共同缔造推进基层治理创新提供参考。

正如"共同缔造"活动一样，本书是地方政府与学术机构共同合作的产物。事实上，这本书在2011年前后徐勇教授参与云浮创新实践的理论指导时就已经埋下伏笔，当时云浮市领导前后多次来华中师范大学拜访并进行

---

[1] 《提高社会主义基层民主政治建设水平 保证基层人民群众直接行使民主权利》，《人民日报》2006年12月2日第1版。

交流，徐勇教授持续跟踪云浮市"共同缔造"行动，可以说云浮探索来自地方政府与学术机构的密切合作和长期互动，并由此形成了一个"共同体"，在理论与实践的来回往复中不断向前发展，因此，才有了云浮、厦门、沈阳、住建部等不同地域不同领域的"共同缔造"实践。感谢十多年来致力于"共同缔造"的王蒙徽书记，从最初的人居环境领域入手，扩展到统筹经济社会发展，从社会管理转换到社会治理，再到人居环境整治，直至当下的基层治理现代化，从农村到城市，从粤北山区到松辽平原，再到千湖之省，始终坚持改革初心，始终回应群众需求，将"共同缔造"理念和方法贯穿于具体工作中。

本书也是华中师范大学政治学部徐勇教授团队共同缔造的集体成果。自云浮探索开始，华中师范大学中国农村研究院作为教育部重点研究基地进行系统的地方经验研究，承担着咨政服务的任务，由此组建了相应的智库研究团队，出版了一系列智库书系，成为教育部签约智库，并在教育部重点研究基地评估中获得不错的成绩。尤其是社会服务成效显著，此后获评政治学"一流学科"建设单位，以基层与地方治理为重点研究方向，建立了华中师范大学政治学部，在以徐勇教授为部长的政治学部领导下，各个研究团队积极开展"助力湖北"系列活动。陈军亚教授领衔的基层治理与农村发展团队以贯彻落实湖北省第十二次党代会精神为重点，以湖北省美好环境与幸福生活共同缔造活动为对象，先后与省委组织部、省委办公厅、省委学教办、省农业农村厅等开展合作，在全省范围内进行理论宣讲、实地指导和经验总结等，推动了"共同缔造"走深走实。但是，在实地调研过程中，团队成员有感于各级干部群众对于"共同缔造"的理念与要义，内容与方法，政策与措施等有不少疑问，尤其是如何将共同缔造理念和方法落实落细到实际工作中还有不少困惑。基于此，在徐勇教授倡议下，陈军亚教授组织华中师范大学中国农村研究院中国政治所研究人员编辑"以共同缔造推进基层治理现代化"书系，尝试从"共同缔造"的发源地来解答相关疑惑，介绍相关经验，进而推动湖北省共同缔造活动走向深处，为探索创新基层治理现代化先行区贡献力量。本书是书系的第一本书，徐勇教授、陈军亚教授亲自参与写作提纲和讨论，并对具体写作进行细致的指导，张启春老师、黄凯斌老师、黄振华老师、吴春宝老师、陈明老师、李华胤老师、吴帅老师、王璐老师等先后参与书稿讨论等，在此一并表示感谢！

本书具体的编写由"以共同缔造推进基层治理现代化：云浮探索"课题组承担，自2022年接到书稿编写任务后，编者依托博士生与硕士生组建研究与写作团队，其中，任路老师负责提纲审核与统稿修改等工作，博士生冯晨晨负责研究团队具体组织工作，分配写作任务并具体指导修改等。理论研究部分具体写作安排：冯晨晨、张碧莲共同编写第一章，王雅娇编写第二章，赵茜编写第三章，程娜编写第四章，张浩、赵欢共同编写第五章，李龙起编写第六章，张琴编写第七章。案例报告部分由程娜、赵欢、王雅娇、赵茜、张浩、蔡清华、李龙起、郭泽颖、于金歌、张琴、丁依婷、张碧莲等编写。工作文献部分根据案例报告同步收集整理，最后由任路负责核对并辑录文件来源信息等，在此对所有编写人员表示感谢！

　　此外，本书的编写离不开《再领先一步：云浮探索》一书的执笔人，他们为本书提供了重要的基础性资料，才使得本书的编写得以顺利完成。感谢中国社会科学出版社为本书的出版提供平台，感谢出版社资深编辑冯春凤老师为本书出版牵线搭桥，感谢本书的责任编辑朱华彬老师，他承担"以共同缔造推进基层治理现代化"书系编辑出版，细致认真的编辑校对使得本书能够以更完美的状态呈现在大家面前，期待本书的正式出版能够为基层治理理论研究和实务工作提供一些参考与借鉴。由于编者理论水平所限，书稿可能有所欠缺和不足，敬请各位读者批评指教！

编著者
2023年4月2日